生命科学核心课程系列教材

生物技术综合实验

主　编　曹军卫

副主编　涂　毅　金卫华

唐红枫　邓丽娟

科学出版社

北　京

内 容 简 介

本书包括基因工程、蛋白质工程、细胞工程、发酵工程、免疫学方面最新的、应用最广泛的实验技术，共65个相关实验。各实验的组织结构均包括实验目的、实验原理、器材、操作步骤、结果及思考题，并加强了各实验的安全提示。本书力求能够体现目前最新的技术方法，并且语言简洁、流畅，条理性和可操作性强。

本书适合作为微生物学、微生物工程、生物工程、生物技术、发酵工程、食品、生物医学工程等相关专业的生物技术综合实验教学用书，也可用于生物、医学和农学类应用性学科的相关专业实验课程教学。

图书在版编目(CIP)数据

生物技术综合实验/曹军卫主编．—北京：科学出版社，2013
生命科学核心课程系列教材
ISBN 978-7-03-038936-7

Ⅰ.①生… Ⅱ.①曹… Ⅲ.①生物工程-实验-高等学校-教材
Ⅳ.①Q81-33

中国版本图书馆 CIP 数据核字(2013)第 249154 号

责任编辑：席 慧 高璐佳 / 责任校对：包志虹
责任印制：张 伟 / 封面设计：迷底书装

科学出版社 出版
北京东黄城根北街16号
邮政编码：100717
http://www.sciencep.com
北京厚诚则铭印刷科技有限公司 印刷
科学出版社发行 各地新华书店经销
*
2013年12月第 一 版 开本：787×1092 1/16
2023年 7 月第八次印刷 印张：19 1/2
字数：512 000
定价：59.80元
(如有印装质量问题，我社负责调换)

前　　言

生物技术专业是在1997年根据国家教育部专业调整的要求新建立的本科专业，国内外均没有先例可供参考，尽管经历近20年的探索，有关该专业的人才培养方案，如专业培养目标、专业特色和培养要求、指导性专业方向、学制和学分要求、专业主干（核心）课程及专业主要实验和实践性教学要求等方面的建设，包括教材的建设，对于所有国内高等院校仍是一个亟待解决的重要课题。

目前全国高等院校微生物学、微生物工程、生物工程、生物技术、发酵工程、食品、生物医学工程等相关专业多数设置有生物技术综合实验课程，每年在校生有万余人，而适用的教材极少。在这类专业中，生物技术实验具有广阔的应用价值，不仅是实现生物技术专业培养目标最重要的专业课之一，也是许多生物、医学和农学类应用性学科最重要的专业课程。

生物技术专业以往使用的实验讲义不利于学生的学习与参考。因此，编者组织武汉大学知名教授与武汉东湖学院生物技术专业教师共同编写生物技术综合实验教材，希望借此为实现本专业人才培养目标做出贡献。这是国内第一部由211、985工程大学与民营大学合作出版的本科生专业课程教材，将会对全国各类大学的生物技术综合实验课程有一定的参考价值。

本书包括基因工程、蛋白质工程、细胞工程、发酵工程、免疫学方面的最新的、应用最广泛的实验技术，共有65个相关实验。编者希望借此实验教材的编写，带动该实验课程乃至整个专业的建设与改革。也希望本书得到全国各类高等院校广泛的认可和使用，并且欢迎广大教师在使用过程中提出宝贵意见，编者会在再版时加以改进。

编　者

2013年8月15日

目　录

第 3 篇　细胞工程

第 4 篇　发酵工程

第 5 篇　免疫学

第 1 篇　基因工程

20 世纪 70 年代以来，现代生物技术飞速发展。随着一系列新技术、新方法的不断出现，广大生物学家通过不懈的努力，开拓了许多新的研究领域，对生物科学的研究现状有了质的提升。其中，最引人注目并被公认的是以 DNA 重组为中心的基因工程技术。

基因工程（gene engineering），又称基因操作（gene manipulation）或重组 DNA（recombinant DNA），是一门以分子遗传学和分子生物学理论为基础，以生物化学和微生物学的现代方法为手段，将来源不同的遗传物质（基因）即 DNA 分子，按照预先设计的蓝图，在体外构建所需的 DNA 片段，然后通过载体导入受体细胞，以改变生物原有的遗传特性，获得新物种（品种），或研究基因结构与功能的现代生物技术。

从定义可以看出，基因工程的一个重要特征，就是强调了外源 DNA 分子的新组合被引入一种新的寄主生物中进行繁殖。这种 DNA 分子的新组合是按照工程学的方法进行设计和操作的。这就赋予了基因工程跨越天然物种屏障的能力，克服了固有的生物物种间的限制，带来和扩大了定向创造新生物的可能性。这是基因工程的最大特点。

而基因工程最大的优点是打破了常规育种难以突破的物种之间的界限，可以使原核生物与真核生物之间、动物与植物之间，甚至人与其他生物之间的遗传信息进行重组和转移。

自 DNA 重组技术于 1972 年诞生以来，作为现代生物技术核心的基因工程技术得到了飞速的发展，并广泛应用于医学、农业、工业、水产、环保等行业。本篇实验在方法上，力求具有可行性、实用性，内容涵盖基因工程操作的基本过程，整个实验基本上是一个连续的过程，通过学习，要求学生能在原有的相关理论知识基础上，较全面和深入理解基因工程原理，掌握基本的基因工程常用实验方法。

第 1 章　基因工程常用技术

基因工程技术的可行性基于以下方面的原理。

1. 不同基因具有相同的遗传物质基础

地球上的一切生物，从细菌到高等动物和植物，直至人类，其基因都是一个具有遗传功能的含特定核苷酸序列的 DNA 片段。而所有生物的 DNA 的组成和基本结构都是一样的。因此，不同生物的基因（DNA 片段）原则上是可以重组互换的。虽然某些病毒的基因定位在 RNA 上，但是这些病毒的 RNA 仍可以通过反转录产生 DNA，并不影响不同基因的重组或互换。

2. 基因是可以切割的

基因是以直线排列在 DNA 分子上。除少数基因重叠排列外，大多数基因彼此之间存在着间隔序列。因此，作为 DNA 分子上一个特定核苷酸序列的基因，可以从 DNA 分子上一个一个完整地切割下来。即使是重叠序列的基因，也可以把其中需要的基因切割下来，但是破坏了其他的基因。

3. 基因是可以转移的

基因不仅是可以切割下来的，而且发现携带基因的 DNA 分子可以在不同生物体之间转移，或者在生物体内的染色体 DNA 上移动，甚至可以在不同染色体之间进行跳跃，插入靶 DNA 分子之中。由此表明基因是可以转移的。

4. 多肽与基因之间存在着对应关系

普遍认为，一种多肽就有一种相对应的基因。因此，基因的转移或重组最终可以根据其表达产物——多肽的性质来考察。

5. 遗传密码是通用的

一系列三联密码子（除极少数几个外）同氨基酸之间的对应关系，在所有生物中都是相同的。也就是说遗传密码是通用的，重组的 DNA 分子不管导入什么样的生物细胞中，只要具备转录翻译的条件，均能转录翻译出同样的氨基酸。即使人工合成的 DNA 分子（基因）同样可以转录翻译出相应的氨基酸。

6. 基因可以通过复制把遗传信息传递给下一代

经重组的基因一般来说是能传代的，可以获得相对稳定的转基因生物。

基因工程部分的实验内容总体分为基因工程常用技术、目的基因的原核表达体系及目的基因的真核表达体系三个方面，基本流程如图 1 所示。

主要包括以下实验内容。

（1）从生物有机体复杂的基因组中，分离出带有目的基因的 DNA 片段或 RNA 片段，同时对提取的目的基因进行琼脂糖凝胶电泳分离检测。

（2）载体的获得：提取质粒等载体；通过 PCR 技术获得大量的目的基因；在体外将带有目的基因的 DNA 片段连接到具有选择标记的质粒载体上，形成重组 DNA 分子。将目的基因与

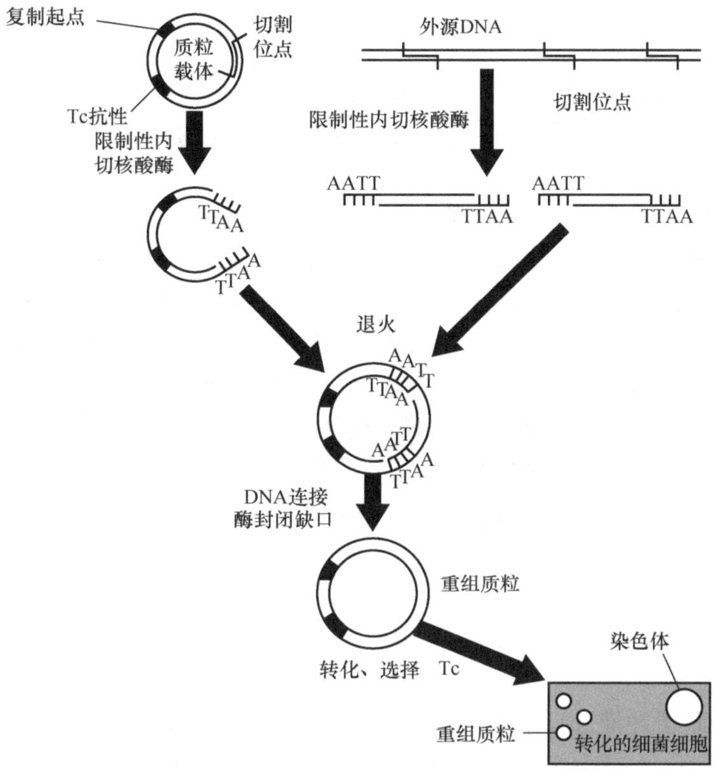

图 1 基因工程的基本过程

载体结合的过程，实际上是不同来源的 DNA 重新组合的过程。

(3) 将目的基因导入受体细胞：用人工的方法使体外重组的 DNA 分子转移到受体细胞，主要是借鉴细菌(转化)或病毒(转导)侵染细胞的途径。

(4) 扩增带有重组体的细胞，获得大量的细胞繁殖群体(菌落)。

(5) 从大量的细胞繁殖菌落中，筛选出具有重组 DNA 分子的阳性克隆。

(6) 进一步研究分析筛选出的细胞克隆的目的基因。

(7) 将目的基因克隆到表达载体上，导入寄主细胞，使之在新的遗传背景下实现功能表达，产生出人类所需要的各种物质。

实验 1 染色体 DNA 的制备——植物总 DNA 的提取

【实验目的】

(1) 学习和掌握 CTAB 法提取植物总 DNA 的基本原理和实验技术。

(2) 学习和掌握紫外吸收法测定 DNA 的纯度和浓度。

【实验原理】

在液氮冷冻下研磨植物叶片，可使细胞壁破裂，加入十六烷基三甲基溴化铵（CTAB）和β-巯基乙醇，可使核蛋白体解聚，然后使蛋白质和多糖杂质沉淀，DNA 进入水相，再用酚、氯仿抽提纯化。

本实验采用 CTAB 法，其主要作用是破膜。CTAB 能溶解膜蛋白与脂肪，解聚核蛋白。植物材料在 CTAB 的处理下，结合 65 ℃水浴使细胞裂解、蛋白质变性、DNA 被释放出来。CTAB 与核酸形成复合物，此复合物在高盐（>0.7 mol/L）浓度条件下可溶于溶液中，并稳定存在，但在低盐浓度（0.1～0.5 mmol/L NaCl）条件下 CTAB-核酸复合物就因溶解度降低而沉淀，而大部分的蛋白质及多糖等仍溶解于溶液中。经过氯仿/异戊醇（24∶1）抽提，去除蛋白质、多糖、色素等杂质，获得纯化的 DNA，最后经乙醇沉淀将 DNA 分子沉淀分离出来。

核酸、蛋白质、多糖在特定的紫外波长下都有特征吸收。核酸及其衍生物的紫外吸收高峰在 260 nm。纯的 DNA 样品吸光度 $A_{260}/A_{280} \approx 1.8$，纯的 RNA 样品吸光度 $A_{260}/A_{280} \approx 2.0$，1 μg/mL DNA溶液的 $A_{260}=0.020$。

【器材】

1. 试剂

（1）3×CTAB 缓冲液（pH8.0）：

Tris · HCl（pH8.0）	100 mmol/L
EDTA（pH8.0）	25 mmol/L
NaCl	1.5 mol/L
CTAB	3%

使用前加入 2%（*V*/*V*）β-巯基乙醇。

（2）TE 缓冲液（pH8.0）：

Tris · HCl	10 mmol/L
EDTA	1 mmol/L

（3）其他试剂：氯仿/异戊醇混合液（24∶1，*V*/*V*）、95%乙醇、液氮、新鲜的植物叶片（根据实验目的自行选择，如小白菜叶）。

2. 仪器

高压灭菌锅，恒温水浴锅，高速冷冻离心机，紫外分光光度计等。

【操作步骤】

（1）称取 2 g 新鲜的植物叶片，用蒸馏水冲洗叶面，滤纸吸干水分。

（2）将叶片剪成约 1 cm 长，置预冷的研钵中，倒入液氮，尽快研磨成粉末。

（3）待液氮蒸发完后，加入 15 mL 预热（60 ℃）的 CTAB 提取缓冲液，转入一磨口锥形瓶中，置于 65 ℃水浴保温 1 h，不时地轻轻摇动混匀。

注：CTAB 缓冲液放在 65 ℃水浴中预热 90 min，加入 2%（*V*/*V*）β-巯基乙醇。如果量少，可以在 1.5 mL 的离心管中进行。注意液氮研磨时，小心操作，最好戴上棉布手套，以免冻伤。

（4）加等体积的氯仿/异戊醇，盖上瓶塞，温和摇动，使成乳状液。

（5）将锥形瓶中的液体倒入 50 mL 离心管中，4 ℃，8000 r/min 离心 10 min。

(6) 离心管中会出现 3 层，用滴管小心地将上层清液吸入另一干净的离心管中，弃去中间层的细胞碎片和变性蛋白及下层的氯仿(根据需要，上清可用氯仿/异戊醇反复提取多次)。

(7) 收集上层清液，并将其倒入小烧杯。沿烧杯壁慢慢加入 2 倍体积预冷的 95%乙醇。边加边用细玻棒沿同一方向搅动，可看到纤维状的沉淀(主要为 DNA)迅速缠绕在玻棒上。

注：玻璃棒要缓慢沿着同一方向搅动，避免将 DNA 链打断。

(8) 小心取下这些纤维状沉淀，加 1～2 mL 70%乙醇冲洗沉淀，冲洗 2 次，轻摇几分钟，除去乙醇，即为 DNA 粗制品。

(9) 将粗制品溶于 70%乙醇，缓和颠倒数次，4 ℃，8000 r/min 离心 10 min。弃上清。

(10) 将 DNA 沉淀风干，并用双蒸水溶解。

(11) 在紫外分光光度计上分别测定该溶液在 260 nm 和 280 nm 波长下的吸光度。

(12) PCR 操作时，吸取样品溶液 1 μL，剩余样品放入－20 ℃保存。

【结果】

根据测得的 260 nm 和 280 nm 波长下的吸光度判断提取 DNA 的纯度，并估算 DNA 的浓度及含量。

【思考题】

(1) β-巯基乙醇和 CTAB 的作用分别是什么？

(2) 液氮研磨的原理是什么？

(3) 分析实验结果，并讨论实验材料中的哪些物质对结果有影响。

(唐红枫)

实验 2　细菌总 DNA 的提取

【实验目的】

(1) 学习细菌总 DNA 提取的基本原理。

(2) 学习革兰氏阳性菌和革兰氏阴性菌总 DNA 的提取方法。

【实验原理】

在碱性条件下，用表面活性剂十二烷基磺酸钠(SDS)将细菌细胞壁破裂，然后用高浓度的 NaCl 沉淀蛋白质等杂质，经过氯仿抽提进一步去掉蛋白质等杂质后，经乙醇沉淀，得到纯度较高的总 DNA。

【器材】

1. 菌种

分离纯化后的细菌菌株，革兰氏阳性菌如苏云金杆菌(*Bacillus thuringiensis*，Bt)、革兰氏阴性菌如大肠杆菌等。

2. 试剂

TE缓冲液(pH8.0)、溶菌酶溶液(20 mg/mL)、10% SDS、蛋白酶K(20 mg/mL)、5 mol/L NaCl、酚∶氯仿∶异戊醇(25∶24∶1)、乙醇。

3. 仪器

高速台式离心机,紫外检测仪,微量移液器等。

【操作步骤】

1. 革兰氏阳性菌DNA提取方法(提取基因组DNA)

(1) 取3~6 mL细菌过夜培养液,5000 r/min离心10 min,弃上清。

(2) 加入0.5 mL TE缓冲液悬浮沉淀,并加入75 μL溶菌酶(20 mg/mL)溶液,40 ℃保温30 min。

(3) 加入10% SDS 50 μL,蛋白酶K(20 mg/mL)5 μL,混匀,37 ℃保温30 min。

(4) 加入5 mol/L NaCl 0.75 mL,混匀。

(5) 用等体积酚∶氯仿∶异戊醇(25∶24∶1)抽提后,5000 r/min离心10 min,将上清移至干净的离心管中。

(6) 加2倍体积的乙醇沉淀DNA,颠倒混合,室温下静止10 min,离心沉淀DNA。

(7) 70%乙醇漂洗DNA后,吸干,用TE缓冲液30~50 μL溶解DNA,−20 ℃保存。

2. 革兰氏阴性菌总DNA提取方法

方法1:

(1) 将菌液悬于1.5 mL溶菌酶溶液[0.15 mol/L NaCl, 0.1 mol/L Na_2EDTA, 15 mg/mL溶菌酶(pH8.0)]中,37 ℃温浴2 h。

(2) 加入10% SDS 1.5 mL[0.1 mol/L NaCl,0.5 mol/L Tris,10% SDS(pH8.0)],反复颠倒混匀10 min,10 000 r/min离心10 min,取上清。

(3) 用等体积酚∶氯仿∶异戊醇混合液抽提1次,水相中加入3 mol/L乙酸铵40 μL和3 mL无水乙醇,−20 ℃沉淀DNA 1 h,12 000 r/min离心10 min。

(4) 收集DNA沉淀,用100 μL TE溶解。

方法2:

(1) 菌液中加入DNA提取液[100 mmol/L Tris,100 mmol/L EDTA,100 mmol/L NaCl,1% PVP, 2% SDS(pH8.0)],涡旋混匀。

(2) 在摇床上250 r/min振荡2 h,4 ℃沉淀DNA 1 h,13 000 r/min离心10 min,收集DNA沉淀。

(3) 用TE缓冲液100 μL溶解DNA。

方法3:

(1) 菌液中加入DNA提取液[100 mmol/L Tris,100 mmol/L EDTA,100 mmol/L磷酸钠,1.5 mol/L NaCl,1% CTAB(pH8.0)],20 μL蛋白酶K(20 mg/mL)和500 μL溶菌酶[0.15 mol/L NaCl,0.1 mol/L Na_2EDTA,15 mg/mL溶菌酶(pH8.0)],37 ℃温浴2 h。

(2) 加入1 mL 20% SDS,65 ℃水浴过夜。

(3) 加入1/3倍体积饱和NaCl,剧烈振荡,12 000 r/min离心10 min。

(4) 取上清，用等体积酚：氯仿：异戊醇抽提1次，水相中加入等体积TE缓冲液，再加入0.6倍体积的异丙醇，室温沉淀DNA 2 h。

(5) 12 000 r/min离心10 min，收集DNA沉淀，用TE缓冲液200 μL溶解。

方法4：

(1) 取TE缓冲液20 μL、饱和酚20 μL加入无菌小离心管中。

(2) 取已经培养好的菌液一环加入上述离心管中。

(3) 振荡离心管30 s。

(4) 8000 r/min离心10 min。

(5) 取上清3～5 μL进行琼脂糖凝胶电泳检测。

注：在总DNA提取过程中，离心管不可剧烈振动，防止过多的DNA断裂。

【结果】

取少量DNA样品进行琼脂糖凝胶电泳检测(见实验5)。

【思考题】

(1) 为什么DNA提取时，革兰氏阳性菌和革兰氏阴性菌的方法有所不同？

(2) 本实验中，SDS和蛋白酶K的作用分别是什么？

（唐红枫）

实验3　动物组织DNA的提取

【实验目的】

(1) 学习并掌握动物组织总DNA的提取方法及其原理。

(2) 从肝脏组织中提取到一定量的纯净的DNA样品。

【实验原理】

DNA是一切生物细胞的重要组成成分，主要存在于细胞核中。通过研磨和SDS作用，破碎细胞；苯酚和氯仿可使蛋白质变性，用其混合液(酚：氯仿：异戊醇)重复抽提，使蛋白质变性，然后离心除去变性蛋白质；RNase降解RNA，从而得到纯净的DNA分子。

【器材】

1. 仪器

高速离心机，烘箱，冰箱，水浴锅，微量移液器，高压灭菌锅。

2. 试剂

(1) 1 mol/L Tris-HCl(pH8.0)，生理盐水，0.5 mol/L EDTA(pH8.0)，10% SDS，RNA酶，氯仿：异戊醇=24：1，TE缓冲液(pH8.0)。

(2) TES 缓冲液(释放 DNA):将 0.5844 g NaCl 溶解于 80 mL 双蒸水,分别加入 0.5 mol/L EDTA 1 mL、Tris-HCl (pH8.0) 0.2 mL,并定容至 100 mL,摇匀后,转到准备好的输液瓶中,贴上标签,高压灭菌后,降至室温,4 ℃保存备用。

【操作步骤】

(1) 组织块解冻,用生理盐水洗去血污,剪取约 0.5 g 组织,放入 1.5 mL 离心管中,剪碎。

(2) 加入 TES 缓冲液 0.45 mL 混匀,再加入 SDS(10%) 50 μL,5.0 μL 蛋白酶 K (20 mg/mL),充分混匀后,于 56 ℃保温 4~6 h,每 2 h 摇动 1 次。

(3) 放置到室温,加入等体积饱和酚(500 μL),颠倒混匀,10 000 r/min 离心 10 min,分离水相和有机相,小心吸取上层含核酸的水相,转入一个新的 1.5 mL 离心管。

注:离心后,请勿晃动离心管;取上层清液时,注意不要吸起中间的蛋白质层。

(4) 加入等体积酚:氯仿:异戊醇(25:24:1),颠倒混匀,10 000 r/min 离心 10 min,取上层转移到新的 1.5 mL 离心管中。

注:抽提每一步用力要柔和,防止机械剪切力对 DNA 的损伤。

(5) 加入等体积氯仿:异戊醇(24:1),颠倒混匀,10 000 r/min 离心 10 min,取上层清液转入一个新的 1.5 mL 离心管。

(6) 加入 2.5 倍体积的-20 ℃预冷的无水乙醇沉淀 DNA,观察现象。

(7) 12 000 r/min 离心 10 min,弃去乙醇。

(8) 用-20 ℃的 75%乙醇洗涤,10 000 r/min 离心 5 min,弃去乙醇,55 ℃干燥 DNA。

注:弃去乙醇时,注意不要荡起 DNA。

(9) 加入适量 TE 缓冲液溶解 DNA(具体依 DNA 的多少而定),-20 ℃保存备用。

【结果】

测定样品 DNA 在 260 nm 和 280 nm 波长下的吸光度,判断提取 DNA 的纯度,并估算 DNA 的浓度及含量。

【思考题】

(1) 为了获得高质量的肝脏 DNA,在实验过程中应注意什么?

(2) 为什么不能加 SDS、蛋白酶 K 后再进行研磨处理,而植物 DNA 提取时加入 CTAB 抽提液后必须进行研磨?

(3) 比较分析植物 DNA 抽提和动物 DNA 抽提的不同之处。

(唐红枫)

实验 4 质粒 DNA 的提取

【实验目的】

掌握用碱裂解法和试剂盒法处理小量细菌培养物、分离质粒 DNA 的操作方法。

【实验原理】

根据实验目的不同，质粒DNA的提取可以有不同的方法，但基本步骤多为三步：第一步，细菌培养和质粒的扩增；第二步，细菌菌体的裂解；第三步，质粒DNA的纯化。菌体裂解方法不同，决定了质粒DNA提取方法的差异，目前菌体裂解方法主要有煮沸法、SDS法、碱裂解法、Triton-溶菌酶法等。质粒DNA的纯化方法主要有梯度离心法、柱层析法等，但由于目前所用质粒的复制量极大，小量常规制备的质粒即可以满足内切核酸酶图的绘制、细菌转化、特定DNA片段的分离、常规亚克隆及探针标记等方面的工作需要。在质粒DNA提取中，质粒DNA的质量和产量在很大程度上受培养条件的影响，通过一些实验发现，下列培养方式能获得较好的结果。

(1) 培养应用菌龄不超过4天的平板单菌落作为起始菌。

(2) 培养菌应在37 ℃，220 r/min下生长16～18 h。

(3) 不能用经储藏的培养菌直接进行质粒提取制备。

碱裂解法是较常用的提取质粒DNA的方法。其优点是收获率高，适于多数的菌株，所得产物经纯化后可满足多数的DNA重组操作。十二烷基磺酸钠(SDS)是一种阴离子表面活性剂，它既能使细菌细胞裂解，又能使一些蛋白质变性。用SDS处理细菌后，会导致细菌细胞破裂，释放出质粒DNA和染色体DNA，两种DNA在强碱环境中都会变性。由于质粒和主染色体的拓扑结构不同，变性时前者虽然两条链分离，却仍然缠绕在一起不分开；但后者完全变性分离甚至出现断裂。因此，当加入pH4.8的酸性乙酸钾降低溶液pH，使溶液pH恢复较低的近中性水平时，质粒的两条小分子单链可迅速复性，恢复双链结构，但是主染色体DNA则难以复性。在离心时，大部分主染色体与细胞碎片、杂质等缠绕在一起被沉淀，而可溶性的质粒DNA则留在上清液中。再用异丙醇沉淀、乙醇洗涤后，可得到纯化的质粒DNA。碱裂解法提取的质粒DNA可直接用于酶切、PCR扩增、银染序列分析等。

提取的质粒DNA可用琼脂糖凝胶电泳检测，电泳前在样品中加入RNA酶可防止RNA污染。质粒通常有三种构象，即超螺旋、线形和开环。三种构象的质粒在琼脂糖凝胶电泳中的泳动速度不同，由快到慢依次为超螺旋、线性、开环(开环质粒是指双链环状的质粒，DNA有部分解链，因此电泳速度最慢)。由标准分子质量Marker可推断质粒的分子质量大小。

判断提取质粒好坏的一个指标就是超螺旋质粒的含量。因为用质粒转染细胞时，超螺旋质粒的效率最高，所以要求质粒中超螺旋质粒的含量要在90%以上。

本实验介绍常用的碱裂解法和试剂盒法提取质粒DNA。

【器材】

1. 试剂

(1) 碱裂解液Ⅰ：GET缓冲液[50 mmol/L葡萄糖，10 mmol/L EDTA，25 mmol/L Tris-HCl(pH8.0)]。

(2) 碱裂解液Ⅱ：0.2 mol/L NaOH(内含1%的SDS，现配现用)。

(3) 碱裂解液Ⅲ：乙酸钾溶液[60 mL 5 mol/L KAc，11.5 mL冰醋酸，28.5 mL H_2O (pH4.8)]。

(4) 异丙醇，75%乙醇，酚：氯仿(1：1，V/V)，TE缓冲液，10 mmol/L Tris-HCl (pH8.0)，1 mmol/L EDTA，氨苄西林，电泳缓冲液，RNA酶，蒸馏水。

2. 培养基

LB 培养基。

3. 菌种

大肠杆菌 DH5α(含 pUC18 质粒及带有氨苄西林抗性标记的重组质粒)。

4. 仪器

移液器,离心机,1.5 mL 离心管,试管,三角瓶,培养皿,牙签,移液枪,无菌操作台等。

【操作步骤】

1. 培养基配制、灭菌和接种

1) 抗生素溶液的配制　抗生素(氨苄西林 100 mg/mL)溶液:1 g 氨苄西林溶于 10 mL 双蒸水中,用 0.22 μm 滤膜过滤除菌。使用时按浓度 100 mg/mL 的量加入 LB 培养基,即得氨苄西林抗性的 LB 培养基。

2) LB 培养基的制备

(1) 称取 1 g 蛋白胨、1 g 氯化钠、0.5 g 酵母提取物放于烧杯中(固体培养基中加入 1 g 琼脂粉)。

(2) 加适量蒸馏水、搅拌溶化(在定容后加入适量琼脂粉,然后直接灭菌)。

(3) 用 pH 试纸调节 pH 约 7.0。

(4) 定容至 100 mL 后倒入 500 mL 的三角瓶中,塞上棉塞或硅胶塞,并用报纸和棉线扎紧瓶口。

(5) 向灭菌锅中加入自来水,将装有培养基的三角瓶及试管(已包扎好)放入灭菌锅中。

(6) 盖好灭菌锅,开始加热,约 10 min 后开始排放灭菌锅中的冷气,约 5 min 后关上阀门。

(7) 温度升到 121 ℃开始计时,20 min 后灭菌完成。

(8) 取出固体培养基,待其温度降至 50～60 ℃(不烫手),加入 100 μL 氨苄西林溶液(100 mg/mL)并混匀。

(9) 每 100 mL 固体培养基倒 6～7 个平板(在超净台上操作)。

3) 接种

(1) 培养基凝固后,用无菌接种环蘸取菌液,将菌种划线接种于 LB 固体培养基表面。

(2) 平板在 37 ℃培养箱中倒置培养过夜。

(3) 用灭菌过的牙签挑取平板上的单菌落,放在装有无菌液体培养基(约 5 mL)的试管中,37 ℃振荡培养过夜。

2. 碱裂解法提取质粒

1) 质粒提取

(1) 用划线接种的方法将菌种转接于含氨苄西林的 LB 平板上,37 ℃倒置培养过夜。

(2) 挑取单菌落,接种到 5 mL 含抗生素(氨苄西林终浓度 50 μg/mL)的 LB 液体培养基中,于 37 ℃剧烈振荡培养 16～24 h。

(3) 取 1.5 mL 培养物加入 2 mL 离心管,6000 r/min 离心 3 min。

注:为保证产量,可以做两管,然后混合为一管。

(4) 离心结束后,去掉上层培养液(尽量吸干)。

(5) 将细菌沉淀重悬于 100 μL 冰预冷的碱裂解液Ⅰ中,剧烈振荡。

注:可用移液枪吹打混匀或在漩涡振荡器上混匀,目的是确保细胞被完全悬浮,使最大数量的细胞接触

下一步的碱裂解液Ⅱ，使细胞完全裂解，提高质粒的产量。

(6) 加200 μL新配制的碱裂解液Ⅱ于每管细菌悬液中，盖紧管口，快速颠倒离心管4～5次，但切勿振荡，混匀后冰浴5 min(此时内容物为黏稠状)。

注：切勿振荡的目的是防止染色体DNA断裂为小片段而不易与质粒分开。

(7) 加150 μL冰预冷的碱裂解液Ⅲ，盖紧管口，反复颠倒数次混匀(不可剧烈振荡)，再冰浴5 min(此时内容物有分散的絮状沉淀出现)。

(8) 10 000 r/min离心5 min，将上清用移液枪转入另一干净的离心管，记住上清的体积。

(9) 向上述的上清中加入等体积酚和氯仿的混合物，盖紧管口，振荡混合后，10 000 r/min离心5 min。

(10) 将上清转入另一离心管。

注：不要将下层的酚和氯仿吸入，以免影响后面的实验。

(11) 将酚和氯仿的混合物换成等体积的氯仿后，重复步骤(9)和(10)，这样可以提高DNA的纯度和酶切效果。

(12) 向上述上清中加入等体积的异丙醇，轻微振荡混匀，室温静置3 min。

(13) 10 000 r/min离心10 min，倒去并用吸水纸吸干上清，再加入70%乙醇，盖紧管口，颠倒几次以洗涤沉淀(DNA)。

(14) 10 000 r/min离心2 min后去掉上清，将管倒置放在滤纸上，在50 ℃烘箱中烘干(此时沉淀物由白色转为透明)。

(15) 加入30 μL的TE缓冲液溶解质粒DNA，并加入1 μL去除了DNA酶的RNA酶，−20 ℃冰箱保存。

注：用TE缓冲液反复多次洗涤DNA沉淀部位，以充分溶解管壁上的DNA。

2) 琼脂糖凝胶电泳观察质粒DNA　操作步骤及注意事项见实验5。

3. 试剂盒法提取质粒

(1) 将1～1.5 mL过夜培养的细菌液加入1.5 mL离心管中。

(2) 于10 000 r/min (8000～10 000 g)离心30 s，并弃去上清。

如有需要，可多次重复步骤(1)、(2)，以收集更多细菌菌体，但勿过量，以免影响提取质粒的质量。

(3) 加250 μL重悬缓冲液，重悬细菌体沉淀，重悬后应该没有细菌团块。

(4) 加250 μL细胞溶解缓冲液，轻柔颠倒4～6次。不要剧烈振动，以防止基因组DNA被剪切。注意不要让反应持续超过5 min。

(5) 加350 μL中和缓冲液，立即轻柔颠倒离心管4～6次。溶液应该出现絮状物，但不会出现局部沉淀。

(6) 于13 000 r/min (>14 000 g)离心10 min。如离心机转速不够可延长离心时间，直至形成紧密的白色沉淀。

(7) 将步骤(6)离心后得到的上清转移到吸附柱内，于6000 r/min (≤6000 g)离心1 min，并弃去接液管内液体。

(8) 向吸附柱内加650 μL洗涤缓冲液，于12 000 g离心30～60 s，并弃去接液管内液体。

(9) 重复步骤(8)一次。

(10) 再次于12 000 g离心1 min，然后将吸附柱转移到无菌的1.5 mL离心管中。如不进行该步离心，则无法保证离心柱内残液被彻底清除。

(11) 向吸附柱内加 50 μL 洗脱缓冲液、去离子水或 TE 溶液，并于室温静置1 min。可根据实验的实际需要决定洗脱液用量。

(12) 于 12 000 *g* 离心 1 min，1.5 mL 离心管内溶液中含有质粒 DNA。

【结果】

拍下在紫外透射仪上观察到的质粒凝胶电泳图，做质粒的构象分析，判断所需质粒对应的条带。根据图 4-1 的实验结果，判断对应的质粒构象，并分析产生的原因。

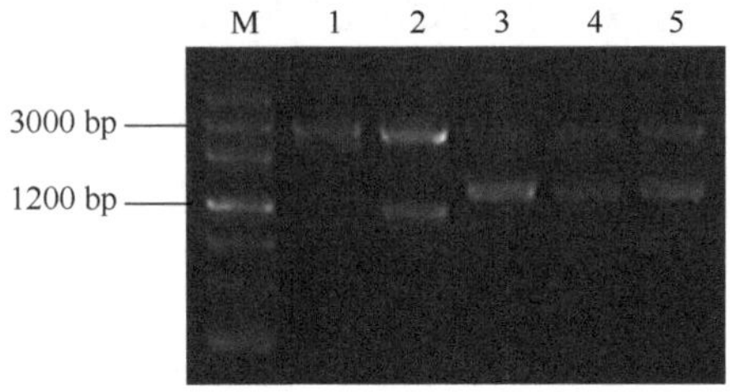

图 4-1 提取的质粒 DNA 琼脂糖凝胶电泳图
M 为 Marker，1～5 为同一种样品提取的质粒

注：

(1) 从细菌中大量提取的质粒在电泳时，不一定均出现三条带，有时会出现两条，甚至一条(一般是超螺旋的质粒)，这跟上样量也有些关系。出现不同的结果是由于抽提质粒时的操作手法不同。如果严格按照操作步骤，超螺旋的质粒会较多。

(2) 酶切将质粒线性化以后，才可以用 Marker 判断大小。如果有三种构象，可以用中间那条带与 Marker 比较判断大小。

【思考题】

(1) 分析下列实验结果产生的可能原因。

a. 观察到 2～3 条整齐的荧光带。

b. 三种类型的核酸(染色体 DNA、质粒 DNA 和 RNA)都观察到。

c. 只观察到一片不成带形的“拖尾”荧光带。

d. 没有观察到任何荧光带。

(2) 说明碱裂解液Ⅰ～Ⅲ、75%的乙醇、酚和氯仿的作用机制。

(涂 毅)

实验 5 琼脂糖凝胶电泳分离检测 DNA

【实验目的】

掌握琼脂糖凝胶电泳检测 DNA 的方法。

【实验原理】

琼脂糖是从海藻中提取的一种直链多糖，它是由 D-半乳糖和 3，6-脱水-L-半乳糖的残基交替排列组成的线型多聚糖。当琼脂糖加热至 90～100 ℃，即可形成清亮透明的液体。浇在模板上冷却至 40～45 ℃时，凝固形成凝胶。琼脂糖带有亲水性，不含有带电荷的基团，不引起 DNA 变性，又不吸附被分离的物质，因此它是一种很好的凝胶剂。琼脂糖凝胶可区分相差

100 bp 的 DNA 片段。

影响 DNA 分子在电泳中的迁移率的因素是多方面的，除了 DNA 分子大小与构型外，还有琼脂糖凝胶的浓度、电压大小、缓冲液 pH 和电泳时的温度等。

琼脂糖凝胶电泳是分离、纯化、鉴定 DNA 片段的典型方法，其特点为简便、快速。DNA 片段琼脂糖凝胶电泳的原理与蛋白质的电泳原理基本相同，DNA 分子在高于其等电点的 pH 溶液中带负电荷，在电场中向正极移动。DNA 分子在电场中通过介质而泳动，除电荷效应外，凝胶介质还有分子筛效应，与分子大小及构象有关(表 5-1)。对于线形 DNA 分子，其电场中的迁移率与其分子质量的对数值成反比。

表 5-1　线状 DNA 片段分离的有效范围与琼脂糖凝胶浓度关系

琼脂糖凝胶的百分浓度/%	分离线状 DNA 分子的有效范围/kb
0.3	5～60
0.6	1～20
0.7	0.8～10
0.9	0.5～7
1.2	0.4～6
1.5	0.2～4
2.0	0.1～3

在凝胶中加入少量溴化乙锭(EB)，其分子可插入 DNA 的碱基之间，形成一种光络合物(图 5-1)，在波长为 254～365 nm 紫外光照射下，呈现橘红色的荧光，因此可对分离的 DNA 进行检测。

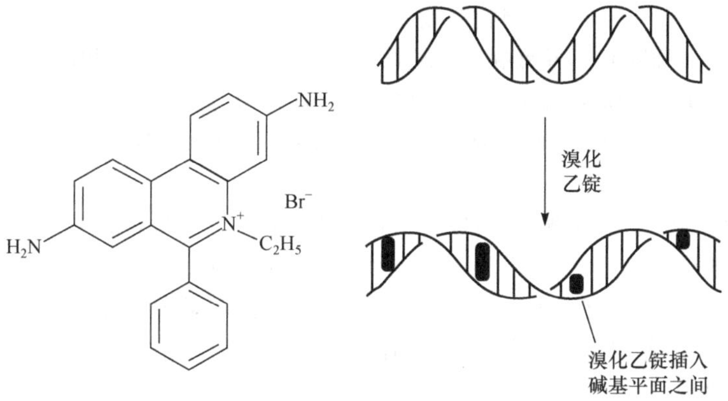

图 5-1　溴化乙锭的结构和与 DNA 的结合

电泳时也可以溴酚蓝及二甲苯氰(蓝)作为双色电泳指示剂，其目的有以下几点。

(1) 增大样品密度，确保 DNA 均匀进入样品孔内。

(2) 使样品呈现颜色，了解样品泳动情况，使操作更为便利。

(3) 以 0.5×TBE 缓冲液作为电泳液时，溴酚蓝的泳动率约与长 300 bp 的双链 DNA 相同，二甲苯氰(蓝)则与 4 bp 的 DNA 相同。

【器材】

1. 实验样品

质粒 pUC18。

2. 试剂

(1) 线性 DNA/*Hin*d Ⅲ分子质量标准。

(2) 溴酚蓝指示剂点样缓冲液：0.2%溴酚蓝，50% 蔗糖。

(3) 1 mg/mL 溴化乙锭溶液。

(4) 电泳缓冲液(TAE):40 mmol/L Tris-乙酸,1 mmol/L EDTA。

配制方法:24.2 g Tris 碱,5.71 mL 冰醋酸,10 mL 0.5 mol/L EDTA(pH8.0),定容至 5000 mL。

(5) 0.7%琼脂糖凝胶。

配制方法:称取琼脂糖 0.35 g,加入 50 mL TAE 电泳缓冲液。

3. 仪器

微量移液器,电泳仪,水平电泳槽,透射紫外观察仪。

【操作步骤】

(1) 选择合适的水平电泳槽,调节电泳槽平面至水平。检查稳压电源与正负极的线路。

(2) 选择孔径大小合适的点样梳子,垂直架在电泳胶模的一端,使点样梳子底部离电泳胶模底部的距离为 1.0 mm。

(3) 制备 0.7%琼脂糖凝胶,100 ℃水浴加热至琼脂糖融化均匀。

注:加热溶解琼脂糖时应不断地摇动容器,使附于壁上的颗粒也完全溶解。

(4) 用吸管取少量琼脂糖凝胶溶液,将电泳胶模四周密封好,防止浇灌琼脂糖凝胶板时发生渗透。待琼脂糖凝胶冷却至 60 ℃左右时,加入一滴溴化乙锭,摇匀,轻轻倒入电泳胶模中,琼脂糖凝胶的厚度为 3~5 mm。倒胶时要避免产生气泡,若有气泡可用吸管小心吸去。

注:溴化乙锭是一种强致癌剂,并有中度毒性,因此必须十分谨慎小心。操作时一定要戴手套,用过的手套要及时将手套顺手翻过来,让污染有溴化乙锭的面朝里。

(5) 琼脂糖凝胶凝固后,在室温放置 20 min,小心拔掉点样梳子和电泳胶模两端的挡板,保持点样孔的完好。

(6) 将电泳胶模放入电泳槽中,加入电泳缓冲液,使电泳缓冲液面高出琼脂糖凝胶表面 1~2 mm。如点样孔内有气泡,用吸管小心吸出,以免影响加样。

(7) 将 2~3 μL DNA 样品与 1 μL 上样缓冲液(含溴酚蓝指示剂)混合。上样缓冲液不仅可以提高样品的密度,使样品均匀沉到样品孔内,还可以使样品带颜色,便于上样、估计电泳时间和判断电泳的位置。

(8) 用微量移液器将样品小心加入加样孔内,记录样品点样次序。

(9) 盖上电泳槽盖,开启电源开关,最高电压不超过 5 V/cm(100~150 V 恒压电泳),使 DNA 从负极向正极移动。

(10) 电泳时间随实验的具体要求而异。电泳一般需 1~3 h。电泳完毕后关闭电源,戴一次性塑料手套取出凝胶,尽可能将所有的电泳缓冲液淋干,在 254 nm 波长的透射紫外灯下观察。

注:用 254 nm 波长的紫外光进行观察的效果比 366 nm 清晰,但产生的切口 DNA 量也较高。紫外光对眼睛有害,观察时应戴上眼镜或防护面罩。

由于 EB 具有一定的毒性,实验结束后,应对含 EB 的溶液进行净化处理再行弃置,以避免污染环境和危害人体健康。处理方法如下。

(1) 对于 EB 含量大于 0.5 mg/mL 的溶液,可进行如下处理。

a. 将 EB 溶液用水稀释至浓度低于 0.5 mg/mL。

b. 加入 1 倍体积的 0.5 mol/L $KMnO_4$,混匀,再加入等量的 2.5 mol/L HCl,混匀,置室温数小时。

c. 加入 1 倍体积的 2.5 mol/L NaOH,混匀并废弃。

(2) EB 含量小于 0.5 mg/mL 的溶液,可进行如下处理。

a. 按 1 mg/mL 的量加入活性炭,不时轻摇混匀,室温放置 1 h。

b. 用滤纸过滤并将活性炭与滤纸密封后丢弃。

【结果】

如图 5-2 所示,在凝胶成像系统中对电泳的凝胶拍照,分析实验结果。

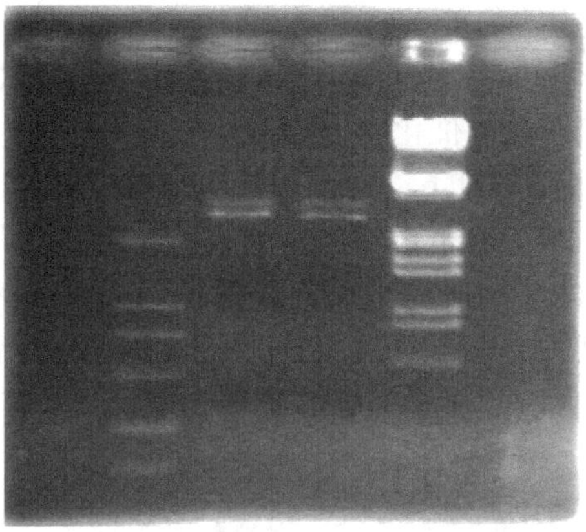

图 5-2　DNA 的琼脂糖凝胶电泳图

【思考题】

(1) DNA 在电场中的迁移率取决于哪些因素?

(2) 在图 5-2 中,中间两个泳道出现了两条非常接近的条带,试分析其产生的原因。

(涂　毅)

实验 6　PCR 扩增目的基因

【实验目的】

(1) 掌握 PCR 技术的原理及引物设计方法。

(2) 掌握 PCR 技术的操作方法。

【实验原理】

聚合酶链反应(polymerase chain reaction,PCR)是一种级联反复循环的 DNA 合成反应过程,一般由三个步骤组成:变性、退火和延伸。

变性:双链 DNA 模板的变性温度由 GC 的含量决定,GC 含量越高,模板 DNA 的解链温度(melting temperature,T_m)越高,在选择的变性温度下,DNA 分子越长,两条链完全分开的时间要求越长。

在应用 *Taq* DNA 聚合酶进行 PCR 反应时，变性温度一般为 94～95 ℃，这也是 *Taq* DNA 聚合酶进行 30 或 30 次以上 PCR 循环而活力不受过多损失时所能耐受的最高温度，在 PCR 的第一个循环中，常把变性时间设计为 5 min，便于增加模板 DNA 彻底解链的概率，对于线性 DNA 分子而言，这种延长时间是没有必要的，对于 GC 含量为 55%或更低的线性 DNA 模板推荐 PCR 的变性条件是 94～95 ℃变性 45 s。

退火：退火过程(即复性)采用的温度(T_a)至关重要，退火温度太高，引物不能与模板很好地复性，扩增效率会非常低；退火温度太低，引物会产生非特异性复性，导致非特异性的 DNA 片段的扩增，复性通常在比理论计算的引物和模板的解链温度低 3～5 ℃的条件下进行。

延伸：在热稳定 DNA 聚合酶的催化合成最适温度下进行，对 *Taq* DNA 聚合酶来说，最适温度一般为 72～78 ℃。在最适温度下，*Taq* DNA 聚合酶的聚合速率约为 2000 bp/min，根据由经验确定的规则，靶基因每 1000 bp 的扩增产物的延伸时间被设计为 1 min。

循环次数：PCR 扩增的循环数取决于反应体系中起始模板拷贝数及引物延伸和扩增效率。一旦 PCR 反应进入几何级数增长期，反应将一直持续下去，直到其中某一成分成为限制因素，用 *Taq* DNA 聚合酶在含有 10^5 个拷贝的靶序列的反应体系中进行 30 个循环后一般可以得到理想结果。

PCR 反应基本原理如图 6-1 所示。

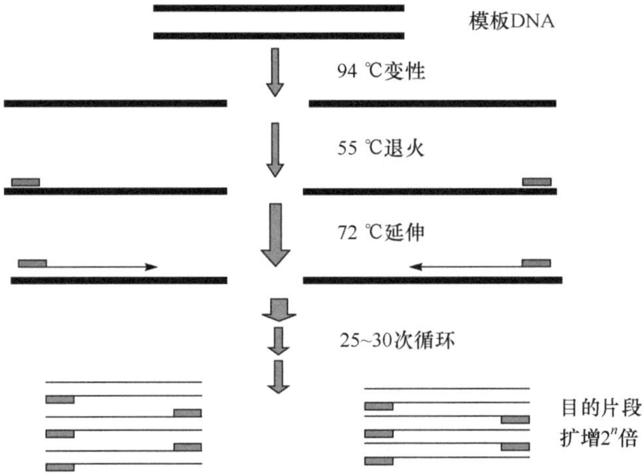

图 6-1　PCR 反应原理示意图

PCR 反应体系中的 7 种基本成分包括热稳定的 DNA 聚合酶、一对寡核苷酸引物、四种脱氧核苷三磷酸(dNTP)、二价阳离子(Mg^{2+})、维持 pH 的缓冲液、一价阳离子(K^+)和模板 DNA。

PCR 引物设计需要注意以下方面。

(1) 引物最好在模板 DNA 的保守区内设计。DNA 序列的保守区是通过物种间相似序列的比较确定的。在美国国家生物技术信息中心(NCBI)上搜索不同物种的同一基因，通过序列分析软件(如 DNAman)比对(alignment)，各基因相同的序列就是该基因的保守区。

(2) 引物长度一般为 15～30bp。引物长度(primer length)常用的为 18～27 bp，但不应大于 38 bp，因为过长会导致其延伸温度大于 74 ℃，不适于 *Taq* DNA 聚合酶进行反应。

(3) 引物 GC 含量为 40%～60%，解链温度最好接近 72 ℃。GC 含量(composition)过高

或过低都不利于引发反应。上下游引物的 GC 含量不能相差太大。另外，上下游引物的 T_m 值是寡核苷酸的解链温度，即在一定盐浓度条件下，50%寡核苷酸双链解链的温度。有效启动温度，一般高于 T_m 值 5～10 ℃。若按公式 $T_m=4(G+C)+2(A+T)$估计引物的 T_m 值，则有效引物的 T_m 为 55～80 ℃，其 T_m 值最好接近 72 ℃以使复性条件最佳。

(4) 引物 3′端要避开密码子的第 3 位。如扩增编码区域，引物 3′端不要终止于密码子的第 3 位，因为密码子的第 3 位易发生简并，会影响扩增的特异性与效率。

(5) 引物 3′端不能选择 A，最好选择 T。引物 3′端错配时，不同碱基引发效率存在着很大的差异，当末位的碱基为 A 时，即使在错配的情况下，也能有引发链的合成，而当末位链为 T 时，错配的引发效率大大降低，G、C 错配的引发效率介于 A、T 之间，所以 3′端最好选择 T。

(6) 碱基要随机分布。引物序列在模板内应当没有相似性较高，尤其是 3′端相似性较高的序列，否则容易导致错误引发(false priming)。降低引物与模板相似性的一种方法是，引物中 4 种碱基的分布最好是随机的，不要有聚嘌呤或聚嘧啶的存在。尤其 3′端不应超过 3 个连续的 G 或 C，因为这样会使引物在 GC 富集序列区错误引发。

(7) 引物自身及引物之间不应存在互补序列。引物自身不应存在互补序列，否则引物自身会折叠成发夹结构(hairpin)使引物本身复性。这种二级结构会因空间位阻而影响引物与模板的复性结合。引物自身不能有连续 4 个碱基的互补。

两引物之间也不应具有互补性，尤其应避免 3′端的互补重叠以防止引物二聚体(dimer 与 cross dimer)的形成。引物之间不能有连续 4 个碱基的互补。

引物二聚体及发夹结构如果不可避免的话，应尽量使其 ΔG 值不要过高(应小于 18 837 J/mol)。否则易导致产生引物二聚体带，并且降低引物有效浓度而使 PCR 反应不能正常进行。

(8) 引物 5′端和中间 ΔG 值应该相对较高，而 3′端 ΔG 值较低。ΔG 值是指 DNA 双链形成所需的自由能，它反映了双链结构内部碱基对的相对稳定性，ΔG 值越大，则双链越稳定。应当选用 5′端和中间 ΔG 值相对较高，而 3′端 ΔG 值较低(绝对值不超过 9)的引物。引物 3′端的 ΔG 值过高，容易在错配位点形成双链结构并引发 DNA 聚合反应(不同位置的 ΔG 值可以用 Oligo 6 软件进行分析)。

(9) 引物的 5′端可以修饰，而 3′端不可修饰。引物的 5′ 端决定着 PCR 产物的长度，它对扩增特异性影响不大。因此，可以被修饰而不影响扩增的特异性。引物 5′端修饰包括：加酶切位点；标记生物素、荧光、地高辛、Eu^{3+} 等；引入蛋白质结合 DNA 序列；引入点突变、插入突变、缺失突变序列；引入启动子序列等。引物的延伸是从 3′端开始的，不能进行任何修饰。3′端也不能有形成任何二级结构的可能。

(10) 扩增产物的单链不能形成二级结构。某些引物无效的主要原因是扩增产物单链二级结构的影响，选择扩增片段时最好避开二级结构区域。用有关软件(如 RNAstructure)可以预测估计 mRNA 的稳定二级结构，有助于选择模板。实验表明，待扩区域自由能(ΔG^0)小于 58.61 kJ/mol 时，扩增往往不能成功。若不能避开这一区域时，用 7-脱氮-2′-脱氧 GTP 取代 dGTP，对扩增的成功是有帮助的。

(11) 引物应具有特异性。引物设计完成以后，应对其进行序列比对，通常使用 NCBI 提供的 BLAST 程序进行检测。如果与其他基因不具有互补性，就可以进行下一步的实验了。

【器材】

1. 试剂

10×扩增缓冲液、4 种 dNTP 储存液、*Taq* DNA 聚合酶、引物、模板 DNA（含目的基因的质粒）、无菌水、琼脂糖凝胶、电泳缓冲液、1 mg/mL 溴化乙锭溶液(EB)。

2. 仪器

PCR 仪，离心机，1.5 mL 离心管，PCR 反应管，电泳仪，电泳槽，移液器等。

【操作步骤】

(1) 按下列次序，将各成分加入 PCR 反应管：

H_2O	33 μL
20 mmol/L 4 种 dNTP 混合液	13 μL
20 μmol/L 正向引物	1 μL
20 μmol/L 反向引物	1 μL
1.2 μL *Taq* DNA 聚合酶	1～2 个单位
模板 DNA	1 μL
总体积	50 μL

(2) 加完后混匀并稍微离心，以上要求在无菌条件下进行操作，各种试剂应置于冰上。

将上述 PCR 反应管放置在 PCR 仪的加热板上。PCR 仪若无加热盖，在反应混合液上层应加一滴矿物油(约 50 μL)，防止样品蒸发。

按表 6-1 程序进行 PCR 扩增。

表 6-1　PCR 扩增程序

变性	退火	延伸	循环数	保温
94 ℃，5 min	55 ℃，1 min	72 ℃，2 min	30 个循环	72 ℃，10 min

(3) 延伸时间根据靶基因的长度按 1000 bp/min 的速率计算，大多数 PCR 仪设置的最后一个程序是扩增样品温育在 4 ℃，直到从 PCR 仪上取走样品，有些样品可以在 PCR 仪上过夜，然后储存在－20 ℃。

(4) 抽取每种扩增样品 2～5 μL，用琼脂糖凝胶电泳分析扩增效果。

(5) 若用矿物油覆盖样品上层，反应结束后可用 150 μL 氯仿抽提除去。

【结果与分析】

描绘出在紫外透射仪上观察到的 PCR 反应产物凝胶电泳图。

【思考题】

(1) 指出出现以下情况的原因。

a. 在阴性对照管中出现目的条带。

b. 扩增的目的产物 DNA 呈现模糊的广泛的成片条带。

c. 出现的条带其 DNA 分子质量均比期望的分子质量小。

(2) 操作 PCR 反应时应注意哪些问题?

(3) 降低退火温度对反应有何影响?

(4) 延长变性时间对反应有何影响?

(5) PCR 循环次数是否越多越好? 为何?

(6) 如果出现非特异性条带,可能有哪些原因?

(唐红枫)

实验 7　琼脂糖凝胶中 DNA 片段的回收

【实验目的】

掌握 PCR 产物的回收和纯化方法。

【实验原理】

从琼脂糖凝胶中回收 DNA 片段,可得到大小一致的 DNA 片段。有多种方法可用于对琼脂糖凝胶中 DNA 片段的回收,如低熔点琼脂糖法、洗脱法等。本实验方法是先使凝胶被 NaI 溶解,然后 DNA 与玻璃粉结合,再从玻璃粉中洗脱出 DNA 片段。

【试剂】

1. 玻璃粉

(1) 取 30 g 玻璃粉(Sigma,325 目二氧化硅)悬于内有 200 mL 蒸馏水的烧杯中。搅拌混匀后,静置 9 min。

(2) 将上清转移到离心管中,于 6000 *g* 离心 10 min,沉淀玻璃粉。

(3) 倒掉上清,将玻璃粉重悬于 50 mL 25%硝酸中,室温放置过夜。

(4) 于 6000 *g* 离心 10 min,沉淀玻璃粉,用无菌双蒸水洗涤,沉淀玻璃粉 4～6 次,直到 pH 中性。

(5) 用无菌水重悬沉淀,配成 10%的浆液。

(6) 将此浆液分装成每管 0.1 mL,储存于－70 ℃。待用的样品可储存于－20 ℃或 4 ℃。

2. NaI 溶液

称取 90.8 g NaI,15 g Na_2SO_3,加双蒸水至 100 mL。

3. 乙醇清洗液

100 mmol/L NaCl＋1 mmol/L EDTA(pH8.0)＋10 mmol/L Tris-HCl(pH7.5)＋50%乙醇。

【操作步骤】

(1) 用琼脂糖凝胶电泳分离 DNA 片段，当 DNA 片段完全分开后，停止电泳(见实验 5)。

注：本实验的电泳缓冲液只能使用 TAE 缓冲液，回收的 DNA 片段应为 0.8～6 kb。

(2) 在长波长紫外灯下观察凝胶，切下含所需 DNA 片段的琼脂糖部分。将胶放入预称重的微离心管中。

注：尽量缩短暴露在紫外灯下的时间。切胶时，尽量除去多余的胶块。

(3) 称量含凝胶的离心管质量(100 mg 凝胶计 100 μL 体积)，每 0.1 g 凝胶加 200 μL NaI 溶液。

(4) 于 50 ℃温育离心管，每 5 min 颠倒混匀几次离心管，直到琼脂糖完全融解。

(5) 每微克 DNA 加入 5 μL 玻璃粉悬液。轻轻颠倒使之混匀，于冰上放置 10 min，使 DNA 结合在玻璃粉上。

(6) 于室温离心 5 s，收集结合有 DNA 的玻璃粉。

(7) 倒掉上清，加 700 μL －20 ℃预冷的乙醇清洗缓冲液，轻轻地抽吸，使玻璃粉重悬浮。冰上放置 5 min。

(8) 重复步骤(6)与(7)两次，于室温离心 10 s，使玻璃粉沉淀下来。倒掉上清，重复离心，小心除去全部残存液体。

(9) 加入 30～50 μL TE 缓冲液，轻轻吹打使玻璃粉重悬浮。于 50 ℃温育 10 min，将 DNA 洗脱下来。

(10) 于室温离心 10 s，使玻璃粉沉淀下来。将上清转移到另一管中。

注：转移上清时不要吸入玻璃粉，因为它可抑制许多酶的活性。

【结果】

采用凝胶成像系统拍照，记录回收结果。

【思考题】

(1) 如何有效提高凝胶纯化 PCR 产物的效率？

(2) 请比较不同公司的 PCR 产物回收方法，有哪些异同点？

【附】

除了本实验的方法外，许多公司都有专用于从琼脂糖凝胶中回收 DNA 的试剂盒。下面就介绍其中几个。

1. 用 Supelco 公司的旋转柱从琼脂糖凝胶上回收 DNA 片段

(1) 加 100 μL TE 缓冲液到 Supelco 公司从琼脂糖中回收 DNA 的旋转柱(GenElute™ Agarose Spin Column)内，将旋转柱插在一支 1.5 mL 离心管中，15 000 r/min 离心 10 min。

(2) 弃去 1.5 mL 离心管中收集的 TE 缓冲液。

(3) 在暗室中、紫外灯长波照射下，用手术刀片或剃须刀片从琼脂糖凝胶上切下特异 DNA 片段，放到旋转柱内。

(4) 将旋转柱插到一支新的 1.5 mL 离心管中，15 000 r/min 离心 10 min。

1.5 mL 离心管中的液体就是回收的 DNA。

2. 用 BM 公司从琼脂糖凝胶中回收 DNA 的试剂盒回收 DNA

(1) 先进行琼脂糖凝胶电泳，从中切下目的条带，放入预称重的 1.5 mL 离心管中进行称重，计算出凝胶净重。

(2) 每 100 mg 凝胶加 300 μL 琼脂糖溶解缓冲液。

(3) 取 10 μL 硅胶至样品中混匀。

(4) 56～60 ℃孵育 10 min，每隔 2～3 min 混匀一次。

(5) 16 000 r/min 离心 1 min，弃上清。

(6) 加 500 μL 核酸结合缓冲液，混匀。16 000 r/min 离心 1 min，弃上清。

(7) 加 500 μL 清洗缓冲液，混匀，16 000 r/min 离心 1 min，弃上清。

(8) 重复一次步骤(7)。

(9) 用微量加样器吸干液滴，在吸水纸上倒置离心管，室温干燥 15 min。

(10) 用 50 μL TE 缓冲液，50～60 ℃洗脱 10 min，每 2～3 min 混匀一次。16 000 r/min 离心 1 min，回收上清至 0.5 mL 微离心管中。

所回收的上清即为从凝胶中回收的 DNA 片段。

3. 用 TaKaRa 公司回收 DNA 试剂盒回收 DNA

(1) 试剂盒中成分：

硅胶树脂	1 mL
NaI 溶液	50 mL
浓缩缓冲液	30 mL

浓缩缓冲液使用时加 100% 乙醇等体积混合，称为洗净用缓冲液。

(2) 样品进行琼脂糖凝胶电泳后，将目的 DNA 片段切出。

制作琼脂糖凝胶及电泳时建议使用 TAE 缓冲液。

(3) 将切下的凝胶块放入 1.5 mL 的离心管中。

(4) 向反应管中加入 1.5～3 倍凝胶量的 NaI 溶液（通常为 600 μL），55 ℃加热 5～10 min，使凝胶完全融化。

(5) 按每 2 μL 硅胶树脂结合 1 μg DNA 比例加入适量的硅胶树脂后，充分混合，室温放置 20 min。

注：在使用硅胶树脂前，一定要将硅胶树脂液充分搅匀。

(6) 10 000 r/min 离心 1 min，除去上清。

注：此上清在整个回收过程结束后，确认回收率较高时方可扔掉。否则可在此上清中再次加入硅胶树脂液，重新回收。

(7) 在反应管中加入 500 μL 洗净用缓冲液，振荡搅匀后 10 000 r/min 离心 1 min，除去上清。并重复离心一次。

(8) 离心后除尽上清，加入与硅胶体积相等的 TE 缓冲液或灭菌蒸馏水，搅匀，55 ℃水浴中放置 5 min。

(9) 10 000 r/min 离心 1 min，回收上清。

此上清即为回收的 DNA 溶液。

注：再重复一次(8)、(9)的操作可提高回收率。

（唐红枫）

实验 8　DNA 的酶切

【实验目的】

(1) 了解一般常用限制性内切核酸酶的各种特性。

(2) 学习设计酶切方案的一般规律。

(3) 掌握酶的保存和使用方法。

(4) 对载体与供体进行酶切。

【实验原理】

酶切技术是指用限制性内切核酸酶切割 DNA 片段。由于酶具有专一性，一种酶只能识别一种特定的脱氧核苷酸序列，因此可以用特定的这种酶去切割相应的 DNA 片段，进而达到定向切割的目的。

1. 限制性内切核酸酶的种类

20 世纪 50 年代初，许多学者发现了限制与修饰现象，当时称作寄主控制的专一性(host controlled specificity)。限制作用实际就是限制酶降解外源 DNA，维护宿主遗传稳定的保护机制。甲基化是常见的修饰作用，可使腺嘌呤 A 转化成为 N^6-甲基-腺膘呤，胞嘧啶 C 成为 5′-甲基胞嘧啶。通过甲基化作用达到识别自身遗传物质和外来遗传物质的目的。

20 世纪 60 年代，人们注意到 DNA 在感染宿主后会被降解，从而提出限制性内切核酸酶(简称限制酶)的概念。1968 年，首次从 *E. coli* K 中分离到限制酶，它有特定的识别位点，但没有特定的切割位点，其中切割位点离识别位点达 1000 bp 以上。

1970 年，美国约翰 · 霍布金斯大学的 H. Smith 于偶然中发现，流感嗜血杆菌(*Haemophilus influenzae*)能迅速降解外源的噬菌体 DNA，其细胞提取液可降解 *E. coli* DNA，但不能降解自身 DNA，从而找到 *Hin*dⅡ限制性内切核酸酶。*Hin*dⅡ限制性内切核酸酶的识别位点和切割位点如下：

$$5'\cdots GTPy\downarrow PuAC\cdots 3'$$
$$3'\cdots CAPu\uparrow PyTG\cdots 5'$$

从此以后，发现的限制酶越来越多，并且许多已经在实践中得到应用。*Eco*RⅠ是应用最广泛的限制性内切核酸酶，酶切位点和切割位点如下：

$$5'G\downarrow AATTC\ 3'$$
$$3'CTTAA\uparrow G\ 5'$$

限制性内切核酸酶的命名遵循一定的原则，主要依据来源来定，涉及宿主的种名、菌株号或生物型。命名时，依次取宿主属名第一字母、种名头两个字母、菌株号，然后再加上序号(罗马数字)。例如，*Hin*d Ⅲ限制性内切核酸酶，*Hin* 表示来源于流感嗜血杆菌，d 表示来自菌株 Rd，Ⅲ表示序号。

根据酶的亚单位组成、识别序列的种类和是否需要辅助因子，限制与修饰系统至少可分为三类。表 8-1 是各种限制与修饰系统的比较。

表 8-1　各种限制与修饰系统的比较

类别	Ⅱ	Ⅰ	Ⅲ
识别位点	4～6 bp，大多数为回文对称结构	非对称	5～7 bp，非对称
切割位点	在识别位点中或靠近识别位点	无特异性，至少在识别位点外 1000 bp	在识别位点下游 24～26 bp
限制反应与甲基化反应	分开的反应	互斥	同时竞争
限制作用是否需要 ATP	否	是	是

Ⅱ型（typeⅡ）限制与修饰系统所占的比例最大，达 93%。Ⅱ型酶相对来说最简单，它们识别 4～6 bp 长度的回文对称序列，在回文序列内部或附近切割 DNA，产生带 3′-羟基和 5′-磷酸基团的 DNA 产物，需 Mg^{2+} 的存在才能发挥活性。

Ⅱs 型（typeⅡs）限制与修饰系统，占 5%，与Ⅱ型具有相似的辅因子要求，但识别位点是非对称，也是非间断的，长度为 4～7 bp，切割位点可能在识别位点一侧的 20 bp 范围内。

在Ⅱ型限制酶中还有一类特殊的类型，该酶只切割双链 DNA 中的一条链，造成一个切口，这类限制酶也称切口酶（nicking enzyme），如 N. *Bst* NBI。

Ⅰ型（typeⅠ）限制与修饰系统的种类很少，只占 1%，如 *Eco*K 和 *Eco*B。

*Eco*B 酶的识别位点如下（其中两条链中的 A＊为甲基化位点，N 表示任意碱基）：

$$TGA*(N)_8TGCT$$

但是 *Eco*B 酶和 *Eco*K 酶的切割位点在识别位点 1000 bp 以外，且无特异性。

Ⅲ型（type Ⅲ）限制与修饰系统的种类更少，所占比例不到 1%，如 *Eco*P1 和 *Eco*P15。它们的识别位点分别是 AGACC 和 CAGCAG，切割位点则在下游 24～26 bp 处。

在基因操作中，一般所说的限制酶或修饰酶，除非特指，均指Ⅱ型系统中的种类。

2. 限制性内切核酸酶的切割特点

限制性内切核酸酶Ⅱ识别含 4～6 个核苷酸且具有回文对称性质的核酸序列，并在识别序列内或侧旁特异性位点切开 DNA 片段，产生平齐末端（blunt end）或带单链突出端的 DNA 片段（黏性末端，cohesive end），如

$$\begin{matrix}\text{NNG}\downarrow\text{AATTCNN} \\ \text{NNCTTAA}\uparrow\text{GNN}\end{matrix} \xrightarrow{EcoR\,Ⅰ} \begin{matrix}\text{NNG} & \text{AATTCNN} \\ \text{NNCTTAA} & \text{GNN}\end{matrix}$$

产生平齐末端的 DNA 可任意连接，但连接效率较黏性末端低。

许多不同的限制酶切割 DNA 产生的末端是相同的，且是对称的，即它们可产生相同的黏性突出末端。这些酶统称为同尾酶。这些酶切割 DNA 得到的产物可进行黏端连接。

限制酶切割 DNA 时对识别序列两端的非识别序列有长度的要求，也就是说在识别序列两端必须有一定数量的核苷酸，否则限制酶将难以发挥切割活性。用 20 单位（unit）限制酶切割 1 μg 标记的寡核苷酸做测试时，发现不同的酶对识别序列两端的长度有不同的要求（表 8-2）。相对来说，*Eco*RⅠ对两端的序列长度要求较小，在识别序列外侧有一个碱基对时在 2 h 的切割活性可达 90%。而 *Acc*Ⅰ和 *Hin*dⅢ对两端的序列长度要求较大。

表 8-2　靠近 DNA 片段末端的切割效率(用寡核苷酸检测)

限制酶	待测的寡核苷酸序列	切割效率/%	
		2 h	20 h
Acc Ⅰ	CCG GTCGACCGG	0	0
Hind Ⅲ	C AAGCTTG	0	0
	CC AAGCTTGG	0	0
	CCC AAGCTTGGG	10	75
*Eco*R Ⅰ	G GAATTCC	>90	>90
Pst Ⅰ	G CTGCAGC	0	0
	TGCA CTGCAGTGCA	10	10
	AA CTGCAG(N)$_{14}$	>90	>90
	CTGCAG(N)$_{20}$	0	0

用 DNA 片段(线性载体)检测末端长度对切割的影响时,同样发现识别序列的末端长度对酶切效率有明显影响,不同的酶对末端长度的要求是不同的。

在设计 PCR 引物时,如果要在末端引入一个酶切位点,为保证能够顺利切割扩增的 PCR 产物,应在设计的引物末端加上能够满足要求的碱基数目。另外,了解末端长度对切割的影响还可帮助在双酶切多克隆位点时选择酶切顺序。

3. 酶切反应条件

1) *缓冲液*　常规缓冲液一般包括提供稳定 pH 的缓冲剂、Mg^{2+}、DTT(二硫苏糖醇)及 BSA(小牛血清白蛋白)。

pH 通常为 7.0～7.9(在 25 ℃时),用 Tris-HCl 或乙酸调节 pH;Mg^{2+} 作为酶的活性中心,由 $MgCl_2$ 和 $MgAc_2$ 提供;浓度常为 10 mmol/L;DTT 浓度常为 1 mmol/L。有时缓冲液中还要加入 100 μg/mL BSA,但只是少数反应需要。不同的酶对离子强度的要求差异很大,因此可依次将限制酶缓冲液按离子强度的差异分为高、中、低三种类型,离子强度以 NaCl 来满足,浓度分别为 100 mmol/L、50 mmol/L 和 0 mmol/L。

对 DNA 进行双酶切时,如何选择缓冲液是相当重要的。可选用对两种酶都合适的缓冲液或通用缓冲液;若找不到共用的缓冲液则先用低浓度的,再加适量 NaCl 和第二种酶;或先用低盐缓冲液再用高盐缓冲液(DNA 可纯化或不纯化)。

2) *反应温度*　反应温度大多数为 37 ℃,一部分为 50～65 ℃,少数 25～30 ℃。高温作用酶在 37 ℃的活性会下降,多数仅为最适条件下的 10%～50%。例如,*Taq* 限制酶(正常反应温度为 65 ℃),在 37 ℃只有在 65 ℃活性的 10%;*Apo* Ⅰ(正常反应温度为 50 ℃),37 ℃只有在 50 ℃时活性的 50%。销售商在产品说明中都会标明最佳反应温度。

3) *反应时间*　反应时间通常为 1 h 或更多,许多酶延长反应时间可减少酶的用量。*Eco*R Ⅰ若反应 16 h,所需酶量为正常酶切时间下的 1/8。其他一些酶也有类似情况,如 *Hind* Ⅲ为 1/8,*Kpn* Ⅰ为 1/4,*Bam*H Ⅰ为 1/2。

4) *终止酶切的方法*　EDTA 可螯合 Mg^{2+},从而可终止酶切反应,终止浓度为 10 mmol/L;加热是常用的方法,对于最佳反应温度为 37 ℃的酶,在 65 ℃或 80 ℃处理 20 min

可使酶大部分失活。

因此，限制性内切核酸酶的选择非常重要，应尽量选择黏端酶切和酶切效率高的限制酶，如 *Bam*H Ⅰ和 *Hin*d Ⅲ。

酶切计划的实施可按以下次序进行：DNA 量、酶量(最多占总体积的 1/10)、总体积，即根据所用的 DNA 的量确定用酶量，再根据用酶量确定总体积。酶切时加样的顺序一般应为：水、缓冲液、DNA、酶，以保证酶的活性。向离心管中加入每个组分后都要用手指轻拨管子，以利混匀，最后加入酶混匀，离心 5 min 保温酶切。

【器材】

台式离心机，漩涡振荡器，恒温水浴，微量移液器，1.5 mL 离心管，限制性内切核酸酶 *Bam*H Ⅰ和 *Hin*d Ⅲ，无菌水。

【操作步骤】

(1) 酶切体系。取一离心管，分别加入以下成分：

无菌去离子水	6 μL
10×缓冲液	2 μL
质粒 DNA (pUC18 和 PCR 产物)	10 μL
*Bam*H Ⅰ	1 μL
*Hin*d Ⅲ	1 μL
总体积	20 μL

注：吸样量一定要准确，最好在冰上操作，并充分混匀。为保证酶的活性，应最后加酶。

(2) 混匀后，离心 5 s，37 ℃酶切过夜。

(3) 琼脂糖凝胶电泳检测酶切效果，电泳条件：约 100 V，30～60 min。

注：为验证双酶切是否成功，可做如下对照：酶切反应时设置另外两管分别进行单酶切，看电泳后单酶切的两管是否成线性。如两管均成线性可初步判断双酶切成功。

【结果】

拍下在紫外透射仪上观察的质粒酶切前后凝胶电泳图，并分析实验结果。

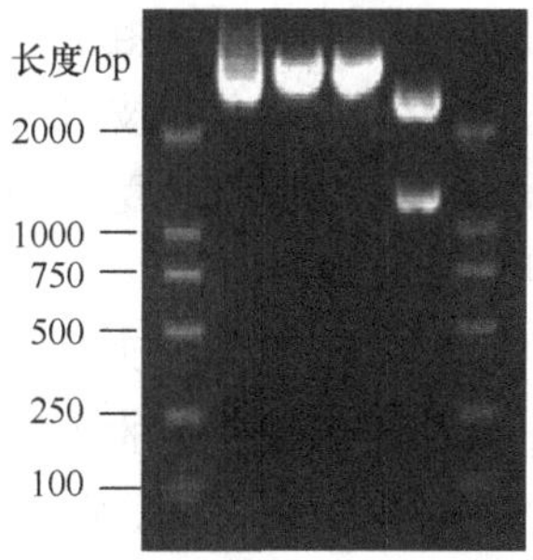

图 8-1 pUC18 质粒经 *Bam*H Ⅰ和 *Hin*d Ⅲ双酶切后的电泳图

【思考题】

(1) 使用限制性内切核酸酶时应注意哪些问题？

(2) 如果质粒 DNA 双酶切电泳后，在胶上出现：①没有条带；②一条条带；③两条条带；④ 三条条带；⑤多条条带。请分析各可能是什么原因造成的。

(3) 当双酶切切去的片段不大时，能否从电泳图谱中看出双酶切前后的区别？

【附】

pUC18 质粒经 *Bam*H Ⅰ和 *Hin*d Ⅲ双酶切所得的外源 DNA 片段的长度为 1200 bp，酶切后琼脂糖凝胶电泳图如图 8-1 所示。

（涂　毅）

实验 9　感受态细胞的制备

【实验目的】

掌握用氯化钙制备感受态细胞的原理和方法。

【实验原理】

在自然条件下，很多质粒都可通过细菌接合作用转移到新的宿主内，但在人工构建的质粒载体中，一般缺乏此种转移所必需的 *mob* 基因，因此不能自行完成从一个细胞到另一个细胞的接合转移。如要将质粒载体转移进受体细菌，需诱导受体细菌产生一种短暂的感受态以摄取外源 DNA。

所谓感受态是指受体细胞处于容易吸收外源 DNA 的一种生理状态，可通过物理化学的方法诱导形成，也可以自然形成（自然感受态），在基因工程技术中通常采用诱导的方法，如采用 $CaCl_2$ 诱导法。

体外重组的 DNA 分子，需按一定的方式导入宿主细胞，通过宿主细胞的复制而使目的基因得到大量的扩增。宿主细胞也称为受体细胞，分为原核细胞和真核细胞两类。原核细胞以大肠杆菌为主，真核细胞包括微生物细胞（如酵母菌）、植物细胞及动物细胞。重组分子导入适宜的宿主细胞的过程即为转化。在基因克隆技术中，转化（transformation）特指质粒 DNA 或以它为载体构建的重组子导入宿主细胞的过程。它是微生物遗传学、分子遗传学、基因工程等研究领域的基本实验技术。

转化过程所用的受体细胞一般是限制修饰系统缺陷的变异株，即不含限制性内切核酸酶和甲基化酶的突变体（R^-M^-），它可以容忍外源 DNA 分子进入体内并稳定地遗传给后代。受体细胞经过一些特殊方法[如电击法，$CaCl_2$、RbCl(KCl)等化学试剂法]的处理后，细胞膜的通透性发生了暂时性的改变，成为能允许外源 DNA 分子进入的感受态细胞（competent cell）。进入受体细胞的 DNA 分子通过复制、表达实现遗传信息的转移，使受体细胞出现新的遗传性状。将经过转化后的细胞在筛选培养基中培养，即可筛选出转化子（transformant，即带有异源 DNA 分子的受体细胞）。

目前常用的对原核细胞的转化方法有两类：电穿孔转化法和化学转化法。电穿孔转化法的基本原理是，当细胞处在电场中，细胞膜起着电容器的作用，电流不能通过（离子通道除外），随着电压升高，细胞膜组分被极化，并在细胞膜两边产生电位差。当电位差超过某一临界水平，细胞膜局部被击穿，形成一些瞬时的孔洞，孔径大小足以让大分子进入或从细胞中排出。由于该方法属于物理方法，利用瞬间高压在细胞上打孔，因此需用冰冷的超纯水多次洗涤处于对数生长前期的细胞，以使细胞悬浮液中含有尽量少的导电离子。电转化效率高，其转化效率为 10^9～10^{10} 转化子/μg DNA。对要求转化率的实验，建议采用电转化的方法。但由于受到仪器的限制，实验室更常用的是化学转化法。目前常用的有 $CaCl_2$ 和 RbCl(KCl)法，RbCl(KCl)法制备的感受态细胞转化效率较高，但 $CaCl_2$ 法简便易行，且其转化效率完全可以满足一般实验的要求，制备出的感受态细胞暂时不用时，可加入占总体积 15%的无菌甘油于－70 ℃保存(半年)，因此 $CaCl_2$ 法使用更为广泛。在低温(0 ℃)和氯化钙($CaCl_2$)低渗溶液的环境下，宿主细胞处于容易吸收外源 DNA 的状态，即感受态，此时菌体膨胀成球形，细胞壁和膜的通透性增强。重组 DNA 与 Ca^{2+} 形成的羟基-磷酸钙复合物黏附于菌体表面，经 42 ℃短暂的热冲击处理(热休克)后，黏附表面的重组 DNA 被吸收进入宿主细胞，然后在营养丰富的培养基上生长 1 h 左右，细胞形态复原，进入增殖分裂期。用氯化钙处理后的转化效率为 10^6～10^7 转化子/μg DNA。

【器材】

1. 试剂

大肠杆菌 DH5α、LB 培养基、0.1 mol/L 的 $CaCl_2$。

2. 仪器

试管，1.5 mL 离心管，移液器，离心机。

注：所用的试剂，如 $CaCl_2$ 等均需是最高纯度的(GR 或 AR)，并用超纯水配制，最好分装保存于干燥的冷暗处。使用时，$CaCl_2$ 溶液要过滤除菌，不要高压灭菌。

【操作步骤】

(1) 从接有大肠杆菌 DH5α 的 LB 平板上挑取单菌落，接种到含有 5 mL LB 液体培养基的试管中，37 ℃振荡培养过夜活化。

(2) 按 1%的接种量转接到新鲜 LB 培养基中继续活化 3 h，至 OD_{600} 约为 0.5。

注：不要用经过多次转接或储存于 4 ℃的培养菌，最好从－70 ℃或－20 ℃甘油保存的菌种中直接转接用于制备感受态细胞的菌液。细胞生长密度以刚进入对数生长期时为好，可通过监测培养液的 OD_{600} 来控制。DH5α 菌株的 OD_{600} 为 0.5 时，细胞密度在 5×10^7 个/mL 左右(不同的菌株情况有所不同)，这时比较合适。密度过高或不足均会影响转化效率。

(3) 将活化好的菌于冰水混合物中放置 10 min，取 1 mL 菌液加入无菌的 1.5 mL 离心管。

(4) 4 ℃，4000 r/min 离心 5 min，倒掉上清。

(5) 加入 800 μL 冰预冷的 0.1 mol/L 的 $CaCl_2$(已灭菌)，用移液器吹打悬浮菌体。

(6) 重复一次步骤(5)。

(7) 4000 r/min 离心，去上清，收集菌体，再加入 200 μL 冰预冷的 0.1 mol/L 的 $CaCl_2$，重悬细胞，于 4 ℃放置备用。

注：刚制备的感受态细胞转化效率并非最高，在 4 ℃放置 12～24 h，可提高 4～6 倍转化效率，24 h 后转化率下降。－85 ℃存放 3 天后，转化效率也会提高近 2 倍，之后转化效率持续下降。

整个操作过程均应在无菌条件下进行，所用器皿，如离心管、tip 头等最好是新的，并经高压灭菌处理；

所有的试剂都要灭菌，且注意防止被其他试剂、DNA 酶或杂 DNA 所污染，否则均会影响转化效率或导致杂 DNA 的转入，为以后的筛选、鉴定带来不必要的麻烦。

【结果】

把本次实验产物保存起来，用于转化实验(实验 11)。

【思考题】

(1) 什么是感受态细胞？它有什么特点？有哪些用途？

(2) 制备感受态细胞有哪些方法？

【附：电转化感受态细胞的制备】

(1) −80 ℃冰箱保存的菌种在 SOB 固体平板上划单菌落。

SOB 培养基配方：

去离子水	950 mL
胰化蛋白胨	20 g
酵母提取物	5 g
NaCl	0.5 g
琼脂	5 g(配制 SOB 液体培养基时不加琼脂)

混匀溶解，加 10 mL 250 mmol/L KCl 溶液(将 1.86 g KCl 用 100 mL 去离子水溶解即配成 250 mmol/L KCl 溶液)，用 5 mol/L NaOH 调 pH 至 7.0，用去离子水定容至 1 L。

该溶液在使用前，加入 5 mL 2 mol/L $MgCl_2$，过滤除菌。

注：每次制备感受态细胞都要新鲜菌种，不要使用保存于 4 ℃或室温的平板；尽量使用原代菌，最好不要用多次传代的菌；LB 平板也可以，但效率可能会降低；SOB 使用 GIBCO 公司的试剂配制，效果最好；但若电转的连接子为一般性载体，使用普通的试剂配制培养基即可。

(2) 挑选单克隆至含 1 mL SOB 液体培养基的试管中，37 ℃振荡培养，300 r/min，6 h。

(3) 转接到含 400 mL SOB 液体培养基的 2 L 摇瓶中(按 1 : 500 的量转接)扩大培养，300 r/min，4 h，然后每隔 2 min 测一次 OD_{600}，至 OD_{600} = 0.76。

注：所用的摇瓶和离心管要洗得特别干净，禁用任何洗涤剂，应用 NaOH 溶液洗数次。扩大培养要确保 OD 值达到要求，宁低勿高。可在达到 0.5 后过 2～3 min 就测一次 OD 值。

(4) 立刻置冰水浴中骤冷，可以选择在一个大的装有冰水混合物的容器里快速旋转摇动内有培养物的三角瓶，尽快使培养物温度降下来。

注：不要静置于冰水混合物中。摇动时间大约 10 min。

(5) 在 250 mL 预冷的离心杯中离心，4 ℃，2000 *g* 离心 10 min。

注：建议使用离心杯，因为其底是平的，并且灭菌时里面要装上双蒸水，利于步骤(6)～(8)中的悬浮操作。

(6) 弃上清后，用预冷的水(灭菌的重蒸水)洗：先加少量水悬浮菌体(具体办法为，在一个大的装有冰水混合物的容器里旋转摇动离心杯使菌体悬浮)，菌体悬浮后再把水加满。2200 *g* 离心 10 min，弃上清。

注：悬浮菌体时不要使用移液枪或振荡器，用手摇动，保证培养基液面低于冰面，重悬过程中注意悬浮的菌团出现，需将其全部分散开。

(7) 用 10%的甘油以同样方法洗两次，2400 *g* 离心 10 min。

(8) 倒尽甘油后(尽量去干净，使感受态更浓)，用残存在管底的甘油悬浮细胞，每 120 μL

分装到 1.5 mL 离心管(离心管要－70 ℃预冷),用－70 ℃的乙醇迅速冰冻,保存在－80 ℃冰箱中备用。每 400 mL 培养物可制备 1～1.5 mL 感受态细胞。

注:乙醇冰冻的方法:在菌种保藏盒内加入适量的乙醇,再把空的离心管盖上帽子后放入其中,置于－70 ℃冰箱(或－80 ℃冰箱)预冷,分装感受态细胞的时候将其取出(连带保藏盒),在超净工作台中分装,分装时使用灭菌并剪去尖头的枪头,尽量使用 1 mL 蓝色大枪头。完成后置于－80 ℃冰箱保存。

以上方法适用于很多 *E. coli* 菌株,如 XL1-Blue、DH10B、DH5α、Top10、JM109、BL21 等做电转化感受态,不同的菌株生长速度可能有差异,方案中的培养时间与最佳 OD 值可能有变化。

(涂　毅)

实验 10　在质粒载体中进行外源 DNA 的克隆

【实验目的】

掌握 DNA 重组的原理和方法。

【实验原理】

大多数常用质粒载体含有不同限制酶识别的多克隆位点。由于供选择的克隆位点很多,一般都能找到一个带有与某一特定外源 DNA 片段末端相匹配的酶切位点的质粒载体。

质粒载体和外源 DNA 片段经相同的限制酶切割后,形成相同的平末端或黏性末端,在 DNA 连接酶的催化下,外源 DNA 片段插入质粒载体,形成重组子,如图 10-1 所示。

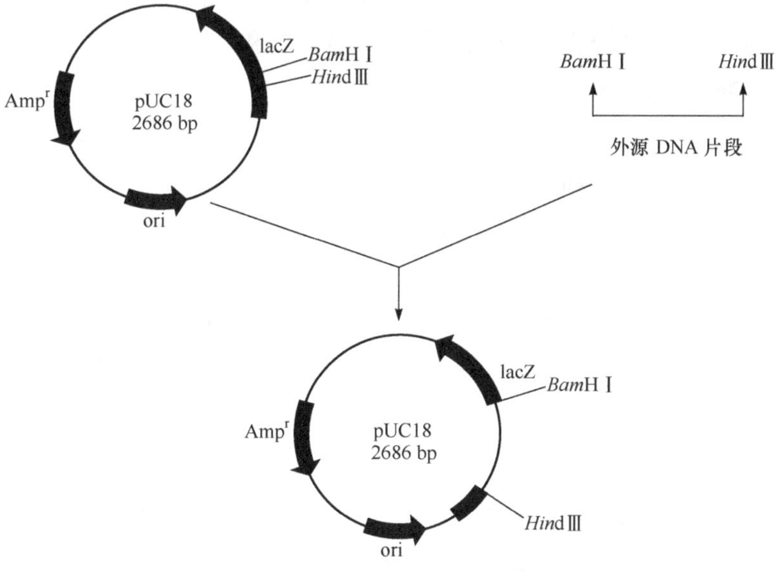

图 10-1　外源 DNA 片段插入质粒载体 pUC18

DNA 连接酶是在 1967 年被发现的。它是一种封闭 DNA 链上缺口的酶，借助 ATP 或 NAD 水解提供的能量催化 DNA 链的 5′-PO_4 与另一 DNA 链的 3′-OH 生成磷酸二酯键。但这两条链必须是与同一条互补链配对结合的（T_4 DNA 连接酶除外），而且必须是两条紧邻 DNA 链才能被 DNA 连接酶催化成磷酸二酯键。

常用的 DNA 连接酶有两种：来自大肠杆菌的 DNA 连接酶和来自噬菌体的 T_4DNA 连接酶。二者的作用机制类似。

分子生物学试验中，主要采用 T_4DNA 连接酶，因该酶在正常条件下，即能完成连接反应。T_4DNA 连接酶是一单链多肽，分子质量为 68 000 Da，它能催化双链 DNA 上相邻的 3′-羟基和 5′-磷酸末端形成磷酸二酯键。

T_4DNA 连接酶针对外源 DNA 末端的性质有不同的连接要求，连接的结果也不同，如表 10-1。

表 10-1　T_4DNA 连接酶对 DNA 末端连接的要求和连接结果

外源 DNA 末端性质	连接要求	连接结果
不对称黏性末端	两种限制酶消化后，需纯化载体以提高连接效率	载体与外源 DNA 连接处的限制酶切位点常可保留；非重组克隆的背景较低；外源 DNA 可以定向插入载体中
对称性黏性末端	线形载体 DNA 常需磷酸酶脱磷处理	载体与外源 DNA 连接处的限制酶切位点常可保留；重组质粒会带有外源 DNA 的串联拷贝；外源 DNA 会以两个方向插入载体中
平端	要求高浓度的 DNA 和连接酶	载体与外源 DNA 连接处的限制酶切位点消失；重组质粒会带有外源 DNA 的串联拷贝；非重组克隆的背景较高

【器材】

1. 试剂

质粒载体 pUC18、外源 DNA 片段（带 *Bam*H Ⅰ和 *Hind* Ⅲ酶切位点，如把 pUC19 质粒用双酶切后得到的片段）、限制性内切核酸酶 *Bam*H Ⅰ和 *Hind* Ⅲ、T_4 DNA 连接酶、10×T_4DNA连接酶缓冲液、无菌水。

2. 仪器

无菌离心管，移液器，离心机。

【操作步骤】

(1) 将两种酶切产物回收纯化（方法与 PCR 产物回收纯化相同）后，各取 2 μL 用 1%琼脂糖凝胶电泳，确定 DNA 的大概浓度，按适当的比例（两种 DNA 浓度大概相等）连接，连接体系如下。

质粒载体 pUC18	1 μL
酶切外源基因片段	6 μL
T_4DNA 连接酶(3U/μL)	0.5 μL
10×T_4DNA 连接酶缓冲液	1 μL

ddH_2O	1.5 μL
总体积	10 μL

连接条件为 16 ℃静置过夜。

注:连接酶容易失活,注意低温操作,最好在冰上。时间至少为 3 h。

(2) 连接产物转化大肠杆菌感受态细胞(见实验 11)。

【结果】

琼脂糖凝胶电泳观察连接结果。

【思考题】

(1) 在进行酶切和连接反应过程中要注意哪些问题?

(2) 双酶切后能否不回收 DNA,直接与外源 DNA 连接,再电泳检测? 为什么?

(涂　毅)

实验 11　质粒 DNA 的转化

【实验目的】

掌握热激法转化质粒 DNA 的原理和方法。

【实验原理】

转化活性是检测质粒生物活性的重要指标。基因克隆技术中,转化(transformation)是特指质粒 DNA 或以其为载体构建的重组质粒 DNA(包括人工染色体)导入细胞的过程,是一种常用的实验技术。用于转化的受体细胞一般是限制-修饰系统缺陷的突变株,以防止对导入的外源 DNA 的切割。此外,为了方便检测,受体菌一般应具有可选择的标记(如抗生素敏感性,颜色变化等)。转化由氯化钙诱导的感受态细胞的基本原理是:细菌处于 0 ℃的氯化钙低渗溶液中,膨胀成球状,细胞膜的通透性变化,转化混合物中的质粒 DNA 形成抗 DNase 的羟基磷酸钙复合物黏附于细胞表面,经 42 ℃短时间的热激处理,促进细胞吸收 DNA 复合物,在丰富培养基上生长数小时后,球状细胞复原并开始分裂增殖,在选择培养基上就可获得所需的转化子。

本实验以 *E. coli* DH5α 菌株为受体细胞,并用 $CaCl_2$ 处理,使其处于感受态,然后与 pUC18 质粒共保温,实现转化。由于 pUC18 质粒带有氨苄西林抗性基因(Amp^r),可通过 Amp 抗性来筛选转化子。如受体细胞中没有转入 pUC18,则在含 Amp 的培养基上不能生长。能在 Amp 培养基上生长的受体细胞(转化子)肯定已导入了 pUC18。转化子扩增后,可将转化的质粒提取出,进行电泳、酶切等进一步鉴定。

【器材】

1. 试剂

质粒 DNA(DNA 连接物)，感受态细胞 DH5α，LB 培养基，氨苄西林。

2. 器材

1.5 mL 无菌离心管，移液器，恒温水浴锅，平皿，离心机，玻璃涂棒等。

【操作步骤】

1. 转化

(1) 加 2 μL 质粒 pUC18 到 100 μL 感受态细胞中，同时设 3 组对照：阴性对照组、不加受体组一、阳性对照组(表 11-1)。

注：用于转化的质粒 DNA 应主要是超螺旋态 DNA(cccDNA)。转化效率与外源 DNA 的浓度在一定范围内成正比，但当加入的外源 DNA 的量过多或体积过大时，转化效率就会降低。1 ng 的 cccDNA 即可使 50 μL 的感受态细胞达到饱和。

表 11-1　质粒的转化实验设计

编号	组别	质粒 DNA/μL	TE 缓冲液/μL	0.1 mol/L $CaCl_2$/μL	受体菌悬液/μL
1	阴性对照组	—	10	—	100
2	实验组	2	—	100	—
3	不加受体组	10	10	100	—
4	阳性对照组	—	10	—	100

注：阴性对照组为不转入质粒，涂在含抗生素的 LB 平板上，此组正常情况下应不长菌；阳性对照组为不转入质粒，涂板时只取 100 μL 菌液涂布于不含抗生素的 LB 平板上，此组正常情况下应产生大量菌落

(2) 将每组样品轻轻混匀后，静置冰浴 10 min，然后 42 ℃静置水浴热激 90 s 后，迅速放回冰浴 2～3 min。

(3) 每组各取 100 μL 混合物涂布于含氨苄西林(50 μg/mL)的选择平板上，置 37 ℃恒温培养箱。

(4) 待菌液被琼脂吸收后，将平板倒置 37 ℃培养过夜，第二天观察结果。

2. 转化子的筛选

阳性重组转化子的筛选，可以从转化平板上挑取若干单菌落，于含氨苄西林的液体培养基中培养后，提取质粒，然后做琼脂糖凝胶电泳检测是否含有质粒，或者直接用菌液做 PCR，看 PCR 产物中是否含有目的 DNA 片段，为进一步证实转化结果，还需酶切及测序检测。

(1) 以菌液做 PCR 的反应体系：

H_2O	19 μL
20 mmol/L 4 种 dNTP 混合液	1 μL
20 μmol/L 正向引物	1 μL
20 μmol/L 反向引物	1 μL
1.2 μL *Taq* DNA 聚合酶	1～2 个单位
菌液	2 μL
总体积	25 μL

反应 30 个循环，94 ℃ 5 min；55 ℃ 1 min ；72 ℃ 1 min 20 s。

(2) 提取并酶切质粒(方法同实验 4 和实验 8)。

(3) 测序目的基因片段。

【结果】

(1) 描述转化的每个平板上细菌的生长情况，分析结果产生的原因。

(2) 计算转化率。

统计每个培养皿中的菌落数。

转化后在含抗生素的平板上长出的菌落即为转化子，根据此皿中的菌落数可计算出转化子总数和转化效率，计算公式如下：

转化子总数＝菌落数×稀释倍数×转化反应原液总体积/涂板菌液体积

转化频率(转化子数/每毫克质粒 DNA)＝转化子总数/质粒 DNA 加入量(mg)

感受态细胞总数＝阳性对照组菌落数×稀释倍数×菌液总体积/涂板菌液体积

感受态细胞转化效率＝转化子总数/感受态细胞总数

注：本实验方法也适用于其他 *E. coli* 受体菌株的不同的质粒 DNA 的转化，但它们的转化效率并不一定一样。有的转化效率高，需将转化液进行多梯度稀释涂板才能得到单菌落平板，而有的转化效率低，涂平板时必须将菌液浓缩(如离心)，才能较准确地计算转化率。

【思考题】

(1) 平板为什么要倒置培养？为什么设置对照组？

(2) 转化子经 PCR 鉴定后为什么还要酶切、测序鉴定？

(3) 如果 4 个平板上都有菌落生长，说明什么问题？如果阳性对照组和实验组不长菌，说明什么问题？

【附：电转化】

(1) 取 100 μL 感受态细胞，冰上融化后，迅速加入 1 ng pUC18 质粒，转入预冷的电击杯(间隙 0.2 cm)中。

(2) 设定电击脉冲时间 5 ms，电压 2.5 kV(即电场强度 12.5 kV/cm)电击，迅速加入 900 μL 37 ℃ SOC 培养基，37 ℃，220 r/min 培养 2 h。

SOC 培养基成分：

胰蛋白胨	20 g/L
酵母抽提物	5 g/L
NaCl	0.5 g/L
KCl	0.186 g/L(即 2.5 mmol/L)
$MgCl_2$	0.95 g/L(即 10 mmol/L)
$MgSO_4$	1.2 g/L(即 10 mmol/L)
葡萄糖	3.6 g/L(即 20 mmol/L)
pH	7.0±0.2

用 0.22 μm 滤膜过滤除菌。4 ℃保存。

注：电击后应立即加入复苏培养基以使受损伤的细胞恢复正常生长。

(3) 以一定倍数稀释,取 100 μL 菌液涂布于 Amp 抗性平板上,37 ℃恒温培养过夜。

电击杯清洗流程:

a. 用清水将电击杯稍冲一下。

b. 向电击杯中加入 75%乙醇浸泡 2 h。

c. 弃去乙醇,再用蒸馏水冲洗 2～3 遍,然后用 1 mL 的枪吸取超纯水反复吹打电击杯 10 遍以上。

d. 加入无水乙醇 2 mL 于电击杯中,浸泡 30 min。

e. 弃去无水乙醇,于通风橱内挥干乙醇。

f. 将清洗好的电击杯放入－20 ℃冰箱内待用。

注:

(1) 不同样品使用的电击杯应分开。

(2) 每周用 1%乙醇浸泡 30 min。

(涂　毅)

实验 12　基 因 定 位

【实验目的】

通过学习中断杂交技术,了解遗传作图的基本原理,掌握基因定位的基本方法。

【实验原理】

所谓基因定位是通过遗传重组等手段,确定不同的基因在染色体上的位置及相对距离,从而获得生物体的遗传物理图谱。细菌中存在的三种基因转移方式(接合、转导、转化)都可以用来进行细菌基因组作图。接合作用作图只能判断相距较远的基因间的相对位置,而转导、转化则可用于对相隔很近的基因进行定位。本实验以中断杂交试验(细菌接合的基因转移方式)为例,介绍细菌基因组作图的方法。

利用细菌接合作用进行细菌基因组作图是 1956 年,法国微生物学家沃尔曼(E. Wollman)和雅各布(F. Jacob)首先发明的。他们利用 $Hfr \times F^-$ 的接合过程,研究了大肠杆菌染色体转移的动力学发现,细菌线性 DNA 是以恒定的速率从供体细胞向受体细胞转移,从而为细菌的染色体作图提供了一种极为有效的方法,即中断杂交试验(interrupted mating experiment)。此技术是将接合中的细菌按不同时间取样,并将样品放入搅拌器内猛烈搅拌,以打断细菌的接合管,终止接合(图 12-1)。由于接合时间不同,不同长度的细菌染色体(基因组)从供体转移到受体,并发生重组。分析受体的基因型即可知细菌染色体的基因转移顺序,以分钟(min)为单位,绘制遗传图谱,确定细菌染色体上基因的位置(包括基因顺序和距离),此图谱是细菌染色体上基因顺序的直接反映。连锁的两基因间的距离与其共转化或共转导的频率成反比,因此,可根据两个基因被共转化或共转导的频率判断它们在染色体上的相对距离。

其实验过程是取有多标记的大肠杆菌作为实验材料,一类菌株为受体(如 F^- th^- leu^- a^-

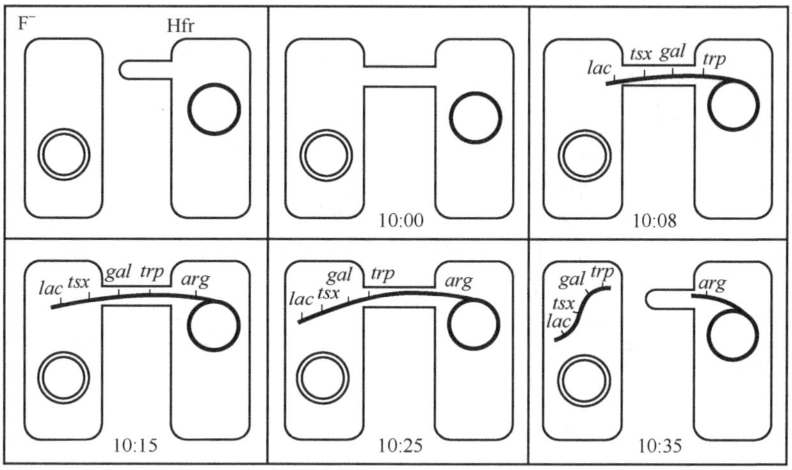

图 12-1　中断杂交技术实验

$b^- c^- d^- str^r$)；另一类菌株为供体(如 Hfr $th^+ leu^+ a^+ b^+ c^+ d^+ str^s$)。F 因子与染色体 DNA 之间的交换可使 F 因子插入宿主细胞的染色体 DNA 中，带有一个整合 F 因子的细胞称为高频重组(Hfr)菌株。F^- 为无 F 因子的菌株，*th*、*leu* 分别表示苏氨酸、亮氨酸基因，为选择性标记基因，而 *a*、*b*、*c*、*d* 为若干非选择性标记基因，*str* 为链霉素基因(其上标 r 为抗药型，s 为敏感型)。将这两类菌株通气混合培养，每隔一定时间取样，将菌液放入搅拌器内搅拌，以断开接合管，中断杂交，将已稀释后的菌液涂布在含链霉素但不含苏氨酸、亮氨酸的培养基上，已知 Hfr 和 F^- 菌株均不能在该培养基上生长，而能生长的菌落必定为重组体 $th^+ leu^+ str^r$，并将其放在不同的选择培养基上继续培养，以鉴定其基因型。于是观察到一些原来属于 Hfr 菌株的性状出现在 F^- 菌株的细胞中，说明 Hfr 菌株为供体，F^- 菌株为受体，接合时供体染色体以线性方式转移到受体细胞中，细菌接合时间越长，在 F^- 细菌中出现的 Hfr 菌株的性状越多，即转移过去的染色体片段就越长。一个特定的 Hfr 菌株和 F^- 菌株接合时，首先出现在 F^- 细胞中的供体性状是固定不变的，而且各性状的出现有一定的先后次序，说明供体染色体是从某一特定位置即原点开始逐渐转移的，标记基因离原点越远，进入 F^- 细胞越迟。大肠杆菌基因组很大，在标准实验条件下，37 ℃环境中，全部 Hfr 细菌染色体转移需要 100 min。在转移过程中，转移随时都可能中断，因此接合后的 F^- 细菌虽然接受了 Hfr 细菌某些染色体基因，但是不能接受 F 因子成为 Hfr 或 F^+ 状态。

正因为大肠杆菌基因组很大，其遗传图谱须用多株 F 因子整合在不同位置的 Hfr 菌株才能完成。不同的 Hfr 菌株的 F 因子插入的染色体位点不同，导致染色体原点不同，转移方向也不同(图 12-2)。从不同的 Hfr 菌株的各个转移基因之间毗邻关系相同，但转移起点及方向不同的事实推断出，大肠杆菌的染色体是环状 DNA 分子，不同的 Hfr 菌株是由于 F 因子以不同方向整合到环状染色体的不同位置上所产生的。利用供体基因进入受体细胞的顺序和时间可绘制出细菌的遗传学图。由于所转移的基因是连锁的，因此基因在染色体上以线性方式排列。

根据中断杂交试验的结果可进行基因定位，目前已有 1000 多个基因被标定在大肠杆菌的染色体上，所以中断杂交试验是细菌基因定位的一种重要实验方法。

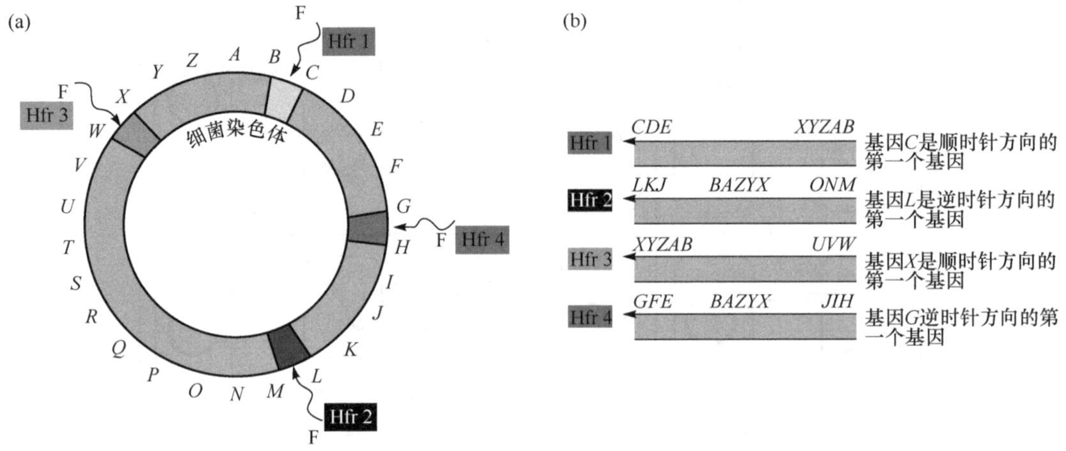

图 12-2　不同 Hfr 菌株的形成方式

(a)在 F 质粒掺入的地方，可以从不同的插入序列打开细菌环状的染色体；(b)不同的基因序列

【器材】

1. 菌株

供体菌：大肠杆菌(*E. coli*)CSH60(Hfr *sup*)。

受体菌：大肠杆菌(*E. coli*)FD1004(F^- *leu purE trp his metA ilv arg thi ara lacY xyl mtl gal* $T6^r$ $rif^r str^r$)。

2. 仪器设备

恒温培养箱，振荡混合器，恒温水浴锅，高压灭菌锅，培养皿，三角瓶，移液管，试管等。

3. 药品试剂

LB 培养液(5 mL/试管)4 支，A～D 固体基本培养基(每组选用一种，6 皿)，半固体琼脂(3 mL/试管)6 支，无菌生理盐水(10 mL/大试管)6 支。

【操作步骤】

(1) 分别将供体菌和受体菌接种于 5 mL LB 培养液中，37 ℃振荡过夜培养。

(2) 将过夜培养的供体菌和受体菌分别按 1∶5 比例转接于 5 mL LB 培养液中，37 ℃振荡培养 2～3 h。

注：在细菌接合实验中，细胞密度不宜太高。

(3) 分别取 0.2 mL 供体菌和 4 mL 受体菌混合于 150 mL 三角瓶中，置于 37 ℃恒温水浴锅中轻轻摇动(50～100 r/min)。

(4) 分别在培养 0 min、10 min、20 min、30 min、40 min、50min 时吸取上述混合菌液 0.2 mL于无菌生理盐水(10 mL/大试管)中，立即用振荡混合器剧烈振荡 30 s，然后取 0.2 mL 生理盐水稀释的菌悬液加入装有 3 mL 半固体琼脂的试管中，再用振荡混合器混合 5 s，倒在事先制备好的选择性平皿上，每组可选用表 12-1 中一种选择性培养基，同时分别取供体菌和受体菌作为对照，也倒在事先制备好的选择性平皿上(只需做一次对照即可)，待凝固后 37 ℃过夜培养。

表 12-1　4 种选择性培养基补加成分

培养基类型	选择标记	碳源	*str*	*arg*	*ilv*	*met*	*leu*	*ade*	*trp*	*his*
A	*met*	葡萄糖	+	+	+	−	+	+	+	+
B	*leu*	葡萄糖	+	+	+	+	−	+	+	+
C	*lac*	乳糖	+	+	+	+	+	+	+	+
D	*trp*	葡萄糖	+	+	+	+	+	+	−	+

【结果】

(1) 将不同时间中断杂交后具有 *met*、*leu*、*lac*、*trp* 标记的重组子在 F^- 细胞中出现的菌落数填入表 12-2(可将各实验小组的实验结果累计统计)。

表 12-2　不同时间中断处理后不同平皿上菌落计数

培养基类型	菌落数/(个/皿)					
	0 min	10 min	20 min	30 min	40 min	50 min
A						
B						
C						
D						

(2) 以中断杂交时间为横坐标，以菌落数为纵坐标绘图。

(3) 根据中断杂交实验分析结果，确定 Hfr 菌株染色体上基因 *met*、*leu*、*lac* 和 *trp* 的排列顺序与相对位置。

【思考题】

(1) 将供体菌和受体菌混合进行接合的实验中，为什么受体菌往往是过量的？

(2) 细菌在接合期间必须轻轻摇动混合物，而不宜太过剧烈，为什么？

(3) 为什么接合作用作图只能判断相距较远的基因间的相对位置，而不宜对相隔很近的基因进行定位？

（曹军卫）

实验 13　基因的定点突变

【实验目的】

掌握利用重叠延伸 PCR 技术对目的基因的高效定点突变原理和方法。

【实验原理】

基因的体外定点突变技术是研究蛋白质结构和功能之间复杂关系的有力工具，也是改造和优化基因常用的手段，如重叠延伸 PCR 介导的在基因中特定位点引入特定突变的快速有效技术。该技术采用具有互补末端的两条引物，这两条引物是自行设计带有目的突变位点的，使两轮 PCR 产物形成重叠链，随后的扩增反应中通过重叠链的延伸，将不同来源的扩增片段重叠拼接起来，最后得到的完整基因即具有与野生基因不同的 DNA 序列(图 13-1)。根据实验目的的不同，可以通过 PCR 随意获得单一突变位点或者多个突变位点，此技术利用 PCR 技术能够在体外进行高效的基因重组，且不需要内切核酸酶消化和连接酶处理，可利用这一技术快速获得其他依靠限制性内切核酸酶消化的方法难以得到的产物。

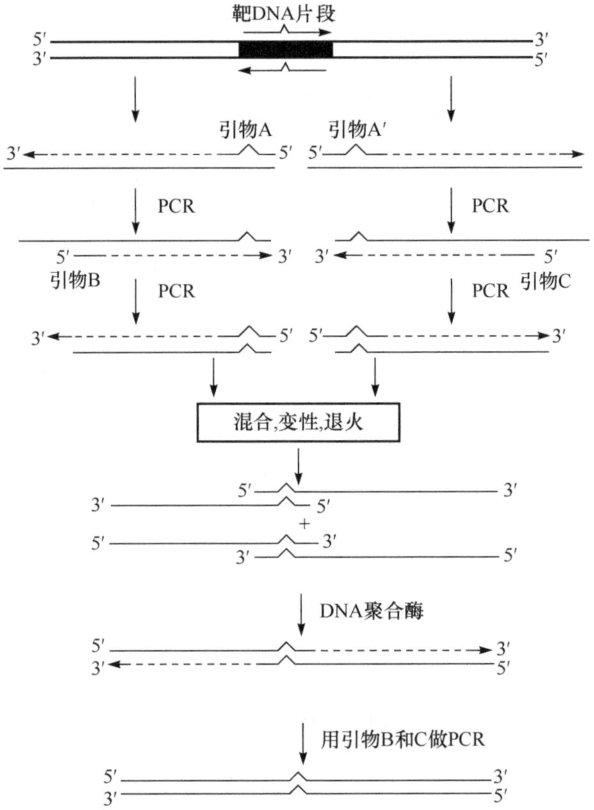

图 13-1　重叠延伸 PCR 介导的定点突变

该技术主要包括以下几步：设计引物，PCR 扩增基因，回收两端片段，两端片段退火延伸，扩增全长基因。

首先，引物 A、B 和 A′、C 两两配对，分两管进行第一次 PCR，产生两个部分重叠的 DNA 片段。然后将上述两管 PCR 产物混合，变性再复性，在 DNA 聚合酶的作用下延伸产生完整的双链 DNA。再用引物 B、C，以新合成的完整双链 DNA 为模板进行第二次 PCR，即可得到含有预期突变位点的 DNA 片段。

本实验以枯草芽孢杆菌 93151 耐盐突变株的 *proA* 基因的操作为例，介绍重叠延伸 PCR 实验的操作过程。

许多生物包括微生物通过提高胞内相容溶质的浓度，来适应胞外渗透压的升高。其中脯氨酸是许多生物为抵御高渗胁迫，在胞内积累的重要相容溶质之一，在高渗胁迫条件下，微生物既可以利用胞外吸收，也可以通过胞内合成的方式积累脯氨酸。其合成从谷氨酸开始，经γ-谷氨酸激酶(EC 2.7.2.11，γ-GK或ProB)，γ-谷氨酸磷酸还原酶(EC 1.2.1.41，γ-GPR或ProA)和吡咯啉-5-羧酸还原酶(EC 1.5.1.2，P5CR或ProC)三种酶催化合成，它们分别由*proB*、*proA*和*proC*基因编码，其中γ-GK是脯氨酸合成过程中的限速酶，其活性受终产物脯氨酸的反馈抑制。*proB*基因的突变，可以解除终产物的反馈抑制，从而提高脯氨酸的产量，进一步提高微生物耐高渗胁迫的能力。

与出发菌株93151的*proA*基因测序结果相比，突变株*proA*基因内部发生了三个位点突变，从起始密码子ATG开始第448位由A转变为G，第1223位由G转变为A，第1235位由A转变为G，分别导致氨基酸第150位由苏氨酸(Thr)被替换为丙氨酸(Ala)，408位由精氨酸(Arg)被替换为赖氨酸(Lys)，412位由谷氨酰胺(Gln)被替换为精氨酸(Arg)。无论是含有枯草芽孢杆菌出发菌株还是突变株*proBA*基因的大肠杆菌转化子，均比仅含有*proB*基因的大肠杆菌转化子的耐盐能力要强。

【器材】

1. 菌种

枯草杆菌，大肠杆菌JM83。

2. 载体

pBE2。

3. 引物

引物B为5′-GGCTCTAGAGAGGGGGAAAACAAATGAGT-3′(含*Xba*Ⅰ酶切位点)。

引物C为5′-GGCGAGCTCATCGTCAATCTCCCCGCACA-3′(含*Sac*Ⅰ酶切位点)。

引物A为5′-GTTGCTGTGGATGGCTGACGAACTTCC-3′(画线位点为突变位点)。

引物A′为5′-GGAAGTTCGTCAGCCATCCACAGCAAC-3′(画线位点为突变位点)。

4. 主要试剂

高保真DNA聚合酶(*Pfu*酶)、dNTP混合物、PCR缓冲液、琼脂糖、DNA回收试剂盒。

5. 仪器

PCR仪，凝胶成像系统，电泳仪，水平电泳槽等。

【操作步骤】

(1) 以引物A、B做PCR得到上游*proA*基因序列X，同时以引物A′、C做PCR得到下游*bop*基因序列Y，反应条件为：先95 ℃ 5 min，然后94 ℃ 30 s，60 ℃ 30 s，72 ℃ 1 min，共30个循环，最后72 ℃ 5 min。

PCR试剂使用方法参考相关说明书。

(2) 经过DNA电泳，用试剂盒回收并纯化产物X和Y(参考实验7)。

(3) 取约等物质的量的X、Y于PCR管中混合，并加入DNA聚合酶、dNTP混合物、缓冲液，反应使X、Y互为模板延伸完整，反应条件为：先95 ℃，5 min；然后94 ℃ 30 s，60 ℃ 30 s，72 ℃ 3 min，共4个循环；最后72 ℃，5 min。

(4) 在第(3)步完成后加入引物B、C，然后反应条件为：先95 ℃，5 min；然后94 ℃ 30 s，

53 ℃ 30 s,72 ℃ 3 min,共 30 个循环;最后 72 ℃,5 min。

(5) 将 PCR 反应产物进行电泳,与野生型基因进行大小对比,若相同,则最后扩增产物为完整基因,该基因带有所需要的突变位点。

(6) 将突变基因克隆到载体上,并进行序列检测,经过测序正确的基因可用于操作。

(7) 将突变基因克隆到 pBE2 载体上并转化 JM83 菌株,进行耐渗透压测试。

【结果】

(1) 分别用凝胶成像系统拍摄 X、Y 及最终 PCR 产物的图像,仔细核对测序后的 DNA 序列是否正确。

(2) 比较野生型 *proA* 和突变型 *proA* 对 JM83 耐渗透压的影响。

【思考题】

(1) 如何通过 PCR 方法进行一个基因的多个位点突变?

(2) 重叠延伸 PCR 能进行插入突变或缺失突变么?

(3) 在设计突变引物的时候需要注意哪些事项?

(金卫华)

实验 14　DNA 的随机突变

【实验目的】

(1) 掌握易错 PCR 技术对目的基因的随机突变原理和方法。

(2) 了解 StEP 重组、DNA shuffling 的原理。

【实验原理】

随着蛋白质结构和功能的研究进展,人们发现,蛋白质功能的大幅度提高,有赖于其内部多个位点氨基酸改变的积累,通过生物信息学方法可以计算蛋白质的三维结构,从而可以通过定点突变的方法来改良蛋白质的功能,但是这种方法并不能完全预测蛋白质功能改变和氨基酸的关系。由此,参考微生物随机诱变的原理,衍生出蛋白质的随机突变,通过氨基酸的随机突变,在大量突变体中筛选功能得到提高的蛋白质,经过反复筛选,最终可以得到性能大幅提高的目的蛋白质,这就是今年发展起来的体外分子进化技术。

体外分子进化的方法很多,这里只介绍其中三种:易错 PCR(error prone PCR)、交错延伸 PCR(staggered extension process PCR,StEP 重组 PCR)和 DNA shuffling。

易错 PCR 又叫错误倾向 PCR,是一种非常简单的在 DNA 中制造随机突变的方法,该方法通过改变传统的 PCR 反应体系中的物质组成,主要包括使用低保真 DNA 聚合酶和缓冲液中使用除 Mg^{2+} 外的其他二价阳离子(如 Mn^{2+}),在反复 PCR 过程中随机引入错误序列,由此形成一个随机突变文库,叠加的错误倾向能使小突变累积为大的提高。

StEP 重组是将具有不同突变位点的 DNA 作为混合模板，进行多轮变性、短暂复性、延伸反应，在一轮 PCR 循环中，部分含突变的延伸片段将随机与含其他突变的模板配对继续延伸，经过模板重新组合，将随机在一条完整 DNA 中引入不同突变位点组合，有可能通过有益突变的累积使蛋白质功能得到大的提高，该方法是在一个 PCR 管中进行的，只需改变传统 PCR 反应条件，其中使用的模板可以来自经定点突变或 DNA shuffling 改性的 DNA，所以操作简单。

DNA shuffling 是对单一基因或进化上相关的基因群进行随机突变的方法(图 14-1)，这种方法产生的 DNA 文库，能有效累积有益突变，排除中性突变和有害突变，并且可实现蛋白质的多特性共进化，当 DNA shuffling 用于重组一套功能相关基因时，这种方法又叫做 family shuffling，与其他突变是有本质不同的。

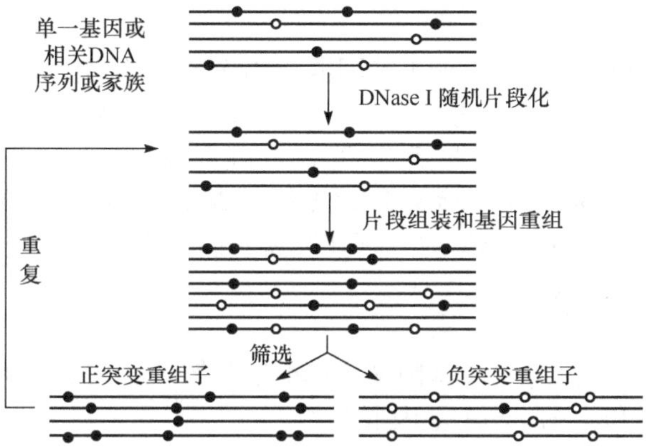

图 14-1　DNA shuffling 示意图

以上 DNA 的随机突变操作方法均比较简单，但是人们研究的是蛋白质的功能，如何在海量的文库中筛选出性能提高的目的蛋白应该是最大的难题，因此了解蛋白质本身的功能或背景，确定合理高效的筛选方法是实验开始前必须认真分析的。

本次实验以枯草芽孢杆菌 93151 耐盐突变株的 *proA* 基因的操作为例，介绍易错 PCR、StEP 重组和 DNA shuffling 实验的操作过程。

【器材】

1. 菌种

任意枯草芽孢杆菌 *proA* 基因或质粒保存的 *proA* 基因。

2. 引物

proA 基因上游引物：5′-GGCTCTAGAGAGGGGAAAACAAATGAGT-3′(含 *Xba* Ⅰ 酶切位点)；下游引物 5′-GGCGAGCTCATCGTCAATCTCCCCGCACA-3′(含 *Sac* Ⅰ 酶切位点)。

3. 试剂

普通 *Taq* 酶、dNTP 混合物、DNase Ⅰ、PCR 缓冲液、不同浓度的 $MnCl_2$ 溶液，琼脂糖、DNA 回收试剂盒。

4. 仪器

PCR 仪，凝胶成像系统，电泳仪，水平电泳槽，PCR 管等。

【操作步骤】

1. 易错 PCR

(1) 以 *proA* 基因作模板，用引物 A、B 做 PCR 扩增该基因全长，在反应体系中加入 0.01 mol/L、0.02 mol/L、0.03 mol/L、0.04 mol/L、0.05 mol/L 等不同浓度的 $MnCl_2$，反应条件为：先 95 ℃，5 min；然后 94 ℃ 30 s，53 ℃ 30 s，72 ℃ 3 min，共 30 个循环；最后 72 ℃，5 min。

注：可以用 $MnCl_2$ 完全替代缓冲液中的 $MgCl_2$，$MnCl_2$ 可以增加碱基的错配概率，但是也可能使 *Taq* 酶失活，根据具体情况可以考虑两种阳离子的配合使用，其他试剂使用方法参考相关说明书。

(2) 经过 DNA 电泳，用试剂盒回收并纯化完整基因片段，得到随机突变的 DNA 文库(参考相关章节)。

2. StEP 重组

(1) 以含不同突变位点的全长 *proA* 基因混合物作模板，用引物 A、B 做 PCR，反应体系中各成分按传统 PCR 加量，反应条件为：先 95 ℃，5 min 预变性；然后 94 ℃，30 s 变性，60 ℃，5 s 复性，72 ℃，5 s 延伸，共 50 个循环；最后 72 ℃，5 min 保温。

注：根据实际情况，该实验需要多次试验摸索反应条件，主要是复性和延伸过程的时间及温度。

(2) 经过 DNA 电泳，用试剂盒回收并纯化完整基因片段，去除不完整的基因片段，得到随机突变的 DNA 文库(参考实验 16)。

3. DNA shuffling

(1) 以含不同突变位点的 *proA* 基因文库(如从易错 PCR 得到的)，或者提取文库中质粒经酶切得到含不同突变位点的 *proA* 基因混合物。

(2) 将文库中的基因用 DNase Ⅰ消化，37 ℃消化，时间分别设为 1 min、2 min、3 min、4 min、5 min 等。

(3) 取消化后的产物电泳，并拍下电泳图。

注：消化后的产物片段的长度最好加起来是完整基因长度。

(4) 分别回收纯化不同大小的基因片段。

(5) 将同一时间或不同时间内消化的产物混合，以这些混合物自身作为引物和模板做 PCR，反应体系按试剂说明书加量，反应条件为：先 95 ℃，5 min；然后 94 ℃ 30 s，60 ℃ 30 s，72 ℃ 20 s，共 30 个循环；最后 72 ℃，5 min。

(6) 经过 DNA 电泳，用试剂盒回收并纯化完整基因片段，去除不完整的基因片段，得到随机突变的 DNA 文库。

(7) 随机突变的 DNA 文库可以克隆至相应的表达载体如 pBE2 上，转化至大肠杆菌 JM83，进行耐渗透压的测试。

【结果】

分别用凝胶成像系统拍摄各阶段 PCR 产物的图像，找出 PCR 反应的最佳条件(获得完整基因长度的 PCR 条件)，包括试剂浓度、反应体积、反应温度和反应时间等。

【思考题】

(1) 除了以上三种分子体外进化方法外，还有哪些基因水平的方法？

(2) StEP 重组和 DNA shuffling 的反应条件中，哪些是可以共用的？

(3) 进行体外分子进化研究的关键是什么？

(金卫华)

第 2 章　原核表达体系的应用

实验 15　原核生物中外源基因的表达和纯化

【实验目的】

(1) 掌握表达载体的构建原理和方法。

(2) 掌握蛋白诱导表达的原理。

(3) 掌握利用乳糖操纵子在原核细胞中表达外源蛋白的方法。

【实验原理】

基因工程(或重组 DNA 技术)是指把分离到的或合成的目的外源基因,插入到载体上,然后导入宿主细胞内,使其扩增和表达从而获得大量基因产物或产生生物新的性状的一门技术。这项在微生物遗传学和分子生物学基础理论上发展起来的新兴技术,不仅是生命科学研究发展的里程碑,也使现代生物技术产业发生了革命性的变化。它的出现是 20 世纪生物科学具有划时代意义的巨大事件,标志着人类已经能够按照自己的意愿定向地改造生物的性状和大规模生产基因产物。自 1973 年第一个目的基因重组成功以来,已用微生物细胞表达和生产了许多重组基因产物,包括受体细胞自身原有的和原来不能产生的各种物质。例如,许多在疾病诊断、预防和治疗中有重要价值的内源生理活性物质作为药物已应用了多年,像治疗糖尿病的胰岛素,治疗侏儒症的人生长激素,还有细胞因子、神经多肽、调节蛋白、凝血因子及疫苗等,由于此类药物或是材料来源困难,或是制造技术存在问题,或是价格昂贵,而无法大量生产并在临床上广泛应用。利用微生物生长繁殖迅速、人工培养方便等特点,将重组基因导入微生物细胞来生产这些生理活性物质,从根本上解决了上述问题。1982 年第一个基因工程产品——人胰岛素在美国问世,吸引和激励了大批科学家投身这一领域的开发和研究,获得了大批的成果,也产生了巨大的经济效益和社会效益。

基因工程菌构建的主要程序包括:目的基因的克隆,DNA 重组体的体外构建,重组 DNA 导入宿主细胞及工程菌的筛选。对工业生产有重要意义的是基因的表达产量、产物的稳定性、产物的生物活性和产物的分离纯化。因此进行基因表达设计时,必须考虑各种影响因素,选择最佳的基因表达系统。

基因表达系统主要有三类:原核表达系统,以大肠杆菌为代表;真核表达系统,以酵母菌为代表;哺乳动物细胞表达系统,以中华幼仓鼠为代表。各种表达系统都有特定的使用范围,见表 15-1。

表 15-1　三种基因表达系统的对比

特　点	原核表达系统	真核表达系统	哺乳动物表达系统
具有蛋白质翻译后加工、修饰功能，如糖基化	—	++	+++
具有强效启动子，外源基因产物表达量高	++	++	—
培养、转化、高密度发酵等操作简单，非常适合大规模工业化生产	++	++	—
可以诱导表达，也可以分泌表达，便于产物纯化	+	++	—

虽然大肠杆菌(*E. coli*)表达的蛋白质不能进行糖基化等修饰，不存在信号肽，多为胞内表达，分离纯化困难，但由于人们对大肠杆菌的分子遗传学背景研究得比较深入，加上其具有生长繁殖迅速、容易培养、基因操作简单等优点，且基因工程表达产物形式多样，如胞内可溶性表达、细胞周质表达和少数表达后分泌至胞外，因此是基因工程中最常用的原核表达系统。

大肠杆菌表达的基本内容包括以下几方面。

(1) 一个完整的表达系统通常包括配套的表达载体和表达菌株，如果是特殊的诱导表达还包括诱导剂，如果是融合表达还包括纯化系统或者 Tag 检测等。

(2) 选择表达系统通常要根据实验目的来考虑，如表达量高低、目标蛋白的活性、表达产物的纯化方法等。

(3) 主要归结在表达载体的选择上。质粒表达载体上的元件包括启动子、多克隆位点、终止密码、融合 Tag(如果有的话)、复制子、筛选标记/报告基因等。

E. coli 的乳糖操纵子含有 *Z*、*Y* 及 *A* 三个结构基因，分别编码 β-半乳糖苷酶、β-半乳糖苷透过酶和乙酰基转移酶，此外还有一个操纵序列 *O*、一个启动序列 *P* 及一个调节基因 *I*。*I* 基因编码一种阻遏蛋白，后者与 *O* 序列结合，使操纵子受阻遏而处于关闭状态。在启动序列 *P* 上游还有一个分解(代谢)物基因激活蛋白(CAP)结合位点。由 *P* 序列、*O* 序列和 CAP 结合位点共同构成 lac 操纵子的调控区，三个酶的编码基因即由同一调控区调节，实现基因产物的协调表达。在没有乳糖存在时，lac 操纵子处于阻遏状态。此时，*I* 序列在 PI 启动序列操纵下表达的 Lac 阻遏蛋白与 *O* 序列结合，阻碍 RNA 聚合酶与 *P* 序列结合，抑制转录启动。当有乳糖存在时，lac 操纵子即可被诱导。在这个操纵子体系中，真正的诱导剂并非乳糖本身。乳糖进入细胞，经 β-半乳糖苷酶催化，转变为半乳糖。后者作为一种诱导剂分子结合阻遏蛋白，使蛋白构象变化，导致阻遏蛋白与 *O* 序列解离、发生转录。异丙基-β-D-硫代吡喃半乳糖苷(isopropyl β-D-1-thiogalactopyranoside，IPTG)是一种作用极强的诱导剂，与乳糖结构类似(图 15-1)，可与阻遏蛋白形成复合物，使阻遏蛋白构象改变，不能与操纵基因 *O* 结合，从而使结构基因表达。IPTG 本身不被细菌代谢而十分稳定，因此被实验室广泛应用。

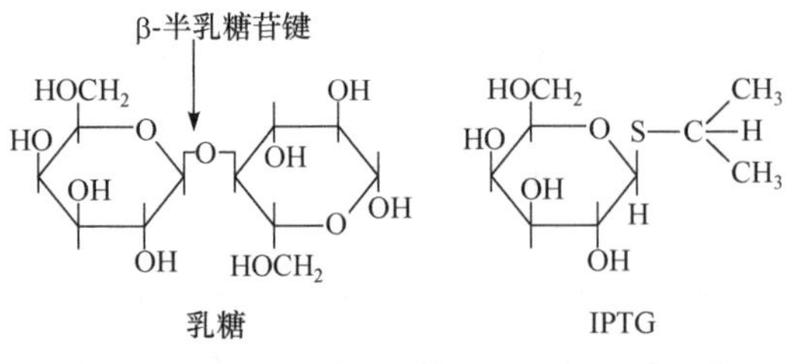

图 15-1　乳糖和 IPTG 结构示意图

T7 噬菌体具有一套专一性非常强的转录体系，利用这一体系中的元件为基础构建的表达系统称为 T7 表达系统。T7 噬菌体基因编码的 T7 RNA 聚合酶选择性地激活 T7 噬菌体启动子的转录。它是一种高活性的 RNA 聚合酶，其合成 mRNA 的速度比大肠杆菌 RNA 聚合酶快 5 倍左右。并可以转录某些不能被大肠杆菌 RNA 聚合酶有效转录的序列。

在细胞中存在 T7 RNA 聚合酶和 T7 噬菌体启动子的情形下，大肠杆菌宿主本身基因的转录竞争不过 T7 噬菌体转录体系，最终受 T7 噬菌体启动子控制的基因的转录能达到很高的水平。

T7 噬菌体启动子的转录完全依赖于 T7 RNA 聚合酶，因此 T7 RNA 聚合酶的转录调控模式就决定了表达系统的调控方式。噬菌体 DE3 是 λ 噬菌体的衍生株，一段含有 lacⅠ、lacUV5 启动子和 T7 RNA 聚合酶基因的 DNA 片段插入其 *int* 基因前面，用噬菌体 DE3 的溶源菌，如 BL21(DE3)、HMS174(DE3)等作为表达载体的宿主菌，调控方式为化学信号诱导型，类似于 Lac 表达系统。

把含有外源基因的表达载体转化的大肠杆菌在有相应抗生素和诱导物的条件下培养，可以诱导外源蛋白在大肠杆菌中表达。利用溶菌酶、反复冻融或超声波破碎的方法将诱导培养的细菌的细胞壁破碎后，可使那些可溶性的外源蛋白释放出来。再利用硫酸铵沉淀、蛋白质层析技术和制备电泳等方法能够将外源蛋白分离纯化出来，供进一步的研究使用。有些过量表达的外源蛋白往往在细菌中形成不溶性的包涵体，细胞破碎、离心后这些包涵体出现在沉淀中，这样的蛋白质需要用高浓度的尿素或 SDS 变性处理后才能溶解。表达的外源蛋白可用 SDS-PAGE、免疫印迹等方法鉴定。

【器材】

1. 仪器

三角瓶(500 mL)，离心管(50 mL)，移液器，离心机，摇床，超声波细胞粉碎机，超净工作台，高压蒸汽灭菌锅，电炉，电子天平等。

2. 试剂

大肠杆菌 BL21(DE3)pLysS，LB 培养基，20%葡萄糖溶液，0.1 g/mL 氨苄西林(Amp)，M_9培养基，pETDuet-1 表达载体，IPTG，限制酶 *Bam*H Ⅰ和 *Hin*d Ⅲ。

各溶液的配制方法如下。

(1) 5×M_9盐溶液：在去离子水中溶解以下盐类，终体积为 100 mL。

$Na_2HPO_4 \cdot 12H_2O$	8.55 g
KH_2PO_4	1.5 g
NaCl	0.25 g
NH_4Cl	0.5 g

(2) LB 培养基(固体培养基加 1 g 琼脂粉)：在去离子水中溶解以下物质，终体积为 100 mL。

胰蛋白胨	1 g
酵母提取液	0.5 g
NaCl	1 g

(3) M_9培养基：在 750 mL 无菌水中(冷却至 50 ℃以下)加入以下成分：

5×M_9盐溶液	200 mL
1 mol/L $MgSO_4$	2 mL
1 mol/L $CaCl_2$	0.1 mL
20%葡萄糖(细菌滤器除菌)	20 mL

(4) PBS 溶液(500 mL)：称取 4.25 g NaCl，1.45 g $Na_2HPO_4 \cdot 12H_2O$，0.1482 g $NaH_2PO_4 \cdot 2H_2O$，

用蒸馏水定容至 500 mL。

【操作步骤】

1. 载体和目的基因的酶切

用适当的限制性内切核酸酶(*Bam*H Ⅰ和 *Hind* Ⅲ)消化表达载体 DNA(pETDuet-1)和目的基因。

2. DNA 的重组与转化

按连接步骤连接目的基因和载体,并转化到宿主菌大肠杆菌 BL21(DE3)pLysS。DNA 重组、转化、鉴定方法同前面操作步骤。

3. 重组子菌株的筛选

配制 LB 培养基 50 mL,灭菌后,待温度降至 50 ℃左右,加 0.1 g/mL Amp 50 μL,混匀后分装入 3 个培养皿中,待凝固后,划线或涂布接种。做好标记后,放入 37 ℃培养箱培养,以获取单菌落。

4. 菌种的扩大培养

(1) LB-Amp 液体培养基和 M_9 培养基的配制方法如下。

a. 配制 LB-Amp 液体培养基 20 mL,灭菌后待温度降至约 50 ℃,加 20 μL 0.1 g/mL Amp 分装于 2 支已灭菌的试管中,每管 5 mL。

b. 配制 M_9 培养基 100 mL 于 500 mL 的锥形瓶中。具体方法为先在锥形瓶中依次加入 5×M_9 盐溶液,20 mL;1 mol/L $MgSO_4$,0.2 mL;1 mol/L $CaCl_2$,0.01 mL;去离子水 78 mL;灭菌后,加 20%葡萄糖 2 mL;0.1 g/mL Amp,0.1 mL(都已滤膜除菌)。

(2) 挑取步骤 3 获取的重组子单菌落于装有 5 mL LB-Amp 液体培养基的试管中,37 ℃,150 r/min 振荡过夜培养。

(3) 次日,将 5 mL 菌液接种到含 100 mL M_9-Amp 锥形瓶中扩大培养,37 ℃,150 r/min 振荡培养 4~5 h 至对数生长期(OD_{600} 为 0.6~0.8)。

(4) 取对数生长期样品 1 mL 于离心管中(标记为 A_1),4 ℃,12 000 r/min 离心 10 min,收集细菌沉淀,向沉淀中加入 400 μL 水, 5×SDS 凝胶上样缓冲液 100 μL,混匀,于−20 ℃贮藏备用。

5. 外源基因的诱导表达

将扩大培养至对数生长期的菌种迅速冰水浴冷却 5 min,然后于 15 ℃,150 r/min 振荡培养 45 min 后,加入 IPTG(终浓度为 0.8 mmol/L)诱导,继续于 15 ℃,150 r/min 振荡培养 6 天。

注:冰水浴冷却可减少包涵体的形成。

6. 超声波破细胞提取蛋白质

(1) 取诱导后的样品 1 mL 置于离心管中(标记为 A_2),4 ℃,12 000 r/min 离心 5 min,收集细菌沉淀,向沉淀中加入 400 μL 水, 5×SDS 凝胶上样缓冲液 100 μL,混匀,于−20 ℃贮藏备用。

(2) 将诱导后的剩余培养液装入 2 支 50 mL 离心管,每支装 30 mL 左右,4 ℃,8000 r/min离心 20 min,收集细菌沉淀,然后用 PBS 洗沉淀一次,将两管沉淀混合,再加约 30 mL PBS 重悬,进行超声波粉碎。

(3) 设定超声波细胞粉碎机的工作时间为 1~2 s,间隔时间为 3~5 s,工作次数为 90 次。

注:超声波细胞粉碎机工作时会放出大量的热,使菌液温度升高,应把离心管放入盛冰水的大烧杯中固定。破碎完毕后,对比液体的混浊度,判断细胞是否破碎好。

(4) 将破碎细胞后的菌液于 4 ℃,10 000 r/min 离心 20～30 min,取含蛋白质的上清于另一支离心管中,4 ℃保存。

7. SDS-PAGE 分离重组蛋白

取步骤 4 和 6 中的 A_1、A_2样品,重悬并煮沸 10 min,离心 8 min,分别取 20 μL 上样(具体操作参考实验 22)。

注:煮沸的目的是消除蛋白质的亚稳态聚合。

8. 免疫印迹鉴定重组蛋白

参考实验 29。

【结果】

通过 SDS-PAGE 和免疫印迹的结果,分析重组蛋白的表达和纯化情况,并说明原因。

【思考题】

(1) 大肠杆菌表达蛋白有哪些优点? 哪些缺点?

(2) 为了鉴定重组蛋白,你认为本实验还有哪些值得改进的地方?

(唐红枫　涂　毅)

实验 16　宏基因组文库构建

【实验目的】

(1) 掌握宏基因组的基本定义。

(2) 掌握宏基因组文库构建的基本流程。

【实验原理】

分子微生物生态学的研究业已证明环境中存在着大量不可培养的微生物,某些环境中采用现有培养技术能够培养的微生物不到 1%,超过 99%的微生物尚未能培养出来,可见基于微生物分离培养的技术途径开发利用微生物资源,尚存在着极大的限制。为了突破上述限制,充分挖掘和利用微生物的多样性基因资源,人们在寻找新技术方法上倾注了极大的热情。宏基因组(metagenome)是由 Handelsman 等 1998 年提出的新名词,其定义为"the genomes of the total microbiota found in nature",即环境中全部微小生物遗传物质的总和,目前主要指环境样品中的细菌和真菌的基因组总和。宏基因组文库既包含了可培养的,又包含了未能培养的微生物基因,避开了微生物分离培养的限制问题,极大地扩展了微生物资源的利用空间。目前已采用土壤、海水、海洋浮游生物、海绵、甲虫、人唾液等环境样品,成功构建了宏基因组文库,已筛选到的生物活性物质有各种酶类及一些次生代谢产物,包括脂酶/酯酶、蛋白酶、淀粉酶、氧化酶、几丁质酶、核酸酶、膜蛋白、4-羟基丁酸代谢酶系、生物素合成酶系、色素、抗菌抗肿瘤活性物质及抗生素抗性基因等。

1. 基本原理

从环境样品中直接提取总 DNA，经纯化后部分酶切，然后把这些 DNA 片段连接到载体上，转化替代宿主细胞，形成一个重组 DNA 文库即宏基因组文库。获得的克隆子根据宿主细胞获得的新功能进行筛选，或用相关已知序列设计探针或 PCR 引物寻找并分离目的基因片段，加上表达调控元件后，使目的基因表达，从而获得产物。

2. 载体

促使宏基因或基因簇在重组克隆子中表达或提高表达量，载体起着重要作用。载体的选择主要是针对有利于感兴趣的目标产物基因的表达、目标基因的扩增及在筛选细胞毒类物质时表达量的调控等。

1） *大片段插入载体*　由于很多微生物活性物质是其次生代谢产物，代谢途径由多基因簇调控，插入大片段 DNA 以获得完整的代谢途径多基因簇是很有必要的。目前多采用细菌人工染色体(BAC)和黏粒(cosmid)载体，前者插入片段大(可达 350 kb)，但克隆效率低，后者插入片段中等(20～40 kb)，克隆效率高。

2） *表达载体*　表达载体可插入的宏基因片段一般小于 10 kb，适合于筛选单一基因或小的操纵子产物。

3） *穿梭载体*　外源基因的表达受宿主细胞的遗传类型(顺式元件、反式因子、tRNA 丰度、密码子偏爱等)、细胞基质、细胞的生理状态及初级代谢产物等的影响，利用穿梭载体扩大宿主范围有利于促进和提高外源基因的表达。

3. 宿主

宿主菌株的选择主要考虑转化效率、重组载体在宿主细胞中的稳定性、宏基因的表达、目标性状(如抗菌)缺陷型等。大肠杆菌是目前遗传背景研究得最清楚，应用最广泛的菌种，但研究经验表明，不同微生物种类所产生的活性物质类型有明显差异，不同的研究目标应选择不同的宿主菌株。例如，70%的抗生素来源于放线菌；若以寻找抗菌抗肿瘤活性物质为目标，链霉菌为宿主较理想；而筛选新的酶则采用大肠杆菌为宜。

4. 宏基因组文库的筛选

由于环境样品中微生物种类繁多，宏基因组文库容量一般较大，活性克隆子的筛选是新活性物质筛选的瓶颈，根据研究目的，可从生物活性水平、化合物结构水平及 DNA 序列水平设计不同的筛选方案。

1） *生物活性水平的筛选*　又称为功能驱动筛选(function-driven screening)，根据重组克隆产生的新活性进行筛选。采用各种活性检测手段检测，挑选活性克隆子，进行生化分析和插入 DNA 片段序列分析，进而对其深入研究。例如，在各种选择性平板上通过可见性状筛选到了产生脂酶、淀粉酶、七叶苷水解酶、甘油脱水酶及抗菌活性的克隆子；在羊血红细胞层上复制宏基因组，克隆筛选到了溶血活性的克隆子等。这一策略以生物活性为线索能够发现全新的活性物质或基因，能够快速鉴别有开发潜力的克隆子，但工作量大，效率低，并且受检测手段的局限。

2） *化合物结构水平的筛选*　在一定条件下不同结构的物质在色谱中有不同的峰值，通过比较转入和未转入外源基因的宿主细胞或发酵液抽提物的色谱图筛选产生新结构化合物的克隆子。

3) DNA 序列水平的筛选　又称为序列驱动筛选(sequence-driven screening),以序列相似性为基础,执行某类功能的酶可能具有相似的基因序列。根据某些已知的相关功能基因的保守序列或相似序列设计杂交探针或 PCR 引物,通过杂交或 PCR 扩增挑选阳性克隆。这一策略有可能筛选到某一类结构或功能的蛋白质中的新分子,而且基于 DNA 的操作有可能利用基因芯片技术大大提高筛选效率,但必须对相关基因序列有一定的了解,并且较难发现全新的活性物质。

【器材】

1. 试剂

(1) 100 mg/mL IPTG(异丙基硫代-β-D-半乳糖苷)储液:1 g IPTG 溶于 10 mL 蒸馏水,用无菌的 0.22 μm 膜过滤除菌,保存于−20 ℃。

(2) 20 mg/mL X-Gal(5-溴-4-氯-3-吲哚-β-D-半乳糖苷):200 mg X-Gal 溶于 10 mL *N*,*N*-甲基甲酰胺,包以铝箔或黑纸,保存于−20 ℃。

(3) 氨苄西林(Amp)母液:配成 50 mg/mL 水溶液,−20 ℃保存备用。

(4) 溶液Ⅰ:50 mmol/L 葡萄糖,25 mmol/L Tris-HCl (pH8.0),10 mmol/L EDTA (pH8.0)。

溶液Ⅰ可成批配制,每瓶 100 mL,118 ℃灭菌 15 min,储存于 4 ℃冰箱。

(5) 溶液Ⅱ:0.2 mol/L NaOH (临用前用 10 mol/L NaOH 母液稀释),1% SDS。

(6) 溶液Ⅲ:5 mol/L KAc 60 mL,冰醋酸 11.5 mL,用重蒸水定容至 100 mL,并高压灭菌。

(7) 0.1 mol/L $CaCl_2$溶液:称取 0.28 g $CaCl_2$(无水,分析纯),溶于 50 mL 重蒸水中,并定容至 100 mL,高压灭菌。

(8) 含 15%甘油的 0.1 mol/L $CaCl_2$:称取 0.28 g $CaCl_2$(无水,分析纯),溶于 50 mL 重蒸水中,加入 15 mL 甘油,定容至100 mL,高压灭菌。

(9) TER 溶液:10 mmol/L Tris-HCl(pH8.0),1 mmol/L EDTA(pH8.0),RNase (20 μg/mL)。

(10) 培养基:含 Amp 的 LB 固体培养基。

(11) 酶:*Bam*HⅠ、*Sau*3AⅠ、碱性磷酸酶(CIAP)、T_4 DNA 连接酶。

2. 材料

E. coli DH5α 菌株:R^-,M^-,Amp^s,pSK^+质粒(在 *E. coli* DH5α 中),宏基因组 DNA。

3. 仪器设备

恒温摇床,电热恒温培养箱,台式高速离心机,超净工作台,低温冰箱,恒温水浴锅,制冰机,分光光度计,微量移液器等。

【操作步骤】

1. 质粒 pSK^+ 提取

(1) 挑取蓝色单菌落接种到 20 mL LB 培养基(含 150 μg/mL 氨苄西林),37 ℃,300 r/min摇床培养 16 h。

(2) 将菌液分装到 2 mL 离心管,8000 r/min 离心 5 min,弃上清,点动离心 30 s,吸净残液。

(3) 加溶液Ⅰ 200 μL,涡旋振荡,使菌体悬浮。

(4) 加新鲜配制的溶液Ⅱ 400 μL,颠倒离心管5次,室温放置5 min。

(5) 加溶液Ⅲ 300 μL,混匀,冰浴10 min,12 000 r/min离心12 min。

(6) 将上清转入新离心管,加0.6倍体积异丙醇,室温放置15 min,12 000 r/min离心10 min,弃上清。

(7) 加70%乙醇1 mL,12 000 r/min离心5 min,弃上清,重复洗涤沉淀1次,晾干。

(8) 加适量TER溶液,37 ℃水浴保温1 h,4 ℃或−20 ℃保存备用。

2. 质粒的酶切及去磷酸化

(1) 酶切。

质粒 pSK$^+$	5 μL	37 ℃,酶切3 h 65 ℃,水浴20 min,终止反应
10×缓冲液	2 μL	
*Bam*HⅠ(15 U/μL)	2 μL	
无菌水	11 μL	

注:所需DNA量较大时,酶切反应应提高样品浓度,以避免DNA样品溶液体积过大,酶切体系最佳体积为10～25 μL;反应体系的各成分加入顺序一般为样品DNA、缓冲液、内切核酸酶溶液,然后用双蒸水补足事先设定的反应总体积。

(2) 酶切质粒去磷酸化。

a. 微量离心管中加入下列反应液,定容至50μL:

质粒DNA片段	1～20 pmol
10×碱性磷酸酶缓冲液	5 μL
CIAP(10～30 U/μL)	2 μL
无菌水	至50 μL

b. 50 ℃反应30 min。

c. 酚/氯仿/异戊醇(25∶24∶1)抽提2次,氯仿/异戊醇(24∶1)抽提1次。

d. 加0.1倍体积的3 mol/L NaAc,2.5倍体积的冷无水乙醇,−20 ℃下放置0～60min。

e. 12 000 r/min离心10 min,弃上清,沉淀用70%冷乙醇200 μL洗涤一次,晾干。

f. 10 μL TE缓冲液溶解沉淀。

3. 宏基因组DNA的酶切及回收

(1) 酶切。

土壤宏基因组DNA	400～500 ng	37 ℃,酶切15 min 65 ℃,水浴20 min,终止反应
10×缓冲液	2 μL	
*Sau*3AⅠ(0.1 U/μL)	1 μL	
无菌水	至20 μL	

(2) 宏基因组DNA酶切片段回收:参考实验7。

4. 连接

(1) 取新的经灭菌处理的0.5 mL离心管,编号。

(2) 将0.4 μg左右质粒DNA转移到无菌离心管中,加0.8 μg左右的宏基因组DNA酶切片段。

(3) 加蒸馏水至体积为17 μL,于65 ℃水浴5 min,以使重新退火的黏端解链,随即冷却至0 ℃。

(4) 加入 10×T_4DNA 连接酶缓冲液 2 μL，T_4 DNA 连接酶 1 μL(350 U/μL)，混匀后点动离心 30 s，16 ℃水浴 24 h。

同时做两组对照反应，其中对照组 1 只有质粒载体无外源 DNA；对照组 2 只有外源 DNA 片段没有质粒载体。

注：连接反应后，反应液在 0 ℃可储存数天，−80 ℃可储存 2 个月，但是在−20 ℃冰冻保存将会降低转化效率。

5. 转化

(1) *E. coli* DH5α 感受态细胞制备：参考实验 9。

注：制备的感受态细胞 4 ℃放置 12～24 h，感受态细胞的转化效率提高 3～5 倍。

(2) 转化。

a. 从−70 ℃冰箱中取 100 μL 感受态细胞悬液，室温下使其解冻。解冻后立即置冰上。

b. 加入 20 μL 连接产物，混匀，冰浴 30 min。

c. 42 ℃水浴中热激 90 s，热激后迅速置于冰上冷却 3～5 min。

注：转化过程中的热激温度和时间要求严格，并且要求水浴为静止水浴。

d. 向管中加入 800 μL LB 液体培养基(不含 Amp)，混匀后 37 ℃振荡培养 1 h。

e. 上述菌液摇匀后取 100 μL，加 X-Gal(20 mg/mL)40 μL，IPTG(100 mg/mL)7 μL 涂布于含 Amp 的筛选平板上，正面向上放置半小时，待菌液完全被培养基吸收后倒置培养皿，37 ℃培养。

同时做以下两个对照。

对照组 1：以同体积的无菌双蒸水代替 DNA 溶液，其他操作与上面相同。此组正常情况下在含抗生素的 LB 平板上应没有菌落出现。

对照组 2：以同体积的无菌双蒸水代替 DNA 溶液，但涂板时只取 5 μL 菌液涂布于不含抗生素的 LB 平板上，此组正常情况下应产生大量菌落。

6. 重组克隆子筛选及鉴定

(1) 倒置平板于 37 ℃继续培养 12～16 h，待出现明显而又未相互重叠的单菌落时拿出平板。

(2) 放于 4 ℃数小时，使显色完全，白色菌落为带有重组质粒转化子。

注：在含有 X-Gal 和 IPTG 的筛选培养基上，携带载体 DNA 的转化子为蓝色菌落，而携带插入片段的重组质粒转化子为白色菌落，平板如在 37 ℃培养后放于冰箱 3～4 h 可使显色反应充分，蓝色菌落明显。

(3) 用无菌牙签挑取白色单菌落接种于含 50 μg /mL Amp 的 5 mL LB 液体培养基中，37 ℃下振荡培养 12 h。

(4) 按操作步骤(1)提取白色单菌落中的质粒 DNA，直接电泳，同时以 pSK^+ 质粒作对照，有插入片段的重组质粒电泳时，迁移率较 pSK^+ 慢。

【结果】

观察平板上的结果并记录。

【思考题】

(1) X-Gal 和 IPTG 在本实验中的作用是什么？

(2) 请分别解释实验中蓝色菌落和白色菌落形成的原因。

(3) 本实验中去磷酸化的作用是什么？

（唐红枫）

实验 17　cDNA 文库的构建

【实验目的】

(1) 了解 cDNA 文库构建的基本流程。
(2) 掌握 cDNA 文库构建过程中应用的基本实验技术。

【实验原理】

cDNA(complementary DNA)是以 mRNA 为模板，在反转录酶作用下合成的互补 DNA，它的顺序可代表 mRNA 序列。cDNA 文库的构建是指将 cDNA 与克隆载体 DNA 体外重组，然后去转化克隆载体 DNA 的宿主细胞，从而得到一群含重组 DNA 的细菌或噬菌体克隆的过程。这些序列来自并代表一定组织或细胞类型特定发育或分化阶段的整个 mRNA 群体。其过程可概括为：①通过反转录酶将各种 mRNA 转变为 cDNA；②cDNA 与合适的载体重组并导入宿主中。

cDNA 基因文库具有许多优点和特殊用途，如下。

(1) cDNA 克隆以 mRNA 为起始材料，这对于有些 RNA 病毒来说非常适用，因为它们的增殖并不经过 DNA 中间体，研究这样的生物有机体，cDNA 克隆是唯一可行的方法。

(2) cDNA 基因文库的筛选简单易行，恰当选择 mRNA 的来源，使所构建的 cDNA 基因文库中，某一特定序列的克隆达到很高的比例，简化了筛选特定基因序列克隆的工作量。

(3) 每一个 cDNA 克隆都含有一种 mRNA 序列，在选择中出现假阳性概率比较低，从阳性杂交信号选择出来的阳性克隆一般含有目的基因序列。

(4) cDNA 克隆的另一用途是用于基因序列的测定，读码框(open reading frame，ORF)的界定，只有通过对 mRNA 5′核苷酸序列进行分析才能获得。

【器材】

(1) 研钵，5 mL、10 mL、25 mL 移液管，100 mL、50 mL 量筒，250 mL、100 mL 容量瓶，药匙，试剂瓶等玻璃制品均用锡纸包裹口部，置于烤箱内，180 ℃，烤 6 h。

(2) 50 mL、1.5 mL 离心管，枪头等塑料制品用 0.1‰ DEPC 水浸泡过夜后，121 ℃ 20 min 高压灭菌。

(3) 电泳槽及电泳托、梳子用 3%双氧水处理。

(4) 常用试剂及其配方如下。

a. DEPC(焦碳酸二乙酯)水：在 1000 mL 去离子水中加入 100 μL DEPC，静置过夜后高压灭菌。

b. 0.78 mol/L 柠檬酸钠(pH4～5)：

三水合柠檬酸钠	22.94 g
加 DEPC 水定容至 100 mL，室温放置备用	

c. 10%肌氨酸钠：

肌氨酸钠	10 g
加 DEPC 水定容至 100 mL，室温放置备用	

d. 变性裂解液：

0.78 mol/L 柠檬酸钠	8.25 mL
10%肌氨酸钠	12.375 mL
异硫氰酸胍	118.05 g
加 DEPC 水定容至 250 mL，室温放置备用	

临用前加 β-巯基乙醇使其终浓度为 1%(*V*/*V*)。

e. 2 mol/L NaAc(pH4.5)：

NaAc · $3H_2O$	13.6 g
加 DEPC 水定容至 50 mL，高压灭菌，室温放置备用	

f. 3 mol/L NaAc(pH5.0)：

NaAc · $3H_2O$	20.4 g
加 DEPC 水定容至 50 mL，高压灭菌，室温放置备用	

g. 4 mol/L LiCl：

LiCl	24.164 g
加 DEPC 水定容至 100 mL，高压灭菌，室温放置备用	

h. 0.5 mol/L EDTA(pH8.0)：

EDTA	18.61 g
用 NaOH 调 pH 至 8.0，定容至 100 mL，高压灭菌，室温放置备用	

i. 10×MOPS [3-(*N*-吗啉代)丙磺酸]：

MOPS	41.86 g
NaAc · $3H_2O$	4.10 g
0.5×MEDTA(pH8.0)	20 mL
用 NaOH 调 pH6.5，DEPC 水定容至 1 L，室温避光放置备用	

j. 1×MOPS：

10×MOPS	30 mL
加 DEPC 水 270 mL，用时现配	

k. 4×RNA 加样缓冲液：

10×MOPS	400 μL
甘油(经高压处理)	200 mL
溴酚蓝	10 μL
甲醛(37%)	72 μL
去离子甲酰胺	310 μL
EDTA(0.5 mol/L，pH 8.0)	8 μL

溴化乙锭(10 mg/mL,在 DEPC 水中)	70 μL

在 4 ℃可保持 3 个月。

l. 10×PBS(pH7.4):

NaCl	80 g
KCl	2 g
Na_2HPO_4	14.4 g
KH_2PO_4	2.4 g
定容至	1000 mL

m. 变性电泳胶:称取 0.5 g 琼脂糖,加入 47.5 mL 1×MOPS,加热至琼脂糖熔化后,冷却至 50 ℃左右,加入 2.5 mL 甲醛,轻轻混匀后倒入电泳托上。

n. 变性电泳缓冲液:在 250 mL 容量瓶内加入 5 mL 甲醛,用 1×MOPS 定容至 250 mL。

o. 20×SSC 缓冲液(pH7):

NaCl	175.2 g
柠檬酸钠	88.2 g
去离子水	800 mL

加入数滴 10 mol/L 氢氧化钠溶液调节 pH 至 7.0。加去离子水定容至 1 L。

p. 5×TBE 缓冲液:

Tris 碱	54 g
硼酸	27.5 g
0.5 mol/L EDTA(pH8.0)	20 mL

q. SOB 液体培养基:

Bacto-蛋白胨	20 g
酵母抽提物	5 g
NaCl	0.5 g

加 950 mL 水溶解,加入 250 mmol/L KCl 溶液 10 mL,用 NaOH 调 pH 至 7.0,定容至 1000 mL,高压灭菌后保存。使用前加入 5 mL 经灭菌的 2 mol/L $MgCl_2$。

SOC 液体培养基:SOB 中加入经灭菌的葡萄糖溶液至终浓度为 20 mmol/L。

【操作步骤】

1. 动物组织总 RNA 的提取

(1) 根据表 17-1 选择适当的组织量和相应的变性裂解液量,将变性裂解液分装到无 RNase(RNase-free)的 50 mL 无菌离心管中,冰浴 5 min。

(2) 将组织样品放入变性裂解液中,在高速下匀浆 15~30 s/次,直到看不见组织和细胞碎片。

(3) 根据表 17-1 加入适量 2 mol/L 的乙酸钠(pH4.0),反复颠倒混匀 4~5 次。

(4) 根据表 17-1 加入适量酚/氯仿,加盖颠倒混合 4~5 次,再摇动 10 s,冰浴 10 min。

(5) 4 ℃,12 000 *g* 离心 20 min。

(6) 小心转移上层水相于另一个 RNase-free 的无菌离心管中,内含所需的 RNA。蛋白质和 DNA 分别留在了有机相和中间层。

(7) 加入等体积的异丙醇,−20 ℃沉淀 30 min 以上。

(8) 4 ℃,12 000 *g* 离心 20 min。

(9) 根据表 17-1 加入适量的变性裂解液,重新溶解 RNA。

(10) 加等体积的氯仿,加盖颠倒混合 4～5 次,再摇动 10 s。

(11) 4 ℃,12 000 *g* 离心 20 min。

(12) 小心转移上层水相于另一个 RNase-free 的无菌离心管中,加入等体积的异丙醇,－20 ℃沉淀至少 30 min。

(13) 4 ℃,12 000 *g* 离心 20 min。

(14) 弃上清,加 1 mL 75%的乙醇漂洗 RNA 沉淀。4 ℃,12 000 *g* 离心 10 min。

(15) 弃上清,空气中干燥 RNA 沉淀,直至没有乙醇气味。用适量 DEPC 水充分溶解 RNA 沉淀。

(16) 取少量 RNA 用于测定 OD 值及电泳,其余置－80 ℃冰箱中保存。

表 17-1　动物组织总 RNA 提取的组织量和相应的变性裂解液量参考表

体系的镁离子浓度/(动物组织量/mg)	500	800	1000
变性裂解液/mL	5	8	10
2 mol/L NaAc(pH4. 0)/mL	0. 5	0. 8	1
水饱和酚/mL	5	8	10
氯仿/mL	1	1. 6	2
异丙醇/mL	4	6	8
变性裂解液/mL	0. 5	0. 8	1
异丙醇/mL	0. 5	0. 8	1
75%乙醇/mL	1	1	1
DEPC-处理过的水/mL	0. 5	0. 8	1

2. 植物组织总 RNA 的提取

(1) 先将研钵于－80 ℃冰箱中预冷,然后将 1 g 样品在液氮中研磨成粉末状。

(2) 将粉末倒入盛有 3 mL 变性裂解液的 50 mL 离心管中,充分匀浆(1 g 样品加入 3 mL 变性裂解液)。

(3) 加入 0. 3 mL(1/10 体积)2 mol/L 的 NaAc(pH4～5)颠倒混匀。

(4) 加入 3 mL(等体积)的水饱和酚,充分振荡,再加入 1 mL(1/3 体积)的氯仿,振荡。

(5) 冰浴 10 min。4 ℃,12 000 *g* 离心 10 min。

(6) 小心转移上清于另一离心管中,加入 2 倍体积的无水乙醇,－70 ℃沉淀至少 1 h。

(7) 4 ℃,12 000 *g* 离心 20 min。

(8) 去除上清,取沉淀。加 1 mL 4mol/L 的 LiCl 溶解沉淀(1 mL LiCl/g 组织),并转入 1. 5 mL 离心管中。

(9) 4 ℃,13 000 r/min 离心 15 min。

(10) 用 0. 4 mL DEPC 水溶解沉淀,加 1/2 体积的水饱和酚,1/2 体积的氯仿,颠倒混匀。

(11) 4 ℃,13 000 r/min 离心 10 min。

(12) 取上清,加 1/10 体积的 3 mol/L NaAc(pH5)和 2 倍体积的无水乙醇,－70 ℃沉淀 30 min 以上。

(13) 4 ℃,13 000 r/min 离心 15 min。

(14) 弃上清,用 1 mL 75%的乙醇洗涤沉淀,4 ℃,13 000 r/min 离心 10 min。

(15) 弃上清,取沉淀,空气中干燥 RNA 沉淀,直至无乙醇味。

(16) 用 40~60 μL DEPC 水溶解(300~500 μg/g)RNA 沉淀。

(17) 取少量 RNA 用于测定 OD 值及电泳,其余置-80 ℃冰箱中保存。

3. TRIzol Reagent 提取总 RNA

(1) 查表 17-2,根据样品量选择适当的 TRIzol Reagent 体积装入 50 mL RNase-free 离心管中,注意样品体积不能超过 TRIzol Reagent 体积的 10%。

(2) 将组织样品放入 TRIzol Reagent 中,高速下匀浆 15~30 s/次,直至看不见组织和细胞碎片。

(3) 室温温育 10 min。

(4) 据表 17-2 加入适量体积的氯仿,剧烈振荡 15 s,然后室温下温育 3 min。

(5) 4 ℃,12 000 *g* 离心 15 min,形成淡红色的苯酚/氯仿有机相、中间相和上层水相,水相约占 TRIzol 体积的 60%。

(6) 转移上清于另一个 RNase-free 的 50 mL 离心管中。根据表 17-2 加入适量异丙醇,-20 ℃沉淀 1 h 以上。

(7) 4 ℃,12 000 *g* 离心 10 min。

(8) 去上清,据表 17-2 加入适量体积的 75%的乙醇混匀。

(9) 4 ℃,7500 *g* 离心 5 min。

(10) 去上清,空气中干燥或真空抽干 RNA 沉淀,但不要太干。加入适量体积的 DEPC-水,溶解沉淀。

(11) 取少量 RNA 用于测定其 OD 值和电泳,其余置-80 ℃冰箱中保存。

表 17-2　TRIzol Reagent 提取总 RNA

组织量	TRIzol Reagent	氯仿	异丙醇	75%乙醇
50~100 mg	1 mL	0.2 mL	1 mL	1 mL

4. mRNA 的分离——磁珠法

(1) 在 RNase-free 的离心管中加入 0.1~1.0 mg 的总 RNA 和 RNase-free 水至终体积为 500 μL。

(2) 65 ℃加热 10 min。

(3) 加入 3 μL 生物素标记的 Oligo(dT)和 13 μL 20×SSC 于 RNA 中,轻轻混合,逐渐冷却至室温,一般需 10 min 左右。

(4) 同时配制 0.5×SSC 1.2 mL 和 0.1×SSC 1.4 mL。

(5) 将磁珠(SA-PMP)轻晃散开,放入磁性分离架上,使 SA-PMP 集中于管的一侧(30 s 左右),小心倾去上清,切不可离心。用 0.3 mL 0.5×SSC 漂洗 SA-PMP,用磁性分离架集中磁珠,倾去上清,重复 3 次。

(6) 将漂洗后的 SA-PMP 重新悬浮于 0.1 mL 0.5×SSC,注意漂洗后的 SA-PMP 应该在 30 min内使用。

(7) 将(3)中的 oligo(dT)/mRNA 退火反应物全部加入含漂洗好的 SA-PMP 管中,轻轻摇匀,室温下放 10 min。

(8) 用磁性分离架捕获 SA-PMP,小心倾去上清,但不要弃去。

(9) 用 0.1×SSC，每次 0.3 mL 洗 3 次，每次都摇晃至 SA-PMP 悬浮，最后一次漂洗后，尽可能多地吸取水相，而不损坏 SA-PMP。

(10) 将 SA-PMP 重新悬浮在 0.1 mL RNase-free 水中，反复颠倒，使 SA-PMP 散开，洗脱 mRNA。

(11) 用磁性分离架捕获 SA-PMP，将洗脱的 mRNA 吸入另一个新的离心管中。

(12) 将 SA-PMP 再悬浮于 0.15 mL RNase-free 的水中，洗脱，与步骤(11)洗脱液合并。

(13) 将得到的 mRNA 溶液取几微升跑电泳，若 mRNA 浓度不足以进行下一步的反转录，则需将得到的 mRNA 溶液浓缩[浓缩步骤见(14)～(18)]。

(14) 加 0.1 倍体积的 3 mol/L NaAc 和 1.0 倍体积的异丙醇于洗脱液中，－20 ℃沉淀过夜。

(15) 4 ℃，13 000 *g* 离心 60 min。倾去上清，加入 500 μL 70%乙醇混匀。

(16) 4 ℃，7500 *g* 离心 10 min。

(17) 倾去上清，真空或空气中自然风干，但不要太干，加适量 RNase-free 水溶解。

(18) 重复步骤(5)～(12)，将步骤(8)保留下的样品重新上柱。

注意：

(1) 所有操作均需要严格戴手套，戴口罩进行。

(2) 如果总 RNA 质量高，杂质少，就选择 Oligotex 的方法分离 mRNA，相反则可以用磁珠法。

(3) mRNA 的电泳图是弥散状。

5. cDNA 双链合成

1) Superscipt Ⅱ-RT 合成第一链

(1) 在一 RNase-free 的 0.2 mL PCR 管中，加入

mRNA(大约 500 ng)	x μL
Xho Ⅰ引物(1.4 μg/μL)	1 μL
(5′GAGAGAGAGAGAGAGAGAGAACTAGTCTCGAGTTTTTTTTTTTTTTTTT…3′)	
RNase-free 水	$(11-x)$μL

大于 500 ng mRNA 分 n 管(500 ng/管)合成第一链，第一链合成完毕后将 n 管合成一管进行第二链合成。

(2) 混匀后，70 ℃反应 10 min。

(3) 反应完成后，立刻将反应体系置于冰上 5 min。

(4) 稍微离心一下，依次加入以下试剂：

5×第一链缓冲液	4 μL
0.1 mol/L DTT	2 μL
10 mmol/L dNTP(自己配制)	1 μL

(5) 混匀，稍微离心反应物之后，42 ℃放置 2 min。

(6) 反应完成后，趁热加入 1 μL Superscipt Ⅱ-RT，混匀。

(7) 42 ℃反应 50 min，然后 70 ℃，15 min 灭活反转录酶。

2) cDNA 第二链的合成

(1) 第一链反应完成后，取 2 μL 一链产物－20 ℃冰箱中保存，待电泳检测。其余的产物合并，混匀，然后依次加入下列试剂(Promega)：

10×DNA 聚合酶Ⅰ缓冲液	20 μL
10 mmol/L dNTP(自己配制)	6 μL
dd H_2O	x μL
RNase H(2 U/μL)	1 μL
DNA 聚合酶Ⅰ(10 U/μL)	10 μL

总体系为 200 μL。

(2) 混匀后,16 ℃反应 2.5 h。

(3) 70 ℃灭活 10 min。

(4) 反应完成后,得到 200 μL cDNA 第二链反应体系,将此体系置于冰上。

(5) 取 2 μL 二链产物,同保存的一链产物一起电泳鉴定。同时上样 1 kb ladder,确定双链的大小范围。

注:一链、二链的电泳图是弥散状,且二链稍比一链大一些。

6. 双链 cDNA 末端补平

(1) 在第二链反应体系中,依次加入下列试剂(Promega):

10 mmol/L dNTP	6 μL
T_4 DNA 聚合酶(8.7 U/μL)	2 μL
BSA(10 mg/mL)	2 μL

(2) 稍微离心混匀反应物, 37 ℃反应至少 30 min,然后 75 ℃灭活 10 min。

(3) 加入等体积酚/氯仿/异戊醇,剧烈振荡后,常温下 13 000 *g* 离心 5 min。

(4) 离心后,吸取上清于另一 1.5 mL 离心管中,加入等体积氯仿,上下颠倒几次混匀后,常温下 13 000 *g* 离心 5 min。

(5) 吸取上清至另一离心管,加入 1/10 体积的 3 mol/L NaAc(pH5.2)和 2.5 体积的预冷的无水乙醇,混匀,−20 ℃放置过夜,以沉淀双链 cDNA。

(6) 第二日,将前一日沉淀物,4 ℃,13 000 *g* 离心 60 min,以充分沉淀双链 cDNA。

(7) 离心完毕,弃去上清,加入 1 mL 70%乙醇洗涤沉淀,常温下 13 000 *g* 离心 5 min。

(8) 离心完毕,弃去上清,干燥沉淀至无乙醇气味。

7. *Eco*R Ⅰ adaptor 加接

(1) 往双链 cDNA 沉淀中加入 *Eco*RⅠ接头(400 ng/μL) 9 μL,4 ℃至少放置 30 min,以充分溶解 cDNA 沉淀。

(2) 溶解完成后,依次加入下列试剂:

10×连接酶缓冲液	1.2 μL
10 mmol/L rATP	1 μL
T_4 DNA 连接酶(4 U/μL)	1 μL

(3) 混匀后,4 ℃连接 3 天,或者 8 ℃过夜连接。

8. 双链 cDNA 末端的磷酸化及 *Xho* Ⅰ酶切

(1) 连接反应完成后,将反应体系于 70 ℃放置 15 min,以灭活 T_4 DNA 连接酶。

(2) 稍微离心,使反应物集中至管底,室温下放置 5 min,然后加入下列试剂:

10×连接酶缓冲液	1 μL
10 mmol/L rATP	1 μL
ddH_2O	6 μL

T_4 PNK(10 U/μL)	1 μL

(3) 37 ℃反应 30 min,然后 70 ℃灭活 15 min。

(4) 稍微离心,使反应物集中至管底。

(5) 室温放置 5 min。然后加入下列试剂:

Xho 10×缓冲液	4 μL
BSA	2 μL
ddH_2O	5 μL
Xho Ⅰ(10 U/μL)	8 μL

(6) 37 ℃反应 1.5 h,然后 65 ℃灭活酶 10 min。

(7) 反应完成,双链 cDNA 合成完毕。置于 4 ℃准备回收。

9. 胶回收 cDNA

详见实验 7。

10. 载体制备

1) pBlueScriptⅡ的提取

(1) 取 1 μL 商品 pBlueScriptⅡ,转化入大肠杆菌宿主菌中,取 5 μL 转化产物均匀涂布在含 Amp 的 LB 平板上,37 ℃培养过夜。

(2) 第二天取一只无菌的 50 mL 离心管,加入 10 mL Amp 抗性的 LB 液体培养基,挑单克隆于离心管中,37 ℃,250 r/min,培养过夜。

(3) 第三天取 200 μL 培养过夜的菌液接种于 250 mL 含 Amp 的 LB 液体培养基中,37 ℃,250 r/min 培养 6 h 左右,使 OD_{650} 达到 0.6～0.8。

(4) 将菌液移入 250 mL 离心管中,4 ℃,3000 r/min 离心 15 min。提取质粒步骤参考实验 4。

(5) 电泳检查 DNA 质量并定量(必要的话,可以用胶回收的方法先纯化一下质粒,再进行双酶切)。

2) pBlueScript Ⅱ的双酶切消化

(1) 以如下体系进行 *Eco*R Ⅰ酶切:

pBSK(+)	x μL(6 μg)
ddH_2O	$(174-x)$ μL
10×缓冲液 E	20 μL

混匀后,加入限制性内切核酸酶:

*Eco*RⅠ(10 U/μL)	6 μL

总体积为 200 μL。

(2) 轻弹管壁或用枪头轻轻吹打混匀,在离心机上甩一下。

(3) 37 ℃,水浴 1 h。

(4) 加入 1∶1 的酚/氯仿 200 μL,混匀。4 ℃,13 000 r/min 离心 15 min。

(5) 取上清,加入等体积的氯仿,4 ℃,13 000 r/min 离心 10 min。

(6) 取上清,加入 0.1 倍体积的 NaAc 和 2.5 倍体积的无水乙醇,−20 ℃沉淀 30 min。

(7) 4 ℃,13 000 r/min 离心 10 min,弃去上清,取沉淀。

(8) 加入 200 μL 70%的乙醇洗沉淀。

(9) 4 ℃,13 000 r/min 离心 10 min,弃去上清,取沉淀。

(10) 自然风干沉淀,至无乙醇味,加入 100 μL ddH_2O 充分溶解沉淀。

(11) 加入以下试剂进行 *Xho* Ⅰ 酶切：

ddH_2O	74 μL
10×缓冲液 D	20 μL

混匀，加入限制酶 *Xho* Ⅰ：

Xho Ⅰ(10 U/μL)	6 μL

总体积为 200 μL。

(12) 接下来同步骤(2)～(10)步进行操作。

3) 载体去磷酸化

(1) 在 40 μL 双酶切载体中加入以下试剂：

10×缓冲液	6 μL
CIAP(0.01 U/μL)	6 μL
ddH_2O	8 μL

总体积 60 μL。

(2) 轻弹管壁或用枪头轻轻吹打混匀，在离心机上甩一下。

(3) 37 ℃，水浴 1 h。

(4) 70 ℃，15 min，灭活酶。

(5) 电泳分离，胶回收双酶切载体，定量。

4) 检测载体效率

(1) 按表 17-3 所示做 4 个连接反应。

表 17-3　载体效率检测

序号	DNA	连接酶	作用
1	pBlueScript Ⅱ/E/X/CIAP	—	检测酶切效率
2	pBlueScript Ⅱ/E/X/CIAP	+	检测脱磷效率、载体自连效率
3	商品载体加标准插入片段	+	对照
4	自制载体加标准插入片段	+	检测载体效率

14 ℃连接过夜。

(2) 各取 1 μL 连接产物作电转化(具体流程见电转化)。

(3) 计算克隆数，计算载体相对脱磷效率及连接效率。

11. cDNA 双链和载体的连接

(1) 连接：根据载体和 cDNA 的电泳定量结果，每个样品设置 3 个比例的连接，即插入片段/载体＝1/3，插入片段/载体＝1/1，插入片段/载体＝3/1。

按以下体系依次加入：

ddH_2O	*x* μL
T_4连接酶 10×缓冲液	1 μL
PBK(E/X)载体(20 ng/μL)	1 μL
cDNA	(由浓度及连接比例而定)
T_4 DNA 连接酶(3 U/μL)	1 μL
总体积	10 μL

14 ℃，连接过夜。

(2) 检测(PCR 方法)。

取适量 PCR 薄壁管,置于冰上,按以下体系依次加入:

项目	连接产物	插入片段	载体	阳性对照	阴性对照(H_2O)
模板	1	1	1	1	1
10×缓冲液	2.5	2.5	2.5	2.5	2.5
$MgCl_2$(25 mmol/L)	1.8	1.8	1.8	1.8	1.8
dNTP(2.5 mmol/L)	1	1	1	1	1
T3 引物(10 pmol/L)	1	1	1	1	1
T7 引物(10 pmol/L)	1	1	1	1	1
Taq 酶	0.4	0.4	0.4	0.4	0.4
ddH_2O	16.3	16.3	16.3	16.3	16.3
总体积	25 μL	25 μL	25 μL	25 μL	25 μL

各试剂均加好后,离心机上甩一下,使之沉底,置于 PCR 仪上。

反应程序:

94 ℃	4 min	
94 ℃	20 s	循环次数:35
53.5 ℃	20 s	循环次数:35
72 ℃	4 min	循环次数:35
72 ℃	10 min	
4 ℃	24 h	

待 PCR 反应进入 4 ℃后,取下 PCR 薄壁管,取 7 μL PCR 产物加入 3 μL 溴酚蓝,电泳,同时上样 1 kb DNA ladder。

0.5 h 后照相,观察胶图:插入片段、载体、阴性三个样品除了有少量引物带(200 bp 左右)外,均无其他带形。阳性带形清晰。好的连接产物应在 500～5000 bp 形成一条清晰的拖尾。

12. 电转化流程

1) 电转化感受态细胞的制备

(1) 用枪头挑取单克隆菌落,接入盛有 10 mL LB 液体培养基的 50 mL 离心管中(同时做培养基的空白对照)。

(2) 37 ℃,220 r/min,培养 14～16 h。

(3) 第二天,以 1∶100 的比例将这 10 mL 菌液倒入 1000 mL LB 液体培养基中,37 ℃,220 r/min,振摇 2～3 h,每 0.5 h 测一次 OD,当 OD 值达到 0.3～0.4 时,停止培养。

(4) 将菌液在冰上预冷 30 min,随后将菌液分装到 500 mL 预冷的离心杯中,4 ℃,2500 r/min离心 10 min。

(5) 弃上清,离心杯中加入少量 ddH_2O,使沉淀悬浮后,再将水注满离心杯,4 ℃,4000 r/min离心 10 min。

(6) 弃上清,加少量无菌水,重悬菌体,再将水注满离心杯,4 ℃,4000 r/min 离心 10 min。

(7) 弃去上清,往离心杯中加入少量 10%甘油(灭菌,预冷),重悬菌体,再加满 10%甘油,

4 ℃,4000 r/min 离心 10 min。

(8) 弃上清,每个离心杯中加入 5 mL 10%的甘油,使沉淀悬浮后,将菌液以 300 μL/管分装于 1.5 mL 的离心管中,−80 ℃冰箱中保存。同时取 100 μL 感受态加 0.01 ng pUC18 直接电穿孔转化,检测转化效率。

(9) 次日观察转化子生长情况,并记录。

2) 连接产物纯化

(1) 将连接产物转移至一 1.5 mL 离心管中,加入下列试剂:

ddH_2O	10 μL
3 mol/L NaAc(pH5.2)	2 μL
无水乙醇	50 μL

轻轻混匀,稍微离心并将其置于−20 ℃放置 1 h 以上。

(2) 4 ℃,12 000 r/min 离心 30 min。

(3) 小心移去上清,避免接触到管底的沉淀物。

(4) 加入 70%的乙醇 500 μL,轻轻颠倒几次洗涤沉淀(注:不要离心,混匀)。

(5) 4 ℃,12 000 r/min 离心 5 min。

(6) 小心移去上清,将此离心管置空气中直至无乙醇气味。

(7) 加入 10 μL ddH_2O 重新溶解沉淀,4 ℃短期保存,−20 ℃长期保存备用。

3) 电转化

(1) 从−80 ℃冰箱中取出感受态细胞,置于冰上解冻。

(2) 取 1 μL 纯化后的质粒于一 1.5 mL 的离心管中,将其和 0.1 cm 的电击杯一起置于冰上预冷。

(3) 将 40～100 μL 解冻的感受态细胞转移至此 1.5 mL 的离心管中,小心混匀,冰上放置 10 min。

(4) 打开电转仪,调至 Manual,调节电压为 2.1 kV。

(5) 将此混合物转移至已预冷的电击杯中,轻轻敲击电击杯,使混合物均匀进入电击杯的底部。

(6) 将电击杯推入电转化仪,按一下 Pulse 键,听到蜂鸣声后,向电击杯中迅速加入 1000 μL的 SOC 液体培养基,重悬细胞后,转移到 1.5 mL 的离心管中。

(7) 37 ℃,220～250 r/min 复苏 1 h。

(8) 取 20 μL 转化产物加 160 μL SOC 液体培养基涂平板,放于37 ℃温室,过夜培养,次日查看转化结果。其余菌液加 1∶1 的 30%甘油后混匀,−80 ℃保存。

注:每块加有 Amp 的平板上均匀涂有 X-Gal 80 μL、SOC 液体培养基 80 μL、IPTG 20 μL。

4) 电击杯清洗流程

(1) 用清水将电击杯稍冲一下。

(2) 向电击杯中加入的 75%乙醇,浸泡 2 h。

(3) 弃去乙醇,再用蒸馏水冲洗 2～3 遍,然后用 1mL 的枪吸取超纯水,反复吹打电击杯 10 遍以上。

(4) 加入无水乙醇 2 mL 于电击杯中,浸泡 30 min。

(5) 弃去无水乙醇,于通风橱内挥干乙醇。

(6) 将清洗好的电击杯放入−20 ℃冰箱内待用。

注：不同样品使用的电击杯应分开，每周用 1%乙醇浸泡 30 min。

13. 快速鉴定、菌落 PCR

1）质粒快速鉴定

（1）本部分操作所需试剂如下。

原生质缓冲液：

30 mmol/L Tris-HCl，pH8.0(母液为 1.0 mol/L)	0.33 mL
5 mmol/L EDTA(母液为 0.5 mol/L)	0.1 mL
50 mmol/L NaCl(母液为 5.0 mol/L)	0.1 mL
20%蔗糖(母液为 40%)	5 mL
50 μg/mL RNase Ⅰ(母液为 10 mg/mL)	50 μL
50 μg/mL 溶菌酶(母液为 10 mg/mL)	50 μL

补水至 10 mL，－20 ℃分装保存。

裂解缓冲液：

89 mmol/L Tris-HCl	pH8.0
89 mmol/L 硼酸	2 mL 5×TBE
2.5 mmol/L EDTA	
2%SDS(母液为 10%)	2 mL
5% 蔗糖(母液为 40%)	1.25 mL
0.04% 溴酚蓝	4 mg

补水至 10 mL，－20 ℃分装保存。

（2）实验步骤如下。

a. 将转化后的菌液铺平板，37 ℃过夜培养。

b. 用 TBE 缓冲液配制 0.6%～0.7%的琼脂糖凝胶。

c. 用连续加样枪在 96 孔板中每孔加入 10 μL 原生质体缓冲液。

d. 用灭过菌的 10 μL 小枪头，挑取单克隆白斑至含有原生质体缓冲液的 96 孔板中，振荡混匀。

e. 用连续加样枪将 Lysis 缓冲液上样于凝胶中，每孔 4 μL，用排枪将细胞与原生质体缓冲液混合液上样于凝胶中(细胞在原生质体缓冲液中不宜超过 30～40 min)，并点上 Marker。

f. 调节电压为 20 V(小槽)或 40 V(大槽)，电泳 15 min，使细胞充分裂解，将电压调高到 200 V，继续电泳 1 h，照相。

g. 根据胶图粗略鉴定插入片段的大小及小片段率。

2）菌落 PCR

（1）取适量 PCR 薄壁管，置于冰上，每管先加入 17.3 μL 的无菌水。

（2）用灭菌的 10 μL 小枪头挑取单克隆白斑至灭菌水中，振荡混匀。

（3）依次加入：

10×缓冲液	2.5 μL
$MgCl_2$(25 mmol/L)	1.8 μL

dNTP(2.5 mmol/L)	1 μL
T3 引物(10 pmol/L)	1 μL
T7 引物(10 pmol/L)	1 μL
Taq 酶	0.4 μL
总体积	25 μL

各试剂均加好后，离心机上甩一下，使之沉底，置于 PCR 仪上。

(4) 预处理：

94 ℃	2 min	
94 ℃	4 min	
94 ℃	40 s	循环次数:35
53.6 ℃	40 s	
72 ℃	4 min	
72 ℃	10 min	
4 ℃	24 h	

(5) 待 PCR 反应进入 4 ℃后，取下 PCR 薄壁管，取 7 μL PCR 产物加入 3 μL 溴酚蓝跑电泳，同时上 1 kb DNA ladder。0.5 h 后照相，观察胶图，根据胶图粗略鉴定插入片段的大小及小片段率。

(6) 将快速鉴定和菌落 PCR 检测合格的文库送检。

14. pBlueScript cDNA 库扩增

1) 本部分操作所需试剂

(1) LB 培养基(1 L)：

氯化钠	20 g
蛋白提取物	20 g
酵母提取物	10 g

加入蒸馏水至 1 L，用 NaOH 调 pH 至 7.0，高压灭菌。

(2) LB-甘油(12.5%)(200 mL)：

2×LB 液体培养基	175 mL
甘油(100%)	25 mL

加入蒸馏水至 200 mL，高压灭菌，置于 4 ℃备用。

2) 实验步骤

(1) 将 cDNA 文库转入大肠杆菌，如 DH5α(DH10B)后，取少量菌液涂布含有氨苄西林平板，以推算克隆总量。

(2) 取一大小合适的三角瓶，根据克隆总量配制 2×LB 液体培养基，每 500 mL 2×LB 液体培养基可扩增 5×10^5 个克隆，可以适当增加 2×LB 液体培养基的量，但不能少于此比例。

(3) 按每 100 mL 加 0.3 g 的比例在 2×LB 液体培养基中加入 SeaPrep 琼脂糖。

(4) 70 ℃加热搅拌至琼脂糖溶解，高压灭菌后，再 70 ℃搅拌 30 min。

(5) 37 ℃放置 1 h。

(6) 加入适量氨苄西林，使之终浓度为 50 μg/mL。

(7) 加入全部菌液，并轻柔旋转使之混匀，避免振荡。

(8) 将三角瓶置于冰水中 1 h，水面必须没过三角瓶内液面。

(9) 轻轻取出三角瓶，30 ℃培养 40～45 h。

(10) 将三角瓶内容物全部转入离心管中，必须室温，10 000 *g* 离心 20 min。

(11) 弃去上清，每 100 mL 培养基离心得到的沉淀用 10 mL 2×LB-甘油(12.5%)重悬。

(12) 将重悬液留下 10 μL 检测滴度，其余分装于 1.5 mL 离心管，−80 ℃冰箱内保存。

(13) 取 1 μL 扩增后菌液 10 倍稀释。

(14) 各取 10 μL 稀释至 10^{-5} 和 10^{-6} 的菌液涂布于含氨苄西林的 LB 固体平板上，37 ℃过夜培养，次日计算其克隆数及扩增后总克隆数。

【结果】

记录整个实验过程中的电泳图谱并对结果进行分析。

【思考题】

(1) 比较实验各阶段 PCR 过程中的循环次数，说明循环次数与结果之间的关系。

(2) 本实验操作中有哪些注意事项？

（唐红枫）

第3章　真核表达体系的应用

实验18　小鼠β-actin基因的克隆与表达

【实验目的】

了解并掌握动物基因在原核生物体系中表达的基本流程。

【实验原理】

actin即肌动蛋白，是细胞的一种重要骨架蛋白。同时actin在细胞分泌、吞噬、移动、胞质流动和胞质分离等过程中起重要作用。actin在不同物种之间高度保守，以至于很难获得较好的针对actin的抗血清。actin大致可分为6种，其中4种是不同肌肉组织特异性的，包括α-骨骼肌肌动蛋白α-心肌肌动蛋白，α-平滑肌肌动蛋白和γ-平滑肌肌动蛋白；其余两种广泛分布于各种组织中，包括β-actin和γ-非肌动蛋白。不同的actin之间同源性大于90%，但在N端同源性仅50%～60%，因此N端常被用作actin的抗原。

β-actin是横纹肌肌纤维中的一种主要蛋白质成分，也是肌肉细丝及细胞骨架微丝的主要成分。具有收缩功能，分布广泛。β-actin是PCR常用的内参，β-actin抗体是蛋白质印迹法(Western blotting)很好的内参指数。内参即是内部参照(internal control)，对于哺乳动物细胞表达来说一般是指由管家基因编码表达的蛋白质。它们在各组织和细胞中的表达相对恒定，在检测蛋白质的表达水平变化时常用它来做参照物。常用的蛋白质内参有细胞骨架蛋白β-actin和甘油醛-3-磷酸脱氢酶(glyceraldehyde-3-phosphate dehydrogenase，GAPDH)等。因此β-actin抗体、β-tubulin抗体及GAPDH抗体成为最常见的三个动物细胞内参抗体。β-actin作为内参是得到了公认的，这是针对大多数组织和细胞来说的，它广泛分布于细胞质内，表达量非常丰富。β-actin由375个氨基酸组成，分子质量大小为42～43 kDa。

【器材】

见操作步骤。

【操作步骤】

1. 小鼠组织mRNA提取

1）材料　小鼠肝脏或肌肉组织。

2）仪器设备　高速冷冻离心机，低温冰箱，核酸电泳设备，液氮罐，研钵，剪刀，镊子等。

3）试剂配制及器具处理

（1）0.1%的焦碳酸二乙酯（DEPC）水溶液。

（2）器具处理：试剂瓶、量筒、研钵、大小枪头和1.5 mL和0.2 mL的离心管等用纱布包裹，在0.1%的DEPC水溶液中浸泡过夜（37 ℃），高压灭菌，80 ℃烘干备用。剪刀、镊子和药匙等160 ℃烘烤6 h以上。

（3）无RNA酶灭菌水（DEPC水溶液）：用经高温烘烤的玻璃瓶装重蒸馏水，按0.01%（*V*/*V*）加入DEPC处理过夜，拧松瓶盖，高压灭菌。80 ℃烘4 h以上。

（4）Trizol缓冲液。

（5）75%乙醇：用新打开的无水乙醇和DEPC水溶液处理过的水配制75%乙醇（用高温灭菌器皿配制），然后装入高温烘烤的玻璃瓶中，存放于低温冰箱。

（6）氯仿。

（7）异丙醇。

4）Trizol法提取总RNA操作步骤

（1）先将组织剪成小块放入研钵，再在研钵中加入液氮，磨成粉末，用液氮预冷的药匙取50～100 mg组织粉末加入已盛有1 mL的Trizol液的离心管中（注意组织粉末总体积不能超过所用Trizol体积的10%），充分混合均匀。

（2）室温放置5 min，然后加入200 μL的氯仿，盖紧离心管并剧烈摇荡15 s。

（3）12 000 r/min离心10 min，取上层水相于一新的离心管中（千万不要将中间的沉淀层和下层液混入，否则重新离心分离），加入500 μL异丙醇，温和颠倒混匀。室温放置10 min，12 000 r/min离心10 min。

（4）小心弃去上清，加入1 mL的75%乙醇，涡旋混匀，4 ℃，12 000 r/min离心5 min。

（5）重复步骤（4）。

（6）弃去上清（尽量将残余液体除去），室温或真空干燥5～10 min（注意不要干燥过分，否则会降低RNA的溶解度）。用30 μL DEPC处理过的水将RNA溶解，必要时可于55～60 ℃水浴10 min。RNA可进行mRNA分离，或贮存于70%乙醇并保存于−70 ℃。

注：

（1）整个操作要戴口罩及一次性手套，并尽可能在低温下操作。

（2）加氯仿前的匀浆液可在−70 ℃保存一个月以上，RNA沉淀在70%乙醇中可在4 ℃保存一周，−20 ℃保存一年。

2. RT-PCR扩增目的基因cDNA

1）试剂　RNA模板，Oligo(dT)$_{18}$，反转录缓冲液，dNTP，M-MMLV反转录酶，RNA抑制剂（RNasin），*Pfu* DNA聚合酶或*Taq* DNA聚合酶，10×PCR缓冲液，特异引物（PCR）。

2）设备　PCR扩增仪，电泳仪，台式离心机，恒温水浴，微量移液器等。

3）操作步骤

A. RNA的反转录

（1）在小离心管中依次加入：

RNA模板	3 μL
Oligo(dT)$_{18}$引物	1 μL
DEPC H_2O	8 μL

混合后，70 ℃水浴5 min（破坏二级结构），再冰浴5 min。

(2) 在管中依次加入(反应体系为 20 μL):

RT 5×缓冲液	4 μL
RNA 酶抑制剂	1 μL
10 mmol/L dNTP	2 μL
混匀,37 ℃ 5 min	
M-MMLV 反转录酶	1 μL

置于 42 ℃水浴,1 h。

(3) 70 ℃保温 5 min(使酶失活)。

(4) 于−20 ℃保存备用。

B. PCR 扩增目的基因

(1) 用克隆引物扩增目的基因(30 μL 体系)。

在灭菌的 PCR 管中,依次加入:

模板(反转录产物)	1 μL
10×PCR 缓冲液	3 μL
10 mmol/L dNTP	0.5 μL
克隆引物 B1	1 μL
克隆引物 B2	1 μL
Pfu(或 *Taq*)DNA 聚合酶	0.5 μL
ddH_2O	23 μL

混匀后按下面的设置程序进行扩增。

94 ℃	3 min	
94 ℃	45 s	循环次数:32
55 ℃	45 s	
72 ℃	1 min	
72 ℃	5 min	

PCR 产物进行 1%琼脂糖电泳分析鉴定,同时进行胶回收(参见实验 5、实验 7),作为表达引物扩增的模板。

(2) 用表达引物扩增目的基因(30 μL 体系)。

在灭菌的 PCR 管中,依次加入:

模板(反转录产物或克隆引物扩增产物)	1 μL
10×PCR 缓冲液	3 μL
10 mmol/L dNTP	0.5 μL
表达引物 EB1	1 μL
表达引物 EB2	1 μL
Pfu(或 *Taq*)DNA 聚合酶	0.5 μL
ddH_2O	23 μL

混匀后按下面的设置程序进行扩增。

94 ℃	3 min	循环次数:32
94 ℃	5 s	
57 ℃	45 s	
72 ℃	1 min	
72 ℃	5 min	

PCR产物进行1%琼脂糖电泳分析鉴定,同时进行胶回收(参见实验5、实验7),进行双酶切。

注:若为2.5 mmol/L dNTP,应加2 μL。若 *Taq* DNA聚合酶扩增效果不佳,可补加 $MgCl_2$。调整 ddH_2O 体积,维持体系总体积不变。

3. 质粒提取

在LB液体培养基中接入带pGEX 4T-1质粒的菌种,在37 ℃下200 r/min摇菌过夜。具体操作参考实验4。

4. 表达载体和目的片段的酶切

具体操作参考实验8。

1) 试剂　*Bam*HⅠ,*Sal*Ⅰ,*Bam*HⅠ缓冲液。

2) 设备　电泳仪系统,紫外灯,恒温水浴箱。

3) 操作步骤

(1) 质粒DNA和目的片段的酶切:目的片段来自实验2中用 *Pfu* 酶扩增和回收的PCR产物,按表18-1将各种试剂分别加入每个200 μL的离心管中,要注意管号。加样后混匀,置于37 ℃水浴中,保温3~4 h。再65~70 ℃保温10 min灭活酶。

表18-1 质粒DNA和目的片段酶切表

管号	①	②
pGEX 4T-1	42 μL	0
PCR产物	0	42 μL
*Bam*HⅠ缓冲液(10×)	5 μL	5 μL
*Bam*HⅠ	1 μL	1 μL
*Sal*Ⅰ	2 μL	2 μL

(2) 酶切产物全部经琼脂糖凝胶电泳后,参考实验7进行目的片段回收。

5. 载体和外源DNA的连接

1) 试剂　目标DNA片段(PCR扩增产物),载体(pGEX 4T-1酶切回收产物),10×连接缓冲液,T_4 DNA连接酶,ddH_2O。

2) 设备　台式离心机,恒温水浴,微量移液器等。

3) 表达载体与目的片段的连接　取一个200 μL的PCR管依次加入下列试剂:

pGEX 4T-1酶切回收产物	2 μL
酶切回收的目的基因片段	6 μL
10×缓冲液:	1 μL
T_4DNA连接酶	1 μL

离心30 s,使反应体系充分混合,4 ℃连接过夜或16 ℃连接4 h,或22 ℃连接2 h。

6. 感受态细胞的制备及转化

具体操作参考实验14、实验16。

7. 重组质粒筛选、鉴定及转化

1）试剂

（1）菌落 PCR 试剂：

Taq DNA 聚合酶，10×缓冲液（含 $MgCl_2$），dNTP，加样缓冲液。

（2）双酶切试剂：

Sal Ⅰ；

*Bam*H Ⅰ；

*Bam*H Ⅰ 缓冲液；

TAE 缓冲液（10×）：用时需稀释 10 倍；

加样缓冲液（10×）：0.25%溴酚蓝，40%甘油；

溴化乙锭染色液（EB）：10 mg/mL 溴化乙锭（注意：该试剂具致癌作用，用时要小心）；

琼脂糖。

2）设备　台式离心机，PCR 扩增仪，电泳仪系统，恒温水浴箱。

3）重组质粒提取

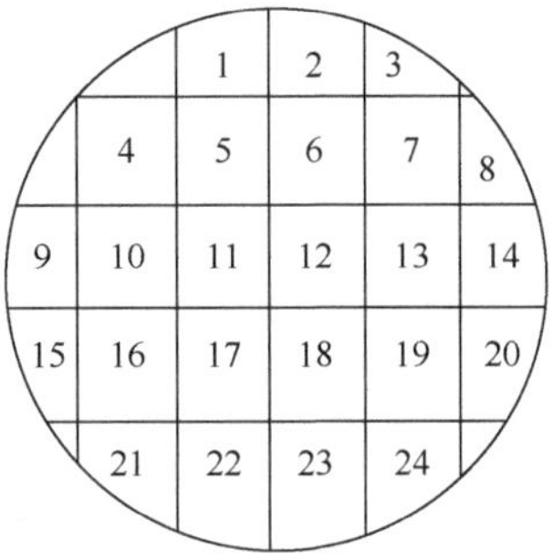

图 18-1　培养皿标记示意图

A. 提取质粒

取一培养皿在底部标记，如图 18-1 所示。

待转化的细菌菌落长到直径约 2 mm 时，用接种针（或用灭菌的牙签、小枪头）挑取单克隆菌落，划在培养皿上做好标记的方格内；同时在对应编号的培养管中接种，培养管中含 5 mL LB 液体培养基。

B. 鉴定重组质粒

采用菌落 PCR 快速鉴定法鉴定重组质粒。直接用接种针或牙签挑取少许菌体加入 30 μL 的 PCR 反应体系中（表 18-2）。用特异引物进行菌落 PCR，电泳检测 PCR 产物，挑选对应的阳性克隆菌落。

表 18-2　30 μL PCR 反应体系

试　剂	体积（30 μL）
ddH_2O	22.5 μL
10×缓冲液	3 μL
dNTP	1 μL
克隆引物 B1	1 μL
克隆引物 B2	1 μL
模板（单菌落）	1 个
Taq 酶（2.5 U）	0.5 μL

C. 重组质粒酶切鉴定

重组质粒提取。挑取菌落 PCR 鉴定的阳性转化产物，进行活化和扩增培养（参见本实验附 1）后，提重组质粒。重组质粒提取参见质粒提取实验部分。

重组质粒酶切。按表 18-3 将各种试剂分别加入每个 200 μL 的离心管中，注意管号。

表 18-3　酶切反应体系

管号	①	②
质粒 DNA	10 μL	10 μL
Sal Ⅰ	1 μL	0 μL
*Bam*H Ⅰ 缓冲液（10×）	2 μL	2 μL
Sal Ⅰ	2 μL	0 μL
ddH_2O	5 μL	8 μL

加样后混匀，置于 37 ℃水浴中，保温 3～4 h。然后每个管中加入 4 μL 加样缓冲液终止反应。

D. 重组质粒转化

用重组质粒转化表达菌 BL21(DE3)PlysS，参考实验 16。

8. 目的基因诱导表达

分别挑取对照菌和重组菌 1～2 个菌落，接入 5 mL 含 Amp(30 μg/mL)的 LB 培养液，37 ℃振荡培养过夜。5 mL 过夜培养物转接入 500 mL 含 Amp(30 μg/mL)的 LB 培养液，37 ℃振荡培养 2 h 以上，至对数中期(A_{550}=0.5～1.0)。

向诱导管中加入 IPTG，使其浓度达到 1 mmol/L，28 ℃振荡培养 5 h 左右，取样，进行蛋白电泳，参见实验 21。

9. Western blotting

1) 试剂

A. 细菌培养和诱导表达

(1) LB 液体培养基。

(2) IPTG。

(3) Amp。

B. 电泳试剂

(1) 30%丙烯酰胺溶液：Acr 29.0 g，Bis 1.0 g，加水至 100 mL，棕色瓶 4 ℃保存。

(2) 1.5 mol/L Tris-HCl 分离胶缓冲液，pH8.8(4×)：取 18.15 g Tris，用 1 mol/L HCl 调 pH8.8 至，加水至 100 mL，4 ℃保存。

(3) 0.5 mol/L Tris-HCl 浓缩胶缓冲液，pH6.8(8×)：取 11.96 g Tris，用 1 mol/L HCl 调 pH 至 6.8，加水至 100 mL，4 ℃保存。

(4) 电极缓冲液(pH8.3)：取 14.49 g 甘氨酸，3.02 g Tris，加 100 mL 10%SDS，加水至 1 L，4 ℃保存。

(5) 10% SDS：取 10 g SDS，加水至 100 mL，完全溶解后室温保存。

(6) 10%过硫酸铵溶液(AP)：临用前现配。

(7) 染色液(0.25%考马斯亮蓝 R-250、50%甲醇、7%乙酸)：考马斯亮蓝 R-250，2.5 g；甲醇(可用无水乙醇代替)，500 mL；冰醋酸，70 mL；溶解后补足水至总体积 1000 mL。

(8) 脱色液(30%甲醇、7%乙酸)：甲醇(可用无水乙醇代替)，300 mL；冰醋酸，70 mL；补足水至 1000 mL。

(9) 样品缓冲液(2×)：水，2.4 mL；浓缩胶缓冲液，1.0 mL；甘油，0.8 mL；10% SDS，3.2 mL；β-巯基乙醇，0.4 mL；0.025%(m/V)；溴酚蓝，0.2 mL。

(10) TEMED(四甲基乙二胺)。

C. 转移和杂交试剂

(1) 转移缓冲液：3.03 g Tris，14.4 g 的甘氨酸，200 mL 甲醇，定容至 1 L。

(2) TBS 溶液：0.1 mol/L 的 Tris，0.9%的 NaCl，pH 7.5。

(3) TTBS 溶液：TBS 中含 0.1%的 Tween-20。

(4) 预染的蛋白 Marker。

(5) 硝酸纤维素膜。

(6) 脱脂奶粉。

(7) anti-GST 单克隆抗体。

(8) 辣根过氧化物酶标记羊抗小鼠 IgG(goat-anti-mouse-IgG-HRP)。

(9) 二氨基联苯胺(DAB)。

(10) DAB 增强剂。

2) 设备　离心机,电泳设备,电转印设备,摇床。

3) 电泳

(1) 准备步骤:将凝胶板用水洗涤干净,然后使其自然风干或烘干。梳子临用前用无水乙醇擦拭,让其挥发至干。安装玻璃板、板条,并将玻璃板固定在灌胶架上。

按表 18-4 配制适合浓度的分离胶,摇匀后迅速在两玻璃板间隙中灌注分离胶,小心在胶上覆盖一层 95%的乙醇。

表 18-4　10%分离胶的配制

项　目	体积/mL
H_2O	4.07
29%Acr+1%Bis	3.34
4×分离胶缓冲液(pH8.8)	2.50
10% SDS	0.05
TEMED	0.02
10%过硫酸铵	0.02
总体积	10

表 18-5　浓缩胶的配制

项　目	体积/mL
H_2O	3.575
29%Acr+1%Bis	0.65
8×浓缩胶缓冲液(pH6.8)	0.625
10% SDS	0.05
TEMED	0.05
10%过硫酸铵	0.05
总体积	5

在分离胶聚合的过程(约 30 min)中,配制 5%浓缩胶(表 18-5),TEMED 应在灌胶前才加入。

分离胶聚合完全后,倒去乙醇,用滤纸吸干胶面上的残余水。然后灌注浓缩胶,立即插入干净的梳子,避免产生气泡。

浓缩胶聚合完全后,小心拔出梳子,用移液器吸取电极缓冲液清洗加样孔数次,以除去未聚合的丙烯酰胺。将胶板固定于电泳槽上,上下槽各加入电极缓冲液。

(2) 上样:将本实验第 9 步"Western blotting"获得的蛋白质溶液按 1∶1 比例,加入 1× SDS 上样缓冲液混合,100 ℃沸水浴 10 min。10 000 r/min 离心 1 min,置冰上,用上清来点样电泳。

用微量进样器加样,每个点样孔中加入 20 μL 样品,同时点蛋白 Marker。每次应洗涤加样器,最后在空白加样孔中加入等体积的 SDS 样品溶解液。

(3) 电泳:装好冷凝水系统,打开电源,电压为 100 V,电泳直至染料到达离凝胶底部1 cm 处。

(4) 染色:从电泳装置上卸下胶板,小心橇开玻板取出凝胶,将胶板放入考马斯亮蓝 R_{250} 染色液中染色 2 h 以上。

(5) 脱色:移出凝胶,放入脱色液中脱色至本底无色为止。根据电泳结果分析诱导菌株有无表达目的基因。

4) 杂交

(1) 将电泳后的胶板取出,裁取和胶等大的硝酸纤维素膜,按照海绵—滤纸—胶—硝酸纤维素膜—滤纸—海绵的顺序装入电转印槽中,注意硝酸纤维素膜一定要朝向正极一侧。

(2) 加入转膜缓冲液，放在冰水浴中，60 V 电压(150 mA)转印 2 h。(整个过程中应戴手套操作。)

(3) 取出硝酸纤维素膜用 TBS 溶液冲洗一次。室温下，在脱色摇床上用含 10%脱脂奶粉的 TBS 溶液封闭硝酸纤维素膜 1 h。倒掉封闭液，用 TTBS 溶液(含 0.1%的 Tween-20)洗膜 10 min。

(4) 取 1 μL anti-GST 单克隆抗体(一抗)，稀释在 500 μL 含少量脱脂奶粉(2%的奶粉)的 TTBS 溶液(含 Tween-20，0.1%)中，将稀释的一抗均匀点在一干净的塑料膜(长和宽大约分别是膜的 2.5 倍和 1.5 倍)上，要求点一抗的面积同硝酸纤维素膜等大。小心地将硝酸纤维素膜有蛋白质一侧铺在一抗上，注意排除气泡，同时保持湿度。25 ℃放置 2 h(或 4 ℃过夜)。

(5) 用 TBS 溶液洗膜 2 次，用 TTBS 溶液(含 Tween-20，0.1%)洗 1 次，每次需持续约 10 min。

(6) 取 1 μL 羊抗小鼠 IgG-HRP(二抗)，稀释在 500 μL 含 2%的奶粉的 TTBS 溶液(含 Tween-20，0.1%)中，同样，将稀释的二抗均匀点在一干净的塑料膜上。小心地将硝酸纤维素膜有蛋白质一侧铺在二抗上，注意排除气泡，同时保持湿度。25 ℃放置 1 h。

(7) TTBS 溶液(含 Tween-20，0.1%)洗膜 4～5 次，将硝酸纤维素膜装入杂交袋或培养皿。

(8) 在离心管中按下列比例配置 BAD 显色液，配好的显色液避光保存，30 min 内有效。

工作液配比：显色液 B：ddH_2O=1：20。

显色液配比：显色液 A：工作液=1：20。

(9) 在杂交袋中或培养皿中加入显色液，室温下避光显色 5～10 min，当有清晰的棕褐色条带出现时，用水冲洗硝酸纤维素膜终止反应。

(10) 观察并分析结果，硝酸纤维素膜干燥保存。

【结果】

观察并记录以下实验阶段的结果。

(1) 小鼠组织 mRNA 提取。

(2) RT-PCR 扩增目的基因 cDNA。

(3) 质粒提取。

(4) 表达载体和目的片段的酶切。

(5) 载体和外源 DNA 的连接。

(6) 重组质粒筛选、鉴定及转化。

(7) 目的基因诱导表达。

(8) Western blotting。

【思考题】

真核生物基因在原核体系的表达有什么特点？

【附 1:培养基制备和细菌培养】

1. 培养基制备

培养基可以是固体的培养基,也可以是液体培养基。实验室中最常用的是 LB 培养基。

2. 实验材料

大肠杆菌 DH5α 或 BL21(DE3)PlysS。

3. 试剂

胰蛋白胨,酵母提取物,氯化钠,1 mol/L NaOH,琼脂粉,氨苄西林。

4. 设备

培养皿,带帽试管,涂布器,灭菌锅,无菌操作台(含酒精灯、接种环、灭菌牙签等),恒温摇床。

5. 操作步骤

(1)配制 LB 培养基。

(2)细菌的培养。

A. 在液体培养基中培养。

a. 取 5 mL 液体培养基加入一只无菌的试管中。

b. 用接种环或灭菌牙签挑一个单菌落,接种于培养液中。

c. 盖好试管,在摇床上以 60 r/min 速度,于 37 ℃过夜培养。

B. 在固体培养基中培养。

细菌在固体培养基上培养主要是为了获得单菌落和短期保存。平板划线法分离单菌落。

a. 采用无菌技术,用接种环将接种物从平板的一侧开始划线。

b. 重新消毒接种环,从第一划线处将样品划线至平板的其余部分,重复划线直至覆盖整个平板。

c. 于 37 ℃培养直至长出单菌落。

【附 2:小鼠 β-actin 基因序列】

ccggtcgagtcgcgtccacccgcgagcacagcttctttgcagctccttcgttgccggtccacacccgccaccagttcgccatggat
gacgatatcgctgcgctggtcgtcgacaacggctccggcatgtgcaaagccggcttcgcgggcgacgatgctccccgggctgtattccc
ctccatcgtgggccgccctaggcaccagggtgtgatggtgggaatgggtcagaaggactcctatgtgggtgacgaggcccagagcaa
gagaggtatcctgaccctgaagtaccccattgaacatggcattgttaccaactgggacgacatggagaagatctggcaccacaccttcta
caatgagctgcgtgtggcccctgaggagcaccctgtgctgctcaccgaggcccccctgaaccctaaggccaaccgtgaaaagatgaccc
agatcatgtttgagaccttcaacaccccagccatgtacgtagccatccaggctgtgctgtccctgtatgcctctg*gtcgtaccacaggca*
*ttgtgatgg*actccggagacggggtcacccacactgtgcccatctacgagggctatgctctccctcacgccatcctgcgtctggacctgg
ctggccgggacctgacagactacctcatgaagatcctgaccgagcgtggctacagcttcaccaccacagctgagagggaaatcgtgcgt
gacatcaaagagaagctgtgctatgttgctctagacttcgagcaggagatggccactgccgcatcctcttcctccctggagaagagctat
gagctgcctgacggccaggtcatcactattggcaacgagcggttccgatgccctgaggctcttttccagccttccttcttgggtatggaat
gtggcatccatgaaactacattcaattccatcatgaagtgtgacgttgacatccgtaaagacctctatgccaacacagtgctgtctggcctt
ggta*ccaccatgtacccaggcattgc*tgacaggatgcagaaggagattactgctctggctcctagcaccatgaagatcaagacagattg

ctcctcctgagcgcaagtactctgtgtggatcggtggctccatcctggcctcactgtccaccttccagcagatgtggatcagcatcaggag
tacgatgagtccggcccctccatcgtgcaccgcaagtgcttctaggcggactgttactgagctgcgttttacaccctttctttgacaaaact
ctaacttgcgcagaaaaaaaaaaaataagagacaacattggcatggctttgttttttaaattttttttaaagtttttttttttttttttttttt
ttttttaagtttttttgttttgttttggcgcttttgactcaggatttaaaaactggaacggtgaaggcgacagcagttggttggagccatgt
cccccaaagttctacaaatgtggctgaggactttgtacattgttttgtttttttttttttttggttttgtctttttttaatagtcattccaaatca
aacatgaaataagtggttacaggaagtccctcaccctcccaaaagccacccccactcctaagaggaggatggtcgcgtccatgccctgag
tccaccccggggaaggtgacagcattgcttctgtgtaaattatgtactgcaaaaatttttttaaatcttccgccttaatacttcatttttgtttt
taatttctgaatggcccaggtctgaggcctccctttttttttgtccccccaacttgatgtatgaaggctttggtctccctgggagggggttga
ggtgttgaggcagccagggctggcctgtacactgacttgagaccaataaaagtgcacaccttaccttacacaaac

（斜体部分为引物序列）

1009－516＝493 bp

P1：GTCGTACCACAGGCATTGTGATGG

P2：GCAATGCCTGGGTACATGGTGG

P3：ACAGGATCCACCACAGGCATTGTG

P4：CAGGTCGACTTAGCCTGGGTACATGG

【附 3：表达载体 pGEX 4T-1 图谱】

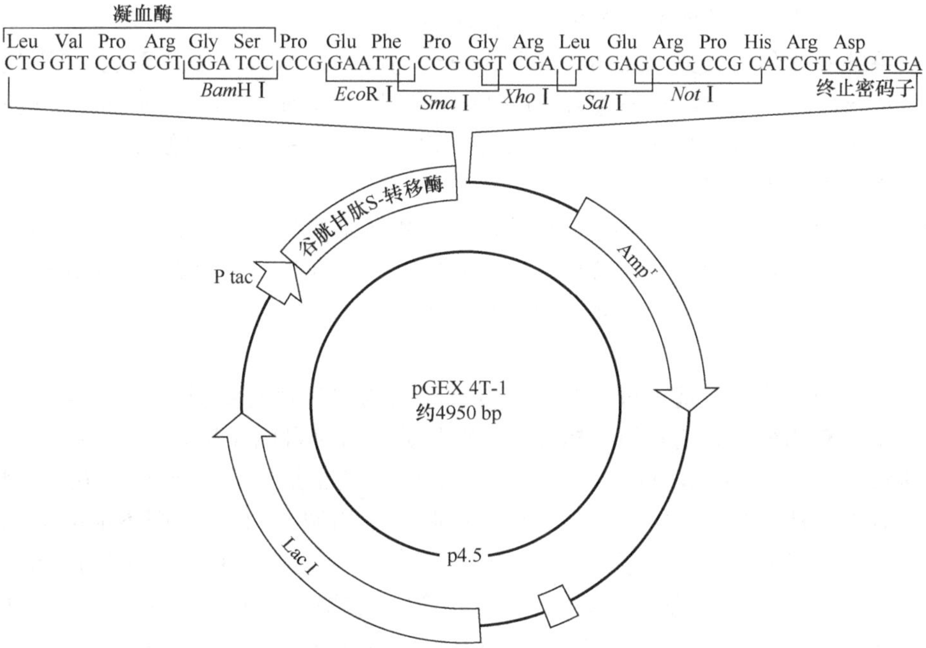

（唐红枫）

实验 19　酵母表达体系及酵母双杂交技术

【实验目的】

(1) 掌握酵母表达体系的构建方法。

(2) 掌握酵母双杂交技术的原理和方法。

【实验原理】

基因组研究的突飞猛进，使得新的基因不断被克隆，基因功能的研究已成为生命科学的重大课题，而基因表达技术是其核心。目前，基因表达系统已经相当完善，人们的研究不仅在原核表达上不断深入，在真核表达系统上的研究也有相当的进展。真核表达系统是为了弥补原核表达的不足而建立的，如原核表达产物不能正确折叠成有功能的蛋白质、缺少翻译后的修饰等问题。

酵母是一种简单的真核生物，不仅具有原核生物容易培养、繁殖速度快、表达量高、易于纯化和操作简便的特点，还能进行真核蛋白的加工、折叠和翻译后修饰等，所以酵母表达系统已成为现代分子生物学研究中重要的外源蛋白表达体系。

酵母表达系统一般分为三类：酿酒酵母(*Saccharomyces cerevisiae*)表达系统、粟酒裂殖酵母(*Schizosaccharomyces pombe*)表达系统和非常规酵母(nonconventional yeast)表达系统。其中非常规酵母中的巴氏毕赤酵母(*Pichia pastoris*，*Pichia methanolica*)使用最多最广泛，被认为是最具潜力的外源蛋白表达工具。

1989 年 Fields 和 Song 等根据当时人们对真核生物转录起始过程调控的认识(即细胞内基因转录的起始需要转录激活因子的参与)，提出并建立了酵母双杂交系统。该系统作为发现和研究活细胞体内的蛋白质与蛋白质之间的相互作用的技术平台，近几年得到了广泛的运用和发展。

酵母双杂交系统的建立是基于对真核生物转录起始调控过程的认识，酵母转录起始位点的特异激活因子具有两个可分割开的结构域：DNA 特异结合域(DNA binding domain，BD)和转录激活结构域(transcriptional activation domain，AD)。两个结构域功能不同，互不影响，但一个激活特定基因表达的激活因子必须同时具有这两个结构域，只有一个则不能完成激活功能。可以将两种已知或未知的蛋白质与上面两个结构域构建融合蛋白。将编码已知蛋白质(称为诱饵蛋白，bait protein)的基因与编码 DNA 结合结构域的序列融合，在酵母中表达产生融合蛋白 BD-bait；将编码未知蛋白(称为捕获蛋白，prey protein)的基因与编码转录激活结构域的序列融合，并在酵母中表达产生另一融合蛋白 AD-prey。把这两种融合蛋白共表达于同一酵母宿主细胞中，如果已知蛋白质与未知蛋白质之间能发生相互作用而结合，使 AD 与 BD 形成完整的转录激活因子，激活报告基因表达，使转化体由于 *HIS3* 或 *LEU2* 表达，而可在特定的缺陷培养基上生长，同时因 *LacZ* 表达而在 X-α-Gal 存在下显蓝色。经过对报告基因表型的检测，能很容易地知道待测蛋白间是否发生相互作用。由此，可以将捕获蛋白基因换成 DNA 文库，可直接从 DNA 文库中直接筛选到能与 Bait 相互作用蛋白的 DNA 序列(图 19-1)。

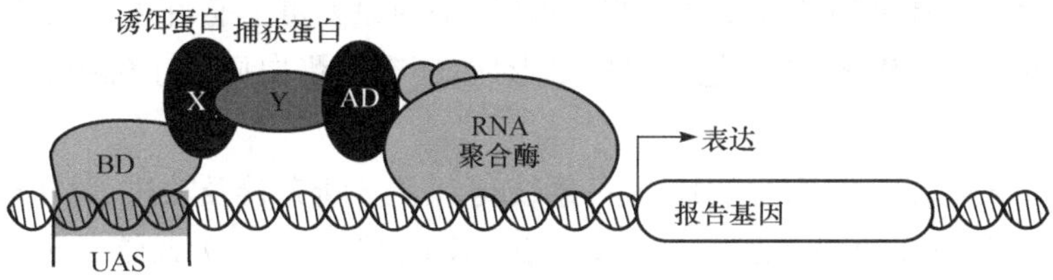

图 19-1　酵母双杂交原理示意图

酵母双杂交系统中常用的报告基因有 *HIS3*、*URA3*、*LacZt*、*ADE2* 等，所对应的菌株要求有相应的缺陷型。目前酵母双杂交系统中，根据 BD 来源不同可分为 LexA 和 GAL4 系统，前者来源于原核生物，在真核生物中没有同源性，可减少假阳性。酵母双杂交系统大都采用多种报告基因，如 AH109 酵母株含有三类报告基因——*ADE2*、*HIS3*、*MEL1*/*lacZ*，这三类报告基因受控于三种完全不同的、异源性的 GAL4-反应元件和三类启动子元件——GAL1、GAL2 及 MEL1。通过这种方法就消除了两类最主要的假阳性：一类是融合蛋白可以直接与 GAL4 结合位点结合或者是在结合位点附近结合所带来的假阳性；另一类是融合蛋白和某种转录因子结合后再结合到特定的 TATA 盒上所带来的假阳性。一种报告基因 *ADE2* 就已经能够提供较强的营养选择压力，这时选择性地使用 *HIS3* 报告基因，一来可以降低假阳性率；二来可以控制筛选的严格性（如果需要筛选与诱饵蛋白具有较强结合的蛋白质，就可以同时使用 *ADE2*、*HIS3* 两种报告基因；如果只需要筛选与诱饵蛋白具有中等强度或较弱结合的蛋白质，就可以使用 *ADE2* 或 *HIS3* 两者中的一种）。*MEL1* 和 *lacZ* 分别编码 α-半乳糖苷酶和 β-半乳糖苷酶，可以作用于相应的底物 X-α-Gal 和 X-β-Gal，使酵母菌落变成蓝色。其中，α-半乳糖苷酶是外分泌酶，在酵母表面就能直接检测到；β-半乳糖苷酶是内分泌酶，需要将酵母破碎后才能检测到。用蓝斑显示酵母细胞内两个蛋白质的相互作用的方法不仅具有较高的敏感性，而且蓝斑的深浅还可以反映两个蛋白质相互作用的强弱。

相比于其他蛋白质筛选系统，酵母双杂交系统具有以下优点。

（1）检测在真核活细胞内进行，在一定程度上代表细胞内的真实情况。

（2）作用信号是在融合基因表达后，在细胞内重建转录因子的作用而给出的，省去了纯化蛋白质的繁琐步骤。

（3）检测结果是基因表达产物的积累效应，因而可检测存在于蛋白质之间的微弱或暂时的相互作用。

（4）酵母双杂交系统可采用不同组织、器官、细胞类型和分化时期材料构建 cDNA 文库，能分析细胞质、细胞核及膜结合蛋白等多种不同亚细胞部位及功能蛋白。

（5）通过 mRNA 产生多种稳定的酶使信号放大。同时，酵母表型、X-Gal 及 HIS3 蛋白表达等检测方法均很敏感。

酵母双杂交系统也具有一定的局限性。经典的双杂交系统分析蛋白质间的相互作用定位于细胞核内，因而限制了该系统对某些细胞外蛋白和细胞膜受体蛋白的研究。酵母双杂交系统的另一个局限性是“假阳性”。在酵母双杂交系统建立的初期阶段，由于仅仅采用 β-半乳糖苷酶这一单一的报告基因体系，这种报告基因的表达往往不能十分严谨地被控制，因此容易产生假阳性。由于某些蛋白质本身具有激活转录的功能或在酵母中表达时发挥转录激活作用，使 DNA 结合结构域融合蛋白在无特异激活结构域的情况下也可被激活转录。另外某些蛋白质表面含有对多种蛋白质的低亲和力区域，能与其他蛋白质形成稳定的复合物，从而引起报告基因的表达，产生"假阳性"结果。产生"假阴性"结果的原因可能有许多蛋白质间的相互作用，依赖于翻译后加工如糖基化、磷酸化和二硫键形成，还有些蛋白质的正确折叠和功能有赖于某些非酵母蛋白质的辅助等。

随着酵母双杂交系统的广泛应用，这一系统得到了不断完善及改进，除了经典的双杂交系统以外，同时也衍生出单杂交系统、三杂交系统、反向酵母双杂交系统、hSos/Ras 募集系统（hSos/Ras recruitment system）、泛素分裂系统（split-ubiquitin system）、双诱饵系统（dual-bait system）等一系列相关系统，根据这些系统的不同特点，可以分别应用于蛋白质与 DNA、RNA 的相互作用、蛋白质复合体之间的相互作用、膜蛋白之间的相互作用、筛选阻断蛋白间相互作用的药物等一系列领域，对经典的酵母双杂交系统起到了很好的补充作用，并有力地推动了酵母双杂交系统的发展与应用。

本实验以酵母对特定基因的表达为例，介绍酵母双杂交技术的操作过程。

【器材】

1. 试剂

（1）裂解缓冲液（cracking buffer）：

尿素	8 mol/L
SDS	5%
Tris-HCl(pH6.8)	40 mmol/L
EDTA	0.1 mmol/L
溴酚蓝	0.4 mg/mL

（2）各种基础培养基和营养缺陷培养基：基础 SD 盐，基础 SD 琼脂盐，YPD 培养基，YPD 琼脂培养基，亮氨酸 DO 补充液，色氨酸 DO 补充液，亮氨酸/色氨酸 DO 补充液，亮氨酸/色氨酸/组氨酸 DO 补充液，亮氨酸/色氨酸/组氨酸/腺苷酸 DO 补充液，腺苷酸（adenine），PEG8000，承载 DNA，二甲基亚砜（dimethyl sulfoxide，DMSO），TE/LiAc 缓冲液，PEG/LiAc，X-α-Gal 或 X-β-Gal。

（3）酵母质粒提取试剂盒，LB 培养基，羧苄西林（Ap）和卡那霉素（Km）。

（4）标准蛋白质。

（5）Z-缓冲液（pH7.0）：

$Na_2HPO_4 \cdot 7H_2O$	16.1 g/L
$NaH_2PO_4 \cdot H_2O$	5.5 g/L
KCl	0.75 g/L
$MgSO_4 \cdot 7H_2O$	0.246 g/L

（6）Z-缓冲液/X-β-Gal 液体：

Z-缓冲液	100 mL
β-巯基乙醇	0.27 mL
X-β-Gal 储存液	1.67 mL

2. 仪器

微量取液器（2 μL、20 μL、200 μL、1000 μL），低温离心机，台式离心机，琼脂糖凝胶电泳系统，蛋白凝胶电泳系统，凝胶成像系统，半干转移系统，恒温摇床，恒温孵箱，通风橱，制冰机，振荡器，恒温金属浴，无菌接种环，10 cm 培养皿，15 cm 培养皿。

【操作步骤】

1. 酵母的复苏与表型验证

(1) 复苏前 1～2 天配制 YPDA 琼脂并于高压消毒后倒平板。

(2) 用无菌接菌环在酵母冻存管中挑取一小团酵母细胞，接种到 YPDA 琼脂平板上。

(3) 30 ℃倒置孵育 3～5 天。

(4) 待酵母长到直径 2～3 mm 后，将其接种到不同营养缺陷型培养基上进行表型验证。

2. 质粒转化酵母细胞(常规转化)

(1) 挑取一直径 2～3 mm 的酵母克隆接种到 0.5 mL YPDA 培养基中。

(2) 剧烈振荡使细胞凝块均匀分散。

(3) 将细胞转移到含有新鲜 YPDA 培养基的锥形瓶中。

(4) 30 ℃，250 r/min 振荡孵育 16～18 h，直到稳定期($OD_{600}>1.5$)。

(5) 将过夜培养物转移到含有新鲜 YPDA 培养基的锥形瓶中，进一步扩增酵母细胞。

(6) 30 ℃，230～270 r/min 振荡孵育使 OD_{600} 达到 0.5±0.1(一般需要 3 h)。

(7) 将细胞转移到数个 50 mL 离心管中，1000 *g* 离心 5 min。

注：每管中加入感受态细胞的体积根据酵母细胞的数量及铺板的大小而定，通常小量转化每管中加入 100 μL的感受态细胞；大量转化每管加入 1 mL 的感受态细胞。如果长出来以后克隆太密则可适量减少每管中加入的感受态细胞的体积；反之则可适当增加感受态细胞的体积。

(8) 弃去上清，加入 25～50 mL 无菌 H_2O，振荡重悬、清洗并收集细胞。

(9) 室温 1000 *g* 离心 5 min，弃上清。

(10) 加入 1 mL 新鲜配制的无菌的 1×TE/LiAc 重悬细胞。

(11) 准备 1.5 mL 无菌离心管，在每个管中加入需要转染的质粒及担体(carrier)DNA(表 19-1)。

表 19-1　质粒及担体用量

项　目	小量转化	大量转化
质粒 DNA	0.1 μg	20～200 μg
担体 DNA	0.1 mg	2 mg

(12) 加入经 1×TE/LiAc 重悬的感受态细胞，轻柔混匀。

(13) 每个管中加入适量体积的 1×PEG/LiAc，高速振荡混匀。

(14) 30 ℃，200 r/min 振荡孵育 0.5 h。

(15) 加入适量体积的 DMSO，温和颠倒混匀，不要振荡。

(16) 42 ℃水浴热休克 15 min，对于大量转化，应经常摇动以混匀。

(17) 置于冰上 5～10 min，室温 12 000 *g* 离心细胞 5 s。

(18) 移去上清，根据铺的板数加入适量体积的 1×TE 重悬细胞。

(19) 铺板，倒置平板于 30 ℃孵育直到克隆出现。

3. 检测目的蛋白在酵母细胞中的表达

(1) 挑取一直径约 2 mm、含有目的蛋白基因片段的 BD/X 新鲜酵母克隆于 5 mL 相应营养缺陷液体培养基中，30 ℃，230 r/min 振荡孵育 16 h。

(2) 将过夜培养物在 50 mL YPDA 培养基中扩大培养，30 ℃，220～250 r/min，使 OD_{600} 值达到 0.4～0.6。

(3) 1000 *g* 离心 5 min，弃上清。

(4) 加入 30 mL H_2O，重悬细胞，1000 *g* 离心 5 min，弃上清，加入液氮速冻沉淀。

(5) 待液氮挥发完全以后，按照 100 μL/7.5 OD_{600} 的比例加入裂解缓冲液重悬细胞并移入一个 1.5 mL 的离心管。

(6) 按 80 μL/7.5 OD_{600} 的比例向离心管中加入酸性玻璃微珠(glass bead)。70 ℃加热 10 min。剧烈振荡 1 min。

(7) 4 ℃，12 000 *g* 离心 5 min。将上清转移到一个新的 1.5 mL 离心管中，置于冰上。

(8) 100 ℃水浴中 3～5 min，剧烈振荡 1 min。

(9) 4 ℃，12 000 *g* 离心 5 min。将两次上清合到一个离心管中。

(10) 取 20 μL 上清，加入上样缓冲液，100 ℃变性 5 min。

(11) SDS-PAGE 电泳后，采用 Western blotting 技术检测目的蛋白在酵母细胞中的表达情况。

4. 小规模酵母杂合

(1) 在无菌的 1.5 mL 离心管中，加入 0.5 mL 2×YPDA 培养基。

(2) 挑取直径 2～3 mm、新鲜的含有表达质粒 pGBKT7-X 的 AH109 酵母克隆和含有表达质粒 pGADT7-Y 的 Y187 酵母克隆于上述离心管中。

(3) 剧烈振荡 1 min，使酵母细胞完全悬浮。

(4) 30 ℃，200 r/min 振摇孵育 20～24 h。

(5) 将杂交混合液按 1∶100 稀释到 0.5×YPDA 培养基中，取 100 mL 铺到 SD/-Trp/-Leu/X-α-Gal 板上。

(6) 倒置平板于 30 ℃孵育直到克隆出现。该流程见图 19-2。

5. 滤纸转移法检测 β-半乳糖苷酶的分泌

(1) 待酵母长到直径 1.5～3 mm，取无菌、大小合适的 Whatman 滤纸贴在酵母平板上。

(2) 待滤纸被琼脂板上的水分基本浸湿后，揭下滤纸，这时酵母克隆被转移到了滤纸上。

(3) 将附着有酵母克隆的滤纸在液氮中速冻 10 s 以上。

(4) 将新配制 Z-缓冲液/X-β-Gal 液体滴在另一无菌的 Whatman 滤纸上，并完全浸湿滤纸。

(5) 将附着有酵母克隆的滤纸小心地贴放在浸有 Z-缓冲液/X-β-Gal 的滤纸上。

(6) 室温孵育 8～16 h 等待蓝斑出现(图 19-3)。

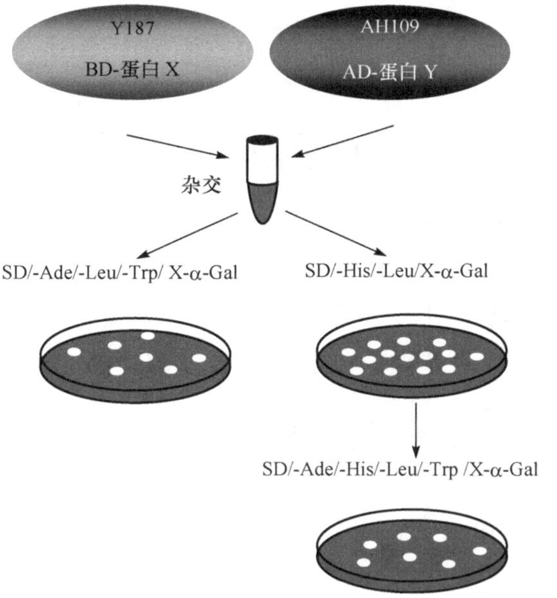

图 19-2　酵母杂交操作步骤流程图

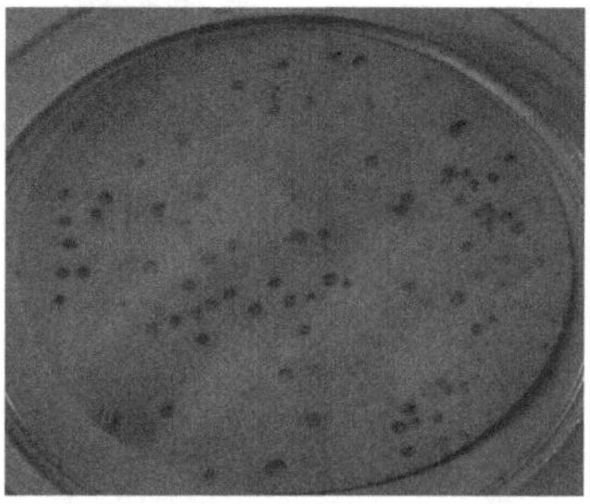

图 19-3　滤纸转移法检测 β-半乳糖苷酶的表达量

6. 诱饵蛋白的文库筛选

(1) 挑取一新鲜、直径为 2～3 mm 的 BD-bait 酵母 AH109 于 50 mL SD/-Trp 液体培养基，30 ℃，250～270 r/min，16～18 h，培养至 OD_{600} 值>0.8。

(2) 1000 *g* 离心 5 min，弃上清。用剩余的 5 mL 左右残液重悬细胞。

(3) 室温水浴融化冻存的文库(约 1 mL)，轻柔振荡，留取 10 μL 文库用于文库滴度测定(文库滴度测定方法见后)。

(4) 快速将步骤(2)和步骤(3)的两种液体混合到 2 L 的烧瓶中并加入 45 mL 2×YPD/Km(Km 50 μg/mL)轻柔振荡；用 1 mL 2×YPD/Km 冲洗装文库的离心管两次，并将冲洗液加入烧瓶中。

(5) 30 ℃过夜孵育(20～24 h)并轻柔振荡(30～50 r/min)。

(6) 将杂交混合液转移到一无菌离心瓶中，1000 *g* 离心 10 min，弃上清。再用 50 mL 2×YPD/Kan 冲洗杂交瓶两次，将两次冲洗液混合在一起重悬细胞。

(7) 1000 *g* 离心 10 min，弃上清。用 10 mL 的 0.5×YPD/Km 重悬细胞，并估算重悬后的总体积，铺板。

(8) 倒置平板于 30 ℃孵育 8～21 天直到克隆出现。

(9) 挑取阳性克隆于 300 μL YPDA 和 150 μL 消毒甘油的混合液中，冻存于-80 ℃。

整个操作的流程见图 19-4。

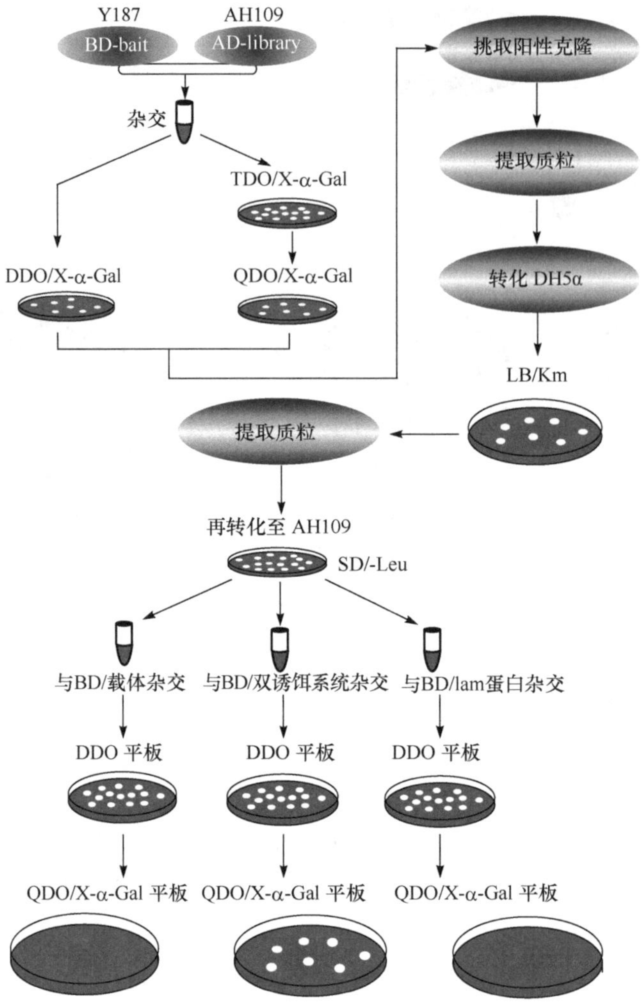

图 19-4　酵母双杂交库筛选操作流程图

注：常规的酵母双杂交操作时一般会设定阳性对照、阴性对照及显色系统对照三种对照，下面以 Matchmaker GAL4 酵母双杂交筛选系统为例说明。

阳性对照：pGADT7-T＋pGBKT7-53，其中 T 蛋白和 53 蛋白是已经明确在酵母细胞内能够发生结合并启动报告基因表达的两种蛋白质。

阴性对照：pGADT7-T＋pGBKT7-lam，其中已经明确 T 蛋白和 lam 蛋白在酵母细胞内不能发生结合。

显色系统对照：pGADT7-Pcl1，该表达质粒转入酵母细胞就能引起 β-半乳糖苷酶和 α-半乳糖苷酶的分泌，从而检测显色系统是否有问题。

7. 阳性克隆验证

(1) 用接种环挑取单个阳性克隆接种到新的 SD/-Trp/-Leu/-His/X-Gal 平板上，30 ℃倒置平板孵育。

(2) 待阳性克隆长出后，再用接种环挑取单个阳性克隆，接种到新的 SD/-Trp/-Leu/-His/X-Gal 平板或 SD/-Trp/-Leu/-Ade/-His/X-Gal 平板上，倒置平板于 30 ℃孵育。

(3) 挑取单个阳性克隆于 5 mL YPDA/Km 培养基中 30 ℃，250～270 r/min 振摇12～16 h。

(4) 使用酵母质粒微量抽提试剂盒提取质粒。

(5) 将提取到的质粒混合物(BD/bait、AD/cDNA)采用经典转化法转化 DH5α 大肠杆菌,铺 LB 抗生素平板。LB 平板中的抗生素与 AD/cDNA 载体所带的抗性一致,这样最终得到的克隆只含有 AD/cDNA。

(6) 挑取单个阳性克隆于 5 mL LB 培养基(含相应抗生素)中 37 ℃,250～270 r/min 振摇 12～16 h。

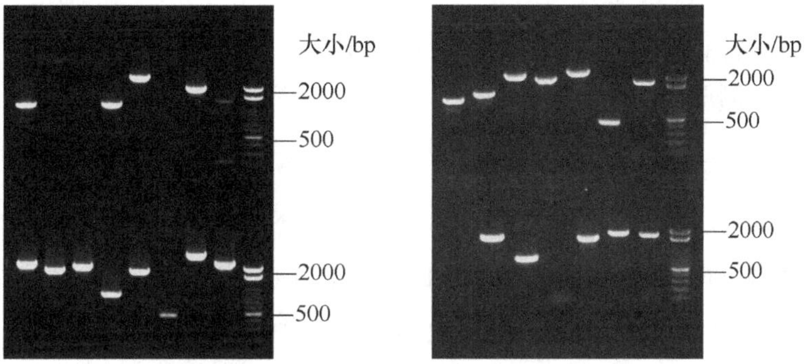

图 19-5　文库 cDNA 片段的 PCR 鉴定

(7) 提取质粒,做 PCR 鉴定(图 19-5)。

(8) 将 pGADT7-cDNA 表达质粒转入 AH109 酵母株中,将 pGBKT7-bait 表达质粒转入 Y187 酵母中,待克隆长出,对带有 AD-文库蛋白的 AH109 酵母克隆进行自激活验证,另外再将带有 AD-文库蛋白的 AH109 酵母克隆与带有 BD-bait 蛋白的 Y187 酵母克隆进行杂交,验证阳性克隆的真实性。

8. 文库滴度的测定

(1) 将预留的 10 μL 文库与 10 μL LB 混合均匀。

(2) 取 1 μL 混合液到 1 mL LB 培养基中,混合均匀,制成稀释溶液 A(1 : 10^3)。

(3) 再从溶液 A 中取 1 μL 到 1 mL LB 培养基中,混合均匀,制成稀释溶液 B(1 : 10^6)。

(4) 从溶液 A 中取 1 μL 到 50 mL LB 培养基中,混合均匀,铺板。

(5) 从溶液 B 中分别取 50 μL 和 100 μL 铺板。

(6) 将板倒置 30～31 ℃,孵育 36～48 h。

(7) 克隆计数并计算文库滴度(cfu/mL),计算文库滴度的方法如下。

A:文库滴度＝克隆数$\times 10^3 \times 10^3 \times 2$

B:文库滴度＝(克隆数/铺板体积)$\times 10^3 \times 10^3 \times 10^3 \times 2$

【结果】

酵母双杂交有多种原因可能造成假阳性结果,常见的有以下三种。

(1) 筛到的文库蛋白自身具有转录活性,能够启动报告基因的表达,这种情况需要对筛到的候选蛋白进行自激活验证。

(2) 酵母细胞内可能同时含有不止一种文库蛋白,其中的一种文库蛋白可以与诱饵蛋白相互作用并结合。这种情况需要对阳性克隆再次划板 2～3 次,以确保每一个酵母克隆中只含有一种文库蛋白和诱饵蛋白；另外划板的次数也不宜过多，否则会出现蛋白表达质粒丢失的情况。

(3) 其他一些不明原因造成的假阳性。这种情况需要将筛到的候选文库质粒和表达诱饵蛋白的质粒重新共转入酵母细胞或者通过酵母杂交的方式重新验证，如有必要可以将 pGADT7-cDNA 质粒与 pGBKT7-bait 质粒的载体对调构建成 pGADT7-bait 与 pGBKT7-cDNA并重新在酵母细胞中验证，真正的阳性结合在对调以后也能在酵母细胞中做出阳性结果。

选择能与已知蛋白发生相互作用的蛋白质的 DNA 序列，连接到克隆载体上并保存在大肠杆菌中，最后进行测序。

【思考题】

(1) 酵母双杂交有哪些优点和缺点？

(2) 酵母双杂交的假阳性和假阴性形成的原因有哪些，如何克服？

(3) 在进行酵母双杂交操作时，为什么要进行自激活检测？

【附：常见的问题及解决方案】

1) 转化效率过低　尽量使用新鲜的培养基及新鲜且直径大小为 2～3 mm 的酵母克隆，以确保酵母的活力；可将用于转化的质粒在使用前进行乙醇沉淀，以提高质粒的纯度和浓度。

2) 杂交效率偏低　可能由于表达的融合蛋白对酵母细胞有毒性，在某些情况下在液体培养基中生长不好的酵母换到琼脂糖固体培养板上时，会生长得比较好，这种情况可以采用共转化的方法进行试验；或者将单转的酵母克隆分别铺到 5 块 10 mm 的培养板上，待克隆长出来以后，刮取所有克隆于 5 mL 0.5×YPDA 中。重悬后再按照常规杂交操作步骤进行操作。

3) 背景过高　当使用 *HIS3* 作为报告基因时，由于 *HIS3* 基因具有一定程度的泄漏表达，可能会出现背景过高的情况，这时可以使用适量的 HIS3 蛋白竞争性抑制剂 3-AT (3-amino-1,2,4-triazole) 以降低背景；或者再增加一种更加严格的报告基因的筛选如 Ade。

4) 诱饵蛋白具有自激活现象　可以采用克隆突变的方法将产生自激活的一段氨基酸序列敲除或突变，但这种方法可能会破坏两蛋白质之间的相互作用。

（金卫华）

实验 20　植物表达体系

【实验目的】

(1) 了解植物基因工程常用的载体。

(2) 掌握农杆菌及 Ti 质粒介导的植物组织的转染原理和方法。

【实验原理】

20 世纪 70 年代中期，世界上几个实验室发现诱发植物肿瘤的是一种根癌土壤杆菌，其细胞内含有大量的诱瘤性质粒 Ti(tumor-inducing plasmid)，并证实了肿瘤的形成正是由于该质粒中的特定片段(T-DNA)转移并整合到植物细胞基因组中的结果，由于该载体上的冠瘿碱合成基因和激素合成基因的表达，能分泌冠瘿碱并形成肿瘤。这就是植物细胞的天然转化系统。

目前，根据载体的功能和构建过程，植物基因工程载体可分为四大类型：克隆载体、中间载体、卸甲载体、转化载体。克隆载体是多拷贝的 *E. coli* 小质粒，起保存和克隆目的基因的作用；中间载体又分为中间克隆载体和中间表达载体，中间克隆载体是由大肠杆菌的质粒插入 Ti 质粒的 T-DNA 片段及目的基因、标记基因等构成，根据载体所含成分分为中间黏粒载体、质粒黏粒愈合载体、基因标记载体，是构建中间表达载体的基础，中间表达载体是含有植物特异启动子的中间载体，作为构建转化载体的质粒；卸甲载体是解除武装的 Ti 质粒或 Ri 质粒，作为转化载体的受体质粒；转化载体又称工程载体，由中间表达载体和卸甲载体构建而成，包括一元载体系统(顺式载体)和双元转化载体系统(反式载体)，一元载体系统包括共整合载体和拼接末端载体(SEV)。

根癌土壤杆菌将自身的 DNA 插入植物细胞诱发肿瘤，只对其本身是有益的，重要原因之一是根癌土壤杆菌诱发植物细胞合成冠瘿碱为自己提供食物。植物自身不能利用这种物质，只能为它的合成付出代价，别的细菌也不能利用它，在自然条件下，只有根癌土壤杆菌能分泌分解冠瘿碱的酶，将这些特异产物作为唯一的碳源和氮源来利用。肿瘤的产生是由于 T-DNA 上的激素合成基因所致，刺激细胞生长而产生肿瘤，这是 T-DNA 转入的一个副产品。

Ti 质粒感染植物细胞，使之出现愈伤组织增生，后者便产生供带有 Ti 质粒的细菌用作能源、碳源和氮源的冠瘿碱。而冠瘿碱的产生又可激发 Ti 质粒转移到原先没有存在这种质粒的根癌土壤杆菌中去，如此周而复始得到不断发展。

Ti 质粒是理想的植物基因工程载体，通过它们可以将外源 DNA 转移到植物细胞，并再生出能够表达外源基因的转基因植物。

1. 根癌土壤杆菌 Ti 质粒类型、结构与功能

1) 类型　Ti 质粒是根癌土壤杆菌染色体以外的遗传物质，为双链共价闭合环状的 DNA 分子，分子质量为 9.5×10^7～1.56×10^8 Da，长 150～200 kb。根据其诱导的冠瘿碱种类不同，Ti 质粒可分为 3 类：章鱼碱型(octopine，如 pTiAch5、pTiA6NC、pTiB653、pTiAg162)；胭脂碱型(nopaline，如 pTiT37、pTiT38、pTiC58)；农杆碱型(agropine)和农杆碱素型(agrocinopine)或琥珀碱型(succinamopine)。

2) 结构和功能　各种 Ti 质粒都可分为以下 4 个区。

(1) T-DNA 区(transferred-DNA region)。是根癌土壤杆菌侵染植物细胞时，从 Ti 质粒上切割下来转移到植物细胞的一段 DNA。该 DNA 片段上的基因与肿瘤的形成有关。

(2) Vir 区(virulence region)。该区段上的基因能激活 T-DNA 转移，使根癌土壤杆菌表现出毒性，故称之为毒性区。T-DNA 区与 Vir 区在质粒上彼此相邻，合起来约占 Ti 质粒 DNA 的 1/3。

(3) Con 区(region of replication)。质粒结合转移位点编码区，该区段上存在着与细菌间接合转移的有关基因(*tra*),调控 Ti 质粒在根癌土壤杆菌之间的转移。冠瘿碱能激活 *tra* 基因,诱导 Ti 质粒转移,因此,称之为接合转移编码区。

(4) Ori 区(origin of replication)。该区段基因调控 Ti 质粒的自我复制,称之为复制起始区。3 种成分与 Ti 质粒肿瘤诱导有关:第一种是 T-DNA,它可转移至宿主细胞,是一种可移动因子;第二种是毒性区;第三种是 *Vir* 基因,可产生转移活动蛋白,对增强植物细胞的转化是必需的。根癌土壤杆菌染色体基因间接参与转化,负责将细菌细胞接合于植物上。

2. T-DNA 的基因结构和功能

1)T-DNA 的结构特点　T-DNA 长约 23 kb,在 5′端和 3′端都有真核表达信号,如 TATA 盒,AATAA 盒及 poly A 等。T-DNA 的两端左右边界各为 25 bp 的重复序列,即边界序列,分别称之为左边界(BL 或 TL)和右边界(BR 或 TR)。该 25 bp 边界序列属保守序列(TGACACGATATATTGGCGGGTAAAC)。通常右边界序列更为保守,左边界在某些情况下有所变化。左边界的缺失突变仍能致瘤,但右边界缺失则不致瘤,这时几乎完全没有 T-DNA 的转移,这说明右边界在 T-DNA 的转移中的重要性。

胭脂碱型肿瘤,为连续的一段序列,长约 23.4 kb,有肿瘤系,仅一个拷贝,有 T-DNA,是多拷贝的。

章鱼碱型肿瘤的 T-DNA 分左右两部分(TL-DNA 和 TR-DNA),各自带有左右边界序列。左区的顺序变化不大,长度约 13 kb,通常一个拷贝,但也有几个拷贝首尾相连排列。含章鱼碱合成酶基因和致瘤基因。TR-DNA 较短,长 6～7 kb,拷贝数达数个或数十个,有的肿瘤系中没有 TR-DNA。TR-DNA 编码 5 个基因,如甘露碱和冠瘿碱合成酶基因。

2) T-DNA 上的编码基因及功能　章鱼碱型和胭脂碱型 T-DNA 的转录有下述共同特点。

(1) T-DNA 的两条链都是有意义链。

(2) T-DNA 上每个基因都有各自的启动子。

(3) 基因的转录由植物细胞 RNA 聚合酶Ⅱ完成。

(4) T-DNA 具典型的真核生物 RNA 合成起始和终止的调节信号,在其 5′端转录起始处有 TATA 盒和 CAAT 盒。

(5) 至少在 5 个 T-DNA 基因中发现有一个 8 bp 的相同顺序(TTTCAAGA),同时 AATAAA 加尾信号也在同一条链上被发现。

(6) 植物或根癌土壤杆菌中可能有甲基化或去甲基化的调节基因活性。

3. Vir 区操纵子的基因结构与功能

毒性区的大多数基因产物都能控制 T-DNA 的转移,这个区域的突变往往导致根癌土壤杆菌感染植物能力的下降。

1) Vir 区操纵子的基因结构

(1) 章鱼碱型 Ti 质粒。Vir 区大小为 40 kb,含有 VirA、VirB、VirC、VirD、VirE、VirF、VirG、VirH(PinF) 8 个操纵子,共 24 个基因。大多数操纵子含有多个基因 *VirA*(1)、*VirB*(11)、*VirC*(2)、*VirD*(4)*VirE*(2)、*VirF*(1)、*VirH*(2)。

(2) 胭脂碱型 Ti。有 7 个操纵子,少一个 VirF,它们的第一个操纵子也不同,章鱼碱型 Ti 是 VirH,而胭脂碱型 Ti 是 Tzs,其功能也不同。

Vir 区基因的表达有两种方式:①组成型表达,在无植物诱导分子存在下依然保持一定的表达水平,如 *VirA*,*VirG*、*VirH*;②诱导型表达,这些基因的表达必须在根癌土壤杆菌感染植物时，在植物受伤组织分泌的信号分子作用下才能启动表达，如 *VirB*、*VirC*、*VirD*、*VirE*。

VirG 虽属于组成型表达，但有植物信号分子存在下表达量提高 10 倍，也具诱导表达特性。

2) Vir 区操纵子的基因的功能

(1) *VirA*。*VirA* 是单个基因，2.4 kb，仅编码一条多肽。编码产物是一种结合在膜上的化学受体蛋白(92 kDa)，可直接对植物产生的酚类化合物感应，是一种感应蛋白。

VirA 的活化是当乙酰丁香酮(AS)与 VirA 的受体部分结合后，会使整个 VirA 蛋白构象发生变化，其 C 端活化。VirA 蛋白的胞质区有自激酶的功能，可在保守的组氨酸残基上磷酸化，从而使 VirA 蛋白被激活。激活后的 VirA 具有转移其磷酸基至 VirG 蛋白的一个保守的天冬氨酸残基的能力，使 VirG 蛋白激活。

(2) *VirG*。*VirG* 只有 1 kb，单基因，编码 DNA 结合蛋白，其 C 端有 DNA 结合活性，N 端具有磷酸化的酸性结构。从总体效应讲，*VirG* 基因是属于组成型表达的，这对于细菌迅速地将外部环境信号传递到细胞内十分有利。

当磷酸化的 VirA 蛋白将其磷酸基转到 VirG 保守的天冬氨酸残基上时，使 VirG 蛋白活化，活化 VirG 蛋白可以二体或多体形式结合到 Vir 启动子的特定区，从而成为其他 *Vir* 基因转录的激活因子，打开 *VirB*、*VirC*、*VirD*、*VirE*、*VirH* 等几个基因。*VirA* 或 *VirG* 突变后会减弱或完全失去对其他 Vir 位点活化的诱导，*VirA* 及 *VirG* 的这种调控作用被称为双因子调控体系。

(3) *VirH*、*VirF* 和 *Tzs*。这些基因对质粒是特异的，在章鱼碱型中有 *VirF*、*VirH*，在胭脂碱型中有 *Tzs*。

VirH 对植物产生的某些杀菌或抑菌化合物起解毒作用，从而使自身不受抑制，可增强致瘤能力。

VirF 编码一个 23 kDa 蛋白，通过 Vir 系统传递到植物细胞中，对 T-DNA 起运输作用。

Tzs 是大部分胭脂碱型菌株的 Ti 质粒上均有的基因，转运玉米素合成酶基因，在细菌中表达后将玉米素分泌到细胞外。该细胞分裂素被植物吸收后，能促进根癌土壤杆菌感染部位的植物组织脱分化和细胞分裂，提高植物对农杆菌转化的感受性。

4. 农杆菌 Ti 质粒基因转化机制

1) T-DNA 的加工及转移　首先在负链 25 bp 重复序列的右边界左起第 3 和第 4 碱基间剪切，从缺口的 3′端开始合成新的 DNA 链，并一直延伸到左边界第 22 bp 处。置换出原来的负链，形成 ssDNA，即 T 链。

VirD 蛋白的功能为 VirD1 及 VirD2 分别编码 16 kDa 和 47 kDa 蛋白，与 T-DNA 的加工有关，决定在边界重复序列的特定位点上形成切口，产生 T 链断裂。VirD2 蛋白的功能包括特异剪切，并与 T 链的 5′端共价结合，以及导向功能。

2) T 链蛋白复合体的形成及 VirE 的功能　T 链必须横向跨越细菌细胞膜、细菌细胞壁、植物细胞壁、植物细胞膜及核膜才能整合进植物基因组。T 链以一种 DNA-蛋白复合体(T 复合体)的形式存在。目前已知至少两种 Vir 特异蛋白，即 VirE2 和 VirD2 与 T 链蛋白复合体的形成有关。

VirE2 编码 ssDNA 结合蛋白，该蛋白质可非特异地与任何 ssDNA 结合，通过与 T 链非共价结合，VirE2 可包被 T 链形成细长的核-蛋白丝，使 ssDNA 抗 3′和 5′外切核酸酶和内切核酸酶。

T 链复合体通过细菌细胞膜的转运及 VirB 的功能如下所述。

(1) VirB 的功能。VirB 启动子有 11 个基因，大多数编码跨膜蛋白或膜结合蛋白，能在膜上形成一种类似细菌接合转移时从供体菌转至受体菌所必需的结构——接合孔或性毛。T-DNA 通过这种孔由细菌进入植物细胞。同时，VirB 也可能起运输和提供能量的作用。按功能，可将 VirB 蛋白分成以下 5 类。

R：在内膜上或内膜内的某些蛋白质，可能作为 T 复合体的受体。

A：此类蛋白质可能作为能源，作为一种 ATP 酶促进 T 复合体被泵出细菌细胞，VirB11 可能是这种 A 类蛋白。

C：形成通道的作用，如 VirB4 是一种富集蛋白，无疏水区，无信号肽，可能在 T 链转运中起一种结构作用，形成至少一部分特殊的通道结构。

S：载体蛋白，起运载 T 复合体穿过通道的作用，这类蛋白质可能与所有膜成分(内膜、外膜及周膜)有关。

P：位于外膜上，可能作为结合植物细胞膜的一种受体。

(2) T 复合体向植物细胞核的转运。VirD2 可能以一种极性方向，将 T 复合体定向至核孔，而 VirE2 则作为一种促进因子，保证很长的 T 复合体在进入核孔时不受干扰。

在 T-DNA 转移过程中，VirD2 具有火车头的作用，牵制 T 复合体以 5′端到 3′端的方向向核迁移，而 VirE2 则只是充当助推器的角色，帮助未折叠的长形 T 复合物不被打断，并方便其向核运动。

已知 VirE2-ssDNA 可以抵抗内切核酸酶的作用，如外切核酸酶Ⅷ对 VirE2-ssDNA 降解的能力仅相当于对 ssDNA 的 6%，对 S1 核酸酶的效果也相似。

5. 农杆菌 Ti 质粒的改造及载体构建

1) 野生型 Ti 质粒直接作为基因工程载体的障碍

(1) 分子大，160～240 kb。

(2) 有各种限制性内切核酸酶的多个切点。

(3) T-DNA 区中含有许多与基因转移无关的编码基因，如致瘤基因，其存在还会导致植物体丧失形态发生能力。

(4) Ti 质粒不能在大肠杆菌中复制。

2) Ti 质粒构建的几个重要因素

(1) 右边界序列。

(2) 完整的 *Vir* 基因群。

(3) 有独特的酶切位点。

(4) 有在植物中可表达的选择性基因。

(5) 有在细菌中可表达的选择性基因。

(6) 章鱼碱型农杆菌品系需要独特的增强子。

3) 载体构建　先将 T-DNA 片段克隆到大肠杆菌质粒中，并插入外源基因，最后通过三亲交配或接合转移把外源基因引入根癌土壤杆菌 Ti 质粒上。

Ti 质粒的载体系统分两类，即一元载体和双元载体，如双元载体的构建；双元载体系统由两个分别含 T-DNA 和 Vir 区的相容质粒构成。

(1) 构建原理。Ti 质粒上的 *Vir* 基因可以反式激活 T-DNA 的转移，T-DNA 和 Vir 区处于不同的 Ti 质粒上，同样能起到转移 T-DNA 的作用。

双元载体含有寄主范围广泛质粒的复制起点(oriv),从而代替了在共整合载体中用以重组的同源区,它们能在任何根癌土壤杆菌寄主里自发复制。所以寄主仅需一套完整的 vir 质粒即可。主要的转移区在小重组 Ti 质粒上。

(2) 微型 Ti 质粒(mini-Ti plasmid)。含有 T-DNA 边界,缺失 *Vir* 基因的质粒;含有广谱质粒的复制位点 OriV 及选择标记基因。

(3) 辅助 Ti 质粒(helper Ti)。含 Vir 区段的 Ti 质粒,helper Ti 是 T-DNA 缺失的突变型 Ti(卸甲 Ti),提供 *Vir* 基因功能,反式激活 T-DNA 的转移。

根癌土壤杆菌 LBA4404 中含有 pAL4404(pTiAch5 的衍生质粒),野生型 Ti 也可作 helper Ti,有更强的毒性。

6. 根癌农杆菌侵染植物细胞的机制

1) 根癌农杆菌侵染的诱导信号及作用机制

(1) 酚类化合物。酚类物质是根癌土壤杆菌侵染植物细胞所必需的诱导物,同时将其作为趋化物来识别。

实验证明,一些植物中常见的酚类化合物的混合物都可激活 Vir 区基因,如儿茶酚、没食子酸等。

在烟草叶片的伤口诱出液中,确认了两种主要的 Vir 区基因诱导物:乙酰丁香酮 AS 和羟基乙酰丁香酮 OH-AS。AS 效果最好,0.5～1.0 μmol/L 即可诱导 *Vir* 活化。

(2) 中性糖和酸性糖。中性糖在 *Vir* 基因诱导和致病毒力中也起重要作用。在限定 AS 诱导条件下,发现许多中性糖(如 L-阿拉伯糖、D-木糖等)都可增强一些 Vir 区基因的诱导。这些中性糖是通过 *chvE* 和 *VirA* 起作用,*chvE* 编码葡萄糖和半乳糖结合蛋白,识别伤口产生的糖单体,导致根癌土壤杆菌的趋化作用。

酸性多糖是组成植物细胞壁中果胶质的主要成分。最近的实验证明,酸性糖(由胡萝卜根提取物中蒸馏出来)可改变根癌土壤杆菌基因的表达。

(3) pH。诱导物对 pH 的要求是小于 6.0,(低 pH 常为 5.0～5.5)。当根癌土壤杆菌培养在含有酚类化合物(AS)的培养基中时,pH5.0～5.8 时,Vir 的诱导达到一个最高水平。

2) 根癌农杆菌的侵染能力及其特异性

(1) 常用的根癌土壤杆菌。胭脂碱型(Nop)菌株:具有菌株 C58 的染色体背景,生长快,不结球,转化中容易操作,常用的菌株有 C58、pGV3850、A208SE 等。

章鱼碱型(Oct)菌株:具有菌株 Ach5 的染色体背景,生长慢,结球,转化中难操作,常用的菌株有 LBA4404、LBA1010、GV2260、GV3111SE、K61 等。

农杆碱型(Agr)菌株,也称琥珀碱型(Suc):具有菌株 A281 或 A136 的染色体背景,具有胭脂碱型菌株的特点,以 A136 为染色体背景的常用菌株是 EHA101,生长快,不结球,侵染能力强,常用的菌株有 A281、EHA101、EHA105 等。

(2) 根癌土壤杆菌的侵染能力差异。根据侵染能力大小将根癌土壤杆菌分为广宿主菌株和窄宿主菌株。

广宿主菌株:大多数双子叶、若干裸子植物、少量单子叶植物,如 pTiB0542、pTiA6。

窄宿主菌株:在有限的几种植物上诱发肿瘤,如 pTiAg162,仅能在葡萄的几个品种上诱发肿瘤。

7. 根癌农杆菌 Ti 质粒转化的方法

1) 整体植株接种共感染法　该途径是模仿根癌土壤杆菌天然的感染过程,人为地在整体植株成创伤部位，把根癌土壤杆菌接种在创伤面上，或用针头把根癌土壤杆菌注射到植株体内，杆菌在植株体内进行侵染实现转化，获得转化的植物细胞，因此也称之为体内转化。为了获得更高的转化频率，一般采用无菌的种子实生苗或试管苗。它是最简便、实验周期短的转化法；充分利用了这些无菌实生苗的生长潜力；避免在转化中其他细菌的污染；菌株接种的伤口与培养基分离，以免根癌土壤杆菌在培养基上过度生长，允许在无抗生素的培养基上进行；具有较高的转化成功率。但转化组织中常混有较多未转化的正常细胞，即形成严重的嵌合体；需要大量的无菌苗材料；转化细胞的筛选比较困难。

2）叶盘转化法

（1）叶盘转化法的操作。打孔器从消毒叶片上取得叶圆片；在过夜培养至对数生长期的根癌土壤杆菌的菌液中浸数秒后，置于培养基上共培养；待菌株在叶盘周围生长至肉眼可见菌落时再转移到含有抑菌剂的培养基中除去根癌土壤杆菌。同时在该培养基中加入抗生素进行转化体选择，3～4 周培养可获得转化的再生植株。该方法操作简单、重复性高、适用性广。

（2）转化苗的保持与繁殖。主要采用营养繁殖途径和种子繁殖途径。

营养繁殖途径包括试管苗的无性快速繁殖及嫁接、扦插等田间的无性繁殖方式。

种子繁殖途径对于转基因植株的正常表达、遗传特性及向生产化过渡具有重要作用。该途径的主要操作是将转化试管苗在小花盆中移栽成活，然后转入田间，开花时套袋隔离防止杂交授粉及向环境中释放转化的花粉。结种后注意收割种子，保存。

3）原生质体共培养转化方法　从叶片分离原生质体培养，在细胞即将分裂，新的细胞壁物质已经形成时，加入活化的根癌土壤杆菌悬浮液。再加入选择标记的抗生素，对转化体进行选择培养 3～4 周后，可产生肉眼可见的小块转化愈伤组织。将小块愈伤组织转移到固体培养基上再生愈伤组织，此时继续保持选择压力，以便保证只有转化愈伤组织才能不断生长。将转化愈伤组织转入固体分化培养基，获得转化再生植株。其他步骤与叶盘法相同。

根癌土壤杆菌 Ti 质粒载体系统作为一个植物基因转化载体系统的不足之处，是它主要用于双子叶植物，如何扩大其应用范围，如应用于禾谷类、裸子植物等，一直是人们所关心的问题。

【器材】

1. 菌种

大肠杆菌 XL1-Blue MRF，野生型发根农杆菌 K599。

2. 质粒

pBIN19，pGFP，pCHS。

3. 试剂

质粒小量提取试剂盒，DNA 胶回收试剂，*Taq* DNA 聚合酶，dNTP，限制性内切核酸酶和 T_4 DNA 连接酶，乙酰丁香酮（AS），卡那霉素，利福平（Rif），头孢霉素，20 mmol/L $CaCl_2$。

4. 培养基

MS 培养基；LB 培养基；YEB 液体培养基（1 L）：酵母提取物 1 g，牛肉膏 5 g，蛋白胨 5 g，蔗糖 5 g，$MgSO_4 \cdot 7H_2O$ 0.5 g，pH7.0，高压灭菌。

5. 植物组织

矮牵牛无菌苗（由矮牵牛种子灭菌后，于 1/2 MS 上培养所得）。

6. 仪器

超净工作台，恒温摇床，冷冻高速离心机，高压灭菌锅，冰箱，－70 ℃超低温冰柜，分光光度计，接种针，10 mL 试管，培养皿，50 mL 离心管，1.5 mL 离心管，冰浴，微量进样器及吸头等。

【操作步骤】

1. 植物表达载体的构建

(1) 质粒 pGFP 经 *Eco*R Ⅰ＋*Bam*H Ⅰ 酶切后回收含绿色荧光蛋白(GFP)基因的小片段，与质粒 pBIN19 经 *Eco*R Ⅰ＋*Bam*H Ⅰ 酶切后的大片段连接得到新质粒 pBIN19-GFP。

(2) 质粒 pCHS 经 *Hind* Ⅲ＋*Xba*Ⅰ 酶切后回收含 CaMV 35S 启动子的小片段，与质粒 pBIN19-GFP 经 *Hind* Ⅲ＋*Xba* Ⅰ 酶切后的大片段连接，得到新质粒 pBIN-35S-GFP。

(3) 然后转化大肠杆菌 XL1-Blue MRF，扩增后提取质粒。

(4) 大肠杆菌中质粒 DNA 小量提取、酶切、片段回收均参照产品说明书或实验 4、实验 7 和实验 8 进行。

2. pBIN-35S-GFP 导入发根农杆菌 K599

(1) 发根农杆菌 K599 感受态的制备方法如下。

a. 挑取发根农杆菌 K599 单菌落于 3 mL 的 YEB 液体培养基(Rif 50 mg/L)中，28 ℃振荡培养过夜。

b. 取过夜培养菌液 1 mL 接种于 50 mL YEB(Rif 50 mg/L)液体培养基中，28 ℃振荡培养至 OD_{600} 为 0.5。

c. 取 2 mL 菌液，13 000 r/min 离心 30 s，弃上清。

d. 加入 1000 μL 20 mmol/L $CaCl_2$，使农杆菌细胞充分悬浮，冰浴 30 min，13 000 r/min 离心 30 s，弃上清。

e. 置于冰上，加入 500 μL 预冷的 20 mmol/L $CaCl_2$，充分悬浮细胞，冰浴中保存，24 h 内使用，或液氮中速冻 1 min，置－70 ℃保存备用。

(2) 用冻融法将 pBIN-35SGFP 导入发根农杆菌 K599 感受态细胞。

a. 在 100 μL K599 感受态细胞中加入约 0.1 μg 纯化质粒 DNA，混匀。

b. 0 ℃冰上放置 10 min，置于液氮速冻 5 min，立即用 28 ℃水浴热激 5 min。

c. 加入 500 μL LB 液体培养基，在 28 ℃缓慢振荡培养 2 h。

d. 取 100 μL 菌液涂布于 LB＋Km 50 mg/L＋Str(链霉素)50 mg/L 固体培养基上，28 ℃培养约 48 h 筛选抗性菌落。

3. 发根农杆菌 K599 介导的遗传转化和不定根的繁殖

(1) 发根农杆菌 K599/pBIN-35S-GFP 单克隆在 LB＋Km 50 mg/L＋Str 50 mg/L 液体培养基中 28 ℃、200 r/min 过夜培养。

(2) 取 5 mL 菌液移入 50 mL MS＋Km 50 mg/L＋Str 50 mg/L 液体培养基中，28 ℃、200 r/min 培养至 OD_{600} 为 0.5 左右。

(3) 4 ℃，5000 r/min 离心 10 min，收集菌体。

(4) 用 MS 培养基清洗 3 次后，用 MS＋乙酰丁香酮 20 mg/L 培养基将菌液稀释 10 倍后，作为侵染液。

(5) 取矮牵牛无菌苗叶片，剪成 5 mm^2 的小块，放入侵染液中 10 min，用无菌滤纸吸干菌液。

(6) 置于 MS 培养基上共培养 3 天后，转入 MS＋Cef(头孢霉素)500 mg/L＋

Km 50 mg/L培养基上培养，同时将未经侵染的矮牵牛叶片外植体培养在相同的培养基上作为阴性对照。

(7) 待长出不定根后，将不定根转入 MS+Cef 500 mg/L+Km 50 mg/L 培养基中繁殖。

4. 提取不定根基因组 DNA，并 PCR 检测 GFP 基因

参照实验 1、实验 5 和实验 6。

5. 荧光检测

用荧光显微镜在蓝色激发光下（滤光片 FITC）对诱导出的不定根进行荧光检测，用荧光显微镜配套的数码成像系统拍照记录。

【结果】

(1) 记录植物表达载体构建各阶段的凝胶电泳图。

(2) 比较 PCR 检测结果，包括阴性对照图。

(3) 拍摄阳性转染及阴性对照的荧光图，进行比较，看是否有 GFP 的表达。

【思考题】

(1) 农杆菌感受态制备时加入利福平或其他抗生素的作用是什么？

(2) 植物表达体系除了 Ti 质粒外，还可以使用哪些体系？

（金卫华）

第 2 篇　蛋白质工程

20 世纪 90 年代以来，生物技术有了很大发展。但是，对于大多数生物技术产品来说，必须经过分离纯化，即所谓后处理过程，达到一定的质量标准后，才是可用产品。分离纯化技术不仅影响产品质量，在一定程度上也影响着产量。分离纯化技术已成为生物技术领域中的关键技术之一。可利用遗传工程的方法对目的产物，主要是蛋白质的组成予以改变或对某些部分加以修饰，使某些性质改变，使之有利于分离纯化，如利用遗传工程的方法，将凝聚因子引入，使细胞在培养过程中凝聚，以便更容易进行细胞分离。有关利用基因工程技术表达蛋白质的内容在第 1 篇已作说明，这里不再赘述。

蛋白质工程实验部分主要介绍的是目前常用的用于蛋白质分离的技术，如层析技术、电泳技术、色谱技术、蛋白质分析技术等。

1. 层析技术

层析技术包括离子交换层析、亲和层析。

其中，离子交换层析是在以离子交换剂为固定相，液体为流动相的系统中进行的。离子交换剂是由基质、电荷基团和反离子构成的。离子交换剂与水溶液中离子或离子化合物的反应主要以离子交换方式进行，或借助离子交换剂上电荷基团对溶液中离子或离子化合物的吸附作用进行。利用此反应将要分离的混合物先在一定 pH 的溶液中全部解离，而后流过固相使之与固相的离子进行交换，吸附于固相。再根据混合物中各组分解离度的差别，用不同 pH 溶液分别洗脱下来。

亲和层析法是分离蛋白质的一种极为有效的方法，它经常只需经过一步处理即可使某种待提纯的蛋白质从很复杂的蛋白质混合物中分离出来，而且纯度很高。这种方法是根据某些蛋白质与另一种称为配体的分子能特异而非共价地结合。

2. 电泳技术

电泳技术包括 SDS-PAGE 电泳、二维凝胶电泳。

SDS-PAGE 电泳是对蛋白质进行量化比较及特性鉴定的一种经济、快速而且可重复的方法。该法主要依据蛋白质分子质量对其进行分离。电泳为带电粒子在电场中向与其自身所带电荷相反的电极方向移动的现象。蛋白质混合样品经过电泳后，被分离的各蛋白质组分的电泳迁移率互不相同，由各蛋白质组分所带的静电荷及分子大小和形状的不同而达到分离。

二维凝胶电泳的基本原理是蛋白质首先根据其等电点在 pH 梯度胶中等电聚焦，然后按照它们的分子质量大小进行 SDS-PAGE 第二次电泳分离。

3. 色谱技术

色谱技术包括高效液相色谱和高效气相色谱等技术。

其中高效液相色谱法按分离机制的不同分为液固吸附色谱法、液液分配色谱法（正相与反相）、离子交换色谱法、离子对色谱法及分子排阻色谱法。本篇实验中主要介绍运用反相高效液相色谱法分析牛乳中的 α-乳白蛋白。

气相色谱法是采用气体作为流动相的一种色谱法。在此法中，载气(是不与被测物作用，用来载送试样的惰性气体，如氢、氮等)载着欲分离的试样通过色谱柱中的固定相，使试样中各组分分离，然后分别检测。因此，气相色谱法适用于分离挥发性或沸点低的化合物。

4. 蛋白质分析技术

蛋白质分析技术包括末端分析和免疫印迹技术。

其中末端分析包括 N 端和 C 端分析。蛋白质的末端分析可以确定氨基末端(N 端)和羧基末端(C 端)的氨基酸残基；可以了解蛋白质分子中肽链的组成情况。

而免疫印迹法综合了 SDS-PAGE 的高分辨力和 ELISA 法的高特异性和敏感性，是一个有效的分析手段，不仅广泛应用于分析抗原组分及其免疫活性，并可用于疾病的诊断。

第 4 章　蛋白质工程常用技术

实验 21　蛋白质末端分析

【实验目的】

(1) 了解蛋白质 N 端和 C 端分析的常用方法。

(2) 掌握 DNS-Cl 法测定蛋白质 N 端的原理及技术。

【实验原理】

蛋白质序列分析一直是蛋白质化学中一项具有战略性意义的工作。通常使用专一性化学试剂或具有不同水解专一性蛋白酶,得到有可能是重叠序列的肽段,从而推断出蛋白质的氨基酸序列。蛋白质的一级结构是其高级结构的基础,因此,蛋白质序列分析对于获得有关高级结构的信息是一个很有用的基础。蛋白测序提供的信息可以确定组成蛋白质的氨基酸的种类、蛋白质 N 端的氨基酸序列和新的蛋白质,通过 DNA 重组技术构建寡核苷酸探针,根据免疫学机制制备抗多肽的抗体等。

1953 年,F. Sanger 和他的同事们首次测定了牛胰岛素的氨基酸一级结构,从而获得 1958 年的诺贝尔化学奖。1956 年,P. Edman 引入了从 N 端顺序降解多肽的一种化学技术,使蛋白质结构分析有了重大进展,这就是著名的 Edman 降解。随着氨基酸分析仪的出现,高精度地、定量地分析多肽的氨基酸组成成为可能,也使大分子质量蛋白质的一级结构研究和序列测定成为可能。

蛋白质的末端分析可以确定氨基末端(N 端)和羧基末端(C 端)的氨基酸残基。可以了解蛋白质分子中肽链的组成情况。例如,牛胰岛素有 2 个 N 端和 2 个 C 端,是由 2 条肽链通过二硫键相连而成;血红蛋白有 4 个 N 端和 4 个 C 端,是由 4 个亚基通过次级键组成的分子。

末端分析通常采用专一性化学试剂与末端氨基或羧基反应,然后分解出被作用的末端氨基酸加以测定。由于与羧基反应的活化能相当高,因此用于与羧基反应的专一性试剂比较少,且分析误差较大,而 N 端测定的方法较多。

1. 蛋白质的 N 端分析

Sanger 用来测定胰岛素一级结构的重要试剂就是 2,4-二硝基氟苯(DNFB)。DNFB 与蛋白质在室温,pH8.0～9.0 条件下,与蛋白质的 N 端反应生成 DNP-蛋白;在 105 ℃,6 mol/L HCl 条件下水解,生成 DNP-氨基酸及其他游离氨基酸(图 21-1)。由于 DNP-氨基酸溶于乙醚,而其余氨基酸不溶,因此用乙醚抽提出 DNP-氨基酸,再将未知样的 DNP-氨基酸与已知标准 DNP-氨基酸共同进行纸层析，根据比移值 R_f 即可推断未知样 N 端为何种氨基酸。

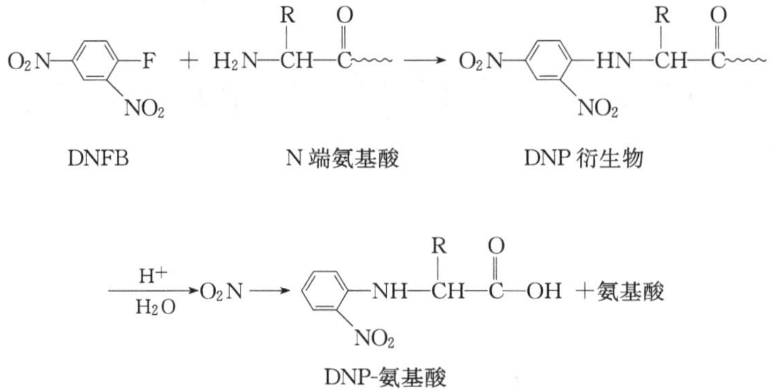

图 21-1　DNFB 与蛋白质 N 端作用

DNFB 不仅与 N 端的 α-氨基起反应，也与侧链上的 ε-氨基、巯基、酚羟基和咪唑基反应，但水解产物极性较强，不被乙醚抽提，因而不干扰测定。当 N 端残基为脯氨酸或羟脯氨酸时，因生成的 DNP 衍生物极不稳定，所以回收率甚低，不能进行测定。

1956 年，Hartley 等报道了一种测定 N 端的灵敏方法，采用 1-二甲基氨基萘-5-磺酰氯，简称丹磺酰氯(DNS-Cl)。它与胺或蛋白质/多肽的 N 端氨基酸游离氨基末端作用，反应机制类似于 Sanger 的 DNFB 法，产物是磺酰胺衍生物(图 21-2)。

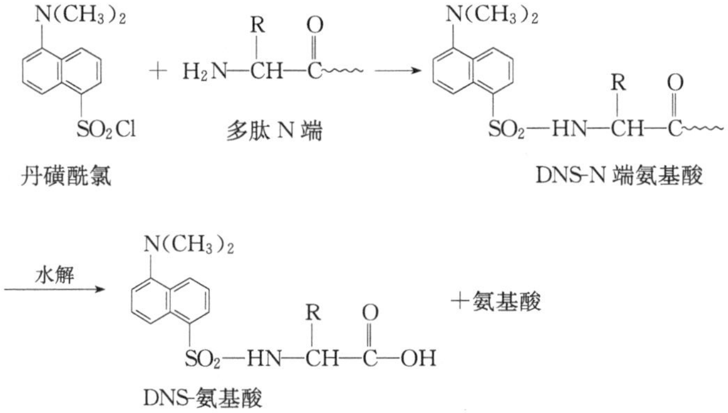

图 21-2　DNS-Cl 与蛋白质 N 端作用

丹磺酰氯可以和一级脂肪/芳香胺反应生成磺胺，从而产生蓝色或蓝绿色的荧光，也可以与蛋白质的 N 端氨基酸在碱性条件下反应生成 DNS-蛋白质，水解得到有强烈荧光的 DNS-氨基酸，经电泳或薄层层析即可测知是何种氨基酸。蛋白质水解后与 DNS-Cl 反应，标记的是蛋白质的氨基酸组成成分。这是一种较为简便、适用的蛋白质的氨基酸组成成分分析的方法。

此法与 DNFB 法相比，有两个突出的优点，即水解产物无需提取，可用电泳或层析法直接鉴定氨基酸。另外就是灵敏度高，DNS-氨基酸在紫外灯(253 nm)下可见黄绿色的荧光，由于其荧光十分强烈，1～5 nmol/L 或 0.2～1.0 nmol/L DNS 衍生物即可分别用电泳或薄层层析容易地检测。DNS-Cl 能与所有的氨基酸生成具荧光的衍生物。其中赖氨酸、组氨酸、酪氨酸、天冬酰胺等氨基酸可与 DNS-Cl 生成双 DNS-氨基酸衍生物。这些氨基酸相当稳定，可用于蛋白质的氨基酸组成的微量分析，灵敏度达 10^{-10}～10^{-9} mol 水平。比茚三酮法高 10 倍以上，比 DNFB 法高 100 倍。

但是，DNS-脯氨酸经酸水解后有 70%被破坏，色氨酸及其 DNS 衍生物则被完全破坏。

可改用巯基乙烷磺酸在真空下水解，并用乙酸乙酯抽提非极性组分，得 DNS-氨基酸加以鉴定。当 N 端为半胱氨酸、精氨酸、组氨酸时，对其测定也受到一定限制。因为涉及酸水解，N 端为谷氨酸或谷氨酰胺、天冬氨酸或天冬酰胺时，对它们不能区别。

要特别注意的是，据报道，约 50%天然蛋白质的 N 端被修饰，如乙酰化、甲酰化、焦谷氨酸化而形成 N 端封闭，须经蛋白质化学降解或酶切后，再分离分析。

2. 蛋白质的 C 端分析

测定 C 端最常用的方法是肼解法。将多肽溶于无水肼中，100 ℃下进行反应，羧基末端氨基酸以游离氨基酸形式释放，而其余肽链部分与肼生成氨基酸酰肼(图 21-3)。把羧基末端氨基酸抽提出来或用离子交换层析的方法将其分出。

如果羧基末端氨基酸侧链是带有酰胺，如天冬酰胺和谷氨酰胺，则肼解时不能产生游离的羧基末端氨基酸。C 端为胱氨酸或半胱氨酸时，也不适宜用肼解法。肽链中的丙氨酸、丝氨酸及甘氨酸形成的酰肼化合物不稳定，在水溶液中容易转化为原来的氨基酸而干扰结果。此外肼解时应注意避免任何少量的水解，以免释出的氨基酸混淆末端分析。

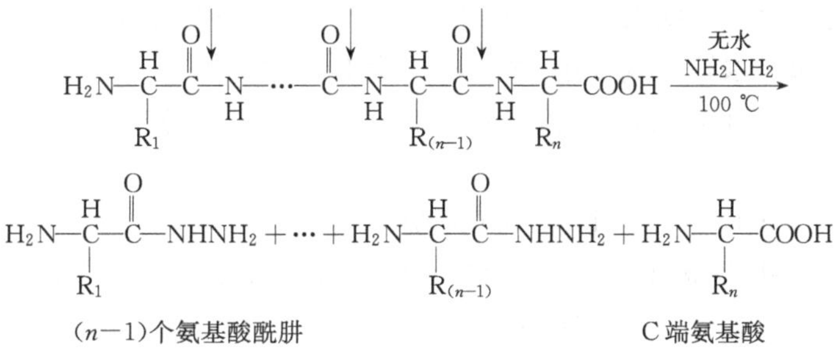

图 21-3　肼解法分析 C 端氨基酸的原理

羧肽酶水解法也是常用的蛋白质 C 端分析法。羧肽酶可以专一性地水解羧基末端氨基酸。根据酶解的专一性不同，可区分为羧肽酶 A、B、C 和 Y。根据不同反应时间测出酶水解所释放的氨基酸种类和数量，从而知道蛋白质的 C 端残基顺序。实际应用时，由于羧肽酶对不同的 C 端作用速度不同，而且反应是连续的，不能停在某一步上，因此给正确判断氨基酸的顺序带来了一定的困难。应用羧肽酶测定末端时，需要事先进行酶的动力学实验，以便选择合适的酶浓度及反应时间，使释放出的氨基酸主要是 C 端氨基酸。

串联质谱法(tandem mass spectrometry，MS-MS)是近年来发展起来的质谱法的重要联用技术之一，其方法是将两台质谱仪串联起来代替 GC-MS 或 LC-MS，可用于分析蛋白质的 C 端。

此外，蛋白质 C 端测序仪的设计和应用也在逐步完善。

3. 聚酰胺薄膜层析

聚酰胺是由己二酸与己二胺聚合而成或由己内酰胺聚合而成的高分子化合物；含有大量酰胺基团，其羧基可与含羟基的物质形成氢键，而产生吸附作用。聚酰胺薄膜层析是指样品溶液随流动相通过聚酰胺薄膜时，由于聚酰胺与各极性分子形成氢键的能力不同，因此吸附能力不同；选用合适的展层剂，使被分离的物质在溶剂和聚酰胺薄膜表面的分配系数有较大的差异，经过吸附与解吸的过程，而将各组分分离。聚酰胺薄膜层析灵敏度高，操作方便，速度较快。

物质被分离后在纸层析图谱上的位置是用比移值 R_f 表示的。在一定的条件下某种物质的 R_f 值是常数。

R_f＝原点到层析斑点中心的距离/原点到溶剂前沿的距离

本实验将介绍 N 端的经典分析方法——DNS-Cl 法。

【器材】

1. 仪器

紫外灯，恒温水浴，小型干燥器（或 400 mL 平底烧杯），烧杯，电炉，真空泵，电吹风，Parafilm 膜，水解管，具塞磨口小试管，毛细管，聚酰胺薄膜，层析缸。

注：聚酰胺薄膜有夹心式（即两面都涂有聚酰胺的板）和单面聚酰胺薄膜，单面的有 4 cm×4 cm，7 cm×7 cm，5 cm×15 cm 和 7 cm×11 cm 等几种规格。本实验选用 4 cm×4 cm 或 7 cm×7 cm 均可，并要求质地均匀，与尼龙板贴附牢固，无剥脱现象。

2. 试剂

(1) 标准氨基酸（如甘氨酸、苯丙氨酸），多肽或蛋白质样品（如牛胰岛素）。

(2) DNS-Cl 丙酮溶液：2～5 mg DNS-Cl 溶在 1 mL 丙酮中，棕色瓶封口，暗处保存，数月稳定。买的商品可能含有一些白色不溶物质（水解产物 DNS-OH），这种物质在试剂的保存期间也会慢慢产生。如果水解程度很小，对实验不会有很大干扰。

(3) 0.2 mol/L $NaHCO_3$ 缓冲液（pH9.5）：用 Na_2CO_3 和 $NaHCO_3$ 配制（Na_2CO_3 ∶ $NaHCO_3$＝3∶7）。

(4) 5.7 mol/L HCl：用优级纯浓 HCl 配制。

展层液：第Ⅰ相展层溶剂系统(1)：甲酸(88%)∶水＝1.5∶100(V/V)。

第Ⅱ相展层溶剂系统(2)：苯∶冰醋酸＝9∶1(V/V)。

【操作步骤】

1. 丹磺酰化

1) DNS-氨基酸制备

(1) 用 0.2 mol/L $NaHCO_3$ 缓冲液配成 2 mmol/L 氨基酸溶液。

(2) 取 0.1 mL 此溶液加入具塞玻璃试管中，加入 0.1 mL DNS-Cl 丙酮溶液(2.5 mg/mL)，反应要求最终浓度为：氨基酸 1 mmol/L，DNS-Cl 5 mmol/L，丙酮 5%(pH8.5～9.8)。

(3) 用 1 mol/L NaOH 调 pH9～10，塞紧摇匀。置 37 ℃保温 1 h，反应完成后放暗处保存备用。

注：在 DNS-氨基酸制备时，DNS 化必须在碱性条件下（pH9.7～10.5）进行，否则会有很多副产物 DNS-NH_2 或 DNS-OH 产生。

2) 多肽或蛋白质样品的 N 端 DNS 化氨基酸溶液的制备

(1) 用 0.2 mol/L $NaHCO_3$ 溶液配制 2 mmol/L 多肽或蛋白质溶液。

(2) 取 0.1 mL 此溶液加入水解管中，加入 0.1 mL DNS-Cl 丙酮溶液(2.5 mg/mL)，用 1 mol/L NaOH 调 pH9～10，混匀后用 Parafilm 膜封口，置 37 ℃保温 1 h。

注：测蛋白质或肽的 N 端氨基酸时，可用透析或 Sephadex G-25，G-15，G-10 层析，除去 DNS-OH 和 DNS-NH_2 及小分子物质再水解。

(3) 反应完成后，蒸干丙酮，加 5.7 mol/L HCl，抽真空封口，110 ℃保温 16～20 h（最好分别水解 24 h，48 h，72 h）。

注:DNS化后加5.7 mol/L HCl水解,一定要抽真空封管。否则110 ℃水解时易氧化破坏氨基酸。

(4) 水解完成后,开管将溶液转移到5 mL小烧杯内,置沸水浴中蒸干盐酸。

(5) 加几滴水再蒸干,反复数次使盐酸完全除净。

(6) 用丙酮溶解样品,用毛细管点样展层,即可分析样品的N端DNS-氨基酸。

2. 聚酰胺薄层层析鉴定DNS-氨基酸

1) *点样*　将粗细合适的毛细管用砂纸或砂轮将较齐的一头磨平,小心地将样品点在薄膜的右下角,距离边缘0.5 cm的地方。样品点要求圆、小,不能把膜触破,最好一次点样成功,即在一处只点一下,因此样品的浓度要合适,如果浓度不够,则需重复在一处多次点样,即在第一次点样后,用吹风机冷风吹干再点第二次、第三次等,在膜上标记。展层第一相样品在右下角,展层后彻底吹干,将膜顺时针转90°,即样品原点转到左下角展层第二相。

注:样品的点要小、圆,量要适当,浓度过低,走出的斑点颜色淡;浓度过大,则易形成拖尾。点样时不能太靠纸的边缘,以免溶剂效应,使点扩散。因此毛细管要细,头要平,样品浓度要合适,聚酰胺薄膜要选择优质的。

2) *展层*

(1) 点样后在小的干燥器里进行展层,首先要在干燥器盖的边缘涂一薄层凡士林,使之密闭不漏气,放入培养皿并调水平。

(2) 向培养皿里加入展层剂,溶剂高度不超过3 cm,盖上干燥器盖,使溶剂蒸气在干燥器内达到饱和。

注:展层要在小的、密闭的、底部水平的容器里进行,每次展层的温度、时间、展层剂的浓度要保持一致,否则不易重复。

(3) 用皮筋或线将点好样的薄膜捆成半圆筒形,使之能垂直放稳,皮筋不接触膜,膜在板的内面,即光面在外与皮筋接触。

(4) 打开干燥器盖,将捆好的薄膜垂直放入盛有展层剂的培养皿里,立即盖好盖,溶剂即向上展层。

(5) 当溶剂上升到离膜顶端0.5 cm处时,停止展层,立即开盖标记前沿,取出,用电吹风冷风吹干后顺时针旋转90°,以同样方法进行第Ⅱ相展层。

(6) 在紫外灯下检测实验结果。

【结果】

鉴定未知样品的N端氨基酸。

(1) 内标法确定未知样品N端氨基酸。在一块薄膜上点未知的DNS-氨基酸,第二块膜上点已知标准DNS-氨基酸,第三块膜上将未知的和已知的同时点在一点上,展层后观察,如果在第三块膜的荧光加强并重合,表明此未知氨基酸同已知标准DNS-氨基酸一样,否则为不同的氨基酸。

(2) 采用夹心型的聚酰胺薄膜,其膜的两面都涂有聚酰胺,可在一侧面点上待测的DNS-氨基酸;另一侧面点上对照的标准DNS-氨基酸。层析后可利用板的透明性质,比较、鉴定未知的DNS-氨基酸。

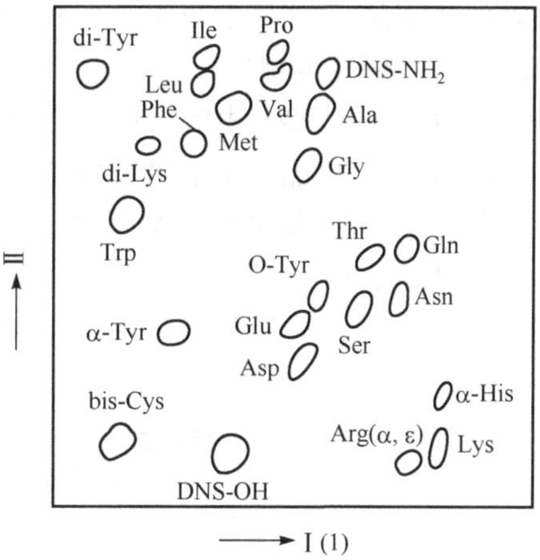

图21-4　DNS-氨基酸双向层析参考图谱

水平方向为用溶剂(1)在第一相展层,竖直方向为第二相展层[在这里使用的是溶剂(2)]

参考图 21-4 绘制出层析图谱，计算 R_f值，并分析说明该蛋白质样品是由几条链组成，其末端氨基酸是什么，其氨基酸组成如何。

【思考题】

(1) 分析和鉴定 DNS-氨基酸采用什么方法？为什么采用此方法？

(2) 蛋白质末端分析有何意义？

（涂 毅）

实验 22 SDS-PAGE 电泳分离检测蛋白质

【实验目的】

(1) 掌握聚丙烯酰胺凝胶电泳的基本原理。

(2) 掌握垂直板状凝胶电泳槽的使用和凝胶配制方法。

(3) 学会利用相对迁移率和蛋白质色带形状分析蛋白质的种类。

【实验原理】

十二烷基硫酸钠(sodium dodecyl sulfate，SDS)-聚丙烯酰胺凝胶电泳(polyacrylamide gel electrophoresis，PAGE)检测蛋白质，是 20 世纪 60 年代末 W. O. Shapiro 等发展起来的一项新技术，用这种方法检测蛋白质的分子质量快速而简单。

聚丙烯酰胺凝胶，是由丙烯酰胺单体(Acr)和少量的交联剂 N,N'-甲叉双丙烯酰胺(Bis)，在催化剂(过硫酸铵或核黄素，前者为化学聚合，后者为光聚合)和加速剂 TEMED(N,N,N',N'-四甲基乙二胺)的作用下聚合交联成的三维网状结构的凝胶。改变单体的浓度或单体与交联剂的比例，可以得到不同孔径的凝胶(孔径大小可以通过改变单体 Acr 的浓度或单体与交联剂的比例而控制)。

蛋白质分子是两性电解质分子，在直流电场内可以移动，PAGE 过程中具有以下三种物理效应。

1. 凝胶对样品分子的筛选效应(分子筛效应)

颗粒小、呈球形的样品分子移动快，颗粒大、形状不规则的分子通过凝胶孔洞时的阻力大，移动慢(图 22-1)。

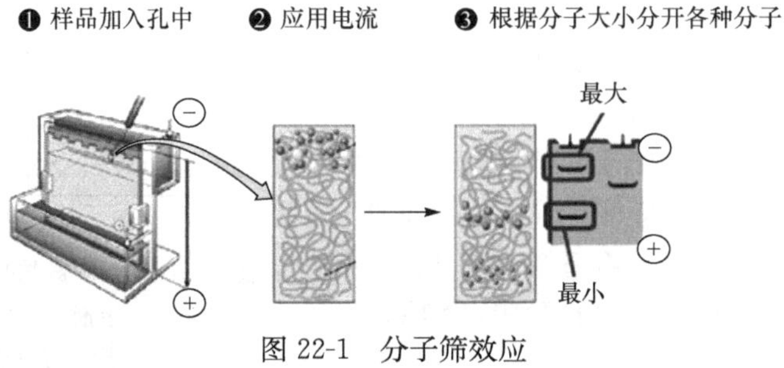

图 22-1 分子筛效应

2. 不连续系统对样品的浓缩效应

1）*凝胶层的不连续*　浓缩胶的孔径大，分离胶的孔径小，在电场的作用下，蛋白质颗粒在大孔胶中泳动时的阻力小，移动快，而在小孔径中，移动慢。因而在两层凝胶交界处，由于凝胶孔径的不连续性使样品迁移受阻而压缩成很窄的区带。

2）*缓冲液离子成分及pH的不连续*　在两层凝胶中均有三羟甲基氨基甲烷(Tris)及HCl。Tris的作用是维持溶液的电中性及pH，是缓冲配对离子，HCl在任何pH溶液中均易解离出氯离子，它在电场中迁移率大，走在最前面，故称为快离子或前导离子。电极缓冲液中的甘氨酸(Gly)在pH8.3的缓冲液中其解离度很小，仅为0.1%～1%，因而在电场中迁移率很小，称为慢离子或尾随离子。血清中，大多数蛋白质等电点在5.0左右，在pH8.8或pH6.8时均带负电荷，在电场中移向正极，其有效迁移率介于快慢离子之间，于是蛋白质就在快慢离子间形成的界面被浓缩成极窄的区带。三者的有效迁移率为：$m_{氯}\alpha_{氯}>m_{蛋白}\alpha_{蛋白}>m_{甘}\alpha_{甘}$（$m$为迁移率，$\alpha$为解离度）。当进入pH8.8的分离胶时，甘氨酸解离度增加，其有效迁移率超过蛋白质，因此氯离子及甘氨酸离子沿着离子界面继续前进。蛋白质分子由于分子质量大，被留在后面，然后分成多个区带，因此分离胶之间pH的不连续性可控制其迁移率。在浓缩胶中要求慢离子较所有被分离样品的有效迁移率低，以使样品在快慢界面之间被浓缩。进入分离胶后，慢离子的有效迁移率比所有样品的有效迁移率高，使样品不再受离子界面的影响。

3）*电位梯度的不连续性*　电位梯度的高低与电泳速度的快慢有关。电泳开始后由于快离子迁移率大，就会很快超过蛋白质，在快离子后面形成一个离子浓度低的区域即低电导区。低电导区具有较高的电位梯度，而高的电位梯度又使蛋白质和慢离子在快离子后面加速泳动。当三者的迁移率与电位梯度的乘积彼此相等时，三者的泳动速度就相等。在快慢离子的移动速度相等的稳态建立后，二者之间形成一个稳定而又不断向阳极移动的界面。而蛋白质的有效迁移率在快慢离子之间，因此也就聚集在这个移动界面附近，被压缩成一个狭小的中间层(图22-2)。

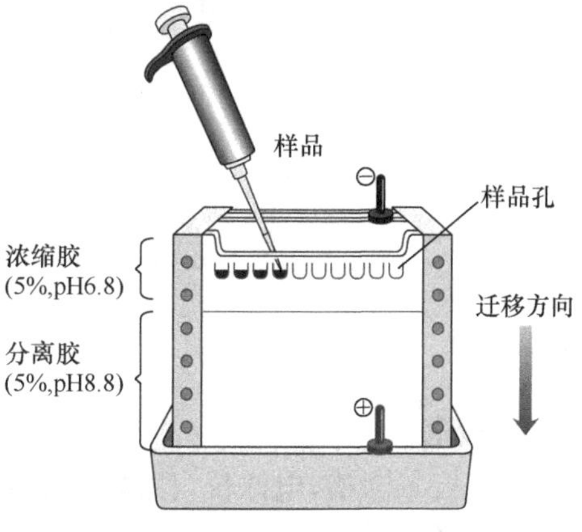

图22-2　SDS-PAGE电泳的不连续系统
电泳缓冲液采用pH8.3 Tris-甘氨酸系统

3. 电荷效应

当进入pH8.8的分离胶后，各种血清蛋白质所带净电荷不同，而有不同的迁移率。表面电荷越多，则迁移快；反之则慢。

对大多数蛋白质SDS-PAGE，迁移情况主要取决于它们的分子质量，与原有的电荷量和形状无关。SDS是一种阴离子去污剂，在水溶液中以单体和分子团的混合形式存在。它能断裂分子内和分子间的氢键，使分子去折叠，从而破坏蛋白质分子的二级和三级结构，特别是在有强还原剂，如巯基乙醇和二硫苏糖醇存在的情况下，由于蛋白质分子内的二硫键被还原打开，并不易再氧化，解聚后的氨基酸侧链与SDS充分结合，每克蛋白质一般结合1.4 g SDS，使蛋白质-SDS复合物均带上相同的负电，远远超过蛋白质原有的电荷量，从而使不同分子间原有的电荷差异可以忽略不计。蛋白质-SDS胶束在水溶液中呈椭圆形长棒状，不同蛋白质亚基-SDS胶束的短径基本相同，而长径则与亚基分子质量大小成正比。因此，蛋白质亚基-SDS

胶束在SDS-PAGE电泳系统中的迁移率不再受原有电荷的影响，而主要取决于胶束棒的长径，即蛋白质或蛋白质亚基分子质量的大小(图22-3)。当蛋白质的分子质量为15～200 kDa时，电泳迁移率与分子质量的对数呈线性关系。应注意，SDS-PAGE测得的是蛋白质分子，对于寡聚蛋白，为了正确反映其完整分子结构，还应用连续密度梯度电泳等方法测定天然构象状况下的分子质量及分子中肽键(亚基)的数目。因此各种蛋白质按电荷多少、分子质量大小及分子形状以一定的顺序排列形成一个个区带。不连续聚丙烯酰胺凝胶系统所具备的电荷效应、分子筛效应和浓缩效应大大提高了它的分辨率。

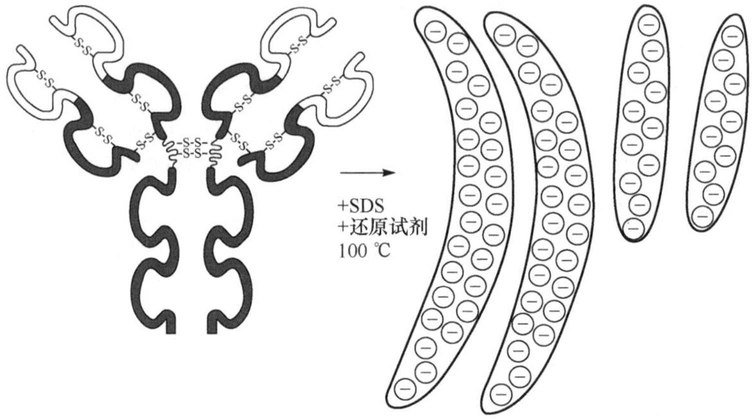

图22-3　SDS对寡聚蛋白的影响
SDS与蛋白质疏水部分结合，破坏空间结构，还原剂能打断二硫键

【器材】

1. 仪器

垂直板电泳槽，电泳仪，移液器，微量移液器，长针头注射器，烧杯，试管，摇床，带盖搪瓷盘，凝胶成像系统。

2. 试剂

Tris，甘油，SDS，溴酚蓝，丙烯酰胺，双丙烯酰胺，β-巯基乙醇，过硫酸铵，TEMED，甘氨酸，盐酸，考马斯亮蓝R-250，甲醇，冰醋酸，标准蛋白Marker。

【操作步骤】

1. 溶液的配制

(1) 2 mol/L Tris-HCl(pH8.8)，100 mL：称取24.2 g Tris碱，加50 mL蒸馏水，缓慢地加浓盐酸至pH8.8(约加4 mL)，让溶液冷却至室温，pH将会升高。加蒸馏水至100 mL。

(2) 1 mol/L Tris-HCl (pH6.8)，100 mL：称取12.1 g Tris碱，加50 mL蒸馏水，缓慢地加浓盐酸至pH6.8(约加8 mL)，让溶液冷却至室温，pH将会升高。加蒸馏水至100 mL。

(3) 10%(*m*/*V*)SDS，100 mL：称取10 g SDS，加蒸馏水至总量100 mL。

(4) 50%(*V*/*V*)甘油，100 mL：取50 mL 100%的甘油，加入50 mL蒸馏水。

(5) 1%(*m*/*V*)溴酚蓝，100 mL：称取100 mg溴酚蓝加蒸馏水至100 mL，搅拌直到完全溶解，过滤除去聚合的染料。

(6) A液：丙烯酰胺储存液，100 mL。30%(*m*/*V*)丙烯酰胺，0.8%(*m*/*V*)双丙烯酰胺：称

取 29.2 g 丙烯酰胺和 0.8 g 双丙烯酰胺加水至 100 mL。

(7) B 液：4×分离胶缓冲液，100 mL。所用试剂如下：

75 mL 2 mol/L Tris-HCl (pH8.8)	1.5 mol/L
4 mL 10% SDS	0.4%
21 mL 蒸馏水	

(8) C 液：4×分离胶缓冲液，100 mL。所用试剂如下：

50 mL 1 mol/L Tris-HCl(pH6.8)	0.5 mol/L
4 mL 10% SDS	0.4%
46 mL 蒸馏水	

(9) 10%过硫酸铵，5 mL：称取 0.5 g 过硫酸铵加入 5 mL 蒸馏水，可在密封管内，4 ℃存放数月。

(10) 电泳缓冲液，1L。所用试剂如下：

3 g Tris 碱	25 mmol/L
14.4 g 甘氨酸	192 mmol/L
1 g SDS	0.1%

加蒸馏水至 1 L，pH 应为 8.3 左右。

(11) 5×样品缓冲液，10 mL。所用试剂如下：

0.6 mL 1 mol/L Tris-HCl (pH6.8)	60 mmol/L
50%(*V*/*V*)甘油	25%
2 mL 10% SDS	2%
0.5 mL β-巯基乙醇	14.4 mmol/L
1 mL 1%溴酚蓝	0.1%
0.9 mL 蒸馏水	

可在 4 ℃存放数周，或在−20 ℃保存数月。

(12) x%分离胶的计算及配制(该方案适用于灌制分离胶，x 的值参考表 22-1)。所用试剂如下：

A 液	$x/3$ mL
B 液	2.5 mL
蒸馏水	$(7.5-x/3)$mL
10%过硫酸铵	50 μL
TEMED	5 μL
总量	10 mL

10%过硫酸铵和 TEMED 可以根据实际情况添加。

表 22-1 SDS-PAGE 凝胶的有效分离范围

丙烯酰胺浓度 x/%	蛋白质的线性分离范围/kDa
15	15～435
12.5	15～60
10	18～75
7.5	30～120
5.0	60～212

(13) 两块 5%堆积胶(6 cm×8 cm×0.75 cm),4 mL。所用试剂如下:

蒸馏水	2.3 mL
A 液	0.67 mL
C 液	1.0 mL
10%过硫酸铵	30 μL
TEMED	5 μL

(14) 考马斯亮蓝染液,1 L (过滤)。所用试剂如下:

考马斯亮蓝 R-250	1.0 g
甲醇	450 mL
蒸馏水	450 mL
冰醋酸	100 mL

(15) 考马斯亮蓝脱色液,1 L。所用试剂如下:

甲醇	100 mL
冰醋酸	100 mL
蒸馏水	800 mL

(16) 标准蛋白 Marker。

2. 灌制分离胶

(1) 组装凝胶模具可按照使用说明书。装配好灌胶用的模具。

(2) 将 A 液、B 液及蒸馏水在一个小烧杯或试管中混合。丙烯酰胺(A 液中)是神经毒素,操作时必须戴手套。

(3) 加入过硫酸铵和 TEMED 后,轻轻搅拌使其混匀(过量气泡的产生会干扰聚合)。凝胶很快会聚合,操作要迅速。

(4) 小心将凝胶溶液用吸管沿隔片缓慢加入模具内,这样可以避免在凝胶内产生气泡(图 22-4)。

(5) 当加入适量的分离胶溶液时(对于小凝胶,凝胶液加至约距离前玻璃板顶端 1.5 cm 或距梳子约 0.5 cm),轻轻在分离胶溶液上覆盖一层 1～5 mm 的水层。

注:加水液封时要很慢,否则胶会被冲变形。覆盖层可保持胶面平整和防止空气进入,因为氧气扩散进入凝胶会抑制聚合反应。

(6) 等待 30～60 min 使凝胶聚合。当凝胶聚合后,在分离胶和水层之间将会出现一个清晰的界面,可以微微倾斜模具,检测凝胶是否聚合。

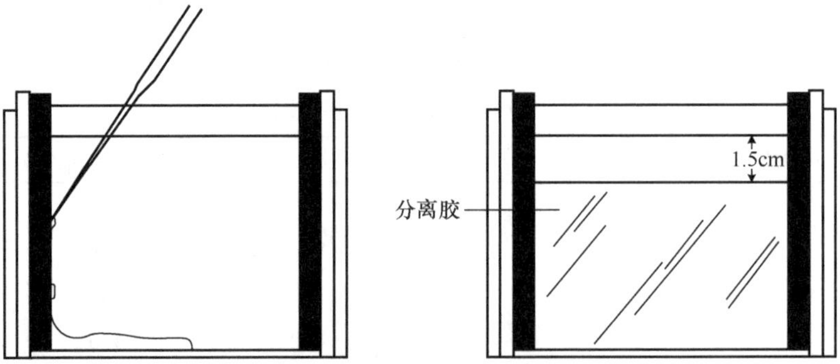

图 22-4　灌制分离胶

3. 灌制浓缩胶

(1) 吸尽覆盖在分离胶上的水。

(2) 将 A 液、C 液和蒸馏水在三角烧瓶或小试管中混合。

(3) 加入过硫酸铵和 TEMED 后，轻轻搅拌使其混匀。

(4) 将堆积胶溶液用吸管加至分离胶的上面，直至凝胶溶液到达前玻璃板的顶端。

(5) 将梳子插入凝胶内，直至梳子齿的底部与前玻璃板的顶端平齐(图 22-5)。

注：必须确保梳子齿的末端没有气泡。胶梳子稍微倾斜插入可以减少气泡的产生。

(6) 约 30 min 凝胶聚合。

(7) 凝胶聚合后，小心拔出梳子，不要将加样孔撕裂。

(8) 将凝胶放入电泳槽内，如果使用 Bio-Rad 的微型凝胶系统，可预先接好电极。

(9) 将电泳缓冲液加入内外电泳槽中，使凝胶的上下端均能浸泡在缓冲液中。

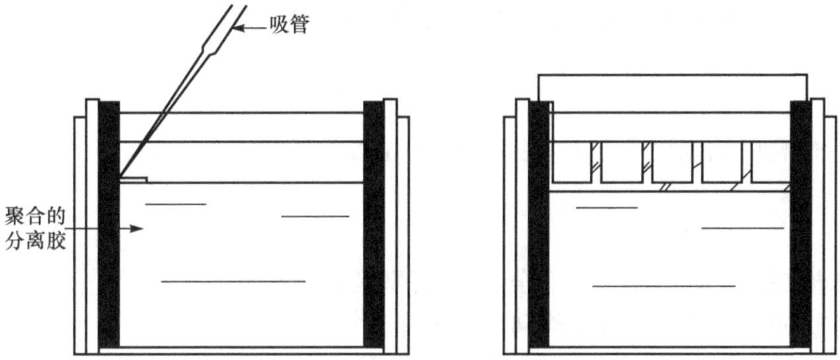

图 22-5　灌制浓缩胶及插梳子

4. 制备样品和上样

1) 样品制备　将蛋白质样品与 5×样品缓冲液(20 μL+5 μL)在一个离心管中混合。放入100 ℃加热 5～10 min，使蛋白质充分变性，保证蛋白质从空间结构变为一级结构。离心，取上清点样。

注：样品缓冲液中煮沸的样品可在－20 ℃存放，但是反复冻融会使蛋白质降解。加样前样品应先离心，尤其是长时间放置的样品，以减少蛋白质带的拖尾现象。

2) 上样　用微量注射器将样品加入样品孔中。将蛋白质样品加至样品孔的底部。并随着染料水平的升高而升高注射器针头。同时加入标准蛋白 Marker，避免带入气泡，气泡易使样品混入相邻的加样孔中。

注：为避免边缘效应，可在未加样的孔中加入等量的样品缓冲液。

5. 电泳

(1) 将电源插头与适当的电极相接。电流应流向阳极。

(2) 将电压调至 150 V(保持恒压；对于两块 0.75 mm 的胶来说，电流开始时为 100 mA，在电泳结束时应为 60 mA；对于两块 1.5 mm 的胶来说，开始应为 110 mA，结束时应为 80 mA)。

(3) 对于两块 0.75 mm 的凝胶，染料的前沿迁移至凝胶的底部需 30～40 min (1.5 mm 的凝胶则需 40～50 min)。

(4) 关闭电源。

(5) 从电极上拔掉电极插头。

(6) 从电泳槽中取出凝胶玻璃板。

(7) 小心移动两块玻璃板之间的隔片，将其插入两块玻璃板的一角。轻轻撬开玻璃板，凝胶便会贴在其中的一块板上(在水中完成剥胶，做好标记)。

6. 考马斯亮蓝染色

(1) 戴上手套避免将手指印留在电泳胶上，将胶移入一个小的盛有少量考马斯亮蓝的容器内(小心不要将胶撕破)。或将玻璃板连同凝胶浸在染料中轻轻振荡直至凝胶脱落。

(2) 对于 0.75 mm 的凝胶，可在摇床上缓慢振荡 30 min。对于 1.5 mm 的凝胶，则需 45 min，在染色和脱色过程中要用盖子或封口膜密闭容器口。

(3) 弃去染液，将凝胶在水中漂洗数次。戴手套以避免将双手染色。

(4) 加入考马斯亮蓝(约 50 mL)，清晰的条带很快会显现出来，大部分凝胶脱色需要 1 h，使用过的脱色液则可用水冲洗掉。为了脱色完全，需要数次更换脱色液并振荡过夜。

【结果】

将脱色后的凝胶拍照记录下来，观察条带的位置和形状。

【思考题】

(1) 电泳槽在安装时为什么要干净干燥(特别是胶条和玻璃板)？

(2) 电泳缓冲液用过后是否还能利用？为什么？

(3) 做好 SDS-PAGE 的关键步骤有哪些？为什么？

(涂　毅)

实验 23　离子交换层析纯化牛奶中的酪蛋白

【实验目的】

(1) 了解离子交换层析技术的原理。

(2) 掌握用离子交换层析技术分离蛋白质的基本技术。

【实验原理】

离子交换层析(ion exchange chromatography，IEC)是以离子交换剂为固定相，依据流动相中的离子组分与交换剂上的平衡离子进行可逆交换时的结合力大小的差别而进行分离的一种层析方法。1848 年，Thompson 等在研究土壤碱性物质交换过程中发现离子交换现象。20 世纪 40 年代，出现了具有稳定交换特性的聚苯乙烯离子交换树脂。50 年代以来，离子交换层析作为常用的一种层析方法，广泛应用于各种生化物质如氨基酸、蛋白质、糖类、核苷酸等的分离纯化。

1. 离子交换层析基本原理

离子交换层析的固定相是离子交换剂，它是由一类不溶于水的惰性高分子聚合物基质通过一定的化学反应共价结合上某种电荷基团形成的。离子交换剂由三部分组成：基质、电荷基团（或功能基团）和反离子（或平衡离子）。基质可由多种材料制成，如纤维素，葡聚糖凝胶，琼脂糖凝胶和合成树脂。基质与电荷基团以共价键连接，电荷基团与反离子以离子键结合。反离子是结合于电荷基团上的相反离子，它能与溶液中其他的离子基团发生可逆的交换反应。反离子带正电的离子交换剂能与带正电的离子基团发生交换作用，称为阳离子交换剂；反离子带负电的离子交换剂与带负电的离子基团发生交换作用，称为阴离子交换剂。

离子交换剂与水溶液中离子或离子化合物的反应主要以离子交换方式进行，假设以 RY^+ 代表阳离子交换剂，其中 R 为电荷基团，Y^+ 为反离子，Y^+ 能够与溶液中的阳离子 X^+ 发生可逆的交换反应（图 23-1），反应式为

$$RY^+ + X^+ \rightleftharpoons RX^+ + Y^+$$

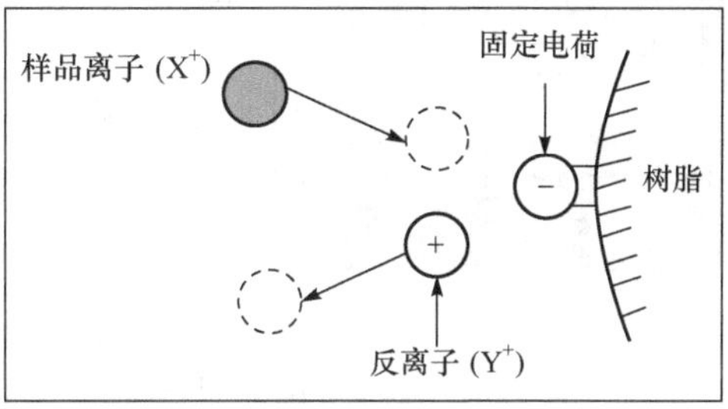

图 23-1　离子交换色谱中所进行的离子交换过程（以阳离子交换树脂为例）

下面以阴离子交换剂为例，介绍离子交换层析的基本分离过程。

阴离子交换剂的电荷基团带正电，装柱平衡后，与缓冲溶液中的带负电的平衡离子结合。待分离溶液中可能有正电基团、负电基团和中性基团。加样后，负电基团可以与平衡离子进行可逆的置换反应，而结合到离子交换剂上。而正电基团和中性基团则不能与离子交换剂结合，随流动相流出而被去除。通过选择合适的洗脱方式和洗脱液，如增加离子强度的梯度洗脱，随着洗脱液离子强度的增加，洗脱液中的离子可以逐步与结合在离子交换剂上的各种负电基团进行交换，而将各种负电基团置换出来，随洗脱液流出。与离子交换剂结合力小的负电基团先被置换出来，而与离子交换剂结合力强的需要较高的离子强度才能被置换出来，这样，各种负电基团就会按其与离子交换剂结合力从小到大的顺序逐步被洗脱下来，从而达到分离目的。

各种离子与离子交换剂上的电荷基团的结合是由静电力产生的，是一个可逆的过程。结合的强度与很多因素有关，包括离子交换剂的性质、离子本身的性质、离子强度、pH、温度、溶剂组成等。离子交换层析就是利用各种离子本身与离子交换剂结合力的差异，并通过改变离子强度、pH 等条件改变各种离子与离子交换剂的结合力而达到分离的目的。离子交换剂的电荷基团对不同的离子有不同的结合力。一般来讲，离子价数越高，结合力越大；价数相同时，原子序数越高，结合力越大。蛋白质等生物大分子通常呈两性，它们与离子交换剂的结合与它们的性质及 pH 有较大关系。以用阴离子交换剂分离蛋白质为例，在一定的 pH 条件下，等电点 $pI < pH$ 的蛋白质带负电，能与阴离子交换剂结合；等电点 $pI > pH$ 的蛋白质带正电，不能与阴离子交换剂结合，一般 pI 越小的蛋白质与阴离子交换剂结合力越强。但由于生物样品的复杂性及其他因素影响，一般生物大分子与离子交换剂的结合情况较难估计，往往要通过实验进行摸索。

在离子交换层析中，一般常用梯度洗脱，通常有改变离子强度和改变 pH 两种方式。改变离子强度通常是在洗脱过程中逐步增大离子强度，从而使与离子交换剂结合的各个组分被洗脱下来；而改变 pH 的洗脱，对于阳离子交换剂一般是 pH 从低到高洗脱，阴离子交换剂一般是 pH 从高到低。由于 pH 可能对蛋白的稳定性有较大的影响，通常采用改变离子强度的梯度洗脱。梯度洗脱有线性梯度、凸形梯度、凹形连续梯度及阶梯式梯度等洗脱方式（图 23-2）。

常用梯度混合器形成连续梯度。一般线性梯度洗脱分离效果较好,故通常采用线性梯度进行洗脱(图 23-3)。

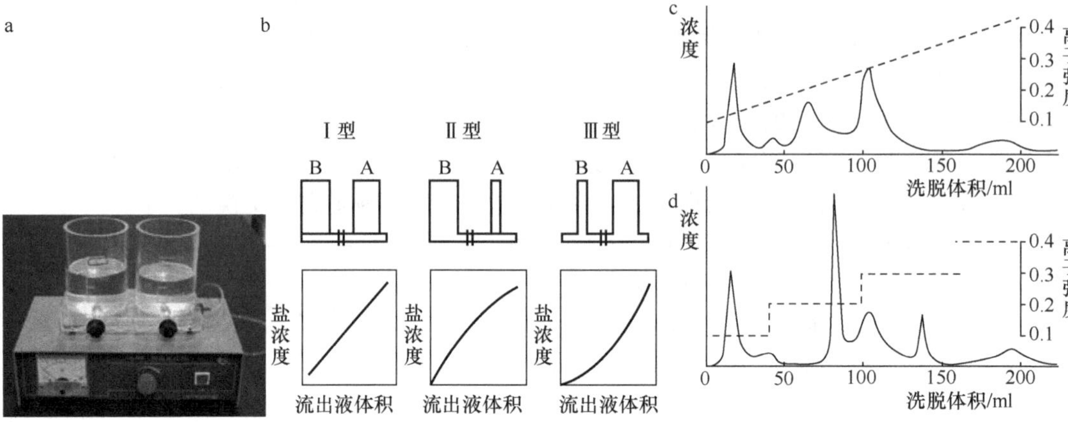

图 23-2 梯度混合器及洗脱方式

a. 梯度混合器;b. Ⅰ～Ⅲ型分别为线性、凸形及凹形梯度洗脱;c. 线性;d. 阶梯式

连续梯度洗脱时,某一时刻的盐浓度

$$C = C_B - (C_B - C_A)(1 - V_2 / V_1)^{B_1/A_1} \tag{23-1}$$

式中,C_A、C_B分别为梯度混合器 A 瓶、B 瓶的浓度;A_1、B_1分别为 A 瓶、B 瓶的横切面积;V_2为流经层析柱的体积;V_1为梯度洗脱液的总体积。

洗脱液的选择,首先是要保证在整个洗脱液梯度范围内,所有待分离组分都是稳定的。其次是要使结合在离子交换剂上的所有待分离组分,在洗脱液梯度范围内都能够被洗脱下来。另外可以使梯度范围尽量小一些,以提高分辨率。

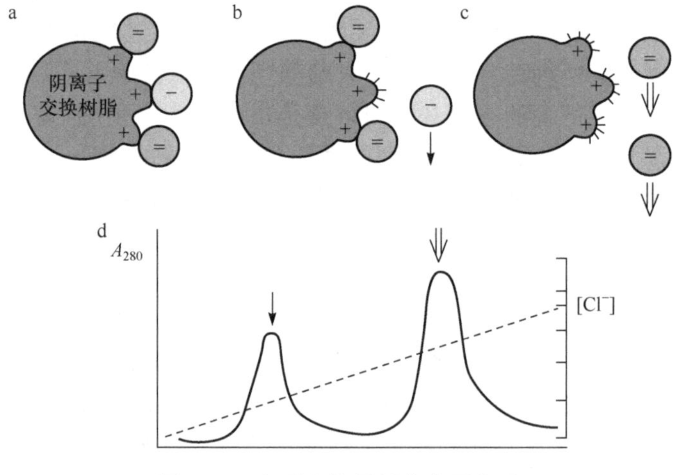

图 23-3 离子交换层析分离蛋白质

a. 样品全部交换并吸附到树脂上;b. 负电荷较少的分子用较稀的 Cl^- 或其他负离子溶液洗脱;c. 电荷多的分子随 Cl^- 浓度增加依次洗脱;d. 洗脱图;A_{280}表示 280 nm 的吸光度

2. 离子交换剂的种类和性质

1) 离子交换剂的基质　　离子交换剂的大分子聚合物基质可以由多种材料制成,聚苯乙

烯离子交换剂(又称为聚苯乙烯树脂)是以苯乙烯和二乙烯苯合成的具有多孔网状结构的聚苯乙烯为基质。聚苯乙烯离子交换剂机械强度大、流速快。但它与水的亲和力较小,具有较强的疏水性,容易引起蛋白质的变性。故一般常用于分离小分子物质,如无机离子、氨基酸、核苷酸等。以纤维素(cellulose)、球状纤维素(sephacel)、葡聚糖(sephadex)、琼脂糖(sepharose)为基质的离子交换剂都与水有较强的亲和力,适合于分离蛋白质等大分子物质,葡聚糖离子交换剂一般以 Sephadex G-25 和 G-50 为基质,琼脂糖离子交换剂一般以 Sepharose CL-6B 为基质。关于这些离子交换剂的性质可以参阅相应的产品介绍。

2) *离子交换剂的电荷基团*　根据与基质共价结合的电荷基团的性质,可以将离子交换剂分为阳离子交换剂和阴离子交换剂。阳离子交换剂的电荷基团带负电,可以交换阳离子物质。根据电荷基团的解离度不同,又可以分为强酸型、中等酸型和弱酸型三类。它们的区别在于它们电荷基团完全解离的 pH 范围,强酸型离子交换剂在较大的 pH 范围内电荷基团完全解离,而弱酸型完全解离的 pH 范围则较小,如羧甲基在 pH 小于 6 时就失去了交换能力。一般结合磺酸基团($—SO_3H$),如磺酸甲基(简写为 SM)、磺酸乙基(SE)等为强酸型离子交换剂,结合磷酸基团($—PO_3H_2$)和亚磷酸基团($—PO_2H$)中等酸型离子交换剂,结合酚羟基(—OH)或羧基(—COOH),如羧甲基(CM)为弱酸型离子交换剂。一般来讲强酸型离子交换剂对 H^+ 的结合力比 Na^+ 小,弱酸型离子交换剂对 H^+ 的结合力比 Na^+ 大。

阴离子交换剂的电荷基团带正电,可以交换阴离子物质。同样根据电荷基团的解离度不同,可以分为强碱型、中等碱型和弱碱型三类。一般结合季胺基团[$—N(CH_3)_3$],如季胺乙基(QAE)为强碱型离子交换剂,结合叔胺[$—N(CH_3)_2$]、仲胺($—NHCH_3$)、伯胺($—NH_2$)等为中等或弱碱型离子交换剂,结合二乙基氨基乙基(DEAE)为弱碱型离子交换剂。一般来讲强碱型离子交换剂对 OH^- 的结合力比 Cl^- 小,弱酸型离子交换剂对 OH^- 的结合力比 Cl^- 大。

3) *交换容量*　交换容量是指离子交换剂能提供交换离子的量,它反映离子交换剂与溶液中离子进行交换的能力。通常所说的离子交换剂的交换容量是指离子交换剂所能提供交换离子的总量,又称为总交换容量,它只和离子交换剂本身的性质有关。在实际实验中关心的是层析柱与样品中各个待分离组分进行交换时的交换容量,它不仅与所用的离子交换剂有关,还与实验条件有很大的关系,一般又称为有效交换容量。后面提到的交换容量如未经说明都是指有效交换容量。

影响交换容量的因素很多,主要可以分为两个方面。一方面是离子交换剂颗粒大小、颗粒内孔隙大小及所分离的样品组分的大小等的影响。这些因素主要影响离子交换剂中能与样品组分进行作用的有效表面积。样品组分与离子交换剂作用的表面积越大当然交换容量越高。一般离子交换剂的孔隙应尽量能够让样品组分进入,这样样品组分与离子交换剂作用面积大。分离小分子样品,可以选择较小孔隙的交换剂,因为小分子可以自由进入孔隙,而小孔隙离子交换剂的表面积大于大孔隙的离子交换剂。对于较大分子样品,可以选择小颗粒交换剂,因为对于很大的分子,一般不能进入孔隙内部,交换只限于颗粒表面,而小颗粒的离子交换剂表面积大。

另一方面是其他一些因素如实验中的离子强度、pH 等主要影响样品中组分和离子交换剂的带电性质。一般 pH 对弱酸和弱碱型离子交换剂影响较大,如对于弱酸型离子交换剂在 pH 较高时,电荷基团充分解离,交换容量大;而在较低的 pH 时,电荷基团不易解离,交换容量小。同时 pH 也影响样品组分的带电性。尤其对于蛋白质等两性物质,在离子交换层析中要选择合适的 pH 以使样品组分能充分与离子交换剂交换、结合。一般来说,离子强度增大,交换容量下降。实验中增大离子强度进行洗脱，就是要降低交换容量以将结合在离子交换剂上的样品组分洗脱下来。离子交换剂的总交换容量通常以每毫克或每毫升交换剂含有可解离基团的毫克当量数（meq/mg 或 meq/mL）来表示。通常可以由滴定法测定。阳离子交换剂首先用 HCl 处理，使其平衡离子为 H^+。再用水洗至中性，对于强酸型离子交换剂，用 NaCl 充分置换出 H^+，再用标准浓度的 NaOH 滴定生成的 HCl，就可以计算出离子交换剂的交换容量；对于弱酸型离子交换剂，用一定量的碱将 H^+ 充分置换出来，再用酸滴定，计算出离子交换剂消耗的碱量，就可以算出交换容量。阴离子交换剂的交换容量也可以用类似的方法测定。

对于一些常用于蛋白质分离的离子交换剂也通常用每毫克或每毫升交换剂能够吸附某种蛋白质的量来表示，一般这种表示方法对于分离蛋白质等生物大分子具有更大的参考价值。实验前可以参阅相应的产品介绍了解各种离子交换剂的交换容量。

3. 离子交换剂的选择、处理和保存

1）*离子交换剂的选择*　离子交换剂的种类很多，离子交换层析要取得较好的效果首先要选择合适的离子交换剂。

首先是对离子交换剂电荷基团的选择，确定是选择阳离子交换剂还是选择阴离子交换剂。这要取决于被分离的物质在其稳定的 pH 下所带的电荷，如果带正电，则选择阳离子交换剂；如带负电，则选择阴离子交换剂。例如，待分离的蛋白质等电点为 4，稳定的 pH 范围为 6～9，这时蛋白质带负电，故应选择阴离子交换剂进行分离。强酸或强碱型离子交换剂适用的 pH 范围广，常用于分离一些小分子物质或在极端 pH 下的分离。由于弱酸型或弱碱型离子交换剂不易使蛋白质失活，因此一般分离蛋白质等大分子物质常用弱酸型或弱碱型离子交换剂。

其次是对离子交换剂基质的选择。前面已经介绍了，聚苯乙烯离子交换剂等疏水性较强的离子交换剂一般常用于分离小分子物质，如无机离子、氨基酸、核苷酸等。而纤维素、葡聚糖、琼脂糖等离子交换剂亲水性较强，适合于分离蛋白质等大分子物质。一般纤维素离子交换剂价格较低，但分辨率和稳定性都较低，适于初步分离和大量制备。葡聚糖离子交换剂的分辨率和价格适中，但受外界影响较大，体积可能随离子强度和 pH 变化有较大改变，影响分辨率。琼脂糖离子交换剂机械稳定性较好，分辨率也较高，但价格较贵。

另外离子交换剂颗粒大小也会影响分离的效果。离子交换剂颗粒一般呈球形，颗粒的大小通常以目数或者颗粒直径来表示，目数越大表示直径越小。前面在介绍交换容量时提到了一些关于交换剂颗粒大小、孔隙的选择。另外离子交换层析柱的分辨率和流速也都与所用的离子交换剂颗粒大小有关。一般来说颗粒小，分辨率高，但平衡离子的平衡时间长，流速慢；颗粒大则相反。因此大颗粒的离子交换剂适合于对分辨率要求不高的大规模制备性分离，而小颗粒的离子交换剂适于需要高分辨率的分析或分离。

这里特别要提到的是，离子交换纤维素目前种类很多，其中以二乙基氨基纤维素（DEAE-纤维素）（图 23-4）和羧甲基纤维素（CM-纤维素）最常用，它们在生物大分子物质（蛋白质，酶，核酸等）的分离方面显示很大的优越性。一是它具有开放性长链和松散的网状结构，有较大的表面积，大分子可自由通过，使它的实际交换容量要比离子交换树脂大得多；二是它具有亲水性，对蛋白质等生物大分子物质吸附得不太牢，用较温和的洗脱条件就可达到分离的目的，因此不致引起生物大分子物质的变性和失活；三是它的回收率高。因此离子交换纤维素已成为非常重要的一类离子交换剂。

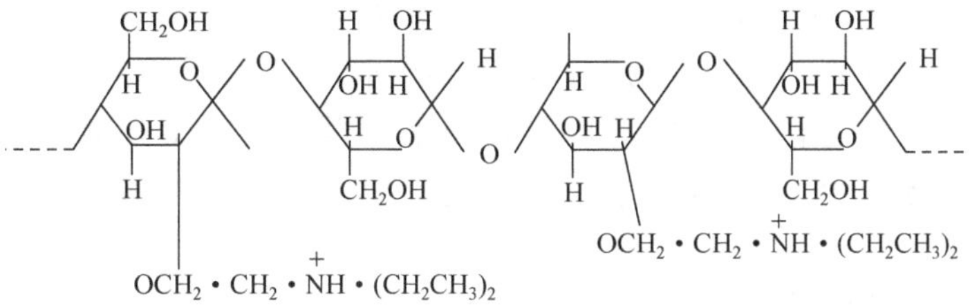

图 23-4　DEAE-纤维素的部分结构

2）离子交换剂的处理和保存　　离子交换剂使用前一般要进行处理。干粉状的离子交换剂首先要进行膨化，将干粉在水中充分溶胀，以使离子交换剂颗粒的孔隙增大，具有交换活性的电荷基团充分暴露出来。而后用水悬浮去除杂质和细小颗粒。再用酸碱分别浸泡，每一种试剂处理后要用水洗至中性，再用另一种试剂处理，最后再用水洗至中性，这是为了进一步去除杂质，并使离子交换剂带上需要的平衡离子。市售的离子交换剂中通常阳离子交换剂为 Na 型（即平衡离子是 Na 离子），阴离子交换剂为 Cl 型，因为通常这样比较稳定。处理时一般阳离子交换剂最后用碱处理，阴离子交换剂最后用酸处理。常用的酸是 HCl，碱是 NaOH 或再加一定的 NaCl，这样处理后阳离子交换剂为 Na 型，阴离子交换剂为 Cl 型。使用的酸碱浓度一般小于 0.5 mol/L，浸泡时间一般 30 min。处理时应注意酸碱浓度不宜过高、处理时间不宜过长、温度不宜过高，以免离子交换剂被破坏。另外要注意的是离子交换剂使用前要排除气泡，否则会影响分离效果。

离子交换剂的再生是指对使用过的离子交换剂进行处理，使其恢复原来性状的过程。前面介绍的酸碱交替浸泡的处理方法就可以使离子交换剂再生。离子交换剂的转型是指离子交换剂由一种平衡离子转为另一种平衡离子的过程。如对阴离子交换剂用 HCl 处理可将其转为 Cl 型，用 NaOH 处理可转为 OH 型，用甲酸钠处理可转为甲酸型等。对离子交换剂的处理、再生和转型的目的是一致的，都是为了使离子交换剂带上所需的平衡离子。

前面已经介绍了，离子交换层析就是通过离子交换剂上的平衡离子与样品中的组分离子进行可逆的交换而实现分离的目的，因此在离子交换层析前要注意使离子交换剂带上合适的平衡离子，使平衡离子能与样品中的组分离子进行有效的交换。如果平衡离子与离子交换剂结合力过强，会造成组分离子难以与交换剂结合而使交换容量降低。另外还要保证平衡离子不对样品组分有明显影响。因为在分离过程中，平衡离子被置换到流动相中，它不能对样品组分有污染或破坏。如在制备过程中用到的离子交换剂的平衡离子是 H^+ 或 OH^-，因为其他离子都会对纯水有污染。但是在分离蛋白质时，一般不能使用 H^+ 或 OH^- 型离子交换剂，因为分离过程中 H^+ 或 OH^- 被置换出来都会改变层析柱内 pH，影响分离效果，甚至引起蛋白质的变性。

离子交换剂保存时应首先处理洗净蛋白质等杂质，并加入适当的防腐剂，一般加入0.02%的叠氮钠，4 ℃下保存。

4. 离子交换层析的应用

离子交换层析的应用范围很广，主要有以下几个方面。

1）水处理　　离子交换层析是一种简单而有效的去除水中的杂质及各种离子的方法，聚苯乙烯树脂广泛应用于高纯水的制备、硬水软化及污水处理等方面。纯水的制备可以用蒸馏的方法，但要消耗大量的能源，而且制备量小、速度慢，也得不到高纯度的纯水。用离子交换层析方法可以大量、快速制备高纯水。一般是将水依次通过 H^+ 型强阳离子交换剂，去除各种阳离子及与阳离子交换剂吸附的杂质；再通过 OH^- 型强阴离子交换剂，去除各种阴离子及与阴离子交换剂吸附的杂质，即可得到纯水。再通过弱型阳离子和阴离子交换剂进一步纯化，就可以得到纯度较高的纯水。离子交换剂使用一段时间后可以通过再生处理重复使用。

2）*分离纯化小分子物质*　离子交换层析也广泛应用于无机离子、有机酸、核苷酸、氨基酸、抗生素等小分子物质的分离纯化。例如，对氨基酸的分析，使用强酸性阳离子聚苯乙烯树脂，将氨基酸混合液在 pH2～3 上柱。这时氨基酸都结合在树脂上，再逐步提高洗脱液的离子强度和 pH，这样各种氨基酸将以不同的速度被洗脱下来，可以进行分离鉴定。目前已有全部自动的氨基酸分析仪。

3）*分离纯化生物大分子物质*　离子交换层析是依据物质的带电性质的不同来进行分离纯化的，是分离纯化蛋白质等生物大分子的一种重要手段。由于生物样品中蛋白质的复杂性，一般很难只经过一次离子交换层析就达到高纯度，往往要与其他分离方法配合使用。使用离子交换层析分离样品要充分利用其按带电性质来分离的特性，只要选择合适的条件，通过离子交换层析就可以得到较满意的分离效果。

5. 本实验的方法

酪蛋白是乳中特有的，由乳腺上皮细胞合成的一组磷蛋白。酪蛋白中含有大量的磷和钙，以磷酸酯键与丝氨酸的羟基结合，含有少量己糖、氨基糖和唾液酸等残基。乳中酪蛋白分为 α-酪蛋白、β-酪蛋白、γ-酪蛋白和 κ-酪蛋白四种，它们各自都有相对分子质量和等电点不同的变异体。其中 α-酪蛋白约占 75%，等电点约为 4.1，相对分子质量约为 23 000。β-酪蛋白约占 22%，等电点约为 4.5，相对分子质量约为 24 100。γ-酪蛋白和 κ-酪蛋白在酪蛋白中都只占很少一部分，γ-酪蛋白约占 3%，等电点约为 5.9，相对分子质量约为 30 650。

酪蛋白为非结晶、非吸潮性物质，常温下在水中的溶解度很小甚至不溶，能吸收水分，浸入水中则迅速膨胀，不溶于乙醇等有机溶剂，溶于稀碱和 Tris-HCl 缓冲液。乳中酪蛋白以微团状态存在，称为酪蛋白微团，在 40 ℃、pH4.7 条件下可以从脱脂乳中沉淀析出。

本实验采用等电点沉淀法提取牛乳中的酪蛋白，粗制品经有机溶剂沉淀作为上样的样品，用阴离子交换柱层析纯化。阴离子交换基质结合带有负电荷的蛋白质，因此这类蛋白质被留在柱子上，然后通过提高洗脱液中的盐浓度等措施，将吸附在柱子上的蛋白质洗脱下来，结合较弱的蛋白质首先被洗脱，达到纯化酪蛋白的目的。

【器材】

1. 实验材料

脱脂奶粉。

2. 试剂

$NaAc \cdot 3H_2O$，乙酸，无水乙醚，95%乙醇，Tris-HCl，NaCl，NaOH，β-巯基乙醇，尿素，盐酸，DEAE-纤维素。

3. 仪器

水浴锅，离心机，pH 计，电子天平，紫外分光光度计，抽滤装置，层析柱（2.5 cm×30 cm），TH-300 梯度混合仪，蛋白质检测仪，部分收集器。

【操作步骤】

1. 等电点法提取粗制品酪蛋白

(1) 试剂配制。

a. 奶粉溶液:准确称取 12 g 脱脂奶粉,悬浮于 100 mL 的蒸馏水中。

b. 0.2 mol/L pH4.7 的乙酸-NaAc 缓冲液。

A 液:称取 54.44 g $NaAc \cdot 3H_2O$ 用蒸馏水定容至 2000 mL。

B 液:称取乙酸(含量大于 99.8%)12.0 g 用蒸馏水定容至 1000 mL。

取 A 液 1770 mL,B 液 1230 mL 混合即得到 pH4.7 的乙酸-NaAc 缓冲液。

c. 乙醇-乙醚混合液:50 mL 无水乙醚加入 50 mL 95%乙醇中,混匀。此溶液易挥发,需现配现用。

(2) 将 100 mL 的牛奶悬浮液放于 500 mL 烧杯中,加热至 40 ℃,然后在搅拌下慢慢地加入预热到 40 ℃、pH 4.7 的乙酸-NaAc 缓冲液,直到溶液呈豆腐花状即可。

(3) 将上述悬液冷却至室温,继续放置 5 min,然后将溶液转入离心管中 3000 r/min 离心 10 min,弃去上清,得酪蛋白的粗制品。

(4) 用少量水洗沉淀物 3 次,3000 r/min 离心 10 min,弃去上清。

(5) 在沉淀中加入 30 mL 乙醇,搅拌片刻,3000 r/min 离心 10 min。

(6) 在沉淀中加入乙醇-乙醚混合液洗沉淀两次,3000 r/min 离心 10 min。

(7) 最后用乙醚洗沉淀两次,3000 r/min 离心 10 min,弃去上清,在离心管中烘至半干状态,取出沉淀,摊开在表面皿上去除乙醚,干燥后得到酪蛋白纯品。

2. 离子交换层析

1) 试剂配制　　起始缓冲液:0.05 mol/L Tris-HCl(含 3.3 mol/L 尿素),用 0.1 mol/L NaOH 溶液或 0.1 mol/L HCl 溶液调 pH 至 7.0。

洗脱液:起始缓冲液+一定量的 NaCl+β-巯基乙醇(每 150 mL 缓冲液需加入 0.1 mL 的 β-巯基乙醇)。NaCl 的加入量参照本部分 7)。

2) 酪蛋白粗制品溶液的处理　　称取 1.5 g 干燥的酪蛋白溶解于 60 mL 起始缓冲液,用 1 mol/L NaOH 调 pH 至 7.0,然后向此缓冲液中加 0.5 mL β-巯基乙醇,混匀后于 4 ℃储存备用。

3) DEAE-纤维素的预处理　　称取 DEAE-纤维素 50 g,浸泡于 500 mL 蒸馏水,3 h 后用抽滤瓶抽干,加 0.5 mol/L NaOH 超过凝胶液面,将 DEAE-纤维素浸泡于 0.5 mol/L NaOH 中,搅匀后,静置 30 min,然后装入布氏漏斗(垫有两层滤纸)中抽滤,并反复用蒸馏水抽洗至 pH 呈中性;处理完后,再将交换剂浸泡于起始缓冲液中过夜。

4) 平衡　　将 DEAE-纤维素重悬于起始缓冲液,不时搅拌,1 h 后待纤维素下沉后,倾去上清或抽滤除去洗液,如此反复几次至倾出液体的 pH 与加入的起始缓冲液的 pH 相近时为止。

5) 装柱　　将层析柱(2.5 cm×30 cm)在清洁液内浸泡处理 24 h,然后依次用自来水、蒸馏水、起始缓冲液充分洗涤。

装柱时,将柱下端连接细塑料管,夹上螺旋夹。把层析柱垂直固定在三角铁架上,倒入起始缓冲液至一半的柱高,除去死区及塑料管内的气泡。再将平衡的 DEAE-纤维素糊状物(注意凝胶浓度不要过浓)沿管壁连续倒入柱中(可以不断吸出层析柱上端的缓冲液,同时又不断加入凝胶溶液)。注意不要产生气泡,如有气泡应排除或重装。等到凝胶沉淀到约柱长度的 1/3 时拧开螺旋夹,控制流速为 15 mL/min。待缓冲液快接近纤维素面时,继续倒入纤维素糊，同时用玻璃棒搅拌表面层，以免使两次加入的纤维素形成分界层。通过进出缓冲液调节流量，也可通过塑料管的升降来控制，至柱床体积不变为止。装好柱的柱面应该平整、无倾斜，整个柱床内无气泡、不分层。继续加三倍柱体积的起始缓冲液进行平衡(调节流速为 20 mL/h)，使流出液的 pH 与流入液的 pH 完全一致为止。

6) 上样　将已处理好的酪蛋白粗制品溶液于 5000 r/min 离心 20 min，其上清为上柱样品。上柱前将柱的上端打开，用吸管将纤维素柱上层的缓冲液吸出，尽可能接近液面。沿管壁四周缓缓加入样品(5 mL 左右)，注意不要打乱纤维素表层。拧开下端的螺旋夹，使样品进入交换剂中，快要进完时，加 1～2 mL 缓冲液冲洗柱壁，流到接近液面时，小心加入缓冲液至与液面之间的高度为 5 cm，随即与储存液联通，进行洗涤或洗脱。

7) 洗脱　选择不同离子强度的洗脱液进行连续梯度或不连续梯度洗脱。以下提供两种方案。

(1) 选用 200 mL，pH7.0，含 3.3 mol/L 尿素的 0.05 mol/L Tris-HCl 缓冲液和 200 mL，pH7.0，含 0.3 mol/L NaCl、3.3 mol/L 尿素的 0.05 mol/L Tris-HCl 缓冲液，以 24 mL/h 的洗脱速度进行连续梯度洗脱。

(2) 分别以不含 NaCl、含 0.22 mol/L NaCl 的洗脱液和含 0.35 mol/L NaCl 的洗脱液进行不连续梯度洗脱。

注：通过选择不同的洗脱条件，如洗脱方式的选择、洗脱液盐离子浓度的变化等，分析其对离子交换层析效果的影响，可以确定分离纯化酪蛋白的最佳方案。

8) 收集　用部分收集器按 4 mL/管的标准收集洗脱样品。

9) 测吸光度　用紫外分光光度计检测所收集样品在 280 nm 处的吸光度。以管数为横坐标，280 nm 处吸光度为纵坐标，绘制洗脱曲线。

10) 柱的再生　拔掉层析柱顶端的胶塞，用洗耳球吹出纤维素柱于洁净烧杯中，然后用缓冲液溶解。再放到抽滤装置中抽滤，用蒸馏水进行洗涤，至抽出液和蒸馏水 pH 近似即可。用 0.5 mol/L的 HCl 溶液浸泡纤维素柱 20 min，再用蒸馏水洗涤至抽出液和蒸馏水 pH 近似。

【结果】

以层析流出时间(或收集的管数)为横坐标，以相应的 A_{280} 值为纵坐标，制作出洗脱曲线，分析各个峰所对应的物质。图 23-5 可供参考。

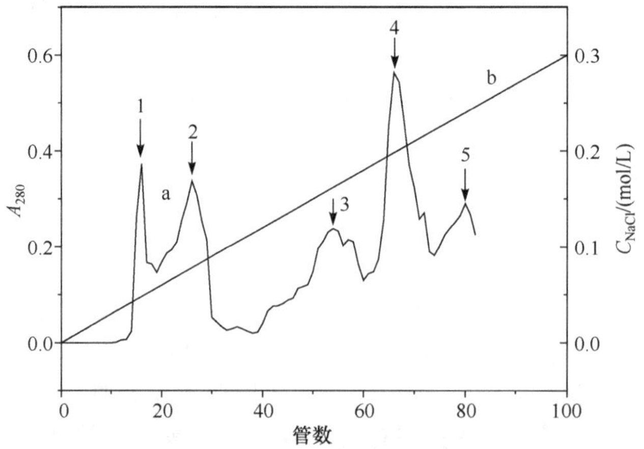

图 23-5　连续梯度洗脱曲线(a)与 NaCl 浓度梯度(b)

【思考题】

(1) 什么是离子交换树脂？简述其组成及结构。

(2) 解释离子交换层析分离蛋白质的原理。

(3) 分离酪蛋白为什么要采用阴离子交换柱层析？

(4) 请回答出现以下现象的原因：①层析速度太慢；②纯化的蛋白质产率低；③蛋白质分辨效果差。

（涂　毅）

实验 24　凝胶过滤

【实验目的】

掌握凝胶过滤法原理，采用凝胶过滤法从混合物中分离目的蛋白质。

【实验原理】

凝胶过滤法(gel filtration)是利用凝胶把分子大小不同的物质分离开的一种方法，又叫做分子筛层析法(molecular sieve chromatography)、排阻层析法(exclusion chromatography)。凝胶本身是一种分子筛，它可以把分子按大小不同进行分离，好像过筛可以把大颗粒与小颗粒分开一样。但这种“过筛”与普通的过筛不一样。将凝胶颗粒在适宜溶剂中浸泡，使之充分吸液膨胀，然后装入层析柱中，加入欲分离的混合物后，再以同一溶剂洗脱，在洗脱过程中，大分子不能进入凝胶内部而沿凝胶颗粒间的空隙最先流出柱外，而小分子可以进入凝胶内部，流速缓慢，以致最后流出柱外，从而使样品中分子大小不同的物质得到分离。分离过程中的示意图见图 24-1。

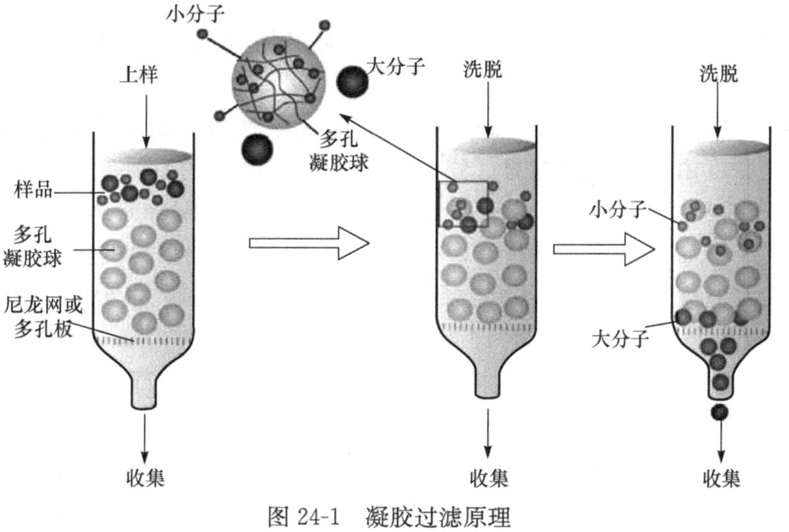

图 24-1　凝胶过滤原理

1. 凝胶的种类

凝胶是由胶体溶液凝结而成的固体物质，不论是天然凝胶还是人工合成凝胶，它们的内部都具有很微细的多孔网状结构。

凝胶过滤法常用的天然凝胶是琼脂糖凝胶（agarose gel，商品名 Sepharose），人工合成凝胶是聚丙烯酰胺凝胶（商品名为 Bio-gel-P）和葡聚糖（dextran）凝胶，后者的商品名称为 Sephadex 型的各种交联葡聚糖凝胶。另外还有多孔玻璃珠、多孔硅胶、聚苯乙烯凝胶等。

1）葡聚糖凝胶　　葡聚糖凝胶是指由天然高分子——葡聚糖与其他交联剂交联而成的凝胶。它是个有不同孔隙度的立体网状结构的凝胶，不溶于水，其化学结构式如图 24-2 所示。这种聚合物的立体网状结构，其孔隙大小与被分离物质分子的大小有相应的数量级。在凝胶充分溶胀后，交联度高的孔隙小，只有相应的小分子可以通过，适于分离小分子物质。相反，交联度低的孔隙大，适于分离大分子物质。利用这种性质可分离不同相对分子质量的物质。

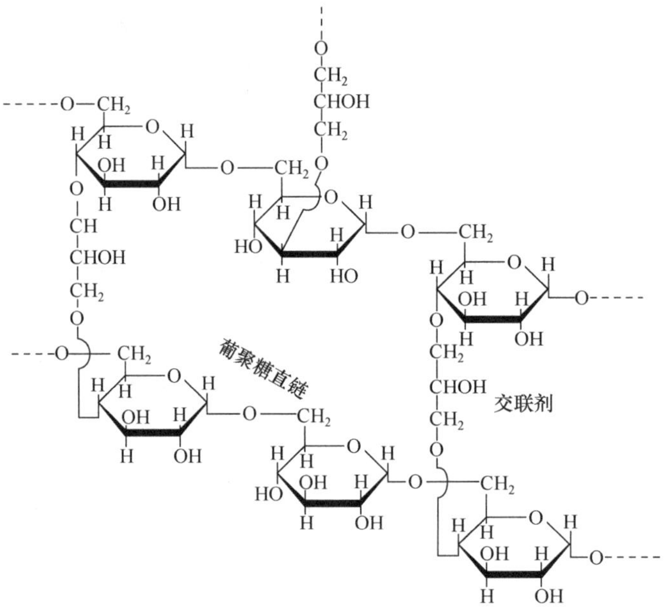

图 24-2　葡聚糖凝胶的结构

葡聚糖凝胶主要由 Pharmacia Biotech 生产。常见的有两大类，商品名分别为 Sephadex 和 Sephacryl。

葡聚糖凝胶中最常见的是 Sephadex 系列，它是葡聚糖与 3-氯-1，2 环氧丙烷（交联剂）相互交联而成，交联度由环氧氯丙烷的百分比控制。Sephadex 的主要型号是 G-10～G-200，后面的数字是凝胶的吸水率（单位是 mL/g 干胶）乘以 10。如 Sephadex G-50，表示吸水率是 5 mL/g 干胶。Sephadex 的亲水性很好，在水中极易膨胀，不同型号的 Sephadex 的吸水率不同，它们的孔穴大小和分离范围也不同。数字越大的，排阻极限越大，分离范围也越大。Sephadex 中排阻极限最大的 G-200 为 8×10^5。

Sephadex 在水溶液、盐溶液、碱溶液、弱酸溶液及有机溶液中都是比较稳定的，可以多次重复使用。Sephadex 稳定工作的 pH 一般为 2～10。强酸溶液和氧化剂会使交联的糖苷键水解断裂，所以要避免 Sephadex 与强酸和氧化剂接触。Sephadex 在高温下稳定，可以煮沸消毒，在 100 ℃ 下 40 min 对凝胶的结构和性能都没有明显的影响。Sephadex 由于含有羟基基团，故呈弱酸性，这使得它有可能与分离物中的一些带电基团(尤其是碱性蛋白)发生吸附作用。但一般在离子强度大于 0.05 的条件下，几乎没有吸附作用。所以在用 Sephadex 进行凝胶过滤实验时常使用一定浓度的盐溶液作为洗脱液，这样就可以避免 Sephadex 与蛋白质发生吸附，但应注意如果盐浓度过高，会引起凝胶柱床体积发生较大的变化。Sephadex 有各种颗粒大小(一般有粗、中、细、超细)可以选择，一般粗颗粒流速快，但分辨率较低；细颗粒流速慢，但分辨率高。要根据分离要求来选择颗粒大小。Sephadex 的机械稳定性相对较差，它不耐压，分辨率高的细颗粒要求流速较慢，所以不能实现快速而高效的分离。另外，Sephadex G-25 和 G-50 中分别加入羟丙基基团反应，形成 LH 烷基化葡聚糖凝胶，主要型号为 Sephadex LH-20和 LH-60，适用于以有机溶剂为流动相，分离脂溶性物质，如胆固醇、脂肪酸激素等。

Sephacryl 是葡聚糖与甲叉双丙烯酰胺(N,N'-methylenebisacrylamide)交联而成。是一种比较新型的葡聚糖凝胶。Sephacryl 的优点就是它的分离范围很大，排阻极限甚至可以达到 10^8，远远大于 Sephadex 的范围。所以它不仅可以用于分离一般蛋白，也可以用于分离蛋白多糖、质粒、甚至较大的病毒颗粒。Sephacryl 与 Sephadex 相比另一个优点就是它的化学和机械稳定性更高：Sephacryl 在各种溶剂中很少发生溶解或降解，可以用各种去污剂、胍、脲等作为洗脱液，耐高温，Sephacryl 稳定工作的 pH 一般为 3～11。另外 Sephacryl 的机械性能较好，可以以较高的流速洗脱，比较耐压，分辨率也较高，所以 Sephacryl 相比 Sephadex 可以实现相对比较快速而且较高分辨率的分离。

2) *聚丙烯酰胺凝胶*　聚丙烯酰胺凝胶是丙烯酰胺(acrylamide)与甲叉双丙烯酰胺交联而成。改变丙烯酰胺的浓度，就可以得到不同交联度的产物。聚丙烯酰胺凝胶主要由 Bio-Rad Laboratories 生产，商品名为 Bio-Gel P，主要型号有 Bio-Gel P-2～P-300 等 10 种，后面的数字基本代表它们的排阻极限的 10^3 倍，所以数字越大，可分离的相对分子质量也就越大。聚丙烯酰胺凝胶的分离范围、吸水率等性能基本近似于 Sephadex。排阻极限最大的 Bio-Gel P-300为 4×10^5。聚丙烯酰胺凝胶在水溶液、一般的有机溶液、盐溶液中都比较稳定。聚丙烯酰胺凝胶在酸中的稳定性较好，在 pH 为 1～10 时比较稳定。但在较强的碱性条件下或较高的温度下，聚丙烯酰胺凝胶易发生分解。聚丙烯酰胺凝胶非常亲水，基本不带电荷，所以吸附效应较小。另外，聚丙烯酰胺凝胶不会像葡聚糖凝胶和琼脂糖凝胶那样可能生长微生物。聚丙烯酰胺凝胶对芳香族、酸性、碱性化合物可能略有吸附作用，使用离子强度略高的洗脱液就可以避免。

3) *琼脂糖凝胶*　琼脂糖是从琼脂中分离出来的天然线性多糖，它是琼脂去掉其中带电荷的琼脂胶得到的。琼脂糖是由 D-半乳糖(D-galactose)和 3,6-脱水半乳糖(3,6-anhydrogalactose)交替构成的多糖链。它在 100 ℃时呈液态，当温度降至 45 ℃以下时，多糖链以氢键方式相互连接形成双链单环的琼脂糖，经凝聚即成为束状的琼脂糖凝胶。琼脂糖凝胶的商品名因生产厂家不同而异，常见的主要有 Pharmacia Biotech 生产的 Sepharose(2B～4B)和 Bio-Rad Laboratories 生产的 Bio-gel A 等。琼脂糖凝胶在 pH 为 4～9 时是稳定的，它在室温下很稳定，稳定性要超过一般的葡聚糖凝胶和聚丙烯酰胺凝胶。琼脂糖凝胶对样品的吸附作用很小。另外琼脂糖凝胶的机械强度和孔穴的稳定性都很好，一般好于前两种凝胶，在高盐浓度下，柱床体积一般不会发生明显变化，使用琼脂糖凝胶时洗脱速度可以比较快。琼脂糖凝胶的排阻极限很大，分离范围很广，适合于分离大分子物质，但分辨率较低。琼脂糖凝胶不耐高温，使用温度以 0～30 ℃为宜。

Sepharose 与 2,3-二溴丙醇反应，形成 Sepharose CL 型凝胶(CL-2B～CL-4B)，它们的分离特性基本没有改变，但热稳定性和化学稳定性都有所提高，可以在更广泛的 pH 范围内应用，稳定工作的 pH 范围为 3～13。Sepharose CL 型凝胶还特别适合于含有有机溶剂的分离。

4）聚丙烯酰胺和琼脂糖交联凝胶　这类凝胶是由交联的聚丙烯酰胺和嵌入凝胶内部的琼脂糖组成。它们主要由 LKB 提供，商品名为 Ultragel。这种凝胶由于含有聚丙烯酰胺，所以有较高分辨率；而它又含有琼脂糖，这使得它又有较高的机械稳定性，可以使用较高的洗脱速度。调整聚丙烯酰胺和琼脂糖的浓度可以使 Ultragel 有不同的分离范围。

5）多孔硅胶、多孔玻璃珠　多孔硅胶和多孔玻璃珠都属于无机凝胶。顾名思义，它们就是将硅胶或玻璃制成具有一定直径的网孔状结构的球形颗粒。这类凝胶属于硬质无机凝胶，它们的最大的特点是机械强度很高、化学稳定性好，使用方便而且寿命长，无机胶一般柱效较低，但用微粒的多孔硅胶制成的 HPLC 柱也可以有很高的柱效，可以达到 4×10^4 塔板/m。多孔玻璃珠易破碎，不能填装紧密，所以柱效相对较低。多孔硅胶和多孔玻璃珠的分离范围都比较宽，多孔硅胶一般为 $1\times10^2\sim5\times10^6$，多孔玻璃珠一般为 $3\times10^3\sim9\times10^6$。它们的最大缺点是吸附效应较强（尤其是多孔硅胶），可能会吸附比较多的蛋白质，但可以通过表面处理和选择洗脱液来降低吸附。另外它们也不能用于强碱性溶液，一般使用时 pH 应小于 8.5。

另外值得一提的是各类凝胶技术近年来发展得很快，目前已研制出很多性能优越的新型凝胶。例如，Pharmacia Biotech 的 Superdex 和 Superose，Superdex 的分辨率非常高，化学物理稳定性也很好，可以用于 FPLC、HPLC 分析；而 Superose 的分离范围很广，分辨率较高，可以一次性分离相对分子质量差异较大的混合物。同时它的机械稳定性也很好。关于各种凝胶产品的详细情况可以参阅各个公司的产品目录。

2. 凝胶过滤的原理

将凝胶装柱后，柱床体积称为“总体积”，以 V_t（total volume）表示。实际上 V_t 是由 V_o、V_i 与 V_g 三部分组成，即

$$V_t=V_o+V_i+V_g \tag{24-1}$$

式中，V_o 为“孔隙体积”或“外体积”（outer volume）又称“外水体积”，即存在于柱床内凝胶颗粒外面空隙之间的水相体积，相应于一般层析法中柱内流动相的体积；V_i 为内体积（inner volume），又称“内水体积”，即凝胶颗粒内部所含水相的体积，相应于一般层析法中的固定相的体积，它可从干凝胶颗粒质量和吸水后的质量求得；V_g 为凝胶本身的体积，因此 V_t-V_o 等于 V_i+V_g（V_g 极小可忽略不计）。它们之间的关系可用图 24-3 表示。

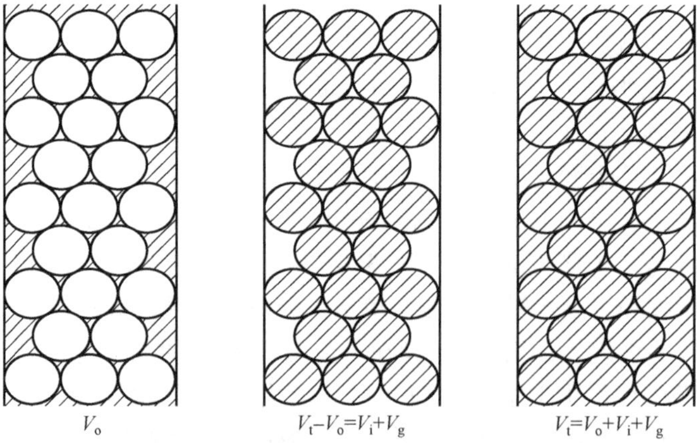

图 24-3　凝胶柱床中 V_t、V_o 等关系示意图

洗脱体积(V_e,elution volume)与 V_o及 V_i之间的关系可用下式表示:

$$V_e = V_o + K_d V_i \tag{24-2}$$

式中,V_e为洗脱体积,自加入样品时算起,到组分最大浓度(峰)出现时所流出的体积;K_d为样品组分在二相间的分配系数,也可以说 K_d是相对分子质量不同的溶质在凝胶内部和外部的分配系数。它只与被分离物质分子的大小和凝胶颗粒孔隙的大小分布有关,而与柱的长短粗细无关,也就是说它对每一物质为常数,与柱的物理条件无关。K_d可通过实验求得,上式可改写成:

$$K_d = \frac{V_e - V_o}{V_i} \tag{24-3}$$

式中,V_e为实际测得的洗脱体积;V_o可用不被凝胶滞留的大分子物质的溶液(最好有颜色以便于观察,如血红蛋白、印度黑墨水、相对分子质量约 200 万的蓝色葡聚糖-2000 等)通过实际测量求出;V_i可由 $g \cdot W_R$求得(g 为干凝胶重,单位为克;W_R为凝胶的"吸水量",以 mL/g 表示)。因此,对一层析柱凝胶床来说,只要通过实验得知某一物质的洗脱体积 V_e,就可算出它的 K_d值。以上关系可用图 24-4 表示。

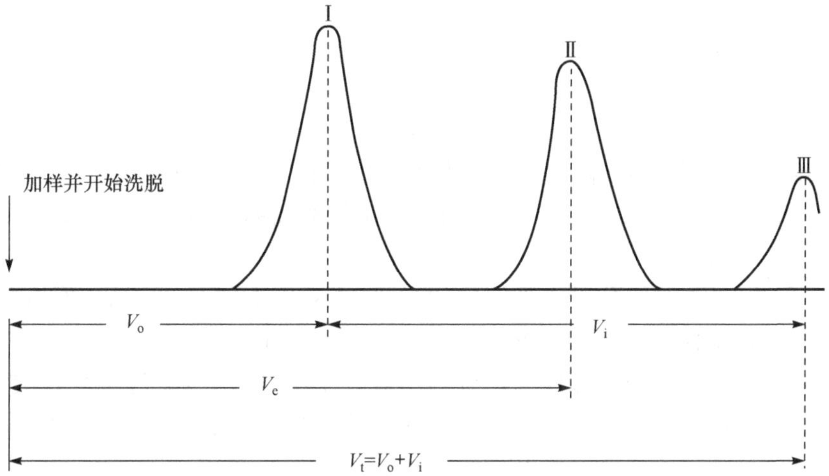

图 24-4　凝胶层析柱洗脱的三部分示意图

K_d 可以有下列几种情况。

(1) 当 $K_d=0$ 时,则 $V_e=V_o$,即对于根本不能进入凝胶内部的大分子物质(全排阻),洗脱体积等于空隙体积(图中组分Ⅰ)。

不能进入凝胶颗粒孔穴内部的最小分子的相对分子质量叫做凝胶的排阻极限。所有大于排阻极限的分子都不能进入凝胶颗粒内部,直接从凝胶颗粒外流出,所以它们同时被最先洗脱出来。排阻极限代表一种凝胶能有效分离的最大相对分子质量,大于这种凝胶的排阻极限的分子用这种凝胶不能得到分离。例如,SephadexG-50 的排阻极限为 30 000,它表示相对分子质量大于 30 000 的分子都将直接从凝胶颗粒之外被洗脱出来。

(2) 当 $K_d=1$ 时,$V_e=V_o+V_i$,即小分子可完全渗入凝胶内部时,洗脱体积应为空隙体积与内体积之和(图中组分Ⅲ)。

可以看出,对某一凝胶介质,若两种分子都是全排阻,即 K_d都等于零,虽然分子大小有差别,但不能有分离效果;同样两种分子若都能进入内部空隙,K_d都等于 1,即使分子大小不同,也没有分离效果。因此不同型号的凝胶介质，有其一定的使用范围。

(3) 当 $0<K_d<1$ 时，$V_e=V_o+K_dV_i$。表示内体积只有一部分可被组分利用，扩散渗入，V_e 即在 V_o 到 V_o+V_i 之间变化(图中组分Ⅱ)。

(4) 有时 $K_d>1$，表示凝胶对组分有吸附作用，此时 $V_e>V_o+V_i$。例如，一些芳香族化合物的洗脱体积远超出理论计算的最大值，这些化合物的 $K_d>1$。如苯丙氨酸、酪氨酸和色氨酸在 Sephadex G-25 中的 K_d 值分别为 1.2、1.4 和 2.2。

在实际工作中，即使对小分子物质也得不到 $K_d=1$ 的数值，特别是交联度大的凝胶差别更大，如用 G-10 型得 K_d 值 0.75 左右，用 G-25 型得 0.8 左右。这是由于一部分水相与凝胶结合较牢固，成为凝胶本身的一部分，因而不起作用，小分子不能扩散入内所致。此时 V_i 不能以 $g\cdot W_R$ 计算，解决的办法是不使用 V_i 与 K_d，而用 K_{av}(有效分配系数)代替 K_d，其定义如下：

已知

$$K_d=\frac{V_e-V_o}{V_i}$$

将 V_t-V_o 代替 V_i，则

$$K_{av}=\frac{V_e-V_o}{V_t-V_o}$$

即

$$V_e=V_o+K_{av}(V_t-V_o) \tag{24-4}$$

在这里实际上将原来以水作为固定相(V_i)改为以水与凝胶颗粒(V_t-V_o)作为固定相，而洗脱剂(V_e-V_o)作为流动相。K_{av} 与 K_d 对交联度小的凝胶差别较小，而对交联度大的凝胶差别大。

在一般情况下，凝胶对组分没有吸附作用时，当流动相流过 V_t 体积后，所有的组分都应该被洗出来，这一点为凝胶过滤法的特点，与一般层析方法不同。

对同一类型的化合物，洗脱特性与组分的相对分子质量有关，流过凝胶柱时，按相对分子质量大小顺序流出，相对分子质量大的走在前面。V_e 与相对分子质量的关系可用下式表示：

$$V_e=K_1-K_2\lg M_r \tag{24-5}$$

式中，K_1 与 K_2 为常数，M_r 为相对分子质量，V_e 也可用 V_e-V_o(分离体积)、V_e/V_o(相对保留体积)、V_e/V_t(简化的洗脱体积，它受柱的填充情况的影响较小)或 K_{av} 代替，与相对分子质量的关系同上式，只是常数不同。

通常多以 K_{av} 对相对分子质量的对数作图得一曲线，称为“选择曲线”，如图 24-5 所示。曲线的斜率是说明凝胶性质的一个很重要的特征。一种凝胶适用的分离范围称为分级分离范围，对于相对分子质量在这个范围内的分子，用这种凝胶可以得到较好的线性分离。例如，Sephadex G-75 对球形蛋白质的分级分离范围为 3000～70 000，它表示相对分子质量在这个范围内的球形蛋白质可以通过 Sephadex G-75 得到较好的分离。应注意，对于同一型号的凝胶，球形蛋白质与线形蛋白质的分级分离范围是不同的。在允许的工作范围内，曲线越陡，则分级越好，而工作范围越窄。凝胶过滤主要决定于溶质分子的大小，每一类型的化合物如球蛋白类、右旋糖酐类等都有自己特殊的选择曲线，可用以测定未知物的相对分子质量，测定时以使用曲线的直线部分为宜。这样通过将一些已知相对分子质量的标准物质在同一凝胶柱上以相同条件进行洗脱，分别测定 V_e 或 K_{av}，并根据上述的线性关系绘出标准曲线，然后在相同的条件下测定未知物的 V_e 或 K_{av}，通过标准曲线即可求出其相对分子质量，这就是凝胶过滤测定

相对分子质量的基本原理。

3. 凝胶过滤法的应用

用凝胶过滤法测定蛋白质的相对分子质量，方法简单，技术易掌握，样品用量少，而且有时不需要纯物质，用一粗制品即可。例如，在一粗酶制剂中，为了测定某一酶组分的相对分子质量，只要测定洗脱液中具有该酶最大活性的部分，然后确定其洗脱体积，即可从标准曲线中查出其相对分子质量。

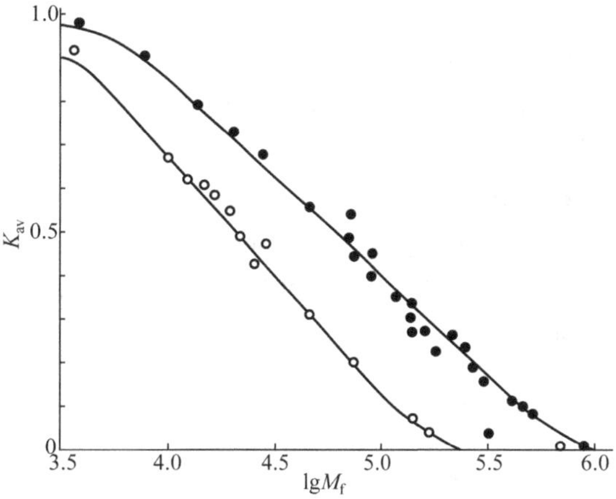

图 24-5　两种球蛋白相对分子质量的“选择曲线”

凝胶过滤法测定相对分子质量也有一定的局限性，在 pH6～8 的范围内，线性关系比较好，但在极端 pH 时，一般蛋白质有可能因变性而偏离。糖蛋白在含糖量超过5%时，测得相对分子质量比真实的要大，铁蛋白则与此相反，测得的相对分子质量比真实的要小。

有一些酶底物是糖，如淀粉酶、溶菌酶等会与葡聚糖凝胶形成络合物，这种络合物与酶-底物络合物相似，因此在葡聚糖凝胶上层析时表现异常。用凝胶过滤法所测相对分子质量的结果，要和其他方法的测定相对照，由此才可得出较可靠的结论。

凝胶过滤技术操作方便，设备简单，周期短，重复性能好，而且条件温和，一般不引起生物活性物质的变化，目前已得到相当广泛的应用。除了测定大分子的相对分子质量外，还有以下应用。

1）*生物大分子的纯化*　　凝胶过滤是依据相对分子质量的不同来进行分离的，由于它的这一分离特性，以及它具有简单、方便、不改变样品生物学活性等优点，凝胶过滤成为分离纯化生物大分子的一种重要手段，尤其是对于一些大小不同但理化性质相似的分子，用其他方法较难分开，而凝胶过滤无疑是一种合适的方法。如对于不同聚合程度的多聚体的分离等。

2）*脱盐及去除小分子杂质*　　利用凝胶过滤进行脱盐及去除小分子杂质是一种简便、有效、快速的方法，它比一般用透析的方法脱盐要快得多，而且一般不会造成样品较大的稀释，生物分子不易变性。一般常用的是 SephadexG-25，另外还有 Bio-Gel P-6 DG 或 Ultragel AcA 202 等排阻极限较小的凝胶类型。目前已有多种脱盐柱成品出售，使用方便，但价格较贵。

3）*去热源物质*　　热源物质是指微生物产生的某些多糖蛋白复合物等使人体发热的物质。它们是一类相对分子质量很大的物质，所以可以利用凝胶过滤的排阻效应将这些大分子热源物质与其他相对分子质量较小的物质分开。例如，对于去除水、氨基酸、一些注射液中的热源物质，凝胶过滤是一种简单而有效的方法。

4）*溶液的浓缩*　　利用凝胶颗粒的吸水性可以对大分子样品溶液进行浓缩。例如，将干燥的 Sephadex（粗颗粒）加入溶液中，Sephadex 可以吸收大量的水，溶液中的小分子物质也会渗透进入凝胶孔穴内部，而大分子物质则被排阻在外。通过离心或过滤去除凝胶颗粒，即可得到浓缩的样品溶液。这种浓缩方法基本不改变溶液的离子强度和 pH。

本实验是用葡聚糖凝胶过滤法对蛋白质进行纯化。

【器材】

1. 仪器

烧杯，层析柱（一般 30～100 cm 高），恒压泵，蛋白质核酸检测仪，部分收集器，记录仪。

2. 试剂

待分离的蛋白质样品；Sephadex G-75；2 mg/mL 的蓝色葡聚糖 2000；0.5 mol/L NaOH-0.5 mol/L NaCl；洗脱缓冲液（如 0.05 mol/L Na_3PO_4，0.15 mol/L NaCl，pH7.0，用 0.45 μm 滤膜抽滤除气）。

【操作步骤】

1. 凝胶溶胀

根据被分离蛋白的相对分子质量选择适当型号的凝胶。例如，Sephadex G-75 对蛋白质的分离范围为 3000～80 000。由于凝胶是不溶于水的一类化合物，在水中有较大膨胀度，使用前要根据干凝胶的溶胀度及 1.2 倍柱体积（考虑到处理过程中的损失）来计算干胶的用量。

用 5～10 倍体积的蒸馏水充分浸泡干凝胶（室温过夜或 90 ℃水浴 3 h），然后去除表面悬浮的小颗粒；用 0.5 mol/L NaOH-0.5 mol/L NaCl 浸泡 0.5 h；除去碱液，蒸馏水洗 4～5 遍至中性；抽气。

注：处理凝胶时，小心用玻璃棒搅拌，不可使用磁力搅拌器，以免损坏凝胶。

2. 凝胶装柱

将 55%（V/V）的凝胶悬液轻轻搅拌均匀后装柱，装柱方法如下。

（1）垂直放置柱子，关上柱下端出口夹子，向柱中倒入适量蒸馏水。

（2）将凝胶悬液轻轻搅匀，用漏斗将悬浮液连续加入柱中。

（3）待凝胶沉降到柱高 1/4～1/3 时打开柱下端出口夹子，让溶液慢慢流出，柱上端悬浮液慢慢下降，待凝胶达到预定高度时，停止加入悬浮液，移除漏斗。

（4）待凝胶沉降结束后，关闭出口。如果凝胶表面不平整，可用玻棒轻轻搅动凝胶表面，使表面的少量凝胶悬浮后重新沉降，保证表面平整。

（5）加满溶液，将柱入口与恒压泵相连，接通洗脱缓冲液。

注：在全部操作过程中，溶液面不能低于凝胶柱面。否则会产生气泡，影响层析效果。万一发生流干的情况，必须重新装柱。

3. 柱平衡

用 1.5～2 CV（column volume，柱体积）洗脱缓冲液平衡柱子，用恒压泵控制流速，使流速为 0.5 mL/min 或 1 mL/min。柱出口与蛋白质核酸分析仪进液口相连接，蛋白质核酸分析仪出液口的流出液进入废液瓶。至 OD_{280} 不再发生变化后，停止平衡。

注：柱平衡后，可先用蓝色葡聚糖 2000 上柱（加样方法见“4. 加样”），检测凝胶柱的均匀程度，如果色带均匀向下运行，表明凝胶均匀，没有裂缝和气泡，否则需要重新装柱。

凝胶过滤法中平衡液和洗脱液成分相同。一般用磷酸缓冲液、Tris-HCl 缓冲液即可。由于 Sephadex 含有羧基基团，呈弱酸性，因此它有可能与分离物中的一些带电基团发生吸附作用。但在离子强度大于 0.05 的条件下，几乎没有吸附作用。所以在用 Sephadex 进行凝胶过滤时常使用一定浓度的盐溶液作为洗脱液，这样可以避免 Sephadex 与蛋白质发生吸附。

注:如果没有恒流泵,也可以利用重力进行柱的平衡和洗脱。

4. 加样

(1) 样品需经 0.45 μm 的滤膜过滤或离心,以除去颗粒状物质,避免堵塞凝胶。

(2) 断开柱入口与恒压泵的连接,将柱出口夹子打开,等平衡液达到固定相表面高度时,关闭出口开关。

(3) 沿管壁小心将样品加到凝胶表面上,要保持凝胶表面平整,不要冲击凝胶表面。加样量为柱体积的 1%~5%。

(4) 打开出口夹子,待样品全部进入凝胶柱中,关上出口夹子。

(5) 沿管壁加入缓冲液至柱上端无空隙为止,将柱入口与恒压泵相连,柱出口与蛋白质核酸分析仪进液口相连接,蛋白质核酸分析仪出液口与部分收集器相连接。

注:由于凝胶过滤过程中样品被不断稀释,因此加样体积越小分辨率越高。一般分级分离样品(混合物中蛋白质相对分子质量较为接近)加样量为柱体积的 1%~5%。

由于缓冲液的变化一般不会影响蛋白质分子的稳定性和大小,因此样品上样前不需要用平衡液溶解或透析。

5. 洗脱

打开层析柱进出口夹子,接通洗脱液,用 1.5~2 CV 缓冲液洗脱,流速 0.5 mL/min,用部分收集器按 1 mL/管收集洗脱液,至 OD_{280} 不再发生变化后,停止收集。也可自行设置收集范围,如 $OD_{280}<0.1$ 时不收集。洗脱开始时打开记录仪,记录 OD_{280} 的变化,获得洗脱曲线。

注:如果没有蛋白质核酸检测仪,可收集后将管中样品进行浓度测定或活性测定。

一般凝胶柱无需特殊的再生处理可以反复使用。但多次使用后,凝胶颗粒可能逐渐沉积压紧,流速变慢。这时需将凝胶自柱内倒出,重新填装。或使用反冲法,使凝胶松散冲起,然后自然沉降,形成新的柱床,这样流速会有所改善。

短时间保存凝胶时,反复洗涤除去蛋白质等杂质,向凝胶悬液中加入防腐剂(如 0.02%叠氮化钠)4 ℃保存。长期不使用时,用低浓度酸或碱短时间浸泡,用蒸馏水洗净凝胶后,过滤抽干,用 50%乙醇脱水,再过滤抽干。逐渐加大乙醇浓度,最后用 95%的乙醇浸泡凝胶后抽干,60 ℃烘干后保存。

6. 电泳检测

取有蛋白质吸收峰的样品制样 SDS-PAGE 检测。

【结果】

根据电泳结果判断凝胶过滤的纯化效果。

【思考题】

(1) 在进行凝胶过滤分离蛋白质时,为了节省时间而加大流速是否可行?

(2) 如果用凝胶柱不能将目的蛋白质与杂质分开,原因可能有哪些?

(唐晓峰　涂　毅)

实验 25 亲和层析

【实验目的】

(1) 掌握亲和层析法原理。

(2) 利用镍离子与组氨酸的咪唑基的亲和性，分离带有 His-tag 的重组蛋白。

【实验原理】

亲和层析是一种吸附层析，是利用生物分子间所具有的专一亲和力而设计的层析技术。如抗原和抗体，蛋白质 A 与一些鼠亚类抗体之间，均具有专一的亲和力，在一定条件下能紧密结合成复合物，而这种结合又是可逆的，改变条件可将抗原抗体解离。当把可结合的一对分子的一方(称配体)结合在惰性载体上使其固相化，另一方随流动相流经该载体，双方即结合为一整体。然后设法将它们解离，从而得到与配体有特异结合能力的某一特定的物质，对蛋白质进行纯化(图 25-1)。此法具有高效、快速、简便等优点。

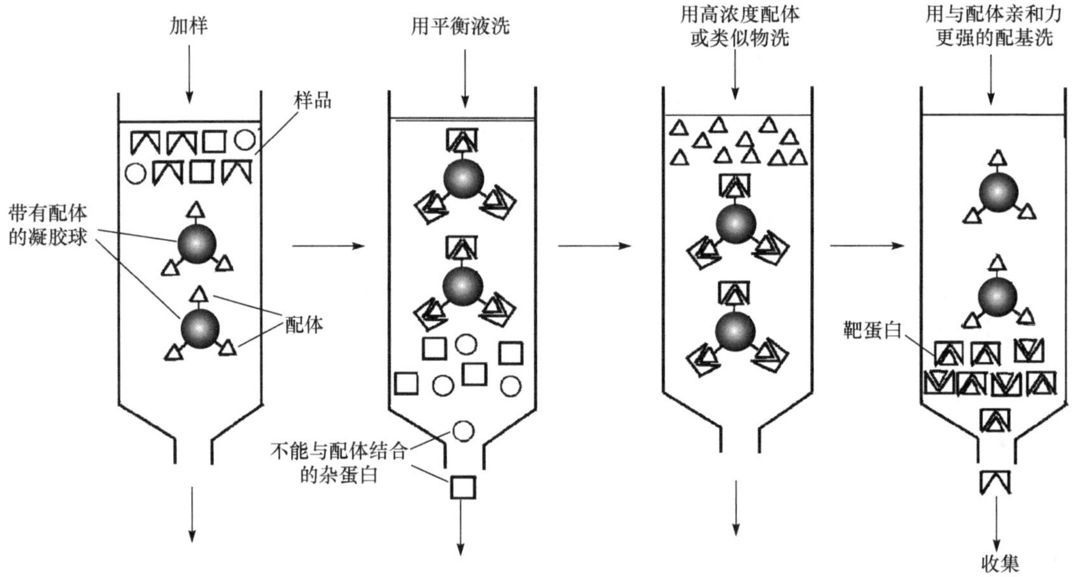

图 25-1 亲和层析的原理

理想的载体应具有下列基本条件：①不溶于水，但高度亲水；②惰性物质，非特异性吸附少；③具有相当量的化学基团可供活化；④理化性质稳定；⑤机械性能好，具有一定的颗粒形式以保持一定的流速；⑥通透性好，最好为多孔的网状结构，使大分子能自由通过；⑦能抵抗微生物和醇的作用。

可以作为固相载体的有皂土、玻璃微球、石英微球、羟磷酸钙、氧化铝、聚丙烯酰胺凝胶、淀粉凝胶、葡聚糖凝胶、纤维素和琼脂糖。在这些载体中，皂土、玻璃微球等吸附能力弱，且不能防止非特异性吸附。纤维素的非特异性吸附强。聚丙烯酰胺凝胶是目前的首选优良载体。

琼脂糖凝胶的优点是亲水性强，理化性质稳定，不受细菌和酶的作用，具有疏松的网状结构，在缓冲液离子浓度大于 0.05 mol/L 时，对蛋白质几乎没有非特异性吸附。琼脂糖凝胶极易被溴化氢活化，活化后性质稳定，能经受层析的各种条件，如 0.1 mol/L NaOH 或 1 mol/L HCl 处理 2～3 h 及蛋白质变性剂 7 mol/L 尿素或 6 mol/L 盐酸胍处理，不引起性质改变，故易于再生和反复使用。

琼脂糖凝胶微球的商品名为 Sepharose，含糖浓度为 2%、4%、6%时分别称为 2B、4B、6B。因为 Sepharose 4B 的结构比 6B 疏松，而吸附容量比 2B 大，所以 4B 应用最广。

金属螯合层析(metal chelate affinity chromatography，MCAC)是基于蛋白质的组氨酸咪唑基和半胱氨酸巯基能与铜、锌、镍离子间形成稳定的螯合物而对蛋白质进行分离的。在对蛋白质的体外研究中常常使用重组蛋白，人们用基因工程的方法将 His-tag(连续 6～10 个组氨酸残基)加在重组蛋白的氨基端或羧基端，使用镍亲和层析柱时，组氨酸咪唑基能与镍离子间形成稳定的螯合物(图 25-2)，然后用高浓度咪唑洗脱或降低 pH 的方法，即可获得含多个组氨酸的重组蛋白，这样就可从蛋白质混合物中分离出重组蛋白。如果在紧邻 His-tag 结合位点的位置，加入蛋白酶切割位点，在用亲和层析纯化之后，可将多余的 His-tag 片段去掉。

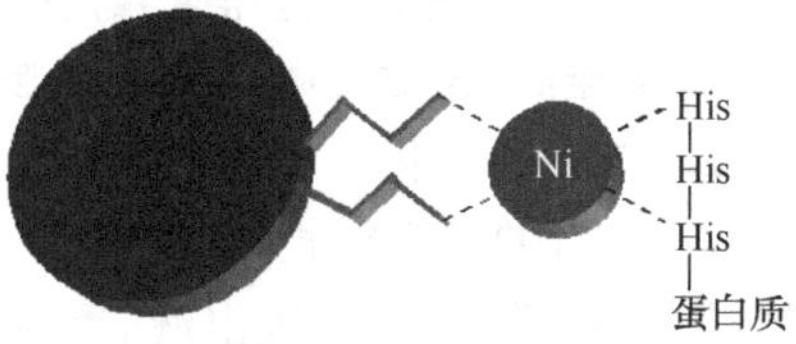

图 25-2 金属螯合层析，Ni 与固相载体和重组蛋白形成配位键

和传统的亲和层析相比，金属螯合层析具有以下优点：①蛋白质吸附容量大，是天然配基结合量的 10～100 倍；②价格便宜，投资低；③具有普遍适用性。金属离子配基具有很好的稳定性，吸附容量大，成本很低，且层析柱可长期连续使用，易于再生。

但是，金属螯合层析与免疫亲和层析比较起来，对蛋白质的特异性差，会发生非特异性吸附，结合常数 K 为 10^4～10^5。另外，螯合在亲和载体上的金属离子在操作过程中有可能脱落而混入产品中，严重影响产品质量。

【器材】

1. 样品

重组大肠杆菌细胞经超声波破碎后，离心获得的上清(含重组蛋白)，用平衡缓冲液透析后待用。

2. 所用溶液

0.2 mol/L $NiSO_4$、20%乙醇。

平衡缓冲液：50 mmol/L 磷酸钠缓冲液，0.5 mol/L NaCl，10 mmol/L 咪唑，pH7.5。

洗涤缓冲液：50 mmol/L 磷酸钠缓冲液，0.5 mol/L NaCl，20～80 mmol/L 咪唑，pH7.5。

洗脱缓冲液：50 mmol/L 磷酸钠缓冲液，0.5 mol/L NaCl，500 mmol/L 咪唑，pH7.5。

再生缓冲液：0.2 mol/L EDTA，0.5 mol/L NaCl，pH7.5。

以上溶液均用 0.45 μm 滤膜过滤。

注：根据实验需要，可配制咪唑浓度不同的多种洗涤缓冲液。

3. 层析柱

装有基质(如 Chelating Sepharose™ Fast Flow) 的层析柱。

【操作步骤】

1. 亲和层析柱的平衡

贮存的基质是浸泡于20%乙醇中的，需首先用5 CV(column volume，柱体积)抽滤过的蒸馏水清洗亲和层析柱的基质，洗完后加入0.5 CV的0.2 mol/L $NiSO_4$，使Ni^{2+}结合到基质上。用至少5 CV的蒸馏水洗去未结合的Ni^{2+}后，用5～10 CV的平衡缓冲液清洗基质，达到平衡层析柱的目的。

注：

(1) 基质本身为乳白色，带有镍离子时呈蓝绿色，去除镍离子后又会变白。

(2) 在全部操作过程中，溶液面不能低于凝胶柱面，否则会产生气泡，影响层析效果。

2. 样品的纯化

(1) 将用平衡缓冲液溶解的(或用平衡缓冲液透析过的)样品留50 μL用于电泳，其余的缓慢加入柱子中，收集流出液，重复上样一次，使样品中的蛋白质与基质能充分结合。

(2) 用5～10 CV的平衡缓冲液洗去样品中未结合的蛋白，收集流出液。

(3) 用洗涤缓冲液洗涤柱子，每个浓度5～10 CV，收集每一步的流出液。

(4) 用3～5 CV洗脱缓冲液洗脱目标蛋白，收集流脱液，1 mL/管。

注：

(1) 从细胞中分离表达量较高的重组蛋白时，采用不同咪唑浓度的洗涤液进行梯度洗涤，去除细胞中的杂蛋白，可使最终洗脱时目的蛋白纯度更高。

(2) 如果样品相同，柱子用10 CV的平衡缓冲液清洗后，可重复使用，不需重新加载镍离子。

3. 亲和层析柱的再生

用5 CV的再生缓冲液除去镍离子，然后加入10 CV蒸馏水洗去NaCl和EDTA。如果暂时不用柱子，可将基质浸泡于20%乙醇中，保存于4 ℃。

注：用1 mol/L NaOH充满柱子，关闭流出阀门保持2 h，可以除去沉淀的蛋白质。然后再用5 CV的蒸馏水洗涤至pH中性。

4. 电泳样品

电泳样品应包括分子质量蛋白Marker、上样前样品、上样后流出液、各浓度咪唑洗涤后流出液、洗脱后流出液。

根据电泳要求制备电泳样品进行SDS-PAGE。

【结果】

根据电泳结果判断层析的纯化效果。可根据情况增加或减少不同咪唑浓度的洗涤缓冲液，以提高纯化效果或减少目的蛋白的损失。

【思考题】

(1) 为什么缓冲液中都含有0.5 mol/L NaCl?

(2) 如何采用镍亲和层析法纯化形成包涵体的(或不溶性的)蛋白质?

(唐晓峰)

实验 26　高效液相色谱法测定牛乳中 α-乳白蛋白

【实验目的】

(1) 了解高效液相色谱法的原理。
(2) 掌握高效液相色谱法定量分析蛋白质含量的方法。

【实验原理】

色谱法的分离原理是溶于流动相(mobile phase)中的各组分经过固定相时,由于与固定相(stationary phase)发生作用(吸附、分配、离子吸引、排阻、亲和)的大小、强弱不同,在固定相中滞留时间不同,从而先后从固定相中流出。色谱法又称为色层法、层析法。

色谱法最早是由俄国植物学家茨维特(Tswett)在 1906 年研究用碳酸钙分离植物色素时发现的,色谱法(chromatography)因之得名。后来在此基础上发展出纸色谱法、薄层色谱法、气相色谱法、液相色谱法。

Martin 和 Synge 在 1941 年就提出高效液相色谱的设想,然而直到 20 世纪 60 年代后期,由于各种技术的发展,高效液相色谱才付诸实现。这种色谱技术曾被称为高速液相色谱(high speed liquid chromatography)、高压液相色谱(high pressure liquid chromatography),目前使用最多的名称是高效液相色谱(high performance liquid chromatography,HPLC)。HPLC 是在经典色谱法的基础上,引用了气相色谱的理论,在技术上,流动改为高压输送;色谱柱是以特殊的方法用小粒径的填料填充而成,从而使柱效大大高于经典液相色谱(每米塔板数可达几万或几十万);同时柱后连有高灵敏度的检测器,可对流出进行连续检测(图 26-1)。

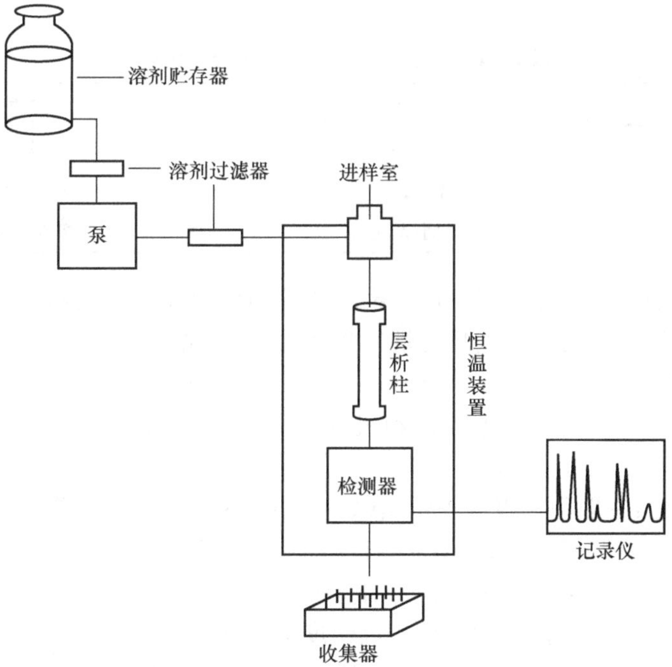

图 26-1　高效液相色谱仪的基本组件

液相色谱法适用于分离低挥发性、非挥发性、热稳定性差或沸点高的物质。

同其他分离技术相比较，HPLC 方法的主要特点有以下几点。

(1) 它的分离效率高，选择性好，适于各种多元组分复杂混合物的分离。

(2) 它的应用范围从无机物到有机物，从天然物质到合成物质，从小分子到大分子，从一般化合物到生物活物质等。可以说几乎包括了所有类型物质。

(3) 它可以根据分离对象，按不同分离机制，广泛选择色谱柱、淋洗体系和操作参数。

(4) 它既是精细的分离纯化方法，也是快速、灵敏、准确、简便的分析检测手段。

(5) 它可以处理从痕量、微量到常量以至较大规模制备的样品量，可以实现在线检测和自动化操作。

(6) 速度快，十几到几十分钟即可完成，重复性高，高效液相色谱柱可反复使用。

1. 色谱分离原理

高效液相色谱法按分离机制的不同分为液固吸附色谱法、液液分配色谱法(正相与反相)、离子交换色谱法、离子对色谱法及分子排阻色谱法。

1) *液固色谱法*　使用固体吸附剂，被分离组分在色谱柱上分离原理是根据固定相对组分吸附力大小不同而分离。分离过程是一个吸附-解吸附的平衡过程。常用的吸附剂为硅胶或氧化铝，粒度 5～10 μm。适用于分离相对分子质量 200～1000 的组分，大多数用于非离子型化合物，离子型化合物易产生拖尾。常用于分离同分异构体。

2) *液液色谱法*　液液色谱法的流动相和固定相均是液体，但固定相通常是将特定的液态物质涂于担体表面，或化学键合于担体表面而形成的固定相，分离原理是根据被分离的组分在流动相和固定相中溶解度不同而分离。分离过程是一个分配平衡过程。由于涂布式固定相很难避免固定液流失，现在已很少采用。现在多采用的是化学键合固定相，如 C_{18}、C_8、氨基柱、氰基柱和苯基柱。

液液色谱法按固定相和流动相的极性不同可分为正相色谱法(NPC)和反相色谱法(RPC)(表 26-1)。

表 26-1　正相色谱法与反相色谱法比较表

方　法	正相色谱法	反相色谱法
固定相极性	高至中	中至低
流动相极性	低至中	中至高
组分洗脱次序	极性小先洗出	极性大先洗出

(1) 正相色谱法：采用极性固定相(如聚乙二醇、氨基与腈基键合相)；流动相为相对非极性的疏水性溶剂(烷烃类如正己烷、环己烷)，常加入乙醇、异丙醇、四氢呋喃、三氯甲烷等以调节组分的保留时间[保留时间(retention time，t_R)是指从进样开始到某个组分在柱后出现浓度极大值的时间]。常用于分离中等极性和极性较强的化合物(如酚类、胺类、羰基类及氨基酸类等)。

(2) 反相色谱法：一般用非极性固定相(如 C_{18}、C_8)；流动相为水或缓冲液，常加入甲醇、乙腈、异丙醇、丙酮、四氢呋喃等与水互溶的有机溶剂以调节保留时间。反相色谱法适用于分离非极性和极性较弱的化合物，它能使中性化合物和极性化合物在一根色谱柱中得到分离；保留时间可以用分子的疏水性进行描述和解释；所用高纯度的水、甲醇和乙腈等溶剂价格便宜、实用。因此，反相色谱法在现代液相色谱中应用最为广泛，据统计，它占整个 HPLC 应用的 80%左右。

反相色谱中，溶质按其疏水性大小进行分离，极性越大疏水性越小的溶质，越不易与非极性的固定相结合，所以先被洗脱下来。流动相的 pH 对样品溶质的电离状态影响很大，进而影响其疏水性，所以在分离肽类和蛋白质等生物大分子的过程中，经常要加入修饰性的离子对物质，最常用的离子对试剂是三氟乙酸（TFA），使用浓度为 0.1%，使流动相的 pH 为 2～3，这样可以有效地抑制氨基酸上 α 羧基的解离，使其疏水性增加，延长洗脱时间，提高分辨率和分离效果。

从表 26-1 可看出，当极性为中等时正相色谱法与反相色谱法没有明显的界线（如氨基键合固定相）。

3）离子交换色谱法　固定相是离子交换树脂，常用苯乙烯与二乙烯交联形成的聚合物骨架，在表面末端芳环上接上羧基、磺酸基（称阳离子交换树脂）或季氨基（阴离子交换树脂）。被分离组分在色谱柱上分离原理是树脂上可电离离子与流动相中具有相同电荷的离子及被测组分的离子进行可逆交换，根据各离子与离子交换基团具有不同的电荷吸引力而分离。

缓冲液常用作离子交换色谱的流动相。被分离组分在离子交换柱中的保留时间除跟组分离子与树脂上的离子交换基团作用强弱有关外，还受流动相的 pH 和离子强度影响。pH 可改变化合物的解离程度，进而影响其与固定相的作用。流动相的盐浓度大，则离子强度高，不利于样品的解离，导致样品较快流出。

离子交换色谱法主要用于分析有机酸、氨基酸、多肽及核酸。

4）离子对色谱法　又称偶离子色谱法，是液液色谱法的分支。它是根据被测组分离子与离子对试剂离子形成中性的离子对化合物后，在非极性固定相中溶解度增大，从而使其分离效果改善。主要用于分析离子强度大的酸碱物质。

分析碱性物质常用的离子对试剂为烷基磺酸盐，如戊烷磺酸钠、辛烷磺酸钠等。另外高氯酸、三氟乙酸也可与多种碱性样品形成很强的离子对。

分析酸性物质常用四丁基季铵盐，如四丁基溴化铵、四丁基铵磷酸盐。

离子对色谱法常用 ODS 柱（即 C_{18}），流动相为甲醇-水或乙腈-水，水中加入 3～10 mmol/L的离子对试剂，在一定的 pH 范围内进行分离。被测组分保留时间与离子对性质、浓度、流动相组成及其 pH、离子强度有关。

5）排阻色谱法　固定相是有一定孔径的多孔性填料，流动相是可以溶解样品的溶剂。小分子质量的化合物可以进入孔中，滞留时间长；大分子质量的化合物不能进入孔中，直接随流动相流出。它利用分子筛对分子质量大小不同的各组分排阻能力的差异而完成分离。常用于分离高分子化合物，如组织提取物、多肽、蛋白质、核酸等。

2. HPLC 系统

HPLC 系统一般由输液泵、进样器、色谱柱、检测器、数据记录及处理装置等组成（图 26-1）。其中输液泵、色谱柱、检测器是关键部件。有的仪器还有梯度洗脱装置、在线脱气机、自动进样器、预柱或保护柱、柱温控制器等，现代 HPLC 仪还有微机控制系统，进行自动化仪器控制和数据处理。制备型 HPLC 仪还备有自动馏分收集装置。

1）输液泵

A. 泵的性能

输液泵是 HPLC 系统中最重要的部件之一。泵的性能好坏直接影响到整个系统的质量和分析结果的可靠性。输液泵应具备如下性能：①流量稳定，其 RSD 应小于 0.5%，这对定性定量的准确性至关重要；②流量范围宽，分析型应在 0.1～10 mL/min 范围内连续可调，制备型应能达到 100 mL/min；③输出压力高，一般应能达到 150～300 kg/cm^2；④液缸容积小；⑤密封性能好，耐腐蚀。

B. 泵的使用和维护注意事项

为了延长泵的使用寿命和维持其输液的稳定性，必须按照下列注意事项进行操作。

(1) 防止任何固体微粒进入泵体，因为尘埃或其他任何杂质微粒都会磨损柱塞、密封环、缸体和单向阀，因此应预先除去流动相中的任何固体微粒。流动相最好在玻璃容器内蒸馏，而常用的方法是滤过，可采用 Millipore 滤膜(0.2 μm 或 0.45 μm)等滤器。泵的入口都应连接砂滤棒(或片)。输液泵的滤器应经常清洗或更换。

(2) 流动相不应含有任何腐蚀性物质，含有缓冲液的流动相不应保留在泵内，尤其是在停泵过夜或更长时间的情况下。如果将含缓冲液的流动相留在泵内，由于蒸发或泄漏，甚至只是由于溶液的静置，就可能析出盐的微细晶体，这些晶体将和上述固体微粒一样损坏密封环和柱塞等。因此，必须泵入纯水将泵充分清洗后，再换成适合于色谱柱保存和有利于泵维护的溶剂(对于反相键合硅胶固定相，可以是甲醇或甲醇-水)。

(3) 泵工作时要留心防止溶剂瓶内的流动相被用完，否则空泵运转也会磨损柱塞、缸体或密封环，最终产生漏液。

(4) 输液泵的工作压力决不要超过规定的最高压力，否则会使高压密封环变形，产生漏液。

(5) 流动相应该先脱气，以免在泵内产生气泡，影响流量的稳定性，如果有大量气泡，泵就无法正常工作。

2) 进样器　　现在大都使用六通进样阀或自动进样器。进样装置要求：密封性好，死体积小[死体积(dead volume，V_0)是指由进样器进样口到检测器流动池未被固定相所占据的空间]，重复性好，保证中心进样，进样时对色谱系统的压力、流量影响小。

六通阀的进样方式有部分装液法和完全装液法两种。

(1) 用部分装液法进样时，进样量应不大于定量环体积的 50%(最多 75%)，并要求每次进样体积准确、相同。此法进样的准确度和重复性决定于注射器取样的熟练程度，而且易产生由进样引起的峰展宽。

(2) 用完全装液法进样时，进样量应不小于定量环体积的 5～10 倍(最少 3 倍)，这样才能完全置换定量环内的流动相，消除管壁效应，确保进样的准确度及重复性。

六通阀使用和维护注意事项：①样品溶液进样前必须用 0.45 μm 滤膜过滤，以减少微粒对进样阀的磨损；②转动阀芯时不能太慢，更不能停留在中间位置，否则流动相受阻，使泵内压力剧增，甚至超过泵的最大压力，再转到进样位时，过高的压力将使柱头损坏；③为防止缓冲盐和样品残留在进样阀中，每次分析结束后应冲洗进样阀。通常可用水冲洗，或先用能溶解样品的溶剂冲洗，再用水冲洗。

3) 色谱柱　　色谱是一种分离分析手段，分离是核心，因此担负分离作用的色谱柱是色谱系统的心脏。对色谱柱的要求是柱效高、选择性好，分析速度快等。市售的用于 HPLC 的各种微粒填料如多孔硅胶及以硅胶为基质的键合相、氧化铝、有机聚合物微球(包括离子交换树脂)、多孔碳等，其粒度一般为 3 μm、5 μm、7 μm、10 μm 等，柱效理论值可达 5 万～16 万/m。对于一般的分析只需 5000 塔板数的柱效；对于同系物分析，只要 500 即可；对于较难分离物质对则可采用高达 2 万的柱子，因此一般 10～30 cm 的柱长就能满足复杂混合物分析的需要。

柱效受柱内外因素影响，为使色谱柱达到最佳效率，除柱外死体积要小外，还要有合理的柱结构(尽可能减少填充床以外的死体积)及装填技术。即使最好的装填技术，在柱中心部位和沿管壁部位的填充情况也总是不一样的，靠近管壁的部位比较疏松，易产生沟流，流速较快，影响冲洗剂的流形，使谱带加宽，这就是管壁效应。这种管壁区大约是从管壁向内算起 30 倍粒径的厚度。在一般的液相色谱系统中，柱外效应对柱效的影响远远大于管壁效应。

色谱柱的正确使用和维护十分重要，稍有不慎就会降低柱效、缩短使用寿命甚至损坏。在色谱操作过程中，需要注意下列问题，以维护色谱柱。

(1) 避免压力和温度的急剧变化及任何机械振动。温度的突然变化或者使色谱柱从高处掉下都会影响柱内的填充状况；柱压的突然升高或降低也会冲动柱内填料，因此在调节流速时应该缓慢进行，在阀进样时阀的转动不能过缓(如前所述)。

(2) 应逐渐改变溶剂的组成，特别是反相色谱中，不应直接从有机溶剂改变为全部是水，反之亦然。

(3) 一般说来色谱柱不能反冲，只有生产者指明该柱可以反冲时，才可以反冲除去留在柱头的杂质。否则反冲会迅速降低柱效。

(4) 选择使用适宜的流动相(尤其是其 pH)，以避免固定相被破坏。有时可以在进样器前面连接一预柱，分析柱是键合硅胶时，预柱为硅胶，可使流动相在进入分析柱之前预先被硅胶“饱和”，避免分析柱中的硅胶基质被溶解。

(5) 避免将基质复杂的样品尤其是生物样品直接注入柱内，需要对样品进行预处理或者在进样器和色谱柱之间连接一保护柱。保护柱一般是填有相似固定相的短柱。保护柱可以而且应该经常更换。

(6) 经常用强溶剂冲洗色谱柱，清除保留在柱内的杂质。在进行清洗时，对流路系统中流动相的置换应以相混溶的溶剂逐渐过渡，每种流动相的体积应是柱体积的 20 倍左右，即常规分析需要 50～75 mL。

(7) 保存色谱柱时应将柱内充满乙腈或甲醇，柱接头要拧紧，防止溶剂挥发干燥。绝对禁止将缓冲溶液留在柱内静置过夜或更长时间。

(8) 色谱柱使用过程中，如果压力升高，一种可能是烧结滤片被堵塞，这时应更换滤片或将其取出进行清洗；另一种可能是大分子进入柱内，使柱头被污染；如果柱效降低或色谱峰变形，则可能柱头出现塌陷，死体积增大。

在后两种情况发生时，小心拧开柱接头，将柱头填料取出 1～2 mm 高度(注意把被污染填料取净)再把柱内填料整平。然后用适当溶剂湿润的固定相(与柱内相同)填满色谱柱，压平，再拧紧柱接头。这样处理后柱效能得到改善，但是很难恢复到新柱的水平。

柱子失效通常是柱端部分，在分析柱前装一根与分析柱相同固定相的短柱(5～30 mm)，可以起到保护、延长柱寿命的作用。采用保护柱会损失一定的柱效，这是值得的。

通常色谱柱寿命在正确使用时可达 2 年以上。以硅胶为基质的填料，只能在 pH2～9 范围内使用。柱子使用一段时间后，可能有一些吸附作用强的物质保留于柱顶，特别是一些有色物质更易看清被吸着在柱顶的填料上。新的色谱柱在使用一段时间后柱顶填料可能塌陷，使柱效下降，这时也可补加填料使柱效恢复。

每次工作完后，最好用洗脱能力强的洗脱液冲洗。例如，ODS 柱宜用甲醇冲洗至基线平衡[基线(base line)是指经流动相冲洗，柱与流动相达到平衡后，检测器测出一段时间的流出曲线。一般应平行于时间轴]。当采用盐缓冲溶液作流动相时，使用完后应用无盐流动相冲洗。含卤族元素(氟、氯、溴)的化合物可能会腐蚀不锈钢管道，不宜长期与之接触。装在HPLC仪上的柱子如不经常使用，应每隔4～5天开机冲洗15 min。

4) 检测器　检测器是HPLC仪的三大关键部件之一。其作用是把洗脱液中组分的量转变为电信号。HPLC的检测器要求灵敏度高、噪音低[噪音(noise)就是基线信号的波动。通常因电源接触不良或瞬时过载、检测器不稳定、流动相含有气泡或色谱柱被污染所致。噪音低就是对温度、流量等外界变化不敏感]、线性范围宽、重复性好和适用范围广。

UV检测器是HPLC中应用最广泛的检测器，当检测波长范围包括可见光时，又称为紫外-可见检测器。它灵敏度高，噪音低，线性范围宽，对流速和温度均不敏感，可于制备色谱。由于灵敏高，因此即使是那些光吸收小、消光系数低的物质也可用UV检测器进行微量分析。

与检测器有关的故障及其排除方法如下。

(1) 流动池内有气泡：如果有气泡连续不断地通过流动池，将使噪音增大，如果气泡较大，则会在基线上出现许多线状“峰”，这是由于系统内有气泡，需要对流动相进行充分的除气，检查整个色谱系统是否漏气，再加大流量驱除系统内的气泡。如果气泡停留在流动池内，也可能使噪音增大，可采用突然增大流量的办法除去气泡(最好不连接色谱柱)；或者启动输液泵的同时，用手指紧压流动池出口，使池内增压，然后放开。可反复操作数次，但要注意不使压力增加太多，以免流动池破裂。

(2) 流动池被污染：无论参比池或样品池被污染，都可能产生噪音或基线漂移[漂移(drift)是指基线随时间的缓缓变化。主要由于操作条件如电压、温度、流动相及流量的不稳定所引起，柱内的污染物或固定相不断被洗脱下来也会产生漂移]。可以使用适当溶剂清洗检测池，要注意溶剂的互溶性；如果污染严重，就需要依次采用1 mol/L硝酸、水和新鲜溶剂冲洗，或者取出池体进行清洗、更换窗口。

(3) 光源灯出现故障：紫外或荧光检测器的光源灯使用到极限或者不能正常工作时，可能产生严重噪音，基线漂移，出现平头峰等异常峰，甚至使基线没有回零。这时需要更换光源灯。

(4) 倒峰：倒峰的出现可能是检测器的极性接反了，改正后即可变成正峰。如果流动相中含有紫外吸收的杂质，使用紫外检测器时，无吸收的组分就会产生倒峰，因此必须用高纯度的溶剂作流动相。在死时间附近的尖锐峰往往是由于进样时的压力变化，或者由于样品溶剂与流动相不同所引起的[死时间(dead time, t_0)是指不保留组分的保留时间，即流动相(溶剂)通过色谱柱的时间。在反相HPLC中可用苯磺酸钠来测定死时间]。

5) 数据处理和计算机控制系统　计算机技术的广泛应用使HPLC操作更加快速、简便、准确、精密和自动化，现在已可在互联网上远程处理数据。计算机的用途包括三个方面：①采集、处理和分析数据；②控制仪器；③色谱系统优化和专家系统。

6) 恒温装置　在HPLC仪中色谱柱及某些检测器都要求能准确地控制工作环境温度，柱子的恒温精度要求为±0.1～0.5 ℃，检测器的恒温要求则更高。

HPLC的工作温度要根据具体情况来确定，温度对溶剂的溶解能力、色谱柱的性能、流动相的黏度都有影响。一般来说，温度升高，可提高溶质在流动相中的溶解度，从而降低其分配系数 K，但对分离选择性影响不大；还可使流动相的黏度降低，从而改善传质过程并降低柱压。但温度太高易使流动相产生气泡。

色谱柱的不同工作温度对保留时间、相对保留时间都有影响。在凝胶色谱中使用软填料时温度会引起填料结构的变化，对分离有影响；但如使用硬质填料则影响不大。

总的说来，在液固吸附色谱法和化学键合相色谱法中，温度对分离的影响并不显著，通常实验在室温下进行操作。

3. 反相高效液相色谱法分析牛乳中的α-乳白蛋白

牛乳中的主要成分有α-乳白蛋白、酪蛋白和α-乳球蛋白等。反相高效液相色谱法是分析乳清蛋白成分的有效方法之一，与其他色谱方法相比具有分辨率和回收率高、重复性好、操作简便等优势。采用反相高效液相色谱方法分析蛋白质的流动相系统基本为三氟乙酸的水溶液和乙腈溶液，但随着样品的不同及色谱柱的不同，洗脱条件也随之改变。流动相中有机溶剂的浓度较低，蛋白质与固定相间的疏水作用较强，蛋白质几乎完全被固定相吸附。而一旦流动相中的有机溶剂达到特定的浓度，使蛋白质与固定相的作用小于与流动相的作用时，蛋白质就会完全从固定相上洗脱下来，几乎不再与固定相发生作用，即当以高比例的水进行梯度洗脱时，蛋白质的出峰时间延迟；而以高比例的乙腈进行梯度洗脱时，多肽及蛋白质的出峰时间缩短，但α-乳白蛋白和β-乳球蛋白不能分开。本实验采用C18色谱柱，测定乳制品中的α-乳白蛋白含量。

【器材】

1. 试剂

市售生乳，α-乳白蛋白标准品，乙腈（色谱纯），甲醇（色谱纯），三氟乙酸（色谱纯），氯化钠（分析纯），叠氮化钠（分析纯）。

2. 仪器

高速冷冻离心机，超高压均质机，pH计，高效液相色谱仪，二极管阵列检测器，涡旋混合器，C18色谱柱（4.6 mm×250 mm，5 μm）。

色谱条件如下。

流动相(A)：超纯水含0.1%三氟乙酸(TFA)。

流动相(B)：乙腈＋超纯水＋三氟乙酸(400/100/0.5)。

A和B按1∶1混合。

流速0.8 mL/min；柱温45 ℃；检测波长215 nm；进样量50 μL。

【操作步骤】

(1) 过滤流动相，根据需要选择不同的滤膜。

(2) 对抽滤后的流动相进行超声脱气10～20 min。

注：流动相使用前必须进行脱气处理，以除去其中溶解的气体（如O_2），以防止在洗脱过程中当流动相由色谱柱流至检测器时，因压力降低而产生气泡。气泡会增加基线的噪音，造成灵敏度下降，甚至无法分析。溶解的氧气还会导致样品中某些组分被氧化，柱中固定相发生降解而改变柱的分离性能。

(3) 打开HPLC工作站（包括计算机软件和色谱仪），连接好流动相管道，连接检测系统。

(4) 进入HPLC控制界面主菜单，点击manual，进入手动菜单。

(5) 有一段时间没用，或者换了新的流动相，需要先冲洗泵和进样阀。冲洗泵，直接在泵的出水口，用针头抽取。冲洗进样阀，需要在manual菜单下，先点击purge，再点击start，冲洗时速度不要超过10 mL/min

(6) 调节流量，初次使用新的流动相，可以先试一下压力，流速越大，压力越大，一般不要超过 2000。点击 injure，选用合适的流速，点击 on，走基线，观察基线的情况。

(7) 设计走样方法：点击 file，选取 select users and methods，可以选取现有的各种走样方法。若需建立一个新的方法，点击 new method。选取需要的配件，包括进样阀、泵、检测器等，根据需要而不同。选完后，点击 protocol。

一个完整的走样方法需要包括：①进样前的稳流，一般 2～5 min；②基线归零；③进样阀的 loading-inject 转换；④走样时间，随不同的样品而不同。

(8) 样品的制备：将牛乳于 20 ℃条件下，以 2000 *g* 离心 20 min 后，把上层脂肪去掉；取上清于 10 mL 离心管中，置于−20 ℃保存，待测；分别取 5 mL 0.10 mol/L，pH4.6 乙酸缓冲液和 1 mL 上清于 10 mL 离心管中；用旋涡振荡器混匀牛乳样品后，于室温下以 4000 *g* 离心 10 min；取上清，用 0.45 μm 水性滤器过滤到 1.5 mL 离心管中，滤液用于 α-乳白蛋白的测定。

精确称取 α-乳白蛋白标准品 6 mg，用超纯水配制成 0.6 mg/mL 的原液；适量吸取原液，配制成标样浓度分别为 0 mg/mL、0.05 mg/mL、0.1 mg/mL、0.2 mg/mL、0.4 mg/mL、0.6 mg/mL的系列标准液。

注：溶剂和样品过滤非常重要。溶剂和样品中的细小颗粒会使色谱柱和毛细管堵塞，也会增加进样阀的堵塞和磨损，同时还会增加泵头内的蓝宝石活塞杆和活塞的磨损。

(9) 进样和进样后操作：选定走样方法，点击 start。进样，所有的样品均需过滤。方法走完后，点击 postrun，可记录数据和做标记等。全部样品走完后，再用上面的方法走一段基线，洗掉剩余物。

注：使用手动进样器进样时，在进样前和进样后都需用洗针液洗净进样针筒，洗针液一般选择与样品液一致的溶剂，进样前必须用样品液清洗进样针筒 3 遍以上，并排除针筒中的气泡。

(10) 关机时，先关闭泵、检测器等，再关闭工作站，然后关机，最后自下而上关闭色谱仪各组件。

注：实验结束后，如果有盐一般先用水或低浓度甲醇水溶液冲洗整个管路 30 min 以上，再用甲醇冲洗。如果是一般的溶剂系统就直接用甲醇冲洗，冲洗过程中关闭 D 灯、W 灯，以延长灯的寿命。

【结果】

首先测定 α-乳白蛋白各标准溶液，以峰面积为纵坐标，浓度为横坐标做标准曲线。然后取一定量处理后的原料奶进样测定，根据保留时间定性、外标峰面积法（标准曲线法）定量。

【思考题】

(1) 为什么流动相要脱气？为什么溶剂和样品要过滤？

(2) 如何对样品检测结果进行定性和定量分析？

（涂　毅）

实验 27　气相色谱法测定人白蛋白制品中辛酸钠含量

【实验目的】

（1）掌握内标法定量分析的原理。

（2）掌握气相色谱分析实验技术，学会使用气相色谱仪。

（3）学会用内标法定量分析测试方法。

【实验原理】

1. 气相色谱法

气相色谱法是采用气体作为流动相的一种色谱法。在此法中，载气（是不与被测物作用，用来载送试样的惰性气体，如氢、氮等）载着欲分离的试样通过色谱柱中的固定相，使试样中各组分分离，然后分别检测。因此，气相色谱法适用于分离挥发性或沸点低的化合物。

气相色谱法特点如下。

（1）分离效能高。对物理化学性能很接近的复杂混合物质都能很好地分离，进行定性、定量检测。有时在一次分析时可同时解决几十甚至上百个组分的分离测定。

（2）灵敏度高。能检测出 ng/L 级甚至 pg/L 级的杂质含量。

（3）分析速度快。一般在几分钟或几十分钟内可以完成一个样品的测定。

（4）应用范围广。气相色谱法可以分析气体、易挥发的液体和固体样品。就有机物分析而言，应用最为广泛，可以分析约 20％的有机物。此外，某些无机物通过转化也可以进行分析。

气相色谱仪一般由 5 部分组成：①载气系统，包括气源、气体净化、气体流速控制和测量；②进样系统，包括进样口、气化室；③色谱柱和柱箱，包括恒温控制装置；④检测系统，包括检测器及控温装置；⑤记录系统，包括放大器、记录仪，有的仪器还有数据处理装置（图 27-1）。

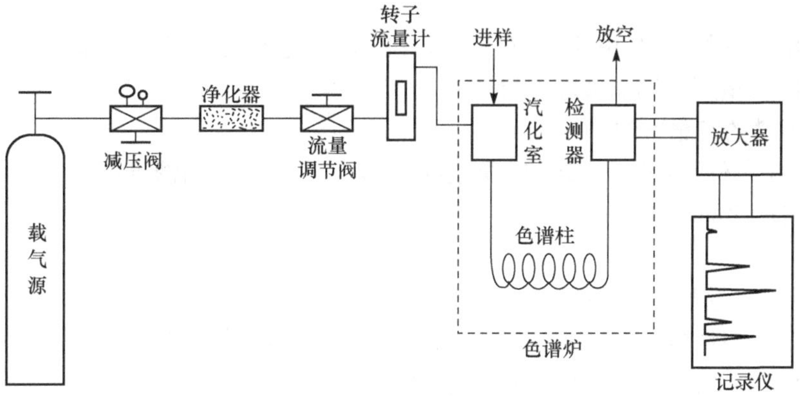

图 27-1　气相色谱仪的基本组件

色谱仪中的分离系统包括固定相和流动相。由于固定相和流动相对各种物质的吸附或溶解能力不同，因此各种物质的分配系数（或吸附能力）不一样。当含混合物的待测样（含乙烯的混合气)进入固定相以后,不断通以流动相(通常为 N_2 或 H_2),待测物不断地再分配,最后,依照分配系数大小顺序依次被分离,并进入检测系统得到检测。检测信号的大小反映出物质含量的多少,在记录仪上就呈现色谱图。

气相色谱仪的常用检测器有热导检测器(TCD)、氢火焰离子化检测器(FID)、火焰光度检测器(FPD)、氮磷检测器(NPD)和电子捕获检测器(ECD)等类型。

1) 热导检测器　　原理:气流中样品浓度发生变化,则从热敏元件上所带走的热量也就不同,从而改变热敏元件的电阻值,由于热敏元件为组成惠斯顿电桥之臂,只要桥路中任何一臂电阻发生变化,则整个线路就立即有信号输出。

特点:此检测器几乎对所有可挥发的有机和无机物质均能响应。但灵敏度较低,被测样品的浓度不得低于万分之一。属非破坏性检测器。

2) 氢火焰离子化检测器　　原理:在氢氧焰的高温作用下,许多分子均将分裂为碎片,并有自由基和激态分子产生,从而在氢焰中形成这些高能粒子所组成的高能区,当有机分子进入此高能区时,就会被电离,从而在外电路中输出离子电流信号。

特点:体积小,灵敏度高,死体积小,应答时间快,但对部分物质如 H_2、O_2、N_2、CO、CO_2、NO、NO_2、CS_2、H_2O 等无响应。属破坏性检测器。

3) 火焰光度检测器　　原理:燃烧着的氢焰中,当有样品进入时,则氢焰的谱线和发光强度均发生变化,然后由光电倍增管将光度变化转变为电信号。

特点:对磷、硫化合物有很高的选择性,适当选择光电倍增管前的滤光片将有助于提高选择性,排除干扰。

4) 氮磷检测器　　原理:在 FID 中加入一个用碱金属盐制成的玻璃珠当样品分子含有在燃烧时能与碱盐起反应的元素时,则将使碱盐的挥发度增大,这些碱盐蒸气在火焰中将被激发电离,而产生新的离子流,从而输出信号。

特点:这是一种有选择性的检测器,对含有能增加碱盐挥发性的化合物特别敏感。对含氮、磷有机物有很高的灵敏度。属破坏性检测器。

5) 电子捕获检测器　　原理:载气分子在 ^{63}Ni 辐射源中所产生的 β 粒子的作用下离子化,在电场中形成稳定的基流,当含电负性基团的组分通过时,俘获电子使基流减小而产生电信号。

特点:对电负性物质(如卤化物,有机汞,有机氯及过氧化物,金属有机物,硝基、甾类化合物等)有很高的灵敏度。属非破坏性检测器。

2. 气相色谱的定量方法

在一定操作条件下,分析组分 i 的质量(W_i)或其在载气中的浓度是与检测器的响应信号(峰面积 A_i)成正比的,可写作:

$$W_i = f_i A_i \text{（} f_i \text{为组分 i 的定量校正因子）} \tag{27-1}$$

这就是色谱定量分析的依据。

本实验采用内标法测定人白蛋白制品中辛酸钠的含量,内标物为正庚酸。

所谓内标法,就是将一定量的纯物质作为内标物(s),加入准确称取的试样中,根据被测物和内标物的质量及其在色谱图上相应的峰面积比,求出某组分的含量 C_i,即

$$W_i = f_i A_i W_s / f_s A_s \tag{27-2}$$

$$C_i = W_i / W \times 100\% \tag{27-3}$$

一般常以内标物为基准,则 $f_s = 1$,此时计算式可简化为

$$C_i = f_i A_i W_s / A_s W \times 100\% \tag{27-4}$$

内标物的选择：内标物是试样中无存在的纯物质；加入的量应接近于被测组分；内标物的色谱峰位于被测组分色谱峰附近，或几个被测组分的中间，并与这些组分完全分离；内标物与被测组分的物理及化学性质相近。

【器材】

1. 仪器

日本岛津 GC-9A 气相色谱仪，FID 检测器，2010 双通道色谱工作站，中惠普 NHA-300S 气源发生器，PEG-20M 填充柱，微量进样器。

2. 试剂

白蛋白样品，辛酸钠标准液[精密称取 110 ℃干烤至恒重的辛酸钠 1.0000 g(以实际称重为准，这里仅作例子)，用蒸馏水定容至 100 mL 备用]，正庚酸内标液[精密称取色谱纯的正庚酸 2.0000 g(以实际称重为准，这里仅作例子)，用氯仿(AR)定容至 50 mL 备用]，高氯酸(分析纯，配成 1.5 mol/L 水溶液备用)。

【操作步骤】

1. 样品的预处理

所有待测样品均用蒸馏水预先稀释至蛋白质浓度为 5%。于 10 mL 带盖离心管中加入稀释好的样品 0.25 mL，正庚酸内标液 10 μL，1.5 mol/L 高氯酸 0.1 mL，在振荡器上混匀(1 min)，然后加入氯仿 2 mL，盖好盖，于振荡器上剧烈混合 2 min，3000 r/min 离心 15 min，吸去上层水分，再将氯仿层小心倾入小试管中，在通风橱内放置过夜(或置于 37 ℃水浴约 30 min)，使氯仿挥发至小于 1 mL 后，上机测定。

仪器操作条件：柱温为 140 ℃；气化室温度为 170 ℃；载气流速为 30 mL/min；氢气流速为 30 mL/min。

2. GC-9A 气相色谱仪操作步骤

(1) 开启载气钢瓶总阀，调节减压阀至分压 1 MPa 左右。

(2) 开启色谱仪加热开关、电源开关。

(3) 设定载气压力等参数。

(4) 待 FID 超过 100 ℃时，开空气源、高纯氢发生器开关并设定其压力，用点火器点火。

(5) 待温度达到设定值后，打开色谱工作站、电脑。点击“数据工作站”，选择通道。点击“开始”、“调零”，待基线平稳(在 0 附近波动)后，点击“停止”。

(6) 用微量注射器进样，同时按下遥控器，采集数据。待所有峰出齐后，点击“停止”，另存文件。先进白蛋白样品，再进正庚酸作内标物的辛酸钠标准溶液，进样量均为 0.5 μL。

(7) 打开所保存的文件，调整谱图位置，打印图谱及数据。

(8) 实验结束后，依次关闭打印机、电脑、色谱工作站、氢气发生器、空气源。

(9) 将柱箱、进样口、检测器温度分别设定为室温(20 ℃)，待温度下降到预定温度后，先关色谱仪加热开关和电源开关，再关闭氮气钢瓶总阀，待分压表回到零，放松钢瓶上的减压阀。

3. 内标物和组分定性分析

(1) 取辛酸钠标准液和正庚酸(内标)分别进样进行气相色谱测定，记录其保留时间和峰面积。

注：为方便计算，标准液和内标液可混合进样，体积比按照样品中的 $V_{样}$ ：$V_{标}$ 来混合，进样的体积相同。最后计算时可使用公式：

$$\frac{C_{i样}}{C_{i标}}=\frac{(A_i/A_s)_{样}}{(A_i/A_s)_{标}} \tag{27-5}$$

（2）取配好的样品在相同的色谱条件下进样测定，分别记录各谱峰的保留时间。

（3）将（1）和（2）中测定的保留时间相对照，确定样品中辛酸钠和正庚酸（内标）在谱图中的位置。

4. 校正因子的测定

利用步骤 3 中（1）测出的峰面积计算辛酸钠的校正因子：

$$f_i=W_iA_s/W_sA_i$$

式中，内标物（s）的校正因子 f_s 为 1。

5. 样品中乙酸正戊酯的定量测定

取实验样品进样做气相色谱测定，记录辛酸钠和内标物正庚酸的峰面积。

【结果】

（1）对比样品与标样的保留时间，在图谱上标出各峰的名称。

（2）将实验中测得的内标物正庚酸和样品辛酸钠校正因子、峰面积及内标物、混合样品的量代入内标法定量计算公式中，计算出样品中辛酸钠的百分含量。

【思考题】

（1）在内标法定量分析中，内标物的选择是很重要的，内标物的选择原则是什么？

（2）定量分析除了内标法，还有什么方法？

【附：微量注射器的使用及注意事项】

（1）微量注射器是易碎器械，使用时应多加小心，不用时要洗净放入盒内，不要随便玩弄，来回空抽，否则会严重磨损，损坏气密性，降低准确度。

（2）微量注射器在使用前后都须用丙酮等溶剂清洗。

（3）对 10～100 μL 的注射器，如遇针尖堵塞，宜用直径为 0.1 mm 的细钢丝耐心穿通，不能用火烧的方法。

（4）硅橡胶垫在几十次进样后，容易漏气，需及时更换。

（5）用微量注射器取液体试样，应先用少量试样洗涤多次，再慢慢抽入试样，并稍多于需要量。如内有气泡则将针头朝上，使气泡上升排出，再将过量的试样排出，用滤纸吸去针尖外所沾试样。注意切勿使针头内的试样流失。

（6）取好样后应立即进样，进样时，注射器应与进样口垂直，针尖刺穿硅橡胶垫圈，插到底后迅速注入试样，完成后立即拔出注射器，整个动作应进行得稳当，连贯，迅速。针尖在进样器中的位置、插入速度、停留时间和拔出速度等都会影响进样的重复性，操作时应注意。

（涂　毅）

实验 28　蛋白质二维凝胶电泳技术

【实验目的】

(1) 了解蛋白质二维凝胶电泳的原理。
(2) 掌握蛋白质二维凝胶电泳的方法。

【实验原理】

1. 蛋白质组学与蛋白质二维凝胶电泳

蛋白质组学(proteomics)一词,源于蛋白质(protein)与基因组学(genomics)两个词的组合,意指"一种基因组所表达的全套蛋白质",即包括一种细胞乃至一种生物所表达的全部蛋白质。蛋白质组本质上指的是在大规模水平上研究蛋白质的特征,包括蛋白质的表达水平,翻译后的修饰,蛋白质与蛋白质相互作用等,由此获得蛋白质水平上的关于疾病发生、细胞代谢等过程的整体而全面的认识,这个概念最早是由 M. Wilkins 在 1995 年提出的。

蛋白质组的概念与基因组的概念有许多差别,它随着组织甚至环境状态的不同而改变。在转录时,一个基因可以多种 mRNA 形式剪接,并且,同一蛋白可能以许多形式进行翻译后的修饰。故一个蛋白质组不是一个基因组的直接产物,蛋白质组中蛋白质的数目有时可以超过基因组的数目。蛋白质组研究是已有 20 多年历史的蛋白质(多肽)谱和基因产物图谱技术的一种延伸。多肽图谱依靠二维凝胶电泳(two-dimensional gel electrophoresis,2-DE)和进一步的图像分析;而基因产物图谱依靠多种分离后的分析,如质谱技术、氨基酸组分分析等。蛋白质组学的研究试图比较细胞在不同生理或病理条件下蛋白质表达的异同,对相关蛋白质进行分类和鉴定。更重要的是蛋白质组学的研究要分析蛋白质间相互作用和蛋白质的功能。传统的蛋白质研究注重研究单一蛋白质,而蛋白质组学注重研究参与特定生理或病理状态的所有的蛋白质种类及其与周围环境(分子)的关系。因此蛋白质组学的研究通常是高通量的。为适应这个要求,蛋白质组学相关研究工具通常都是高度自动化的系统,通量高而速度快,配合相应分析软件和数据库,研究者可以在最短的时间内处理最多的数据。

2-DE 广泛应用于蛋白质组学领域,成为研究"结构蛋白质组"与"功能蛋白质组"的最有使用价值的方法,在蛋白质组研究中有着不可或缺的地位。2-DE 根据样品中蛋白质的两个重要理化特性:等电点和分子质量,将样品中的蛋白质进行分离。其原理是第一向基于蛋白质等电点不同,用等点聚焦(IEF)分离;第二向则按分子质量的不同,用 SDS-PAGE 分离,把复杂蛋白质混合物中的蛋白质在二维平面上分开。

2-DE 的分析流程包括样品制备、固相 pH 梯度胶条的水化、第一向等点聚焦(IEF)、第一向胶条的平衡、第二向 SDS-PAGE 电泳、检测染色。

2. 等电聚焦电泳技术

等电聚焦(isoelectric focusing,IEF)是 20 世纪 60 年代中期出现的新技术。近年来等电聚焦技术有了新的进展,已迅速发展成为一门成熟的近代生化实验技术。目前等电聚焦技术已可以分辨等电点(pI)只差 0.001 pH 单位的生物分子。由于其分辨力高,重复性好,样品容量大,操作简便迅速,在生物化学、分子生物学及临床医学研究中得到广泛的应用。

蛋白质分子是典型的两性电解质分子。它在大于其等电点的 pH 环境中解离成带负电荷的阴离子，向电场的正极泳动，在小于其等电点的 pH 环境中解离成带正由荷的阳离子，向电场的负极泳动。这种泳动只有在等于其等电点的 pH 环境中，即蛋白质所带的净电荷为零时才能停止。如果在一个有 pH 梯度的环境中，对各种不同等电点的蛋白质混合样品进行电泳，则在电场作用下，不管这些蛋白质分子的原始分布如何，各种蛋白质分子将按照它们各自的等电点大小在 pH 梯度中相对应的位置处进行聚焦，经过一定时间的电泳以后，不同等电点的蛋白质分子便分别聚焦于不同的位置。这种按等电点的大小，生物分子在 pH 梯度的某一相应位置上进行聚焦的行为就称为"等电聚焦"。等电聚焦的特点就在于它利用了一种称为两性电解质载体的物质在电场中构成连续的 pH 梯度，使蛋白质或其他具有两性电解质性质的样品进行聚焦，从而达到分离、测定和鉴定的目的。

两性电解质载体，实际上是许多异构和同系物的混合物，它们是一系列多羧基多氨基脂肪族化合物，相对分子质量为 300～1000。常用的进口两性电解质为瑞典 Pharmacia-LKB 公司生产的 Ampholine 和 Pharmalyte，价格昂贵。国产的有中国军事医学科学院放射医学研究所和中国科学院上海生物化学与细胞生物学研究所生产的两性电解质，价格便宜，质量良好。两性电解质在直流电场的作用下，能形成一个从正极到负极的 pH 逐渐升高的平滑连续的 pH 梯度。若不同 pH 的两性电解质的含量与 pI 的分布越均匀，则 pH 梯度的线性就越好。对 Ampholine 两性电解质的要求是缓冲能力强，有良好的导电性，相对分子质量要小，不干扰被分析的样品等。

在聚焦过程中和聚焦结束取消了外加电场后，保持 pH 梯度的稳定是极为重要的。为了防止扩散，稳定 pH 梯度，就必须加入一种抗对流和扩散的支持介质，最常用的这种支持介质就是聚丙烯酰胺凝胶。当进行聚丙烯酰胺凝胶等电聚焦电泳时，凝胶柱内即产生 pH 梯度，当蛋白质样品电泳到凝胶柱内某一部位，而此部位的 pH 正好等于该蛋白质的等电点时，该蛋白质即聚焦形成一条区带，只要测出此区带所处部位的 pH，即为其等电点。电泳时间越长，蛋白质聚焦的区带就越集中，越狭窄，因而提高了分辨率。这是等电聚焦的一大优点，不像一般的其他电泳，电泳时间过长则区带扩散。因此等电聚焦电泳法不仅可以测定等电点，而且能将不同等电点的混合的生物大分子进行分离和鉴定。

早期的等电聚焦电泳是垂直管式的，其特点是体系是封闭的，不与空气接触，可防止样品氧化。近年来，又发展了超薄层水平板式等电聚焦电泳。此法的优点是加样数量多，节省两性电解质，电泳后固定、染色、干燥都十分迅速简便，其最大优点是防止了电极液的电渗作用而引起的正负两极 pH 梯度的漂变。

测定 pH 梯度的方法有以下四种。

(1) 将胶条切成小块，用水浸泡后，用精密 pH 试纸或进口的细长 pH 复合电极测定 pH，然后作图。

(2) 用表面 pH 微电极直接测定胶条各部分的 pH，然后作图。

(3) 用一套已知不同的 pI 的蛋白质作为标准，测定 pH 梯度的标准曲线。

(4) 将胶条于−70 ℃冰冻后切成 1 mm 的薄片，加入 0.5 mL 0.01 mol/L KCl，用微电极测其 pH。

本实验采用等电聚焦电泳仪 IPGphor 做等电聚焦电泳。

3. SDS-PAGE 电泳技术

见实验 22。

各个蛋白质根据等电点和相对分子质量的不同而被分离、分布在二维图谱上。细胞提取液的二维电泳可以分辨出 1000～2000 个蛋白质，有些报道可以分辨出 5000～10 000 个斑点，这与细胞中可能存在的蛋白质数量接近。由于二维电泳具有很高的分辨率，它可以直接从细胞提取液中检测某个蛋白质。

【器材】

等电聚焦电泳仪 IPGphor，SDS-PAGE 电泳实验装置等。

【操作步骤】

1. 样品制备

1）一般性原则　样品制备是双向电泳中最为关键的一步，这一步处理的好坏将直接影响最终结果。目前并没有一个通用的制备方法，尽管处理方法是多种多样，但都遵循几个基本的原则：①尽可能提高样品蛋白的溶解度，抽提最大量的总蛋白，减少蛋白质的损失；②减少对蛋白质的人为修饰；③破坏蛋白质与其他生物大分子的相互作用，并使蛋白质处于完全变性状态。

根据这一原则，样品制备需要四种主要的试剂：离液剂，主要包括尿素（urea）和硫脲（thiourea）；表面活性剂，也称去垢剂，早期常使用 NP-40、TritonX-100 等非离子去垢剂，近几年较多的改用如 CHAPS 与 Zwittergent 系列等双性离子去垢剂；还原剂，最常用的是二硫苏糖醇（DTT），也有用二硫赤藓糖醇（DTE）及磷酸三丁酯（TBP）等。当然，也可以选择性地加入 Tris 碱，蛋白酶抑制剂（如 EDTA、PMSF）及核酸酶。

样品的来源不同，其裂解的缓冲液也各不相同。通过不同试剂的合理组合，以达到对样品蛋白的最大抽提。在对样品蛋白质提取的过程中，必须考虑到去除影响蛋白质可溶性和 2-DE 重复性的物质，如核酸、脂、多糖等大分子及盐类小分子。大分子的存在会阻塞凝胶孔径，盐浓度过高会降低等点聚焦的电压，甚至会损坏 IPG 胶条；这样都会造成 2-DE 的失败。样品制备的失败很难通过后续工作的完善或改进获得补偿。

核酸的去除可采用超声或核酸酶处理，超声处理应控制好条件，并防止产生泡沫；而加入的外源核酸酶则会出现在最终的 2D 胶上。脂类和多糖都可以通过超速离心除去。透析可以降低盐浓度，但时间太长；也可以采取凝胶过滤或沉淀/重悬法脱盐，但会造成蛋白质的部分损失。

因此，处理方法必须根据不同的样品、所处的状态及实验目的和要求来进行选择。

2）样品制备程序

A. 培养细胞样品处理方法

培养动物组织细胞由于没有细胞壁，因此可以将细胞收集下来，直接加入裂解缓冲液抽提总蛋白。裂解缓冲液有多种配方，如以下几种。

（1）7 mol/L 尿素，2 mol/L 硫脲，4%（m/V）CHAPS，40 mmol/L Tris 碱，40 mmol/L DTT，2% Pharmalyte pH3～10。

（2）9.5 mol/L 尿素，2%（m/V）CHAPS，0.8%（m/V）Pharmalyte pH3～10，1%（m/V）DTT，5 mmol/L Pefabloc 蛋白酶抑制剂。

（3）加入 0.3%～1% SDS，在 95 ℃煮样品 5 min，冷却后加入至少 5 倍体积的上面（1）或（2）裂解液。

B. 总蛋白抽提程序

(1) 培养细胞的收集。

(2) 用磷酸缓冲液(PBS)洗细胞3次(室温,1000 g 离心,各2 min)。

(3) 将细胞分装到1.5 mL离心管中,吸干残留的PBS。

(4) 加入裂解缓冲液(1.5×10^6 个细胞大约加入100 μL裂解液),在室温振荡1 h,使其充分溶解。

(5) 4 ℃,40 000 g 离心1 h。

(6) 吸取上清并用Brandford法定量蛋白,然后分装至离心管里−78 ℃保存备用。

C. 取组织样品处理方法

对大多数从动物或植物组织里提取总蛋白质而言,同样没有一种通用的程序,但遵循的原则基本相同。下面列出两种对植物树叶总蛋白的方法。

(1) 三氯乙酸-丙酮沉淀法。

a. 在液氮中研碎叶片。

b. 悬浮于含10%三氯乙酸(TCA)和0.07% β-巯基乙醇(或DTT)的丙酮溶液,此操作在−20 ℃冰浴进行。

c. 让蛋白质沉淀过夜,4 ℃,40 000 g 离心1 h,弃上清。

d. 重悬沉淀于含0.07% β-巯基乙醇的冰预冷丙酮溶液里。

e. 4 ℃,40 000 g 离心1 h,真空干燥沉淀。

f. 用(A)或(B)裂解液溶解沉淀,4 ℃,40 000 g 离心1 h。

g. Brandford法定量蛋白质,然后分装至离心管里−78 ℃保存备用。

(2) 超速离心法。

a. 取材。

b. 用研钵在液氮冷冻条件下将样品研成粉末,每1 g样品加入0.5 mL裂解液,使用组织匀浆器匀浆30 s。

c. 取组织悬液,15 ℃,10 000 g 离心10 min。

d. 取上清,4 ℃,150 000 g 超速离心45 min。

e. 小心避开上层漂浮的脂质层,吸取离心上清,6 ℃,40 000 g 离心50 min。

f. 取上清,Brandford法定量蛋白,然后分装至离心管里−75 ℃保存备用。

2. 第一向等电聚焦(IEF)

双向电泳的第一向IEF电泳采用IPGphor,实验将变得很简单。IPGphor包括半导体温控系统(18~25 ℃)和程序化电源(8000 V,1.5 mA)。可采用普通型胶条槽一步完成胶条的水化、上样和电泳,大大减少操作步骤。IPGphor一次可进行12个胶条槽的电泳,因采用高电压,可缩短聚焦时间。

1) IPG胶条的水化和电泳

(1) 仪器:IPGphor。

(2) 试剂:样品溶解缓冲液(9 mol/L尿素,4% CHAPS,2% IPG缓冲液,40 mmol/L DTT,40 mmol/L Tris碱);水化液(8 mol/L尿素,2% CHAPS,15 mmol/L DTT和0.5% IPG缓冲液);水化液需当天新鲜配制(可配成储存液分装,−20 ℃保存,但不可反复冻融)。尿素溶液加热温度不能超过37 ℃,否则蛋白质会发生氨甲酰化。

2）实验步骤

A. 加样品水化

（1）以样品溶解缓冲液溶解样品。蛋白质上样浓度不要超过 10 mg/mL，否则会造成蛋白质的集聚或沉淀。

（2）吸取适量（表 28-1）含有样品的水化液放入标准型胶条槽中，为确保样品充分进入胶条中，不要加入过量的水化液。

（3）从酸性端（尖端）一侧剥去 IPG 胶条的保护膜，胶面朝下，先将 IPG 胶条尖端（阳极）朝标准型胶条槽的尖端方向放入胶条槽中，慢慢下压胶条，并前后移动，避免生成气泡，最后放下 IPG 胶条平端（阴极），使水化液浸湿整个胶条，并确保胶条的两端与槽两端的电极接触。

（4）IPG 胶条上覆盖适量 Immobiline DryStrip 覆盖油，盖上盖子。

表 28-1　IPG 胶条所需水化液体积

胶条长度/cm	每条需水化液体积/μL（指加入样品后的体积）
7	125
11	200
13	250
18	350
24	450

（5）将标准型胶条槽的尖端背面电极与 IPGphor 仪器的阳极平台接触；平端的电极与阴极接触。

（6）设置 IPGphor 仪器运行参数，在 20 ℃下运行，最大电流 50 μA，18 cm 胶条对应样品体积 350 μL。等电聚焦电泳时的梯度电压和时间见表 28-2。

表 28-2　IPGphor 运行条件

电压	时间
30 V	10～12 h（水化）
200 V	1 h
500 V	1 h
500～8000 V	30 min
8000 V	3 h（IPG 4～7）；2 h（IPG 4～9，3～10L，3～10NL）*

* 括号中为使用的 IPG 缓冲液名称

低电压时水化，有利于高分子质量蛋白质进入胶中，并减少蛋白质形成聚集体。

（7）IPG 胶条水化后自动进行等电聚焦电泳。

（8）暂时不进行第二向的 IPG 胶条，可夹在两层塑料薄膜中于－80 ℃保存几个月。

注：不推荐每条 IPG 胶条的电流超过 50 μA，因为这有可能产生过多的热量且有可能损坏胶条和槽，甚至烧焦。

B. 不加样品水化

（1）标准型胶条槽。

a. 用适量的水化液进行胶条水化，方法同加样品水化步骤（3）～（5），水化过夜。

b. 于胶条槽的加样孔中加入浓缩的样品。每个加样孔的一侧可加入 7.5 μL 样品（每个加样孔分别有两侧可加样），采用此种方法上样，每个胶条槽最多可加入 30 μL 样品。

c. 设置 IPGphor 仪器运行参数，见表 28-2。

d. 进行等电聚焦电泳。

e. 暂时不进行第二向的 IPG 胶条可夹在两层塑料薄膜中于－80 ℃保存几个月。

(2) 通用型杯上样胶条槽。

a. 采用 Immobiline DryStrip 水化盘或标准型胶条槽进行 IPG 胶条的水化，加入适量的水化液，方法同加样品水化步骤(3)、(4)，水化过夜。

b. 将通用型杯上样胶条槽的尖端与 IPGphor 仪器的阳极平台接触；胶条槽的平端与仪器的阴极接触。

c. 将已水化的 IPG 胶条转移到通用型杯上样胶条槽。胶面朝上，先将 IPG 胶条尖端(阳极)朝胶条槽的尖端方向放入胶条槽中，胶条必须横跨胶条槽与 IPGphor 仪器的两个电极板接触的区域。

d. 在 IPG 胶条表面上盖适量 Immobiline DryStrip 覆盖油(3～5 mL)，充满整个胶条槽。

e. 取两个 IEF 电极片，用去离子水浸湿后放在滤纸上，去除多余的水。

f. 分别将两个 IEF 电极片放在 IPG 胶条的两端，将电极压在两个电极片的外缘。

g. 样品杯可放在两个电极间除胶条槽内侧凸起外的任何位置，对于碱性分离范围的 IPG 胶条，尽量将样品杯靠近阳极放置。

h. 在样品杯中加入少量不含样品的水化液检查是否漏液。上样前吸走水化液。

i. 上样前将样品离心去掉不溶物，每个样品杯最多可加样 100 μL。

盖上胶条槽的盖子，再盖 IPGphor 仪器的盖子。

j. 设置仪器运行参数，见表 28-2。

C. IPG 胶条的平衡

IPG 胶条平衡两次，每次 15 min。平衡缓冲液包括 6 mol/L 尿素和 30%甘油，可减少电渗，有利于蛋白质从第一向到第二向的转移。第一步平衡在平衡液中加入 DTT，使变性的非烷基化蛋白质处于还原状态；第二步平衡步骤中加入碘乙酰胺，使蛋白质巯烷基化，防止它们在电泳过程中重新氧化，碘乙酰胺还能使残留的 DTT 烷基化(银染过程中，DTT 会导致点拖尾)。将 IPG 胶条轻轻润洗，并去除多余的平衡缓冲液，放入第二向 SDS 胶中。

注：如果缩短平衡时间，会影响一部分蛋白质从 IPG 胶条转移到 SDS 胶的效率。这种情况下建议在转移到 SDS 胶后将 IPG 胶条染色，以检查是否所有蛋白质都已离开 IPG 胶条。

(1) 仪器：玻璃管(200 mm 长，20 mm 内径)，Parafilm，振荡仪。

(2) 试剂。

a. 4×分离胶缓冲液[1.5 mol/L Tris-HCl，pH8.8 和 0.4%(*m*/*V*)SDS]：45.5 g Tris 和 1 g SDS 溶于 200 mL 去离子水中，用 6 mol/L HCl 调节 pH 到 8.8，再用去离子水定容至 250 mL，加入 25 mg 叠氮钠并过滤。此溶液可于 4 ℃储存两周。

b. 平衡缓冲液[0.05 mol/L Tris-HCl，pH8.8，6 mol/L 尿素，30%(*m*/*V*)甘油和 2%(*m*/*V*)SDS]：180 g 尿素，150 g 甘油，10 g SDS 和 16.7 mL 分离胶缓冲液溶于去离子水中，定容至 500 mL。此缓冲液可于室温下保存两周。

c. 溴酚蓝溶液[0.25%(*m*/*V*)溴酚蓝溶于分离胶缓冲液中]：25 mg 溴酚蓝溶于 10 mL 分离胶缓冲液中，4 ℃储存。

(3) 实验步骤如下。

a. 使用前每 10 mL 平衡缓冲液中加入 100 mg DTT(相当于平衡缓冲液Ⅰ)，根据表 28-3 加入适量平衡缓冲液Ⅰ和溴酚蓝溶液。取出 IPG 胶条分别放入玻璃管中(支持膜贴着管壁，每个玻璃管中放一条 IPG 胶条)，用 Parafilm 封口，在振荡仪上振荡 15 min，倒掉平衡缓冲液Ⅰ。

b. 每 10 mL 平衡缓冲液加入 400 mg 碘乙酰胺(相当于平衡缓冲液Ⅱ)。根据表 28-3 加入适量平衡缓冲液Ⅱ和溴酚蓝溶液。用 Parafilm 封口,在振荡仪上振荡 15 min,倒掉平衡缓冲液Ⅱ。

表 28-3　IPG 胶条平衡液用量

胶条长度/cm	每条胶条的平衡液体积/mL	溴酚蓝溶液/μL
7	2.5～5	12.5～25
11	5～10	25～50
13	5～10	25～50
18	10	50
24	15	70

c. 用去离子水润洗胶条 1 s,将胶条的边缘置于滤纸上数分钟,以去除多余的平衡缓冲液。

d. IPG 胶条的转移:将 IPG 胶条放在位于玻璃板之间的凝胶面上,使胶条支持膜贴着其中的一块玻璃板,用一薄尺将 IPG 胶条轻轻地向下推,使整个胶条下部边缘与凝胶的上表面完全接触,并无气泡产生。

e. 可选操作:加入分子质量标准蛋白。

分子质量标准蛋白溶液与等体积的 1%琼脂糖溶液混合后,加入 IEF 上样纸片上能得到很好的效果。终浓度为 0.5%的琼脂糖会凝聚,在施加电压前可以防止标准蛋白的扩散。

其他可选的方法是,将标准蛋白以 15～20 μL 的体积加入大小合适的 IEF 上样滤纸片,放在玻璃板上,然后用镊子将上样滤纸片放置在 IPG 胶条一侧末端,并与凝胶上表面接触。

f. 最后用 1～1.5 mL 琼脂糖密封液封顶,使 IPG 胶条完全被覆盖,注意不要产生气泡。

3. 第二向 SDS 电泳

溶液配制与灌胶步骤参考“SDS-PAGE 电泳”。电泳步骤如下。

(1) 电泳槽中装满电泳缓冲液。

(2) 将平衡好的 IPG 胶条浸入电泳缓冲液几秒。

(3) 将 IPG 胶条小心的放置于 SDS 胶面上,并轻压使 IPG 胶条与 SDS 胶面充分结合,上面覆盖 2 mL 热的琼脂糖溶液(75 ℃),使琼脂糖在 5 min 内凝固。

(4) 开始垂直的 SDS 电泳,当溴酚蓝染料迁移到胶的底部边缘即可结束电泳。

(5) 跑好的胶转移到染色盒里固定,准备染色。

4. 2-DE 胶蛋白质点的检测

2-DE 胶蛋白质点的检测方法大致有:①考马斯亮蓝染色法(简称考染);②银染法;③负染法;④荧光染色法;⑤放射性同位素标记法等。这几种检测方法的灵敏度各不相同。目前最常用的是银染法和考染法。由于银染的灵敏度是考染的 50 倍,一般用银染法进行分析处理,再用考染法来进行样品微量制备。

1) 考马斯亮蓝染色

(1) 经典的考马斯亮蓝染色程序(表 28-4)。

表 28-4 考马斯亮蓝染色程序

序号	项目	试剂	时间
1	固定	20%三氯乙酸	1 h
2	染色	0.1% CBB溶于40%乙醇/10%乙酸	2 h
3	脱色	40%乙醇+10%乙酸	2×30 min
4	强化	1%乙酸	过夜
5	清洗	去离子水	30 min

该方法的局限性：灵敏度低（≈1 μg 蛋白质/斑点）。

(2) Neuhoff 胶体考染法。

a. 固定：12%(*m*/*V*)三氯乙酸(TCA)固定 2 h。

b. 染色：200 mL 染色液混合 50 mL 甲醇，16～24 h。

染色液：在 490 mL 含 2%(*m*/*V*)的 H_3PO_4 中加 50 g $(NH_4)_2SO_4$ 直至完全溶解，再加 0.5 g 考马斯亮蓝 G250(已溶于 10 mL H_2O 中)，搅拌混合。无需过滤，使用前摇匀。

(3) 漂洗。

a. 0.1 mol/L Tris-H_3PO_4缓冲液(pH6.5)漂洗 2 min。

b. 25%(*V*/*V*)甲醇漂洗不超过 1 min。

(4) 稳定：在 20%的$(NH_4)_2SO_4$中稳定蛋白质-染料复合物。

优点：背景低，灵敏度高，可达到 200 ng 蛋白质/斑点。

2) 热考马斯亮蓝染色及二次染色法

(1) 染色[0.025%(*m*/*V*)考马斯亮蓝 R350]：将 1 片 Phast Gel Blue 药片溶入 1.6 L 10%乙酸，将染色液加热到 90 ℃，倒入凝胶染色盘，振荡 10 min。

(2) 脱色：10%乙酸室温振荡脱色 2 h，期间需多次更换脱色液，脱色液可通过铺有活性炭的滤纸层过滤回收；脱色液和染色液可重复使用。

脱色后的凝胶可进行扫描分析，选中的点可用 Spot Picker 自动切胶仪挖出，再进行后续的硝酸银染色可得到更多的蛋白点。用考马斯亮蓝预染过的胶再进行银染，灵敏度比单独银染更高，且热染过程迅速。

(3) 二次染色：待考马斯亮蓝染色后的背景完全脱除后，可用以下的银染法进行二次染色。现已有蛋白质硝酸银染色试剂盒出售，可按其说明书操作。

3) 硝酸银染色　银染的方法种类很多，大致的原理是银离子在碱性环境下被还原成金属银，沉淀在蛋白质的表面而显色。灵敏度高，可达到 1 ng 蛋白质/斑点，广泛用于 2-DE 分析。

银染注意事项如下。

(1) 很多银染程序都使用了戊二醛，它能提高银染的灵敏度和染色结果的重复性，但会修饰蛋白质，影响对蛋白质点的质谱鉴定和分析。

(2) 可使用玻璃或塑料作染色器皿，并保证所有的染色器皿绝对干净。

(3) 水的纯度对染色结果影响很大，至少要用双蒸水(电导率<2 μS)，有条件的可使用 Millipore water。

(4) 染色过程中必须戴手套。

(5) 所用化学试剂一定要用分析纯(AR)。

【结果】

切取凝胶上感兴趣的蛋白质斑点，酶解后进行质谱分析。图 28-1 是大肠杆菌细胞内的所有蛋白质的 2-DE 图谱，可供参考。

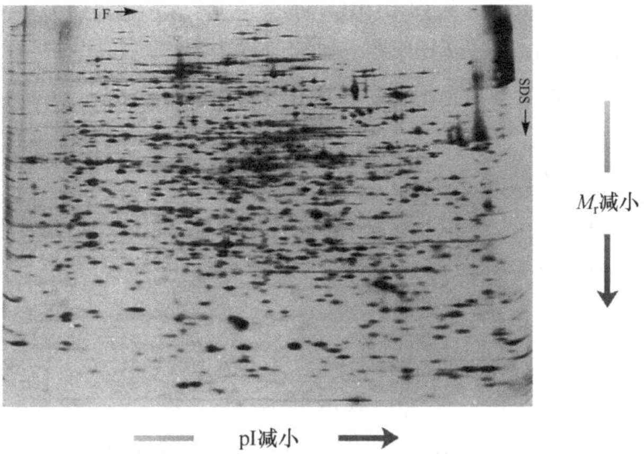

图 28-1　2-DE 的凝胶图

【思考题】

(1) 什么是蛋白质组学？它的研究方法有哪些？

(2) 蛋白质双向电泳与普通电泳有什么异同点？双向电泳中蛋白质点的分布和什么有关？

(3) 双向电泳中 IPG 胶条有什么作用？

【附：使用垂直管式圆盘电泳槽进行等电聚焦电泳】

1. 器材

1) 仪器　电泳仪，垂直管式圆盘电泳槽，注射器与针头，移液管(10 mL、5 mL、2 mL、1 mL、0.1 mL)，小烧杯，培养皿，直尺，小刀，精密 pH 试纸和带细长复合 pH 电极的 pH 计，塑料薄膜和橡皮筋。

2) 试剂　丙烯酰胺，甲叉双丙烯酰胺，两性电解质 Ampholine(40%，pH3.5～9.5)，过硫酸铵(催化剂)，TEMED(四甲基乙二胺)(加速剂)，磷酸，NaOH，三氯乙酸(TCA)。

3) 溶液配制

(1) 丙烯酰胺贮液(30%丙烯酰胺，交联度 2.6%)。

30 g 丙烯酰胺和 0.8 g 甲叉双丙烯酰胺溶于 H_2O，定容至 100 mL，滤去不溶物后存于棕色瓶，4 ℃可保存数月。

(另一配方为 29.1 g 丙烯酰胺和 0.9 g 甲叉双丙烯酰胺溶于 H_2O，定容至 100 mL，交联度为 3.0%。)

(2) 两性电解质 Amphline(40%)的加入量为：50 μL /mL 胶液。

(3) 过硫酸铵：配成 1 mg/mL 的浓度，当天配制。胶液中的加入量为 0.5 mg/mL 胶液。

(4) TEMED：胶液中的加入量为 1 μL/mL 胶液。

(5) 蛋白质样品：选用两种等电点相差较大的蛋白质，每根垂直管中每种蛋白质的加样量控制在<100 μg。蛋白质样品配制成各为 5 mg/mL 的浓度。

(6) 固定液：10%的三氯乙酸。

(7) 阳极电极液：0.1 mol/L H_3PO_4。

3.4 mL 浓磷酸(85%)加 H_2O 至 500 mL，每个电泳槽用 500 mL。

(8) 阴极电极液：0.5 mol/L NaOH。

2 g NaOH 加 H_2O 溶解至 500 mL，每个电泳槽用 500 mL。

2. 操作步骤

1) 配胶　　按表 28-5 的顺序配胶。

过硫酸铵是胶聚合的催化剂，因此最后加入，加毕，立即摇匀，因胶很快就会聚合，必须立即装管。通常化学聚合的胶液，需在过硫酸铵加入前进行减压抽气处理，本实验将此抽气步骤省略并不影响实验结果。

$$\text{胶浓度 } T=\frac{\text{丙烯酰胺贮液浓度}\times\text{贮液加入量}}{\text{胶液总体积}}\times 100\%$$

$$\text{交联度 } C=\frac{\text{胶液中甲叉双丙烯酰胺的量 } b}{\text{胶液中丙烯酰胺的量 } a+\text{甲叉双丙烯酰胺的量 } b}\times 100\%$$

表 28-5　配胶加样的顺序及用量

装管数	4 支	5 支	6 支
胶浓度	5.0%	4.8%	5.0%
胶液总体积/mL	8	10	12
丙烯酰胺贮液/mL	1.33	1.60	2.0
Ampholine/mL	0.40	0.50	0.60
TEMED/mL	0.008	0.010	0.012
蛋白质样品/mL	0.080	0.100	0.120
H_2O/mL	2.26	2.79	3.27
过硫酸铵(1 mg/mL)/mL	4.0	5.0	6.0

2) 装管　　每人装两支管，每组装四支。先用肥皂洗手，然后将圆盘电泳槽的玻璃管洗净，底端用塑料薄膜和橡皮筋封口，垂直放在试管架上，用移液管将配好的胶液移入管内，(每根玻璃管的容量为 1.5～1.8 mL)，液面加至距管口 1 mm 处，用注射器轻轻加入少许 H_2O，进行水封，以消除弯月面使胶柱顶端平坦。胶管垂直聚合约 30 min，聚合完成时可观察到水封下的折光面。

3) 装槽和电泳　　用滤纸条吸去胶管上端的水封，除去下端的薄膜，水封端向上，将胶管垂直插入圆盘电泳槽内，调节好各管的高度，记下管号。每支管约 1/3 在上槽，2/3 在下槽。上槽加入 500 mL 0.1 mol/L H_3PO_4，下槽加入 500 mL 0.1 mol/L NaOH，淹没各管口和电极，用注射器或滴管吸去管口的气泡。上槽接正极，下槽接负极，开启电泳仪，恒压 160 V，聚焦 2～3 h，至电流近于零不再降低时，停止电泳。

4) 剥胶　　取下胶管，用 H_2O 将胶管和两端洗两次，用注射器沿管壁轻轻插入针头，在转动胶管和内插针头的同时分别向胶管两端注入 H_2O 少许，胶条即自行滑出，若不滑出可用洗耳球轻轻挤出。胶条置于小培养皿内，记住正极端为“头”，负极端为“尾”，若分不清时，可用

pH 试纸鉴定，酸性端为正，碱性端为负。

5) 固定　取两支胶条置于一个小培养皿内，倒入 10%三氯乙酸溶液至没过胶条，进行固定，约半小时后，即可看到胶条内蛋白质的白色沉淀带。固定完毕，倒出固定液，用直尺量出胶条长度 L_2 和正极端到蛋白质白色沉淀带中心（即聚焦部位）的长度 L'。

固定后的胶条可在紫外/可见分光光度计上用 280 nm 或 238 nm 波长作凝胶扫描，然后用扫描图作相应的测量和计算。

6) 测定 pH 梯度　将放在另一个培养皿内未固定的胶条，用直尺量出待测 pH 胶条的长度 L_1。按照由正极至负极的顺序，用镊子和小刀依次将胶条切成 10 mm 长的小段，分别置于小试管中，加入 1 mL H_2O，浸泡半小时以上或过夜，用仔细校正后的带细长 pH 复合电极的 pH 计测出每管浸出液的 pH。

3. 结果

(1) 以胶条长度(mm)为横坐标，pH 为纵坐标作图，得到一条 pH 梯度曲线。所测每管的 pH 为 10 mm 胶条的 pH 的混合平均值。作图时将此 pH 取为 10 mm 小段中心即 5 mm 处的 pH。

(2) 用下式计算蛋白质聚焦部位至胶条正极端的实际长度 L：

$$L=L'\times\frac{L_1}{L_2}$$

式中，L' 为量出蛋白质的白色沉淀带中心至胶条正极端的长度；L_1 为测 pH 的胶条的长度；L_2 为固定后胶条的长度。

(3) 根据计算出的 L，由 pH 梯度曲线上查出相应的 pH，即为该蛋白质的等电点。

(4) 画出固定后所测胶条的示意图。

（涂　毅）

实验 29　免疫印迹

【实验目的】

掌握免疫印迹的原理和方法。

【实验原理】

印迹法(blotting)是指将样品转移到固相载体上，而后利用相应的探测反应来检测样品的一种方法。1975 年，Southern 建立了将 DNA 转移到硝酸纤维素膜(NC 膜)上，并利用 DNA-RNA 杂交检测特定的 DNA 片段的方法，称为 DNA 印迹法(Southern blotting)。而后人们用类似的方法，对 RNA 和蛋白质进行印迹分析，对 RNA 的印迹分析称为 Northern 印迹法，对双向电泳后蛋白质分子的印迹分析称为 Eastern 印迹法。

免疫印迹法(immunoblotting test，IBT)也称酶联免疫电转移印斑法(EITB)，因与 Southern 早先建立的检测核酸的印迹方法 Southern 印迹法相类似，也被称为 Western 印迹法。免疫印迹法分三个阶段进行。

第一阶段为 SDS-聚丙烯酰胺凝胶电泳（SDS-PAGE）。抗原等蛋白样品经 SDS 处理后带负电荷，在聚丙烯胺凝胶中从阴极向阳泳动，分子质量越小，泳动速度就越快。此阶段分离效果肉眼不可见（只有在染色后才显出电泳区带）。

第二阶段为电转移。经过 PAGE 分离的蛋白质样品，转移到固相载体（如硝酸纤维素薄膜）上，固相载体以非共价键形式吸附蛋白质，且能保持电泳分离的多肽类型及其生物学活性不变。选用低电压（100 V）和大电流（1～2 A），通电 45 min 转移即可完成。转移后的 NC 膜就称为一个印迹（blot），用于对蛋白质的进一步检测。此分阶段分离的蛋白质条带。肉眼仍不可见。

第三阶段为酶联免疫定位。印迹首先用蛋白质溶液（如 5％的 BSA 或脱脂奶粉溶液）处理以封闭 NC 膜上剩余的疏水结合位点，而后用所要研究的蛋白质的抗体（一抗）处理，印迹中只有待研究的蛋白质与一抗特异结合形成抗原-抗体复合物，而其他的蛋白质不能与一抗结合，清洗除去未结合的一抗。处理过的印迹进一步用适当标记的二抗处理（二抗是指一抗的抗体，如一抗是从鼠中获得的，则二抗就是抗鼠 IgG 的抗体），带有标记的二抗与一抗结合形成抗体复合物可以指示一抗的位置，即是待研究的蛋白质的位置。如用酶联二抗处理后，再用适当的底物溶液处理，当酶催化底物生成有颜色的产物时，就会产生可见的区带，指示所要研究的蛋白质位置（图 29-1）。常用的辣根过氧化物酶（HRP）的底物为 3，3′-二甲基联苯胺（呈棕色）和 4-氯-1-萘酚（呈蓝紫色）。阳性反应的条带清晰可辨，并可根据 SDS-PAGE 加入的分子质量标准，确定各组分的分子质量。

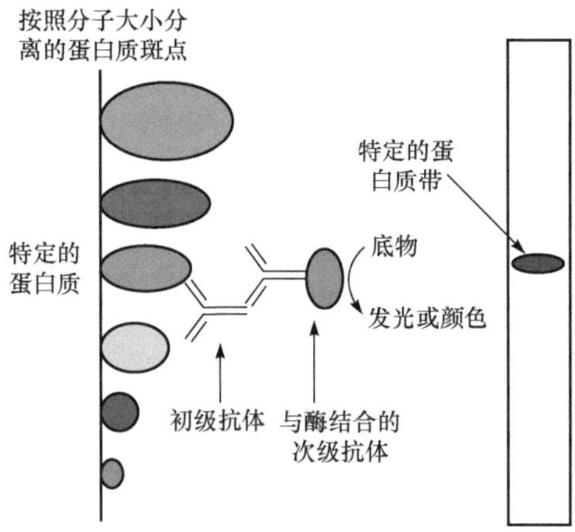

图 29-1　免疫印迹原理

本法综合了 SDS-PAGE 的高分辨力和 ELISA 法的高特异性和敏感性，是一个有效的分析手段，不仅广泛应用于分析抗原组分及其免疫活性，并可用于疾病的诊断。在艾滋病病毒感染中此法作为确诊试验。抗原经电泳转移在硝酸纤维素膜上后，将膜切成小条，配合酶标抗体及显色底物制成的试剂盒，可方便地在实验室中供检测用。根据出现显色线条的位置可判断有无针对病毒的特异性抗体。该技术也广泛应用于检测蛋白质水平的表达（图 29-2）。

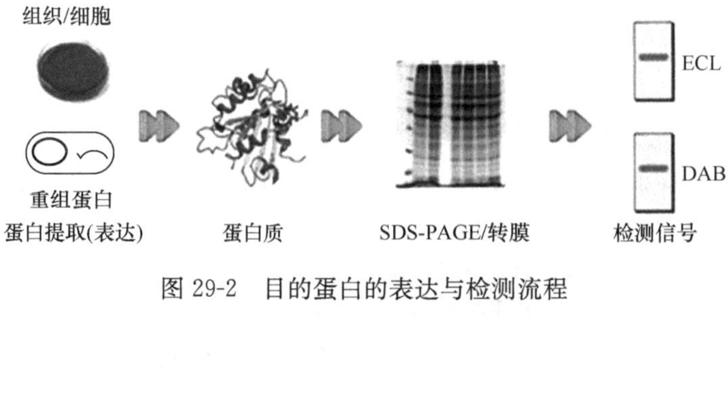

图 29-2　目的蛋白的表达与检测流程

【器材】

1. 仪器

垂直板电泳槽，转移电泳槽，电泳仪，NC 膜，PVDF 膜等。

硝酸纤维素膜：NC 膜与蛋白质靠疏水作用结合，无需预先活化，对蛋白质的活性影响小；非特异性本底显色浅；价格低廉，使用方便。但结合在 NC 上的小分子蛋白质在洗涤时易丢失；NC 韧性较差，易损坏。

聚偏二氟乙烯(polyvinylidene fluoride，PVDF)膜：与蛋白质亲和力高，韧性好，但价格昂贵。用前需在甲醇中浸泡，以活化膜上的正电基团，使其更容易与带负电荷蛋白结合。甲醇泡完后，再在转移缓冲液里泡 1～2 min。

2. 试剂

丙烯酰胺、*N*，*N*′-亚甲丙烯酰胺、Tris、SDS、甘油、TEMED、过硫酸铵、考马斯亮蓝、氯化钠、氯化镁、甲醇、β-巯基乙醇、溴酚蓝、甘氨酸(Gly)、BSA、Tween-20、羊抗兔 IgG-HRP 等。

【操作步骤】

1. Western blotting 实验试剂配制

(1) 转移缓冲液：600 mL 蒸馏水中加入 3.03 g Tris，14.41 g Gly，200 mL 甲醇，加蒸馏水至 1000 mL。

(2) 封闭液：含 5%脱脂奶粉，0.2% Tween-20 的 PBS 缓冲液。

(3) 洗涤液：含 0.2% Tween-20 的 PBS 缓冲液。

(4) 抗体稀释液：含 5%脱脂奶粉，0.2% Tween-20 的 PBS 缓冲液。

(5) 显色剂：DAB(二甲基联苯胺)16 mg，30% H_2O_2 80 μL，加 0.01 mol/L Tris-HCl (pH7.2)至总体积 20 mL，新鲜配制。

注：DAB 有致癌的潜在可能，操作时要小心仔细。

(6) PBS 缓冲液(pH7.4)：在 800 mL 蒸馏水中溶解 NaCl 8 g、KCl 0.2 g、$Na_2HPO_4 \cdot 12H_2O$ 3.632 g、KH_2PO_4 0.24 g，用 HCl 调节 pH 至 7.4，加水定容至 1 L，1.034×10^5 Pa 高压蒸汽灭菌 20 min，保存于室温。

2. SDS-PAGE

参见实验 22。

免疫印迹杂交的敏感与检测系统有关。因此，凝胶电泳时的蛋白上样量应该保证被检测抗原量不至于太低，如果过低应该重新纯化和浓缩使用。纯化和浓缩的蛋白质样品必须注意盐的浓度可能过高，可平衡一下盐的浓度，如透析。

3. 转膜

1) NC 膜处理　用刀切与凝胶大小相等的 NC 膜，浸于转移缓冲液中 30 min。

注：一定要戴手套或用塑料镊子接触膜，因为手上的蛋白质和油脂会影响转膜效率。

2) 凝胶处理　去离子水略漂洗，浸于转移缓冲液中 30 min。

取凝胶方法：用刀片将两玻璃板分开，将多余的凝胶划去，上部以浓缩胶为准全部弃去，下部以分子质量标准最小分子带下一点全部划去，取一 10 mL 注射器注满转移缓冲液，插入玻璃板与凝胶之间注水，使水的压力将两者自然分开，边推边进，反复多次注水，直至凝胶从玻璃板上滑落下来。

注：取出凝胶后应注意分清上下，可用刀片切去凝胶的一角作为标记(如左上角)。转膜时也应用同样的

方法对 NC 膜做上标记(如左上角),以分清正反面和上下关系。

3) 海绵、滤纸处理　　剪切与 NC 膜大小相等的滤纸 6 块,海绵、滤纸浸于转移缓冲液中。

注:滤纸不要大过膜,防止短路。

4) 夹心饼制作(图 29-3)

(1) (负极)黑塑料板→海绵→3 层滤纸→凝胶→NC 膜→3 层滤纸→海绵→白塑料板(正极)。

(2) 每一层用玻璃棒在其表面上轻轻滚动以除去气泡。

(3) 合拢转移夹板,并将夹板两侧锁住。

注:转膜时应依次放好 NC 膜与凝胶所对应的电极,即凝胶对应负极,NC 膜对应正极。

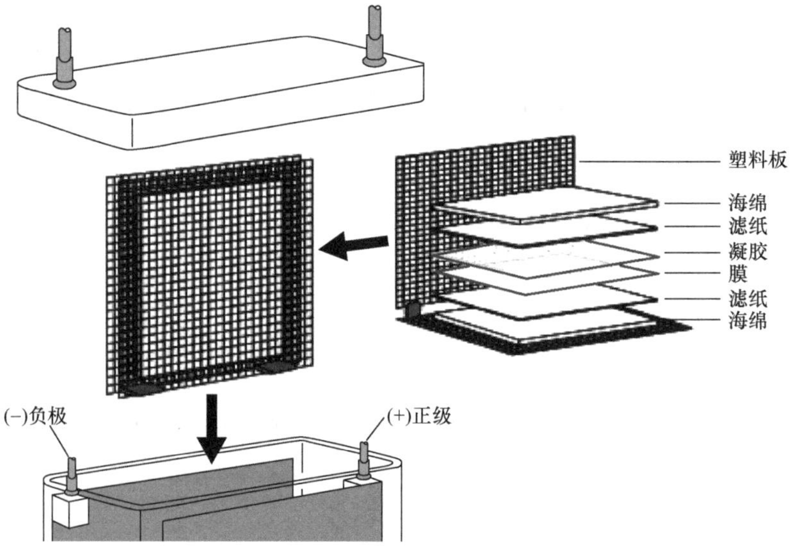

图 29-3 "夹心饼"的制作

5) 电泳　　4 ℃,2 mA/cm 恒流,转移电泳 12 h,然后卸装置,取 NC 膜,切左下角做标记。

注:一般转膜的电流为 200～400 mA,转膜时间为 30～60 min。也可以在 15～20 mA 转膜过夜。目的蛋白的分子质量越大,需要的转膜时间越长。高电流快速转膜时,通常会有非常严重的发热现象,最好把转膜槽放置在冰浴中进行转膜。

6) 染色

(1) 印迹后的 NC 膜用 50 mL PBS 漂洗 10 min。

(2) 用封闭液(含 5%脱脂牛奶、0.5% Tween-20 的 PBS,即 PBST)37 ℃封闭 2～3 h,倒出,弃封闭液,用 PBST 漂洗 3 次,每次 10 min。

注:在进行抗体杂交之前,需要先对转印膜进行封闭,以防止非特异性的蛋白质结合位点与抗体结合引起非特异的染色和背景。一般用惰性蛋白质或非离子去污剂封闭膜上的未结合位点来降低抗体的非特异性结合。封闭剂应该封闭所有未结合位点,而不替换膜上的靶蛋白、不结合靶蛋白的表位,也不与抗体或检测试剂有交叉反应。常用的封闭试剂有 5%的 BSA 或者脱脂奶粉,缓冲液一般选择 PBST 或 TBST。

(3) 与抗体反应:37 ℃振荡 2 h,抗体稀释比例为 1 : 20(用后回收),用 PBST 漂洗 3 次,每次 10 min。

(4) 与酶标二抗反应:37 ℃振荡 50 min,抗体稀释比例 1 : 200(用后回收),用 PBST 漂洗

3 次,每次 10 min。

注:一抗、二抗的稀释度、作用时间和温度,对不同的蛋白质要经过预实验确定最佳条件。

洗涤是为了洗去一抗和二抗的非特异性结合,洗涤的效果直接影响结果背景的深浅,所以洗涤一定要干净。洗涤液使用 TBST 或者 PBST,其中的 Tween-20 有助于去除非特异性的结合,减少背景。同时短时间多次的洗膜(如 5~6 次,每次 3 min)比长时间少次数的洗膜更有效。

(5) 用 PBS 漂洗膜两次,每次 10 min。

注:PBS 洗涤是为了洗去膜上的 Tween-20,因为它可以阻碍底物的沉积。

(6) 转入 20 mL 显色剂中浸泡 1~2 min,即可见棕色谱带。一旦谱带显示,立即取出。

(7) 蒸馏水漂洗,终止反应。

7) 拍照并保存　　拍照,永久记录或密封保存于 4 ℃蒸馏水中。

【结果】

将膜上显色的结果和 SDS-PAGE 电泳的凝胶排列好照相,分析转膜的效果(图 29-4)。

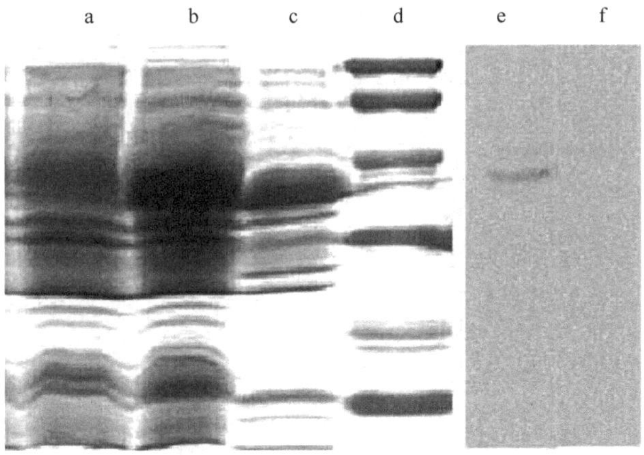

图 29-4　蛋白质的诱导表达及鉴定的凝胶电泳及免疫印迹结果

a. 未诱导的工程菌(对照);b. 诱导的工程菌;c. 诱导工程菌的包涵体;d. Marker,从上至下分子质量分别是 94.4 kDa、66.2 kDa、43 kDa、31 kDa、20.1 kDa、14.4 kDa;e. 诱导工程菌的免疫印迹;f. 未诱导工程菌的免疫印迹(对照)。左侧 a、b、c 为 SDS-PAGE 结果,右侧 e、f 为印迹,b、c 与 a 相比较,在约 40 kDa 处有明显的蛋白质条带,而 e 在相应的相位有阳性染色,f 却没有,说明该分子质量大约 40 kDa 的蛋白质分子是经诱导表达的特异性蛋白质

成功进行 Western blotting 检测,设置合适正确的对照是必不可少的,只要正确设置了这些对照,即可快速和准确地找到 Western blotting 的问题所在,并保证实验结果的准确性和特异性。一般需要设置的对照如下。

阳性对照:明确表达检测蛋白的组织或细胞,用于检测抗体的工作效率。

阴性对照:明确不表达检测蛋白的组织或细胞,用于检测抗体的特异性。

二抗对照:不加一抗,用于检测二抗的特异性。

空白对照:不加一抗和二抗,用于检测膜的性质和封闭的效果。

【思考题】

(1) 显色的膜上出现了许多非特异性条带是什么原因造成的?背景太高是什么原因造成的?

(2) 为什么要对膜做封闭?

(涂　毅)

第3篇 细胞工程

细胞工程(cell engineering)是指应用细胞生物学和分子生物学的方法,通过类似于工程学的步骤,在细胞整体水平或细胞器水平上,按照人们的意愿来改变细胞内的遗传物质以获得新型生物或一定细胞产品的一门综合性科学技术。广义的细胞工程包括所有的生物组织、器官及细胞离体操作和培养技术,狭义的细胞工程则是指细胞融合和细胞培养技术。

细胞工程根据研究对象的不同,分为植物细胞工程(plant cell engineering)和动物细胞工程(animal cell engineering)。

植物细胞工程是以植物细胞为基本单位在体外条件下进行培养、繁殖和人为操作,改变细胞的某些生物学特性,从而改良品种加速繁育植物个体或获得有用物质的技术。植物细胞工程的发展经历了探索阶段、培养技术建立阶段和研究应用阶段。1756年,Moncean首先发现在受伤愈合的组织皮层能产生芽,因而预言这一途径可以成为一种繁殖途径。1902年,Haberlandt提出了细胞全能性学说,并进行了植物叶肉细胞、髓细胞、腺毛细胞、气孔保卫细胞、表皮细胞的培育试验。随后,K. V. Thimann发现生物激素,并证实了对植物细胞培养的作用,建立了激素调控模式。P. R. White、F. Skoog建立了培养基模式;G. Merel建立了脱毒技术等。这一系列相关技术的建立,使组织培养领域的研究迅速在各国的有关实验室广泛展开,组织培养体系更加完善,研究的目的性更明确,与相关学科的结合日趋紧密。植物细胞工程已逐渐形成了较为完整的理论和技术体系,并已广泛应用到生物科学研究的各个领域。

与植物细胞工程的不同,动物细胞工程是以动物细胞为基本单位,在离体条件下进行培养、繁殖和人为操作等,使细胞产生某些人们需要的生物学特征,从而改良品质,加速繁殖或获得有用品系的技术。动物细胞工程的发展起步较晚,直到20世纪初,动物细胞培养技术才逐渐建立。但是,随着20世纪60年代动物克隆技术建立,动物器官克隆为生物医学材料开辟了新途径,也给动物细胞工程赋予了新生命。

总之,细胞工程具有广泛的应用前景,其主要研究领域包括动植物细胞与组织培养、细胞融合、染色体工程、胚胎工程、细胞遗传工程等,涉及诸多理论原理及实际操作技术。其中,细胞工程的核心技术是细胞组织离体培养技术。它是通过无菌操作,把不同的操作对象,如细胞、组织、器官等接种于人工配制的培养基,给予人工控制的环境条件,使培育对象表现生命特征。细胞组织离体培养技术是对细胞进行遗传操作及细胞保藏的基础,也是基因工程、遗传工程等生命科学研究的重要手段。

本篇实验侧重于动植物组织细胞离体培养技术,内容分为8个实验,主要介绍动、植物细胞组织培养基本技能和操作要领。

第5章　细胞工程技术

实验30　菊花的愈伤组织诱导培养

【实验目的】

(1) 掌握植物组织培养的培养基母液的配制方法。

(2) 掌握用母液法配制MS培养基及培养基的灭菌方法。

(3) 掌握外植体材料的消毒、接种技术及外植体愈伤组织的诱导培养方法。

【实验原理】

1. 植物组织培养的概念

植物组织培养有广义和狭义之分。广义的植物组织培养又叫离体培养，指从植物体分离出符合需要的组织、器官或细胞、原生质体等，通过无菌操作，在人工控制条件下进行培养以获得再生的完整植株或生产具有经济价值的其他产品的技术。狭义的植物组织培养指用植物各部分组织，如形成层、薄壁组织、叶肉组织、胚乳等进行培养获得再生植株，也指在培养过程中从各器官上产生愈伤组织的培养，愈伤组织再经过再分化形成再生植物的技术。

植物组织培养有以下特点。

(1) 无菌操作：植物组织培养是应用无菌操作的方法培养离体植物器官或组织的过程。植物组织培养所用的培养基含有各类营养物质，是各种细菌、真菌滋生繁殖的极好场所。而且这些细菌、真菌的滋生不利植物组织的生长，所以必须对培养基进行灭菌处理。此外，为确保无菌操作的顺利进行，还需要在接种外植体前选择合适的消毒剂对植物外植体进行表面消毒，以获得无菌材料进行组织培养。

(2) 材料要选刚生长不久，具有高度分裂能力的茎尖，芽尖，这些材料感染病毒的机会很小。

(3) 植物细胞全能性确保了组织能培养成植株。

植物细胞全能性是指植物的任何一个体细胞，具有完整的细胞核，就具有整套的遗传信息，在一定的条件下能发育成完整植株。全能性的实现是通过脱分化和再分化过程来实现的(图30-1)。

用于培养的器官、组织、细胞通称为外植体，它们的细胞是高度分化的。培养的第一步就是要诱导这些已分化的细胞脱去分化状态(称为去分化或脱分化)，使其恢复到未分化的分生状态，形成愈伤组织；第二步是要使这些恢复到分生状态的细胞重新分化(再分化)，形成植株。

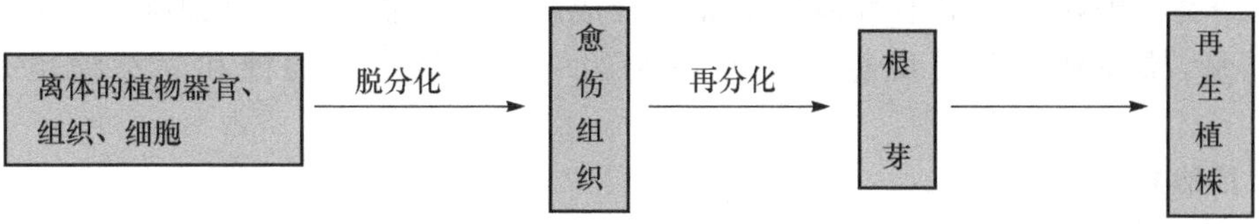

图 30-1　植物组织培养过程

第一步称诱导培养，第二步称分化培养。

愈伤组织原是指植物受伤之后于伤口表面形成的一团薄壁细胞。在组织培养中，则指外植体的增生细胞产生的一团不规则、疏松的薄壁细胞。一般情况下，植物组织均能诱发形成愈伤组织。由外植体形成愈伤组织，标志着组织培养的开始。

(4) 在无菌操作室中完成接种工作，然后放于培养室(光照为日光灯照射，温度为 25 ℃中培养。

2. 外植体的来源

用于外植体分离的母体植物材料一般有 3 种来源：一是生长在自然环境下的植物；二是在温室控制环境条件下生长的植物；三是无菌环境下已经过离体培养的植物。

选择外植体时，要根据试验目的选择优良的基因型。例如，蔬菜、其他作物等的脱毒快繁，是为了脱去病毒，提高产量和质量，就应选择当地栽培确认的高产优质的品种，作为脱毒的材料，并且品种一定要可靠。花卉、观赏植物的快繁，也应选择有价值的植物。从生长旺盛、健壮、无病虫害的植株上取材。母体代谢旺盛期切取的外植体，再生能力强，试验容易成功。有些植物的种子、幼胚或芽存在休眠，为了打破休眠，可利用低温处理或赤霉素等化学物质处理。此外，还需因植物不同处理温度和时间有所不同。

3. 培养基的成分

1) *无机营养物质*　　培养的植物组织、器官、细胞或者原生质体需要连续的供给某些无机化学物质，除了 C、H、O 之外，需要量比较多的元素叫大量元素，需要量比较少的元素叫微量元素。

培养基的大量元素使用量一般在每升几十至几千毫克。大量元素包括 N、P、K、Ca、Mg、S。培养基中加入量最多的是 N，一般以硝酸盐或胺盐，或者两者结合的盐提供。

微量元素的用量一般每升不高于几十毫克。植物所需的微量元素有 Fe、Cu、Zn、B、Mo、Mn、Co、Cl，其他一些化学药品常带有微量元素杂质，因此要注意微量元素的用量不能过多，多会引起生长抑制等毒害现象。

2) *有机化合物*　　有机物质包括维生素类物质、氨基酸类物质、糖类物质和一些其他的有机添加物。

(1) 维生素类物质。维生素类物质在酶系统中有催化功能。硫胺素(维生素 B_1)与愈伤组织的产生和生活力有关，可能是所有植物组织培养初期需要的维生素，而盐酸吡哆醇(维生素 B_6)促进根的生长，烟酸(维生素 B_3，又称维生素 PP)促进胚的发育。有的配方中还使用了泛酸钙(维生素 B_5)、生物素(维生素 H)、钴胺素(维生素 B_{12})、叶酸(维生素 B_{11})，维生素 C 等。

(2) 氨基酸类物质。绝大多数氨基酸适量时对培养效果都有正向效应。常用的有 Gly、Asn、Gln。在植物组织培养中，有时也用水解乳蛋白和水解酪蛋白。

(3) 糖类。糖在培养基中可为细胞提供合成新物质的碳骨架，为细胞的呼吸代谢提供底物和能量，维持渗透压。蔗糖是广泛应用的一种碳源。葡萄糖和麦芽糖也是常用的碳源。

(4) 其他有机物质。

a. 肌醇(环己六醇)：肌醇可以形成果胶物质，是细胞壁的构建物质。另外还可以形成植酸，与阳离子结合或形成磷脂，参与细胞膜的组成，利于胚和芽的形成。

b. 天然有机物：一些天然的有机物如椰乳、番茄提取物、酵母提取物、马铃薯煮汁也常用于植物组织培养，并表现出了良好的促进作用。

3) 植物生长调节物质　植物激素是在植物体内合成的，对植物生长发育有显著调节作用的微量有机物，而植物生长调节剂是外源的调节植物生长发育的物质。无机元素和有机营养构成的培养基仅保证培养物的生存与最低生理活动，只有加入植物生长调节物质，才能诱导细胞分裂、脱分化和再分化。

(1) 生长素类。生长素能促进细胞生长和细胞分裂；诱导受伤组织表面细胞恢复分裂能力；形成愈伤组织，促进生根；与一定量的细胞分裂素配合共同诱导不定芽的分化、侧芽的萌发与生长、胚状体的诱导。常用的生长素有以下几类。

a. 吲哚类：吲哚乙酸(IAA)、吲哚丁酸(IBA)、吲哚丙酸(IPA)。

b. 萘酸类：萘乙酸(NAA)。

c. 苯氧羧酸类：2,4-二氯苯氧乙酸(2,4-D)、2,4,5-三氯苯氧乙酸(2,4,5-T)、2,4,5-三氯苯氧丙酸(2,4,5-T_P)等。

其中吲哚乙酸在植物体内普遍存在，是生理活性最强的生长素。

(2) 细胞分裂素。细胞分裂素是一类腺嘌呤衍生物，能促进细胞的分裂和分化，诱导芽的分化，促进侧芽的萌发和生长，抑制衰老。主要有激动素(6-糠基氨基嘌呤，KT)、6-苄基氨基嘌呤(6-BA)和玉米素(ZT)等。其中最常用的是6-苄基氨基嘌呤。

分裂素与生长素的比例，是控制芽和根形成的一个重要条件：比例高时产生芽；比例低时产生根。

(3) 赤霉素(GA_3)。赤霉素的生理功能有以下几方面。

a. 诱导茎的细胞伸长，对矮生型植物恢复成高生型特别有效，对根无效。

b. 对形成层的细胞分化有影响，往往同生长素有协同作用。IAA/GA_3 比值高有利于木质部的分化，比值低有利于韧皮部的分化。

c. 破除种子、鳞茎、块茎休眠，使之提前萌发。

d. 对生长素和细胞分裂素的活性有增效作用。

注意，赤霉素不耐热，应采用过滤灭菌加入。

(4) 脱落酸(ABA)。脱落酸的生理作用有以下几方面。

a. 抑制蛋白质的合成。

b. 抵消和抑制生长素、细胞分裂素、GA_3 的作用。

c. 诱导休眠、促进衰老和脱落。

以上四种生长调节物质，前两类用得多，后两类只是补充，对某些植物有利、对某些植物不仅没有利，还有害，实际工作中要具体分析。生长调节物质在生物体内存在甚微，浓度很低。

4) 固化剂　常用的固化剂是琼脂、琼脂糖(用于原生质体、细胞培养及某些作物的花药培养)。琼脂的用量一般为 4～10 g/L,所购回的琼脂要先试一下它的凝固力,一般只要能稳定地凝固就不要多加。琼脂以颜色浅、透明度好、洁净的为上品。

4. 培养基的配方及培养基的选择

(1) 根据无机盐的浓度,培养基分为高无机盐含量培养基、高硝态氮培养基、中等无机盐含量培养基和低无机盐含量培养基。

高无机盐含量培养基的钾盐、铵盐及硝酸盐含量较高,微量元素种类齐全,比例适当,离子平衡性好,具有较强的缓冲性,养分数量及比例比较合适,广泛用于植物的器官、花药、细胞及原生质体的培养。主要有 MS、LS、BL、BM、ER 培养基。

高硝态氮培养基的硝酸钾含量高,氨态氮的含量低,含有较高的维生素 B_1。主要适合于木本植物、十字花科植物和单子叶植物的组织和花药培养。主要有 B5、N6、SH 培养基。

中等无机盐含量培养基大量元素约为 MS 培养基的一半,微量元素种类减少,但含量较 MS 的高,维生素种类比 MS 多,如增加了生物素、叶酸等。适合于花药培养,主要有 Nitch、NT、H、Miller 培养基。

低无机盐含量培养基的大量元素含量大幅度降低而且种类减少,有机含量相对也很低。多数用于生根培养基,主要有 White、Heller、WS、HE、HB。

(2) 根据培养物的培养过程,培养基分为初代培养基和继代(传代)培养基。

初代培养基是用来第一次接种外植体的培养基;继代培养基是用来接种继初代培养物的培养基。

(3) 根据作用不同,培养基分为诱导培养基、增殖培养基和生根培养基。

(4) 根据其营养水平不同,培养基可分为基本培养基和完全培养基。

基本培养基(就是通常所称的培养基)主要有 MS、White、N6、B5、改良 MS、Heller、Nitch、SH、Miller 等。

完全培养基就是在基本培养基的基础上,根据试验的不同需要,附加一些物质,如生长调节物质和其他复杂有机物质等。

在进行培养基的筛选时,无机营养成分一般在现有培养基配方中选择。可以参考前人的经验,如 MS 是广谱性培养基,N6 用于单子叶植物的培养,豆科多用 B5 培养基。植物生长调节剂必须进行筛选试验。总体原则是当诱导愈伤组织形成时,细胞分裂素和生长素相对平衡;诱导芽分化时,细胞分裂素水平应高于生长素,诱导根则要低。有机成分要根据培养类型考虑,如进行器官和组织培养,一般不加复杂有机成分,而进行细胞和原生质体培养则要加。

本实验采用 MS 培养基添加 6-BA 和 NAA 来诱导菊花花瓣形成愈伤组织。

5. 培养条件的选择

培养中温度、光照、湿度等各种环境条件,培养基组成、pH、渗透压等各种化学环境条件都会影响组织的脱分化与再分化。

1) *光照的影响*　培养中光照是重要的条件之一,主要表现在光周期、光量和光质等方面。

(1) 光周期。光周期是指黑暗与光照交替的时间。光周期的需要与否,应根据植物种类、培养的目的来决定。如:黑暗中培养的烟草花药,其胚状体的分化与幼植物的生长,同经光照培养一样的多;短日照敏感的葡萄品种,它的茎切段,仅在短日照条件下才能分化成根;对日照不敏感的葡萄品种，可在任何光周期下分化成根。

离体培养中最常用的周期是 16 h 的光照，8 h 的黑暗。

愈伤组织诱导阶段，一般采用三种做法：全暗、周期性光照、散射性光照。依据植物种类不同做法不同，多数植物适合全暗或周期性光照。器官发生阶段，一般给予周期性光照比较好。

(2) 光量。光量即光照强度，它对培养细胞的增殖和器官的分化有重要影响，从目前的研究情况看，光照强度对外植物体、细胞的最初分裂有明显的影响。一般来说，光照强度较强，幼苗生长的粗壮，而光照强度较弱幼苗容易徒长。

离体培养条件下常用的光量，一般为 1000～4000 lx(勒克斯)。离体培养中通常难以达到 4000 lx，一般光量为 2000～3000 lx。光照强度的高低直接影响器官分化的频率。高光量可以降低植物体内生长素水平，低光量使植物体内生长素水平较高，容易生根。

(3) 光质。光质即光的波长，对愈伤组织诱导、培养组织的增殖及器官的分化都有明显的影响。例如，百合珠芽在红光下培养，两周后，分化出愈伤组织，但在蓝光下培养，几周后才出现愈伤组织；唐菖蒲子球块接种 15 天后，在蓝光下培养首先出现芽，形成的幼苗生长旺盛，而白光下幼苗纤细。

离体培养条件下，一般用日光灯进行光照，光谱成分主要是蓝紫光，波长为 419～467 nm。

对芽分化有效光谱成分为蓝紫光，根分化则受 600～680 nm 波长的光所刺激。

2) *温度的影响*　培养都是在 23～27 ℃进行，一般采用(25±2)℃。

喜温性植物，如茄科、禾本科、兰科等的培养温度一般控制在 26～28 ℃；冷凉性植物，如百合科、十字花科、菊科等控制在 18～22 ℃或<25 ℃。

3) *湿度的影响*　组织培养中湿度的影响有两个方面：一是培养容器内的湿度条件，容器内主要受培养基水分含量和封口材料的影响；二是环境的湿度条件，环境的相对湿度一般要求 70%～80%。常用加湿器或经常洒水的方法来调节湿度。

4) pH　不同的植物对培养基最适 pH 的要求也是不同的，大多为 5.5～6.5，一般培养基皆要求 pH5.8，这基本能适应大多数植物培养的需要。

一般来说 pH 高于 6.5 时，培养基全变硬；低于 5 时，琼脂不能很好地凝固。因为高温灭菌会使 pH 降低 0.2～0.3，因此在配制时常使 pH 提高 0.2～0.3。

5) *渗透压*　培养基中由于有添加的盐类、蔗糖等化合物，因此影响到渗透压的变化。通常 1～2 个大气压对植物生长有促进作用，2 个大气压以上就对植物生长有阻碍作用，而 5～6 个大气压植物生长就会完全停止，6 个大气压植物细胞就不能生存。

培养基各种物质中，糖对培养基渗透压起决定性作用。因此调节渗透压往往从调节糖浓度着手。糖除了作为渗透压调节物质外，还是培养基重要的碳源和能源。另外，甘露醇、山梨醇等也可以作为调节物质。

6) *气体*　氧气是培养中必需的因素，瓶盖封闭时要考虑通气问题，可用附有滤气膜的封口材料。通气最好的是棉塞封闭瓶口，但棉塞易使培养基干燥，夏季易引起污染。固体培养基可加进活性炭来增加通气度，以利于发根。培养室要经常换气，改善室内的通气状况。液体振荡培养时，要考虑振荡的次数、振幅等，同时要考虑容器的类型、培养基等。

【器材】

1. 材料

新鲜的菊花花瓣。

2. 试剂

配制 MS 培养基母液所需药品(表 30-1)、植物激素、1 mol/L HCl、1 mol/L NaOH、95%乙醇、蔗糖、琼脂、2%次氯酸钠、Tween-80、75%乙醇、无菌水。

诱导培养基:MS+6-BA 1.0~3.0 mg/L+NAA 0.1~0.5 mg/L,pH5.8。

注:配制培养基时,最方便和准确的方法是预先将大量元素、微量元素、铁盐、有机物质、激素类等分别配制成适当的浓缩液,置于冰箱中保存,使用时按比例吸取母液进行稀释配制即可。

3. 仪器设备

天平,烧杯,容量瓶,量筒,微量移液器,药匙,称量纸,玻璃棒,电炉、石棉网、酸度计或 pH 试纸(5.0~7.0),培养瓶,耐高温高压的专用封口膜,线绳,冰箱,手提式灭菌锅,超净工作台,酒精灯,培养皿,镊子,剪刀,解剖刀,无菌水,吸水纸,标签纸,记号笔。

【操作步骤】

1. 培养基母液的配制及保存

(1) 按表 30-1 中所列配方,分别配制 MS 培养基各母液。

注:称量药品时,如药品所带结晶水不同,应进行换算。当所称量的药品不影响基本反应过程,如蔗糖、琼脂等,可用 1/100 粗天平称取;当称量微量元素及激素等药品时,药品的称量及定容必须准确,一般用1/10 000~4/10 000的分析天平称量。

所用的水必须是蒸馏水。

表 30-1　MS 基本培养基母液配方

母液的种类	药品名称	规定用量/(g/L)	扩大倍数	称取量/g	母液定容体积/mL
MSⅠ(大量元素,包括 N、P、K、S、Ca、Mg)	NH_4NO_3	1.65	10×	16.5	1 000
	KNO_3	1.9		19	
	$CaCl_2 \cdot 2H_2O$	0.44(无结晶水 0.332)		4.4	
	$MgSO_4 \cdot 7H_2O$	0.37		3.7	
	KH_2PO_4	0.17		1.7	
MSⅡ(微量元素,包括 B、Mn、Cu、Zn、Mo、Co、I、Cl)	KI	0.000 166	1 000×	0.166	200
	H_3BO_4	0.001 24		1.24	
	$MnSO_4 \cdot H_2O$	0.004 46		4.46	
	$ZnSO_4 \cdot 7H_2O$	0.001 72		1.72	
	$Na_2MoO_4 \cdot 2H_2O$	0.000 05		0.05	
	$CuSO_4 \cdot 5H_2O$	0.000 005		0.005	
	$CoCl_2 \cdot 6H_2O$	0.000 005		0.005	

续表

母液的种类	药品名称	规定用量/(g/L)	扩大倍数	称取量/g	母液定容体积/mL
MSⅢ(Fe盐)	$Na_2EDTA \cdot 2H_2O$	0.037 25	200×	1.49	200
	$FeSO_4 \cdot 7H_2O$	0.027 85		1.114	
MSⅣ(有机物质)	烟酸(VB_2)	0.000 5	200×	0.01	200
	盐酸吡哆醇(VB_6)	0.000 5		0.01	
	盐酸硫胺素(VB_1)	0.000 1		0.002	
	甘氨酸	0.002		0.04	
	肌醇	0.1		2	

a. MSⅠ(大量元素母液):按表中排列顺序,将每种药品的用量扩大10倍,分别称取,分别溶解,然后按照顺序混合在一起(如钙盐等易发生沉淀的药品不能混合,应单独定容),最后加上蒸馏水定容。

b. MSⅡ(微量元素母液):为了称量精确和方便,常配成100倍或1000倍的母液,分别称取每种药品,逐一溶解,按顺序混合,最后加上蒸馏水定容。

注:某些无机成分如Ca^{2+}、SO_4^{2-}、Mg^{2+}和$H_2PO_4^-$等在一起可能发生化学反应,产生沉淀物。为避免此现象发生,母液配制时要用纯度高的重蒸馏水溶解,药品采用等级较高的分析纯,各种化学药品必须先以少量重蒸馏水使其充分溶解后才能混合,混合时应注意先后顺序。特别应将Ca^{2+}、SO_4^{2-}、Mg^{2+}和$H_2PO_4^-$等离子错开混合,速度宜慢,边搅拌边混合。

$CaCl_2 \cdot 2H_2O$要在最后单独加入,在溶解$CaCl_2 \cdot 2H_2O$时,蒸馏水需加热沸腾,除去水中的CO_2,以防沉淀。另外,$CaCl_2 \cdot 2H_2O$放入沸水中易沸腾,操作时要防止其溢出。

c. MSⅢ(铁盐):在培养基配制中需要单独配制,分别称取每种药品,分别溶解,混合后,加蒸馏水定容。冰箱过夜贮藏无结晶析出,否则重新配制。

注:在配制铁盐时,如果加热搅拌时间过短,会造成$FeSO_4$和Na_2EDTA螯合不彻底,此时若将其冷藏,$FeSO_4$会结晶析出。为避免此现象发生,配制铁盐母液时,$FeSO_4$和Na_2EDTA应分别加热溶解后混合,并置于加热搅拌器上不断搅拌(加热20～30 min),调pH至5.5,室温放置冷却后,再冷藏。

d. MSⅣ(有机物质):主要指氨基酸、维生素类物质。配制时分别称量、定容和储存。

e. 植物激素:配制时需要单个称量,根据需要可分别用酸、碱或酒精等不同的溶剂溶解后,再用蒸馏水配制成所需的浓度,一般配制浓度为0.1～2 mg/mL。

在配制2,4-二氯苯氧乙酸、萘乙酸、吲哚乙酸母液时,先用少量95%乙醇或无水乙醇充分溶解,或者用1 mol/L的NaOH溶解,然后用蒸馏水定容到一定的浓度。以后者效果好,否则会发生沉淀。

在配制激动素、6-苄基氨基嘌呤、玉米素母液时,要先用少量95%乙醇或无水乙醇加3～4滴1 mol/L的盐酸溶解,或直接用1 mol/L HCl溶解,再用蒸馏水定容。配好的母液要标记好配制的日期及药物的浓度。

赤霉素以95%乙醇溶解(不耐高温,过滤灭菌),保存在棕色试剂瓶中。

2. 培养基母液的保存

将配制好的母液于4 ℃冰箱中贮存,贮存时间不宜过长,最好1～2个月内使用完。如果发现有霉菌或沉淀结晶产生，则不能再使用。

3. MS 培养基的配制及灭菌

(1) 量取所配培养基总体积的 2/3 体积的蒸馏水，如要配制 1 L 培养基，需要先量取约 700 mL 体积的水。

(2) 根据培养基配方，量取所需要的各种元素的母液，称量各类药品。

按表 30-2 配制 1 L 的培养基。加入一种母液后应先搅拌均匀，避免局部浓度过高而引起沉淀。琼脂可在加入蔗糖，调节完 pH 后再加入，此时加热应注意搅拌，以免琼脂或蔗糖沉淀于烧杯底而炭化。此外，在培养不同的外植体时，培养基中应加入不同的激素，如对菊花花瓣进行诱导培养时，加入 1.0～3.0 mg/L 的 6-BA 及 0.1～0.5 mg/L NAA。

表 30-2　MS 基本培养基配方(1 L)

所需成分	加入体积或质量
大量元素母液(10×)	100 mL
微量元素母液(1000×)	1 mL
铁盐母液(200×)	5 mL
有机物质母液(200×)	5 mL
蔗糖	30 g
琼脂	7 g

(3) 调节培养基的 pH，用酸度计或 pH 试纸测定。

培养基的 pH 按照培养材料的要求，分别用 1 mol/L NaOH 溶液或 1 mol/L HCl 溶液来调节所配制培养基的 pH，一般培养基的 pH 约为 5.8(在调节时要比目标 pH 偏高 0.2～0.5，因为培养基在灭菌过程中由于糖等物质的降解，pH 会下降 0.2～0.5)。培养的材料不同，对培养基的 pH 要求也不同。

(4) 分装。培养基加热至沸腾片刻，使琼脂充分溶解，烧杯内溶液呈透明状。将配制并加热好的培养基分别装于洁净的培养瓶内，用封口膜封口，注明标签，然后和用牛皮纸或报纸包好的培养皿及用三角瓶装好的蒸馏水，一起高压蒸汽灭菌。

注：不要让培养基沾到瓶口和瓶壁上。锥形瓶中培养基的量为锥形瓶容量的 1/5～1/4。每 1 L 培养基，可分装 20～30 瓶。

MS 培养基的配制流程归纳如下(以配制含 0.7%琼脂、3%糖的 MS 培养基 1 L 为例)：

称取琼脂 7 g，蔗糖 30 g

↓

1 L 大烧杯中加 750 mL 左右的水，加入琼脂，加热溶化，再加糖

↓

加入 50 mL 贮备液Ⅰ，5 mL 贮备液Ⅱ，5 mL 贮备液Ⅲ，5 mL 贮备液Ⅳ

↓

加水到 1 L，用 HCl 或 NaOH 调节 pH

↓

趁热分装到试管中，封口

↓

灭菌

(5) 培养基的灭菌。

a. 打开灭菌锅盖,检查灭菌锅内的水位。

b. 加入合适的水量后,将待灭菌的物品放入锅内。放置时,物品不要靠近锅壁,以免冷凝水顺壁流入物品中。

c. 加盖旋紧螺旋。

d. 加热至 0.05 MPa,打开放汽阀,排出冷汽后 5 min,再关紧放汽阀,让温度随蒸汽压力的增高而上升,上升到压力表读数为 0.1 MPa,121 ℃时,保持 15 min 即可。

但是,对于热敏性的药物,则不宜采用高压蒸汽灭菌。可使用细菌滤器进行过滤除菌,然后在无菌条件下加入灭过菌的培养基中,混匀备用。

(6) 培养基的保存。灭菌过的培养基通常放在培养室中预培养 2～3 天后,若没有杂菌污染,则可放心使用。暂时不用的培养基可于 4 ℃冰箱中保存,但培养基一般应在灭菌后的两周内用完,至多不要超过一个月。

4. 外植体的制备及诱导培养

(1) 接种前将接种器具放入超净工作台,打开紫外灯,照射约 20 min 后,关闭紫外灯,开送风开关,通风 3 min 后,再打开日光灯。用 75%酒精棉球擦拭超净工作台台面,点燃酒精灯,准备外植体的消毒和接种。

注:所有操作应在火焰近处并经过灼烧进行。金属器械不能过度灼烧,以防退火。移液管不能灼烧,培养瓶口、塑料材料、橡胶材料过火焰不能时间太长。

为拿取方便,工作台面上的用品要有合理的布局,原则上应是右手使用的东西放置在右侧,左手用品在左侧,酒精灯置于中央。

(2) 取菊花花瓣用自来水洗 3～5 次,置于小烧杯中。在超净台内用 75%乙醇浸泡 10～15 s,无菌水清洗 2～3 次后,用 2%次氯酸钠(加 Tween-80 1～2 滴)浸泡 3～10 min,再用无菌水洗 4～6 次。于灭过菌的加滤纸的培养皿上,切割成 0.5 cm×0.5 cm 大小。

(3) 取下培养瓶的封口膜,用火灼烧瓶口 2 cm 处,手持培养瓶呈 45°角,用消毒镊子把 3～4 块菊花花瓣小块接种在培养基的表面后,立即用封口膜封住瓶口,然后熄灭酒精灯。培养瓶上贴上标签,注明材料名称,接种人姓名及接种日期。每两次转移之间都要用酒精灯外焰灼烧镊子(可蘸取医用酒精,燃烧灭菌),防止带菌,并且灼烧后的器具需冷却后再使用。

注:操作时,动作要准确敏捷,不能用手触及已消毒器皿,如已接触,要用火焰烧灼消毒或取备用品更换。吸取营养液、细胞悬液及其他各种用液时,均应分别使用无菌吸管,不能混用,以防扩大污染或导致交叉污染。手或相对较脏的物品不能经过开放的瓶口上方,瓶口最易污染,消毒了的外植体不可接触瓶口。

试管塞不可接触桌面,接种完毕后立即盖好瓶口。

工作由始至终要保持一定顺序性,组织或细胞在未做处理之前,勿过早暴露在空气中;培养液在未用前,不要过早开瓶;用过之后如不再重复使用,应立即封闭瓶口直立。

(4) 整理超净工作台台面。将上述接种有菊花花瓣的培养瓶置于 25 ℃培养箱中避光培养,可同时将一部分外植体置于光下培养,比较光下和暗处对愈伤组织诱导的影响。

注:培养物在培养基上生长一段时间以后,由于营养物质枯竭,水分散失,以及代谢产物的积累,必须转移到新鲜培养基上继代培养。

【结果】

描述培养基的状态、颜色及是否凝固。如果培养基不凝固,请分析原因。一周后观察是否污染，计算污染率，分析外植体消毒情况。2～3 周后观察并记录愈伤组织生长情况，计算愈伤组织诱导率、褐化率等，最后进行分析讨论。

【思考题】

(1) 调节 pH 应该调高 0.2～0.5，为什么？

(2) 影响培养基凝固的因素有哪些？

(3) 设计实验，探究外植体大小、6-BA 与 NAA 的激素配比等对愈伤组织形成的影响。

（邓丽娟　涂　毅）

实验 31　菊花愈伤组织的分化培养

【实验目的】

掌握根据不同的培养目的选择不同的培养基的原理及常规无菌操作方法。

【实验原理】

1. 愈伤组织的分化

植物细胞形成愈伤组织大致经历三个时期：诱导期、分裂期、分化期，即脱分化恢复分裂，持续分裂增生和进一步再分化形成植株。

1) 诱导期　诱导期是细胞正在准备分裂的时期。其主要目的是通过一些刺激因素和激素的诱导，使原本处于静止期的细胞合成代谢活化，进而发生分裂。

2,4-D 对于细胞中 RNA 的转录合成有明显的促进作用，常被用于愈伤组织的诱导。诱导期中细胞生理指标的变化有：氧气吸收的迅速增加；RNA 含量的增加；蛋白质的周期性增加；代谢相关酶类的增加。

2) 分裂期　分裂期是指细胞通过分裂不断增生子细胞的过程。主要表现如下。

(1) 细胞的数目迅速增加，如胡萝卜培养 7 天后，细胞数可增加 10 倍。

(2) 每个细胞平均鲜重下降。这是由于细胞鲜重的增加不如细胞数目的增加快。

(3) 细胞体积小，内无液泡，如同根尖和茎尖的分生组织细胞特性。

(4) 细胞的核和核仁增大到最大。

(5) 细胞中 RNA 含量减少，而 DNA 含量保持不变。

(6) 随着细胞不断分裂和生长，细胞的总干重、蛋白质和核酸含量大大增加，新细胞壁的合成极快。

分裂期的愈伤组织的共同特征是：细胞分裂快，结构疏松，缺少有组织的结构，维持其不分化的状态，颜色浅而透明。

来源于不同植物或同一种植物不同部位的愈伤组织，在颜色、结构和生长习性上都可能存在差异。但优良的愈伤组织必备高度的胚性或再分化能力，以便从这些愈伤组织得到再生植物。

3）分化期　　分化期是指愈伤组织细胞停止分裂，细胞内发生一系列形态和生理上的变化，形成一些不同形态和功能的细胞的时期。其分化期特点如下。

（1）细胞分裂部位和方向发生改变，由原来局限在组织外缘的平周分裂，转为组织内部较深层局部细胞的分裂。

（2）形成瘤状或片状的拟分生组织，称为分生组织结节。分生组织结节可以成为愈伤组织的生长中心，或者进一步分化为维管组织结节。

（3）细胞的体积相对稳定，不再减少。

（4）出现了各种类型的细胞，如管胞、纤维细胞、薄壁细胞、分生细胞、色素细胞等。

（5）生长旺盛的愈伤组织呈乳白色、白色或浅绿色，老化的多转化为黄色或褐色。

2. 愈伤组织的继代培养

培养物在培养基上生长一段时间以后，由于营养物质枯竭，水分散失，以及代谢产物的积累，必须转移到新鲜培养基上培养，这个过程叫做继代培养。

继代培养是继初代培养之后的连续数代的扩繁培养过程。一般在 25～28 ℃下进行固体培养时，每隔 4～5 周进行一次继代培养。通过继代培养，可使愈伤组织无限期地保持在不分化的增殖状态。

1）培养基和培养条件

A. 培养基

常用 MS、N6 培养基，所含成分如下。

（1）无机营养。培养基中的 N，大多数都用硝态氮，MS 和 B5 培养基中既有硝态 N、也有铵态 N 对细胞分化起重要作用。当某些营养元素供应不足时，愈伤组织表现的症状如下。

缺氮：某些组织（如五叶地锦）表现出一种很引人注目的花色素苷的颜色；不能形成导管。

缺氮、钾和磷：细胞过度生长，形成层组织减退。

缺硫：非常明显地褪绿。

缺铁：细胞分裂停止。

缺硼：细胞分裂停滞，细胞伸长。

缺锰或钼：影响细胞伸长。

（2）植物生长物质。植物生长物质的使用甚微，一般使用的浓度为 0.1～10 mg/L。

使用植物生长调节剂时，要注意种类和浓度，特别是生长素和细胞分裂素的比值。

（3）有机成分。培养基中加入糖、各类 B 族维生素、肌醇和甘氨酸等，可以满足愈伤组织的生长和分化的要求。各种氨基酸和嘌呤、嘧啶类物质，可以促进器官分化。水解酪蛋白中含有多种氨基酸，有助于器官分化。酰胺类往往有促进器官形成的作用。

B. 培养条件

培养方式分为固体和液体培养两大类。液体培养又分静止和振荡培养两类。

（1）光照。在愈伤组织诱导阶段，一般采用全暗、周期性光照、散射性光照三种方式。愈伤组织的诱导需弱光或不需光。继代培养一般需光。器官发生阶段，一般周期性光照比较好。

此时光对器官的作用是一种诱导反应。

(2) 温度。多数植物在24～28 ℃的恒温培养,可较好地形成芽和根。国内有关小麦、水稻花药培养温度试验的报道认为:在诱导花形成愈伤组织时,昼夜恒温较好,而在器官分化时,昼夜具有一定温差比较好,分化出的小植株比较健壮。

2) 继代培养物的分化潜力　主要有以下两个因素影响继代培养的分化能力。

(1) 生理因素:在组织培养过程中,由于植物材料内部的一些变化,而导致继代培养物分化潜力发生变化。

(2) 遗传因素:在继代培养中通常出现染色体紊乱。

3. 愈伤组织的形态发生

形态建成:外植体细胞在适宜的培养条件下发生脱分化、再分化,产生芽和根,或者形成胚状体,发育成苗或完整植株。

1) 不定芽和根的发生　指细胞或愈伤组织,通过形成不定芽再生成植株。这是组织培养中常见的器官发生方式。

生长素与细胞分裂素的比值是根和芽形成的控制条件,决定着发育的方向是愈伤组织、长根还是长芽。生长素/细胞分裂素比例决定分化的方向:高则利于根的形成,适中利于愈伤组织的形成;低则利于芽的形成。

器官发生形成小苗有如下四种方式。

(1) 愈伤组织仅有根或芽器官的分别形成,即无根的芽或无芽的根。

(2) 先形成芽,后在其茎的基部长根,多数情况。

(3) 先长根,再从根的基部长芽。这种情况较难诱导芽的形成,尤其对于单子叶植物。

(4) 先在愈伤组织的邻近不同部位分别形成芽和根,然后两者结合起来形成一株小植株。少见。

2) 体细胞胚的发生　指在组织培养中,由一个非合子细胞(体细胞),经过胚胎发生和胚胎发育过程(经过原胚、球形胚、心形胚、鱼雷胚和子叶胚5个时期),形成的具有双极性的胚状结构。

胚状体发生途径与器官发生途径形成植株的区别如下。

(1) 胚状体最根本的特征是具有两极性,即在发育的早期阶段,从其方向相反的两端分化出茎端和根端;而不定芽和不定根都为单向极性。

(2) 胚状体的维管组织与外植体的维管组织无解剖结构上的联系,而不定芽或不定根往往总是与愈伤组织的维管组织相联系。

(3) 胚状体的维管组织的分布是独立的"Y"字形,而不定芽的维管组织无此现象。

胚状体方式比不定芽方式有更多的优点,例如,胚状体产生的数量比不定芽多;胚状体可以制成人工种子,便于运输和保存;胚状体的有性后代遗传性更接近母体植株。

本实验利用细胞分裂素比例高于细胞生长素,则促进生芽的原理,进行菊花的分化培养。

【器材】

1. 试剂

75%乙醇。

2. 分化培养基

MS+6-BA 2.0 mg/L+NAA 0.2 mg/L,pH5.8。

注：激素应在调节 pH 之前加入。培养基的 pH 过酸或过碱会导致培养基过软或过硬，从而影响培养质量。

3. 器具

超净工作台，酒精灯，培养皿，镊子，剪刀，解剖刀，标签纸，记号笔。

【操作步骤】

(1) 接种前将接种器具放入超净工作台，打开紫外灯，照射约 20 min 后，关闭紫外灯，开送风开关，通风 3 min 后，再打开日光灯。用 75%酒精棉球擦拭超净工作台台面，点燃酒精灯，准备菊花组织的分化接种。

(2) 在酒精灯火焰旁打开装有菊花愈伤组织的培养瓶，然后用灭过菌的镊子取出愈伤组织，放在已灭菌的培养皿上，用已消毒的解剖刀把每块愈伤组织分成 2～3 个约 5 mm 见方的小块。

(3) 用镊子将切好的愈伤组织接种到分化培养基中，每瓶接种 3～4 个。封口后，熄灭酒精灯。培养瓶上贴上标签，注明材料名称、接种人姓名及接种日期。

(4) 将上述接种的实验材料置于光照培养箱中进行光照培养。整理超净工作台台面。

【结果】

在实验记录本上记录分化培养开始的日期、持续期、培养物的数目、污染数目和所做的不同处理。每星期观察并记录培养物形态及生长状态的变化等，计算出芽率。

【思考题】

在菊花愈伤组织的分化培养基配方中，为什么要改变 6-BA 和 NAA 的工作浓度？

（邓丽娟　涂　毅）

实验 32　菊花苗的生根培养

【实验目的】

掌握生根培养基对已经产生芽的植株进行诱导生根的原理及操作过程。

【实验原理】

通过在基本培养基中添加一定的生长调节剂，来诱导菊花苗生根，进而使其成为一株完整植株。若不及时将培养物转移到生根培养基上培养，则会使幼苗出现发黄、老化等现象。植物组织培养中的生根培养就是使无根苗生出浓密而粗壮的不定根的过程。

【器材】

1. 试剂

75%乙醇。

2. 生根培养基

MS+NAA 0.3 mg/L,pH5.8。

3. 器具

超净工作台,酒精灯,培养皿,镊子,剪刀,解剖刀,标签纸,记号笔。

【操作步骤】

(1) 接种前将接种器具放入超净工作台,打开紫外灯,照射约 20 min 后,关闭紫外灯,开送风开关,通风 3 min 后,再打开日光灯。用 75%酒精棉球擦拭超净工作台台面,点燃酒精灯,准备菊花幼苗的生根培养。

(2) 在酒精灯的火焰旁打开装有菊花苗的培养瓶,用消毒后的镊子取出幼苗,放在灭过菌的培养皿上,用已灭菌的解剖刀将每一株小苗分开。

(3) 用镊子把每一株小苗插入生根培养基中,每瓶可以接种 3~4 个幼苗。封口后,熄灭酒精灯,瓶上贴上标签,注明材料名称、接种人姓名及接种日期。

(4) 将上述接种的菊花苗置于光照培养箱内进行生根培养。整理超净工作台台面。

【结果】

两周后观察并记录菊花苗的生根情况,计算生根率,并简单分析。

【思考题】

有哪些因素会影响菊花苗的生根培养?

【附:辣椒茎尖培养】

操作:先用 10%NaClO 溶液浸泡种子 20~30 min,以无菌水洗 3~5 次后,接种到 MS 培养基,获得无菌苗;取无菌苗茎尖(1 cm),接种到诱导培养基,进行增殖,获得无根苗;转移到生根培养基,诱导其形成完整植株。

诱导培养基:MS+6-BA 2.0 mg/L+NAA 0.5 mg/L。

生根培养基:1/2MS。

(邓丽娟)

实验 33　植物原生质体分离与融合

【实验目的】

(1) 了解植物细胞原生质体的基本特征。

(2) 掌握原生质体分离、纯化与培养方法。

(3) 掌握利用 PEG 原生质体融合的原理和方法。

【实验原理】

植物原生质体培养和细胞融合是植物细胞工程的核心技术，它是 20 世纪 60 年代初，人们为了克服植物远缘杂交的不亲和性，利用远缘遗传基因资源改良品种而开发完善起来的一门技术。植物原生质体是遗传转化的理想受体，能够比较容易地摄取外来遗传物质，如外源 DNA、染色体、病毒、细胞器等，为高等植物在细胞水平或分子水平上的遗传操作提供了理想的实验体系。

原生质体是指用特殊方法脱去植物细胞壁的、为质膜所包围的裸露的、有活力的细胞，又称原生质球。就单个细胞而言，除了没有细胞壁外，它具有活细胞的一切特征。

1. 植物原生质体的分离和培养

1）材料预处理　用黑暗处理、低温处理和不同光质照射等方法，可提高某些材料原生质体的产量和活力。也常把供体组织置于合适浓度的稳压液中，使细胞预质壁分离约 1 h 后再用酶液处理。如龙胆试管苗的叶片，用 4 ℃处理较好；甘蔗植株必须先在黑暗下培养 12 h 后，分离的原生质体才能分裂；马铃薯试管苗叶片需在黑暗下处理 48 h 后，分离原生质体，才能获得高产量。

要获得高质量的原生质体，应选择生长旺盛的植物体幼嫩部分。叶肉细胞分离原生质体，来源方便，有明显的叶绿体，便于在融合子中认识。但禾本科植物叶肉原生质体往往不能分裂，因此，常采用悬浮细胞作为分离原生质体的材料，最适宜的细胞是处于对数生长早期的细胞。

2）原生质体分离的方法

（1）机械法。把细胞置于一种高渗的糖溶液中，使细胞发生质壁分离，原生质体收缩成球形，然后用利刃切割。在这个过程中，有些质壁分离的细胞只被切去了细胞壁，从而释放出完整的原生质体。在某些贮藏组织中，如洋葱的鳞片、萝卜的根、黄瓜的中皮层、甜菜的根组织等，应用这个方法，可由它们高度液泡化的细胞中分离出原生质体。然而，这个方法有明显的缺点：一是产量很低；二是在由分生细胞和其他液泡化程度不高的细胞中分离原生质体时不适用。

（2）酶解法。酶解法分离原生质体是一个常用的技术，其原理是植物细胞壁主要由纤维素、半纤维素和果胶质组成，因而使用纤维素酶、半纤维素酶和果胶酶能降解细胞壁成分，可以除去细胞壁，获得原生质体。

由于商品酶的出现，现在实际上已有可能由各种植物组织分离出原生质体，只要该组织的细胞还没有木质化即可。据报道，由各种组织中都已分离出原生质体，如叶肉细胞、根组织、豆科植物的根瘤、茎尖、胚芽鞘、块茎、花瓣、小孢子母细胞、果实组织、糊粉细胞、下胚轴和培养的细胞等。

裸露的原生质体必须维持在一定的渗透压下，才既不会涨破，又不因过度收缩而破坏内部结构。因此在酶液中，须加入渗透压稳定剂，来代替细胞壁对原生质体起保护作用。常用的渗透压稳定剂是糖醇系统，包括甘露醇、山梨醇、葡萄糖、蔗糖等。目前大多数使用甘露醇或山梨醇，它们能稳定地维持渗透浓度。浓度一般为 0.4～0.8 mol/L。而蔗糖等易被原生质体吸收利用，降低渗透浓度，故不常用。

3）原生质体纯化　酶解处理后得到混合液包括原生质体、细胞团和组织碎片等，必须将杂质和酶液除去，才可以继续培养。

原生质体纯化方法有离心沉淀法、漂浮法和界面法三种。分离纯化流程见图 33-1。

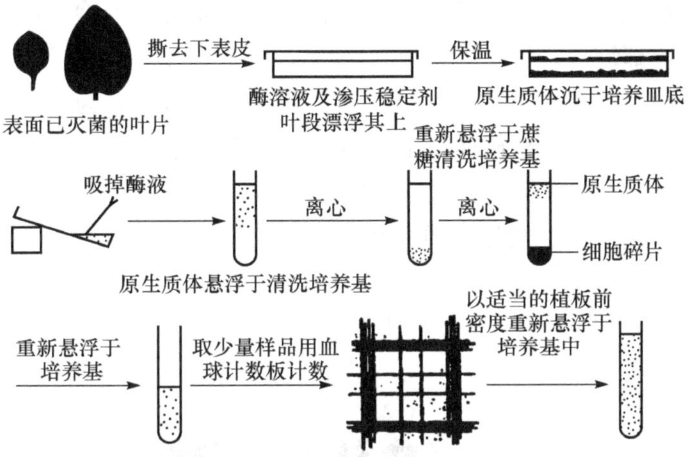

图 33-1　原生质体分离纯化流程图

(1) 离心沉淀法。其原理是应用原生质体的比重大于溶液，离心后原生质体沉于底部。该方法纯化原生质体比较简单。但由于原生质体沉积于试管底部，造成相互挤压，常引起原生质体的破碎。

(2) 漂浮法。漂浮法是采用比原生质体密度大的高渗溶液(蔗糖、Percoll、聚蔗糖等)，使原生质体漂浮在液体表层的纯化方法。该方法可以避免分离的原生质体因振荡被组织碎片撞击而破损，所用药品简单，成本低。但对离心力要求比较严格，掌握不好，原生质体则不易漂浮。可采用不同浓度和不同离心速度分次漂浮的方法。

(3) 界面法。又称不连续梯度法，采用两种密度不同的溶液形成不连续梯度，通过离心使原生质体与破损细胞分别处于不同液相中，从而纯化原生质体的方法。该方法可以收集到数量较大的纯净原生质体，同时避免收集过程中原生质体因相互挤压而破碎。

4) 原生质体活力测定　直接观察原生质体，应形态完整、富含细胞质、颜色新鲜，呈正常球形，放入低渗溶液中，可正常膨大。用荧光显微镜识别(FDA 法)，荧光素二乙酸酯(fluorescein diacetate，FDA)本身不发荧光，也不具有极性，能自由穿过细胞质膜。活细胞内 FDA 可以被酯酶裂解，将能发荧光的极性部分释放出来。荧光素则不能自由穿越质膜，在完整的活细胞内积累。

此外，还常用酚藏花红染色法和伊凡蓝(Evan's blue)染色法。酚藏花红能使无活力的原生质体染成红色，有活力的原生质体不着色。伊凡蓝使有活力但受损伤的细胞和死细胞染色，活细胞不着染色。

5) 影响原生质体数量和活力的因素

(1) pH。分离原生质体时，酶液的 pH 是值得注意的问题。因为降解酶的活力和细胞活力最适 pH 是不一致的。

(2) 光照和温度。制备原生质体时，在细胞中加入酶液、渗透压稳定剂、质膜稳定剂后，还需在一定时间内保持一定的温度，原生质体方能释放。在 28 ℃条件下，40 r/min 摇床培养 4 h后，叶片组织可完全分离。悬浮细胞需在 25～33 ℃条件下酶解 24 h。

脱壁的原生质体对光非常敏感，分离原生质体一般是在黑暗条件下进行的。

(3) 渗透压稳定剂。原生质体由于细胞壁的解除和壁压的消失，将引起细胞破碎。因而在酶液、原生质体洗涤液、培养液中必须调整渗透压，维持细胞内外渗透压平衡，防止细胞胀破或过分收缩而破坏内部结构。

常用的渗透压稳定剂有甘露醇、山梨醇、葡萄糖、蔗糖等，浓度为 0.40～0.80 mol/L。渗透压稳定剂还可促进分离的原生质体再生细胞壁并继续分裂。

(4) 质膜稳定剂。质膜稳定剂能增加完整原生质体的数量，防止质膜破坏，促进原生质体细胞壁再生和细胞分裂形成细胞团。常用的质膜稳定剂有葡聚糖硫酸钾、2-(*N*-吗啉)-乙烷磺酸、氯化钙、磷酸二氢钾。

6) 原生质体培养方法　　如图 33-2 所示。

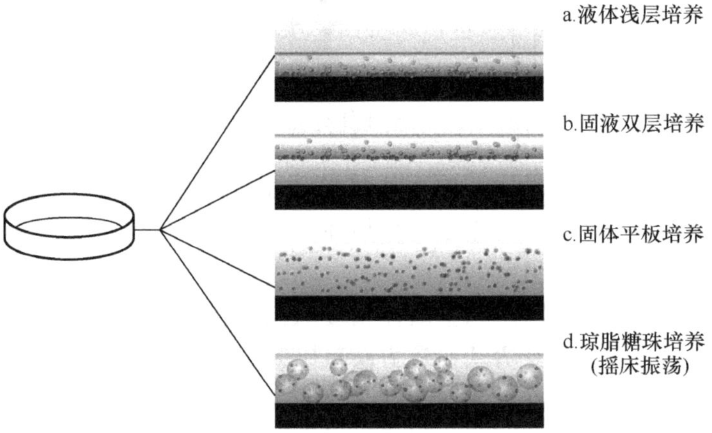

图 33-2　原生质体培养方法

(1) 液体浅层培养。将培养液离心后用培养基悬浮，使原生质体在液体环境中有较强的吸收营养物质的能力，细胞分裂能力强。该方法操作简单，对原生质体的损伤小，且易于添加新鲜培养基和转移培养物。但原生质体分布不均匀，常常发生原生质体之间的粘连现象而影响其进一步的生长和发育。此外，难以跟踪观察某一个细胞的发育情况。

(2) 固液双层培养。在培养皿底部铺一层固体培养基，在其上进行原生质体浅层培养。固体培养基中的营养物质可以缓慢释放到液体培养基中，如果在下层固体培养基中添加一定量的活性炭，则还可能吸附培养物产生的一些有害物质，促进原生质体的分裂和细胞团的形成。但不易观察细胞的发育过程。

(3) 固体平板培养。原生质体纯化后，离心，用培养基稀释至一定密度，再与 0.6%琼脂或低熔点琼脂糖(37℃左右)混合，培养于培养皿中。在固体平板上，原生质体处于固定位置，避免了原生质体的漂浮游动，有利于对单个原生质体的细胞壁再生及细胞团形成的全过程进行定点观察。培养基温度对薄层质量和原生质体分布有一定影响；另外，固体中单细胞生活能力弱，通气状况不良，第一次细胞分裂时间会推迟 2 天左右。

(4) 琼脂糖珠培养。将含有原生质体的液态琼脂糖培养基用吸管以大约 50 mL 一滴的量滴于直径 6 cm 的培养皿，待其固化后向其中添加 3 mL 液体培养基并于摇床上低速旋转培养。

培养过程中，通过调整液体培养基的渗透压来调节培养物的渗透压以利于其进一步的生长和发育，这种方法由于改善了培养物的通气和营养环境，从而促进了原生质体的分裂和细胞团的形成。

7）原生质体再生过程　原生质体再生过程是指分离、纯化的原生质体在适当的培养方法和良好的培养条件下，很快恢复细胞壁，再生细胞持续分裂形成细胞团，最后通过愈伤组织或通过胚状体分化出完整植株的过程。其中细胞壁再生是细胞分裂的先决条件，再生所需时间与植物种类和起源细胞的分化程度及生理状态有关。

再生过程：先是质膜合成细胞壁主要成分微纤维，然后在质膜表面进行聚合作用，形成多片层的结构，以后在质膜和片层结构之间或在膜上产生小纤维丝，逐渐形成不定向的纤维团，最后形成完整的细胞壁。检测新壁合成的方法有荧光增白剂法和电镜技术。

2. 原生质体融合

原生质体融合（protoplast fusion）也叫做体细胞杂交，是以原生质体培养技术为基础，借用动物细胞融合方法发展和完善的一门新型生物技术。原生质体融合是两种异源（种、属间）原生质体，在人工控制条件下，相互接触从而发生膜融合、胞质融合和核融合，并形成杂种细胞的过程。杂种细胞可进一步发育成杂种植物体。由融合细胞培养成的植株称为体细胞杂种植株（图 33-3）。

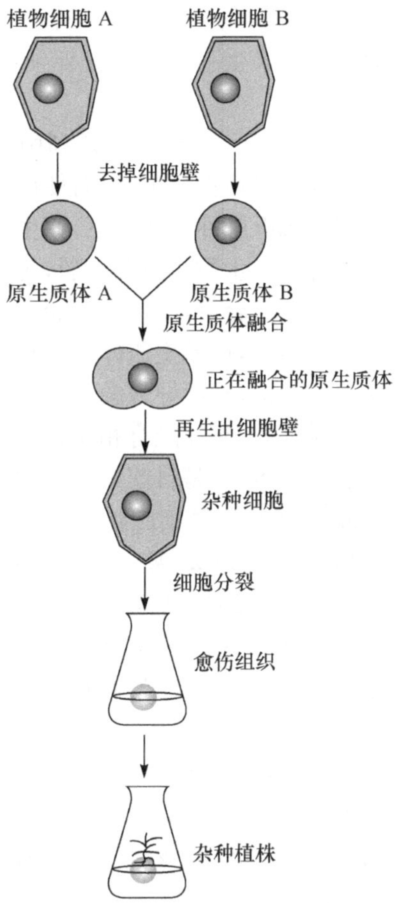

图 33-3　原生质体融合形成杂种植株

诱导原生质体融合的方法有化学融合法和电融合法。

1）化学融合　化学融合是利用化学融合剂，促使原生质体相互靠近、粘连融合的方法。主要有盐类融合法（$NaNO_3$ 融合）、高 pH-高浓度钙离子融合法和聚乙二醇（PEG）融合法。

一般认为，原生质体融合首先必须使两个原生质体紧密接触，质膜之间的距离要小于 1 nm。$NaNO_3$ 能诱导原生质体融合的原因是 Na^+ 能中和原生质体表面的负电荷，使凝聚的原生质体质膜紧密接触，促进细胞融合。融合率为 0.1%～4%。

高 pH-高浓度钙离子融合法的机制，是钙离子浓度决定着细胞膜的稳定性和可塑性，影响原生质体膜的结合；高 pH 又能改变质膜的表面电荷，有利于细胞融合。钙离子浓度和 pH 范围因植物种类不同而异。如烟草原生质体的融合条件为 pH10.5，0.05 mmol/L $CaCl_2$。

PEG 分子具有轻微负极性，可与具有正极性基团的水、蛋白质和碳水化合物等形成氢键。当 PEG 分子链足够长时，它在相邻原生质体表面之间起分子桥作用，引发原生质体粘连。与膜相连的 PEG 分子被洗掉后，膜上电荷发生紊乱而重新分配。当两层膜紧密接触区域的电荷重新分配时，可能使一种原生质体上的带正电荷的基团连到另一种原生质体的带负电荷的基团上，导致原生质体融合。因此，聚乙二醇(PEG)作为一种高分子化合物，20%～50%的浓度能对原生质体产生瞬间冲击效应，原生质体很快发生收缩与粘连，随后用高钙高 pH 法进行清洗，使原生质体融合得以完成。但 PEG 对原生质有一定的毒害作用。

在应用 PEG 进行融合时，重要的影响因素是 PEG 的分子质量、纯度、浓度、处理时间、原生质体的生理状况和密度。近年来一些研究者建议在 PEG 溶液中加入融合促进剂(如伴刀豆球蛋白、二甲基亚砜、链霉素蛋白酶等)，可以有效地提高原生质体融合的频率。

2）*电融合*　电融合是利用改变电场来诱导原生质体彼此连接成串，再施以瞬间强脉冲使质膜发生可逆性电击穿，而使原生质体融合的方法。

在直流电脉冲的诱导下，原生质体质膜表面的电荷和氧化还原电位发生改变，使异种原生质体黏合并发生质膜瞬间破裂，进而质膜开始连接，直到闭合成完整的膜形成融合体。电融合仪中有一个融合室，小室两端装有电极，一定密度的原生质体悬浮液置于其中。在不均匀交变电场的作用下，使原生质体彼此靠近、接触，排成一条链，再给予一个点脉冲，使原生质膜发生可逆性电击穿，从而导致融合。

电融合与 PEG 融合相比，不存在对细胞的毒害问题，融合效率高，融合技术操作简便。电融合法发展迅速，是目前最流行的融合方法。

3. 体细胞杂种细胞筛选

1）*互补选择法(两次不同培养条件的培养)*　第一次培养条件只适合于甲亲本而不适合乙亲本，一段时间后，生存下来的是：①未经融合的甲亲本；②甲甲融合的产物；③有甲亲本基因存在的甲乙融合产物。接下来转入第二个培养条件，只适合乙亲本原生质体生长，甲原生质体死亡。两次培养之后，能存活下来的只有具甲乙亲本基因并得到互补的杂种细胞。

2）*荧光染料法*　两个亲本原生质体在融合前，用能发不同颜色荧光的荧光染料进行染色。细胞分类器辨别和收集发两种荧光的异核体。如异硫氰酸荧光素(FITC)和异硫氰酸罗丹明(RITC)在荧光显微镜下分别发出绿色和红色的荧光。该方法价格昂贵，不常用。

【器材】

1. 材料

韭菜、菠菜或大蒜叶，红辣椒。

2. 试剂

(1) 20%蔗糖。

(2) 13% CPW 洗液(pH6.0)。

配方为：27.2 mg/L KH_2PO_4，101.0 mg/L KNO_3，1480.0 mg/L $CaCl_2 \cdot 2H_2O$，246.0 mg/L $MgSO_4$，0.16 mg/L KI，0.025 mg/L $CuSO_4$，13%(m/V)甘露醇。

(3) 酶液(pH6.8～7.0)。

配方为：1%纤维素酶，1%果胶酶，0.7 mol/L 甘露醇，0.7 mmol/L KH_2PO_4，10 mmol/L $CaCl_2 \cdot 2H_2O$。

(4) 40% PEG 液。

配方为：40% PEG 液(M_W1500～6000)，0.3 mol/L 葡萄糖，3.5 mmol/L $CaCl_2 \cdot 2H_2O$，

0.7 mmol/L KH_2PO_4。

(5) 原生质体液体培养基。

MS+2,4-D 1 mg/L+6-BA 0.5 mg/L+NAA 0.2 mg/L+葡萄糖 0.4 mol/L,pH5.8,灭菌。

(6) 酚红(0.1%)染液。

称酚红 2 g,先用数滴 5.6%的 $NaHCO_3$ 溶液溶解,再加进该 5.6% $NaHCO_3$ 溶液使最终体积为 100 mL,瓶装保存,备用。

(7) 0.02%FDA。

5 mg FDA 溶于 1 mL 丙酮中,避光 4 ℃下贮存,使用时取 0.22 mL FDA 贮存液加入 5 mL 0.65 mol/L甘露醇中。使用时,使最终浓度为 0.01%。

3. 仪器

培养皿(6 cm、9 cm),封口膜,温箱,培养箱,1 mL 定量移液器,枪头,滴管(近滴头端加入少许脱脂棉),三角瓶,血球细胞计数器,移液管,洗耳球,无菌滤纸,漏斗,滤器,滤膜,针管(30 mL),光学显微镜,荧光显微镜,酸度计或 pH 试纸,电子天平,350 目网,离心机,试管,离心管,恒温水浴锅。

【操作步骤】

1. 植物原生质体的分离与纯化

(1) 将撕去表皮的植物叶片或花瓣置于酶液(去表皮面接触酶液),在 25 ℃黑暗条件下,酶解 1～2 h。

(2) 用 350 目网过滤除去未完全消化的叶片等残渣。

(3) 在 1000 r/min 条件下离心 5 min,弃上清。红辣椒 800 r/min 离心 5 min。加入 3～4mL 13%CPW 洗液,相同条件下离心,弃上清。加 1 mL 13%CPW 洗液悬浮。

(4) 蔗糖漂浮法去除碎片。

2. 蔗糖漂浮法制备原生质体

(1) 用细口吸管吸 20%蔗糖溶液约 3 mL,小心插入盛有原生质体悬液的离心管底部,缓缓将蔗糖溶液挤出,由于密度不同,蔗糖溶液与原生质体悬液中间有一明显界面(注意要有明显界面)。

(2) 离心 5 min(1000 r/min,辣椒用 800 r/min),此时死细胞及碎片降至蔗糖溶液内,聚集在离心管底部,而活细胞由于有大量泡沫,故漂浮在上下界面处。

(3) 用细管吸取漂浮在上下界面处的健康原生质体,转入干净的离心管中,加入 3～4 mL 13%CPW 洗液离心(镜检决定是否需要离心),离心 5 min(1000 r/min,辣椒 800 r/min),收集沉淀,最终原生质体体积控制在 0.5 mL 左右。

(4) 取 1 滴原生质体提取液在载玻片上,加入相同体积的 0.02%FDA 稀释液,静置 2～5 min 后,于荧光显微镜下观察,绿色荧光的为有活力的原生质体,没有产生荧光的原生质体无活力。

3. 原生质体的液体浅层培养

1) 原生质体纯化　将植物原生质体沉淀重新悬浮于 10 mL 原生质体纯化液中,500 r/min离心 10 min,原生质体会在蔗糖溶液的顶部形成一条绿带,用无菌吸管或移液管将原生质体转入另一离心管中。

2) 原生质体清洗　用原生质体洗涤液(CPW 液)重新悬浮原生质体沉淀,1000 r/min

离心 5 min，使原生质体沉淀在试管底，重复清洗一次。之后加适量原生质体液体培养基悬浮原生质体。

3）活力检查　凡具活力的原生质体均呈圆球形，在显微镜下可以观察到明显的胞质环流运动。在叶肉原生质体中由于叶绿体的阻挡，看不清胞质环流运动。可取一滴原生质体悬浮液放在载玻片上，加一滴 0.1%的酚红染液，凡有活力的原生质体均不着色，而死去的原生质体立即染成红色。

4）密度调整　用血球计数板于显微镜下计数，用液体培养基调整使原生质体浓度至 $10^5 \sim 10^6$ 个/mL。

5）分装培养　将调整密度后的原生质体悬浮液分装到直径 6 cm 的培养皿中，每皿 4 mL，于 28 ℃下培养，第 1 天是暗培养，第 2～3 天光照度为 300 lx，以后移至光照度 1500～2000 lx 条件下培养。

4. 细胞融合

(1) 不同的原生质体各 300 μL 与带盖离心管中，另加入 300 μL 40%PEG 液，30 ℃水浴锅中温浴 15 min。

(2) 融合液一滴于载玻片上（注意保持一定湿度，不能太干），轻轻盖上盖玻片，显微镜观察。

【结果】

用光学显微镜或倒置显微镜（高倍）观察 2～3 个细胞靠近或融合的过程。观察时注意不同程度的融合现象。通常分为 5 个阶段：①两细胞膜接触，粘连；②细胞膜形成穿孔；③两细胞的细胞质连通；④通道扩大，两细胞连成一体；⑤细胞完全合并，形成一个含有两个或多个核的圆形细胞。

【思考题】

(1) 原生质体培养时，纤维素酶和果胶酶的作用分别是什么？

(2) 影响原生质体游离效果的因素有哪些？

（杨书香　邓丽娟　涂　毅）

实验 34　动物细胞的原代培养

【实验目的】

(1) 了解原代细胞培养方法和步骤。

(2) 掌握培养过程中的无菌、消毒等操作技术及原代细胞的观察方法。

【实验原理】

细胞培养是用酶消化法将组织碎块分离成单个细胞，用培养基制成细胞悬液，在体外适宜条件下使细胞生长繁殖，并保留一定的结构和功能特性。

细胞培养是 20 世纪初(1907 年，Harrson)才建立的一种研究动物细胞行为的方法。由于细胞培养在医学研究中的应用，如抗病毒疫苗的生产等，现已经逐渐发展成为一门精细技术。许多细胞株、细胞系的培育成功，尤其是以人的肿瘤组织为材料建立的各种细胞系，如 HeLa 细胞系，可用来进行一系列研究，更加促进了组织培养技术的发展。

1. 动物细胞培养的特点

动物细胞虽可像微生物细胞一样，在人工控制条件的生物反应器中进行大规模培养，但其细胞结构和培养特性与微生物细胞相比，有以下显著差别(表 34-1)。

(1) 动物细胞比微生物细胞大得多，无细胞壁，机械强度低，对剪切力敏感，适应环境能力差。

(2) 倍增时间长，生长缓慢，易受微生物污染，培养时须用抗生素。

(3) 培养过程需氧量少。

(4) 培养过程中细胞相互粘连以集群形式存在。

(5) 培养细胞一般繁殖 50 代即退化死亡。

(6) 代谢产物具有生物活性，生产成本高，但附加值也高。

表 34-1　微生物和动物细胞培养的差别

项　目	微生物(细菌)	动物细胞
细胞直径/μm	1～10	10～100
营养谱	比较广泛的基质	要求严格
倍增时间/h	0.5～2	12～60
pH 控制	±0.5	±0.05
温度控制/℃	±1	±0.25

2. 细胞培养所需的条件

1) *培养液*　以往多用天然培养液，现多用合成培养液。合成培养液有多种，如 Eagle 液、RPMI-1640、MEM 和 199 等，各有其特点和适用范围。Eagle 液主要成分为 13 种必需氨基酸、8 种维生素、糖和无机盐等成分，RPMI-1640、199 乳汉液还含有其他氨基酸。不同培养液适用于不同细胞，乳汉液多用于鸡胚成纤维细胞培养；Eagle 液主要适用于各种二倍体细胞，是最常用的细胞培养液，RPMI-1640、MEM 液主要用于传代细胞的培养。

可根据培养细胞的特殊要求添加以下物质。

(1) 抗生素，常用为青霉素(每毫升培养液 50～100 单位)和链霉素(每毫升培养液 50～100 μg)。

(2) 有机补充物，如丙酮酸钠，谷氨酰胺等。

(3) 促细胞分裂因子，如生长因子类的 FGF(成纤维细胞生长因子)，EGF(表皮生长因子)。

(4)贴壁和铺展因子，如胶原蛋白、纤连蛋白等。

2) *血清*　在细胞培养液中必须添加一定量的血清方能获得成功。血清中除了含有细胞生长的部分氨基酸外，还有促进细胞生长和贴壁的成分。血清中的 α-球蛋白和白蛋白能促进细胞生长，刺激细胞的生长活力；白蛋白具有解除脂肪酸、胰酶及金属离子等的毒性作用；糖蛋白、α2-球蛋白和β脂蛋白G2能促进细胞贴壁。此外，血清中的一些滤过物质乃是刺激和促进细胞生长的重要因子。不同动物种血清的作用差别很大，即使同一种动物种的不同个体间的差异也很显著。实践证明，同种动物优于异种动物血清；人和牛血清优于马血清；马血清又优于兔血清和鸡血清。目前国内多用犊牛血清，使用前须经56 ℃灭活30 min，并进行细胞毒性试验。生长液血清含量一般为5%～20%。不同种细胞要求血清量也不同，大部分细胞生长液中加入10%血清已可满足细胞生长要求。维持液中血清量为0～5%。

最好尽可能不加入血清以维持细胞活力，并避免血清对病毒增殖的抑制作用。目前国内外正在研制无血清培养液，以避免血清中某些物质对细胞生长和病毒复制的影响。

无血清培养液由基础培养液和血清替代因子组成。常用的基础液为MEM、199、DMEM、F12、RPMI-1640、DMEM+F12(1∶1，称SFFD)和RPMI-1640+DMEM+F12(2∶1∶1，称RDE)等。血清替代因子有激素和生长因子(如胰岛素、上皮生长因子)、结合蛋白(如转铁蛋白)、贴壁因子(如鱼精蛋白、聚赖氨酸)和微量元素(如硒)4类几十种，其中有些是主要而且必需的，有些为辅助作用因子。多数无血清培养液须补加3～8种血清替代因子。

3) *细胞接种量*　在适宜的培养条件下，需要有一定量活细胞才能生长繁殖，这是因为细胞在生长过程中分泌刺激细胞分裂的物质，若细胞量太少，这些物质分泌刺激细胞分裂的物质，若细胞量太少，这些物质分泌量少，作用也小。此外，细胞接种量和形成单层的速度也有关，接种细胞数量越大，细胞生长为单层的速度越快，但细胞过多对细胞生长也不利。一般为鸡胚成纤维细胞为100万/mL，小鼠或地鼠肾细胞为50万/mL，猴肾细胞量为30万/mL，传代细胞为10万～30万/mL。

4) pH　细胞生长的pH为6.6～7.8，但最适pH7.0～7.4。培养液中的缓冲体系主要是碳酸氢盐、磷酸氢盐和血清。细胞代谢产生的各种酸性物质可使pH下降，而培养液中的$NaHCO_3$产生CO_2又使pH增高。必要时可使加入氢离子缓冲剂HEPES(10～15 mmol/L)以增加培养液的缓冲能力。

5) *温度*　细胞培养的最适宜温度应与细胞来源的动物体温一致，在此基础上，如升高1～2 ℃，则对细胞产生不良影响，甚至在24 h内死亡。低温对细胞影响小，在20～25 ℃时细胞仍可缓慢生长。

此外，成功的细胞培养还需要严格的无菌操作及洁净的培养器皿。

3. 细胞生长的三个阶段

1) *潜伏期*　细胞从接种到贴壁生长繁殖的一段时间。二倍体细胞该期时间长(24～96 h)；连续细胞系时间短(10～30 min)。

2) *指数生长期*　细胞增殖最旺盛时期，一般用细胞分裂指数(mitotic index，MI)表示，即细胞群中每1000个细胞中的分裂相数。体外培养细胞分裂指数为0.1%～0.5%，且受细胞种类培养液成分、pH、温度等影响。

指数生长期是细胞活力最好的时期，在接种细胞数量适宜情况下，指数生长期持续3～5天后，随细胞数量不断增多，生长空间日趋减少，细胞相互接触汇合成片，呈现接触抑制。而恶性细胞则无接触抑制现象，因此接触抑制可作为区分正常与癌细胞标志之一。

癌细胞则由于营养成分的消耗和细胞代谢产物的影响，而发生密度抑制。

3) *停滞期*　即细胞数量达到饱和密度后，细胞与营养液的交换面积减少，代谢产物积累，pH 下降细胞停止增殖，进入停滞期。在此时应及时进行换液传代，否则因细胞中毒受损，大量细胞出现死亡，至少再传 1～2 代后，细胞才能恢复。

4. 细胞的培养

1）细胞培养的类型

（1）原代细胞(primary cell)。动物组织经胰蛋白酶等消化、分散、获得单个细胞，在生长于培养皿中大多数组织均可制备原代细胞，但生长的快慢及难易程度不一，鸡胚成纤维细胞(CEF)4 h 左右即可贴壁，24 h 可长成致密单层，肾和睾丸生长较慢，原代细胞一般对病毒较易感染，尤其是来源于胚胎或幼畜组织的细胞。

（2）二倍体细胞株(diploid cell strain)。将长成的原代细胞消化分散成单个细胞，继续培养传代，其细胞染色体数与原代细胞一样，仍为二倍体。此种细胞数量可扩大，对病毒的易感性则基本无变化，如培养猪瘟用的犊牛睾丸细胞、猪传染性胃肠炎用的乳猪肾细胞。

（3）传代细胞系(continuous cell line)。与上述两类细胞不同，这类细胞在传代过程中染色体发生异常变异，在体外可无限制分裂的异倍体癌变细胞。

优点：传代及培养方便，可节约原材料，因此使用广泛。

缺点：有的对分离的野毒不敏感；实验室传代日久，可能污染支原体、霉形体或隐性感染病毒。

2）细胞培养的方法

（1）静止培养。将细胞悬液接入培养瓶或培养板中置于恒温箱内或温室中静止培养，细胞成长繁殖成单层或克隆。静止培养是最常用的细胞培养方法，广泛用于病毒研究和生物制品制造。例如，扁瓶、细胞培养板，一般需在 37 ℃含 5%的二氧化碳条件下培养。

（2）旋转培养。将细胞液接入转瓶后放于恒温箱的转瓶机上，转速一般为 10～12 r/min。

（3）悬浮培养。通过振荡或转动装置使细胞始终处于分散悬浮于细胞培养液内的方法，主要用于一些在振荡或搅拌下能生长繁殖的细胞，如生产单克隆抗体的杂交瘤细胞。对于正常细胞(贴壁依赖性细胞)某些传代细胞不适用，这些细胞在悬浮下很快死亡。

（4）微载体培养。微载体以细小的颗粒作为细胞载体，通过搅拌悬浮，在培养液内使细胞在载体表面繁殖成单层的一种细胞培养技术，兼有单层和悬浮细胞培养的优点。

（5）中空纤维细胞培养。该技术模拟动物体内环境，使细胞能在中空纤维上形成类似组织的多层细胞生长，细胞周围犹如密布微血管，可以不断获得营养物质，同时又可将细胞代谢产物、废物和分泌物送到培养液中被运走。系统由中空纤维生物反应器、培养基和蠕动泵等组成。

3）单细胞的制备

（1）原代细胞的制备。原代细胞制备时首先选取适当组织或器官，如鸡胚体、犊牛睾丸、乳猪肾等，采用机械分散法，如剪碎、挤压等使之成为小块(约为 1 mm^3)然后用 0.25%～0.5%胰酶(pH7.4～7.6)消化掉细胞间的组织蛋白，消化的时间长短与温度、组织的来源及大小等有关，一般 37 ℃消化10～30 min，4 ℃消化需要过夜。消化好的组织块去掉胰酶经吹打成分散的细胞，用于培养。

（2）传代细胞的制备。单层细胞传代时多采用 EDTA(乙二胺四乙酸二钠)-胰酶消化法，胰酶浓度为 0.025%，其作用是消化细胞间的组织蛋白；EDTA 浓度为 0.01%，其作用是螯合维持细胞间结合的钙镁离子和细胞与细胞间的钙镁离子，使细胞易脱落和分散。单层细胞经 EDTA-胰酶消化，洗涤 2～3 次，再加入少量消化液消化，待细胞刚刚圆缩时即可加入营养液轻轻吹打，使之分散为单细胞。某些半悬浮培养或悬浮培养的细胞如 SP2/0 瘤细胞，不需要消化，采用机械吹打即可形成单细胞。

(3) 细胞冻存与复苏。细胞株与细胞系均需要保存于液氮中(－196 ℃)。为防止细胞在冻存过程中因渗透压、pH 等变化及机械损伤而影响活力，需向培养液中加入亲水性强、毒性小、易通过细胞膜的 DMSO(二甲基亚砜)作为保护剂，从而使冰点降低，在缓慢冻结下能使细胞水分在冻结前透过细胞外，以防止细胞内形成冰晶对细胞造成的伤害。DMSO 终浓度为 5%～15%，常用 10%。

为保持细胞最大活率，一般采用慢冻快融法。常用冷冻速度为每分钟下降 1～2 ℃，当温度达－25 ℃时，速度可增至 5～10 ℃/min，到－100 ℃时则可迅速浸入液氮中。也可采用如下程序：取对数生长期细胞消化后离心，将细胞沉淀用冻存液(10%DMSO，20%小牛血清，70%MEM)悬浮至 200 万～500 万/mL 细胞数，分装于细胞冻存管后 4 ℃放置 1 h，然后－20 ℃冰箱放置 2 h，再放入－70 ℃冰箱 4～6 h 后放入液氮保存。复苏时要求快速融化以防止损害细胞。通常将从液氮中取出的细胞管置 37～40 ℃水浴 40～60 s 融化，离心后除去冻存液，然后将细胞悬浮于培养液中培养。必要时待细胞完全贴壁后换液一次，以防止残留的 DMSO 对细胞有害。细胞在液氮中可贮存 3～5 年。通常，每冻存 1 年应再复苏 1 次。

细胞培养是一种程序复杂、条件较多且要求严格的实验性工作。由于细胞在体外的生长、繁殖会受到温度、营养物质、酸碱度、渗透压及微生物等多种因素的显著影响，因此细胞培养工作的各个环节如培养器皿清洗消毒、营养液配制和除菌、pH 调整、温度调节等操作都有严格的要求和规定，特别要注意无菌操作，这是细胞体外培养成败的关键。

【器材】

1. 材料

胎鼠。

2. 器材

恒温培养箱(37 ℃)，水浴箱(37 ℃)，离心机，血细胞计数板。

以下器械消毒或灭菌：离心管，玻璃平皿和培养瓶，小漏斗，吸管，移液管，青霉素瓶，纱布，手术器械。

3. 试剂

细胞培养液(动物细胞培养基 1640 加 10%小牛血清)，0.25%胰蛋白酶，Hank's 液，75%乙醇、碘酒。

【操作步骤】

(1) 将孕鼠引颈处死，置 75%乙醇中浸泡 3～4 s(时间过长乙醇会从口和肛门浸入体内)，用碘酒消毒腹部，取出胎鼠在超净台上解剖，取出肝脏，置于平皿中(图 34-1)。

(2) 用 Hank's 液洗 3 次，并剔除脂肪、结缔组织、血液等杂物。

(3) 用手术剪刀将肝脏剪切成小块(1 mm^3 左右)，再用 Hank's 液洗三次，转移到离心管中。

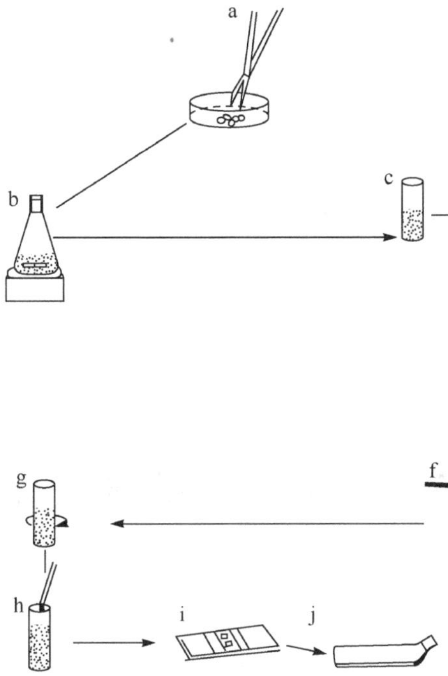

图 34-1　动物细胞原代培养流程图

a. 取材剪切成小块(1 mm^3 左右);b. Hank's 液洗三次;c. 转移到离心管中;d. 加胰蛋白酶液 37 ℃消化;e. 每隔 5 min 振荡一次;f. 终止消化作用后过筛;g. 离心弃上清;h. 加含血清培养液吹打;i. 细胞计数;j. 接种培养瓶

(4) 据组织块体积量加入 8 倍的 0.25%胰蛋白酶液,37 ℃水浴消化 20～30 min,每隔 5 min 振荡一次,以加快细胞分离。

(5) 待细胞组织变得松离(颜色略为发白),加入 8 mL 含 10%小牛血清的培养液使胰酶的消化作用终止。

(6) 1000 r/min 离心 8 min,去掉上清。加入 Hank's 液 5 mL,冲散细胞,再离心一次(1000 r/min,8 min),弃去上清。

(7) 加入 2 mL 细胞培养液,血细胞计数板计数。

(8) 加适量细胞培养液,使细胞数调整到每毫升 5×10^5 个细胞左右,转移到 25 mL 细胞培养瓶中,37 ℃下培养。

注:无菌操作要求如下。

(1) 操作前一定要按要求进行洗手、手消毒、更换无菌衣。手指不能接触器材的使用端,如触及需要更换或烧灼后再使用。

(2) 减少手与器材的接触面积,学会用手指进行操作。

(3) 一切操作,如打开或封闭瓶口、安装吸管、注射器等,都要在火焰前方进行,使用端用前要经过火焰消毒。

(4) 瓶口要顺风放在支架上,试剂使用后应立即封闭瓶口,若长时间敞口,会增加落菌的机会。

(5) 细胞培养各种试剂要专管专用,并要勤换吸管,防止扩大污染和交叉污染。

(6) 瓶口的液滴不能再倒回瓶内,要用干酒精棉球擦拭,瓶口要再用火焰消毒。

(7) 操作者动作准确敏捷,尽量避免空气流动。

【结果】

在二氧化碳培养箱中(37 ℃，5%CO_2)培养 24 h 后，观察单层细胞。

【思考题】

从取材开始，所有组织细胞的有关操作应在无菌条件下进行，细胞计数是否在有菌环境中进行？为什么？

（韩端丹　邓丽娟　涂　毅）

实验 35　动物细胞的传代培养

【实验目的】

学习掌握动物细胞的传代培养方法。

【实验原理】

贴壁细胞一般用胰蛋白酶进行消化。先吸弃培养瓶中原有的旧培养液，加入消化液，倒置显微镜下观察消化状态。当发现细胞间隙增大、胞质回缩的情况出现时，立即倒掉消化液，加入含血清的培养液终止消化。将消化的细胞吹打后加入新鲜培养液，重新悬浮细胞，按一定比例接种到新的培养容器中继续培养。

【器材】

1. 材料

贴壁培养细胞株。

2. 仪器

恒温培养箱或恒温 CO_2 培养箱，倒置显微镜，超净工作台，培养瓶，吸管，废液缸等。

3. 试剂

0.25%胰酶，1640 培养基(含 10%小牛血清)。胰酶消化液中也可加入 EDTA，使终浓度 0.02%。

【操作步骤】

(1) 超净工作台紫外灯灭菌 30 min，用 75%乙醇擦拭手。将长满细胞的培养瓶瓶口用乙醇擦拭后酒精灯上烧灼 5 s，取下瓶塞，将瓶中原来的旧培养液倒进废液缸中，残余培养液可用吸管吸去弃掉。

(2) 加入 2 mL 的 0.25%胰蛋白酶液，使瓶底细胞都浸入酶液中。

(3) 瓶塞在酒精灯上烧灼 3 s 后在瓶口上塞好或旋紧，放在倒置显微镜下观察细胞形态和消化状况。发现细胞间隙增大、胞质回缩等情况出现时(一般室温消化时间为 1～2 min)，立即将培养瓶转移到超净工作台上。

(4) 将酶液弃去至废液缸中(若酶液中加有 EDTA 要加入 Hank's 溶液轻轻洗去酶液)，加入 5 mL 含牛血清的培养液终止消化。

(5) 用吸管将勉强贴壁的细胞轻轻吹打，使之脱落下来，形成细胞悬浮液。

(6) 平分细胞悬液到培养瓶和另外 2～3 个新瓶中，盖好或旋上瓶塞，置 37 ℃恒温或 CO_2 恒温培养箱中继续培养。第二天观察贴壁生长情况。

(7) 于 6 h 后观察传代细胞的贴壁情况，第二、三天观察细胞的生长情况。

【结果】

培养瓶中观察细胞形态是否饱满，折光性好。

【思考题】

为什么加入含牛血清的培养液能终止胰蛋白酶的消化作用?

(韩端丹　邓丽娟)

实验 36　培养细胞的增殖及活力检测

【实验目的】

(1) 练习细胞计数方法，用细胞计数法绘制生长曲线，了解培养细胞的生长发育特性。

(2) 掌握测定细胞活力的方法。

【实验原理】

有不少方法可以用于鉴定细胞的活性。台盼蓝染色法鉴定细胞活性的原理是:活细胞膜是一种选择性膜，只允许物质选择性通过;而细胞死后，细胞膜受损，通透性增加。台盼蓝是一种阴离子型染料，不能透过完整的细胞膜。因此，台盼蓝染色只能使死细胞着色，而活细胞不被染色。二甲基噻唑二苯基四氮唑溴盐(MTT)法测定细胞活力的原理是:活细胞的线粒体脱氢酶能将染料 MTT 还原为难溶性的蓝紫色结晶物，并沉积在细胞中，经酸性异丙醇或二甲基亚砜(DMSO)溶解后呈现的吸光度(A_{570}值)可反映活的细胞的代谢水平，而死细胞则无线粒体脱氢酶特性。本实验介绍这两种细胞活性的测定方法。^{3}H-TdR(氚标记的胸腺嘧啶核苷)掺入法测定细胞增殖活性的原理是当细胞发生有丝分裂，细胞进入 S 期，此时在细胞培养液中加入^{3}H-TdR，可被细胞摄入而掺入 DNA 中，测定^{3}H-TdR 的掺入量，可判定细胞的增殖程度。

【器材】

1. 仪器

普通显微镜，血细胞计数板，试管，吸管，24 孔培养板，96 孔细胞培养板，酶标仪(或分光光度计），液闪计数器。

2. 材料

细胞悬液。

3. 试剂

（1）0.4%台盼蓝染液：台盼蓝 0.4 g 加双蒸水至 100 mL。

（2）5 mg/mL MTT：MTT 0.5 g，溶于 100 mL 磷酸缓冲液或无酚红的基础液中。在磁力搅拌器上搅拌 30 min，用 0.22 μm 滤膜过滤，2～8 ℃避光保存。实验前用 pH7.4 的 PBS 配制成 5 mg/mL 的溶液。

（3）酸化异丙醇：异丙醇中加入 0.04～0.1 mol/L HCl，使最终达 0.04 mol/L。

（4）消化液：0.25%胰蛋白酶和 0.02%EDTA 混合消化液。

（5）5 μCi ^{3}H-TdR/mL①：用培养液配成。

（6）pH 7.4 的 PBS 缓冲溶液。

（7）10%胎牛血清。

（8）DMSO。

【操作步骤】

1. 细胞计数

（1）将血细胞计数板及盖玻片擦拭干净，并将盖玻片盖在计数板上。

（2）取吸管 1 支，伸入培养瓶中，轻轻反复吹打细胞悬液使细胞重悬均匀后，立即吸取细胞悬液少许，向一离心管中滴入细胞悬液 9 滴，再滴入台盼蓝染液 1 滴，混匀，放置 2～3 min。

（3）把计数板平放在显微镜台上，立即从计数板边缘轻轻滴 1～2 滴已染色的细胞悬液，使之充满计数板和盖片间空隙中。

（4）镜下观察可见细胞分散各处。健康细胞胞体完整，透明不着色；凡着色细胞均为不健康者。计算四角大方格内的细胞数（图 36-1），压中线者只计算左线和上线，右线和下线不计算在内（即仅计算压两上边的细胞）。然后按以下公式计算：

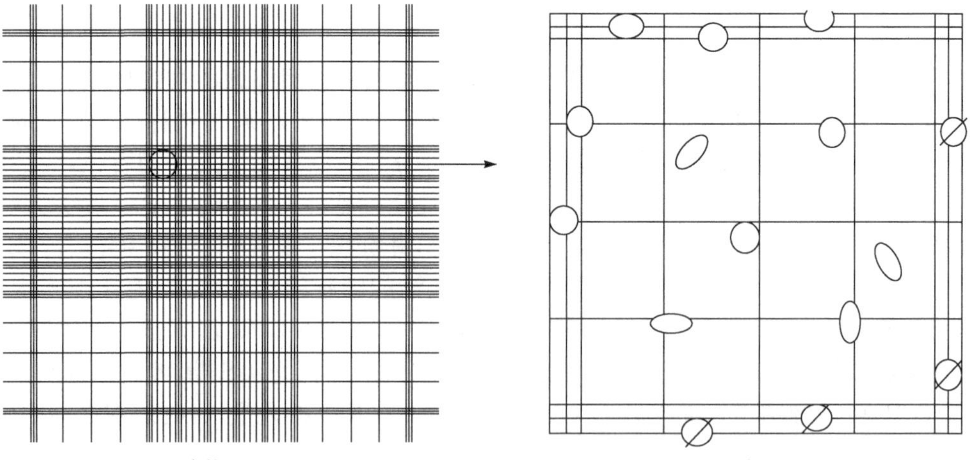

图 36-1　用细胞计数板做细胞计数

① Ci，居里，放射性活度单位，1 Ci＝3.7×10^{10} Bq

细胞密度(个/mL)＝平均细胞数×稀释倍数×10^4

细胞总数(个)＝细胞浓度×细胞悬液量

2. 台盼蓝染液鉴定细胞活性

(1) 将 0.5 mL 细胞悬液加入试管。

(2) 加入 0.5 mL 0.4%台盼蓝染液,染色 2～3 min。

(3) 吸取少许悬液涂于载玻片上,加上盖玻片。

(4) 镜下取几个任意视野,分别计死细胞和活细胞数,计细胞活力。死细胞能被台盼蓝染上色,镜下可见深蓝色的细胞,活细胞不被染色,镜下呈无色透明状。另外,活力测定可以和细胞计数合起来进行,但要考虑到染液对原细胞悬液的加倍稀释作用。

3. MTT 法测细胞相对数和相对活力

1) 接种细胞　用含 10%胎小牛血清的培养液配成单个细胞悬液,以每孔 1000～10 000 个细胞接种到 96 孔板(图 36-2),每孔体积 200 μL。

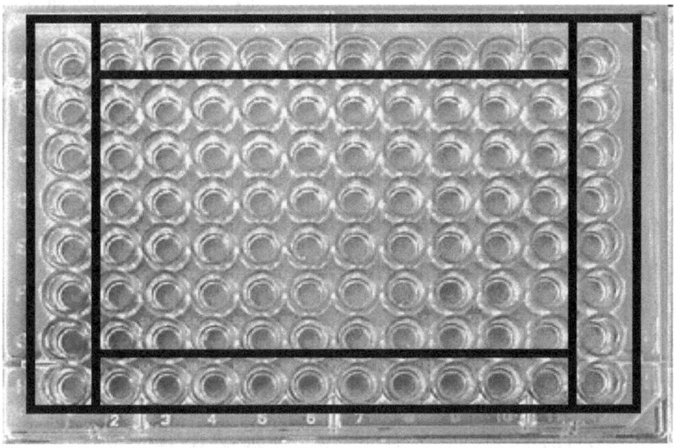

图 36-2　96 孔板

注:一般情况下,96 孔培养板的一内贴壁细胞长满时约有 10^5 个细胞。但由于不同细胞贴壁后面积差异很大,因此,在进行 MTT 试验前,要进行预实验检测其贴壁率、倍增时间及不同接种细胞数条件下的生长曲线,确定试验中每孔的接种细胞数和培养时间,以防止细胞过满。这样,才能保证 MTT 结晶形成的量与细胞数呈线性关系。否则细胞数太多则敏感性降低,太少则观察不到差异。

2) 培养细胞　同一般培养条件,培养 3～5 天。

注:如果营养不够,细胞会由增殖期渐渐趋向 G_0 期而趋于静止,影响结果。如果培养时间长,在 48 h 应该换液一次。

3) 呈色　培养 3～5 天后,每孔加 MTT 溶液 10 μL 继续孵育 4 h,终止培养,小心吸弃孔内培养上清,对于贴壁细胞,可以试着将 96 孔板倾斜 30°角,然后用枪尖慢慢吸;对于悬浮细胞需要离心后再吸弃孔内培养上清。每孔加 100 μL DMSO,振荡 10 min,使结晶物充分融解。

注:高的血清物质会影响试验孔的光吸收值。由于试验本底增加,会试验敏感性。因此,一般选小于 10%胎牛血清的培养液进行。在呈色后,尽量吸净培养孔内残余培养液。

如加入 MTT 后都有个别孔变为蓝黑色,则污染的可能性极大。在加 MTT 前可以先在镜下观察,看看是否有孔染菌,染菌的孔常常是邻近的。

4）比色　选择 570 nm 波长，在酶联免疫监测仪上测定各孔吸光度，记录结果，以时间为横坐标，吸光度为纵坐标绘制细胞生长曲线。

注：MTT 实验吸光度最后要为 0～0.7，超出这个范围就不是直线关系。

4. 测定生长曲线

1）培养细胞　首先在培养板的 21 个孔内分别接种相同数量的细胞（如果使用培养瓶，则需接种 21 瓶），计数并记录接种的细胞悬液密度，接种时间记为 0 h。

2）计数细胞密度　从接种时间算起，每隔 24 h 计数 3 孔（瓶）内的细胞密度，算出平均值。

注：为提高准确率，对每（瓶）细胞可计数 2～3 次。如此操作至第 7 天结束。

3）绘制曲线　以培养时间（天）为横坐标、细胞密度为纵坐标，将全部结果在坐标纸上绘图，即得所培养细胞的生长曲线。

5. ^{3}H-TdR 掺入法测定细胞增殖活性

（1）在培养板各孔中加入 0.1 mL 或 0.2 mL 细胞悬液（加入的细胞数量须视其增殖活性而定。增殖活性高者每孔可仅加入数万个细胞，活性低者则应加入数百万甚至上千万个细胞）。

（2）于 37 ℃ CO_2 培养箱中培养 2～2.5 h。

（3）给每孔加入 1 μCi ^{3}H-TdR（溶于 Hank's 液中），继续培养 4～18 h。

（4）用细胞收集器将各孔细胞分别收集在玻璃纤维滤纸上，烘干。

（5）用液闪计数器测定每分钟放射性脉冲数。

6. 绘制有丝分裂指数曲线

（1）用一般传代方法，按检测细胞生长曲线的细胞接种原则，将细胞悬液接种于事先放置有小盖玻片的培养瓶内。

（2）每 24 h 取出一个小玻片，95%乙醇固定，吉姆萨染色、封片。

（3）选择细胞密度适中的区域观察分裂细胞，进行细胞计数。最好一个视野一个视野地进行。对每一时间组的玻片各取细胞数多、中、少 3 个区域各一区，共数 1000 个细胞，计算出每 1000 个细胞中的分裂相平均数值和所占百分比。

（4）将所测得的百分数逐日按顺序绘制成图即为细胞分裂指数曲线图。

注：MTT 法只能测定细胞相对数和相对活力，不能测定细胞绝对数。

【结果】

绘制培养细胞的生长曲线、分裂指数曲线、^{3}H-TdR 掺入法测得的细胞增殖曲线。

【思考题】

（1）分析比较不同的曲线所反映的细胞的生长情况的差别、细胞接种的密度与细胞生长曲线的测量结果之间的关系。

（2）比较几种细胞活性检测方法的优、缺点。

（韩端丹　邓丽娟）

实验 37　流式细胞仪检测技术

【实验目的】

应用流式细胞技术并采用基于单个活细胞的新型荧光标记技术，精确区分 UHT 奶样品中的活菌细胞与死细胞及其他大颗粒物质，对 UHT 奶产品进行微生物快速定量检测。

【实验原理】

流式细胞仪是一种能够探测和计数以单细胞液体流形式穿过激光束的细胞检测装置，由于在检测中使用的细胞标志示踪物质为荧光标记物，因此，用来分离、鉴定细胞的流式细胞仪又被称为荧光激活细胞分类仪(fluorescence activated cell sorter，FACS)，是分离和鉴定细胞群及亚群的一种强而有力的应用工具。其原理是在一组混合的细胞群中，加入特异的针对特定靶细胞表面分子的荧光标记单克隆抗体，这种特异单克隆抗体与其对应的抗原靶分子结合，结合后的荧光标记抗体停留在特定细胞的表面，称为荧光抗体标记的靶细胞；将含有被标记细胞的混合细胞群混悬在一定容积的上样缓冲液中，再通过 FACS 的进样吸管孔，仪器就会将细胞悬液制成以单细胞排列的微细流束。当每一个细胞通过仪器的激光束照射时，带在细胞上的荧光就会被相应的激光束激活并发出对应的荧光，通过敏感的光电倍增管即可检测到从细胞表面发出的荧光。根据测得的散射光可得到细胞大小及颗粒状态的信息；而荧光的发射强度则提供了结合在细胞上的抗体信息，进而也反映了该细胞表面相应分子的表达情况。在流式细胞仪分离装置中，返回到计算机的信号，可用来产生一种电荷，这种电荷以特定准确的时间通过 FACS 的吸管孔，在与吸管孔的液体流相相遇时，可将液体流打碎成只含一个细胞的微滴。含有电荷的微滴就会从主液体流中偏移，穿过一双极板。带正电荷的微滴被吸引至阴极，带负电荷微滴则被吸引至阳极。以这种方式，特定的细胞亚群由于标记着不同的荧光抗体而带有不同的电荷，从而将目的细胞从混合的细胞群中分拣出来。

流式细胞术(flow cytometry，FCM)是 20 世纪 70 年代起源于细胞生物学领域的一门新兴技术，目前已广泛应用于临床医学诊断和基础医学研究等领域，但是在食品安全监测方面尚在起步阶段。流式细胞术的荧光染剂一般分为膜渗透性、膜非渗透性和膜电位敏感性这三种，对活菌和死菌、大颗粒物质难以进行标记区分。

采用非荧光底物对单个可见活细胞进行特殊标记，每个细胞将被流式细胞仪系统的超敏感信号放大器检测和计数。在这个系统中，荧光信号将被实时监测，并通过尖端软件进行分析以区分被标记的活细胞和其他非微生物的大颗粒物质及死细胞。利用 FCM 进行样品分析是完全自动化的，每小时能提供 40～50 个处理结果，效率远远高于传统的平板计数法检测。而且省去了前处理和后续培养步骤，比传统的平板计数法检测周期缩短了 24～120 h。并且通过与平板计数法的比对实验，验证了 FCM 检测方法的准确性。FCM 检测技术具有两大特点：计数和分选。

【器材】

1. UHT 奶产品

实验中选购了当地市面上较常见、销量较大的 6 种品牌：光明、三元、伊利、蒙牛、君乐宝、贝兰德产品进行实验，每种取样品 30 袋。

2. 试验菌株

所采用的大肠杆菌为细菌的模式菌株，同时也是食品受到污染后最常存在的肠道致病菌，它与金黄色葡萄球菌分别代表了常见食品致病菌中的革兰氏阴性菌与革兰氏阳性菌。枯草芽孢杆菌代表了乳产品中常见的芽孢杆菌。酿酒酵母作为酵母菌的模式菌株，也是食品中广泛存在的。黑曲霉菌是存在于环境和食品原料中的常见霉菌代表菌株。具体见表 37-1 所示。

表 37-1　所用菌株

菌株编号	菌种名称
ATCC 25922	大肠杆菌(*Escherichia coli*)
ATCC 25923	金黄色葡萄球菌(*Staphylococcus aureus*)
ATCC 11774	枯草芽孢杆菌(*Bacillus subtilis*)
ATCC 36859	酿酒酵母(*Saccharomyces cerevisiae*)
ATCC 16404	黑曲霉菌(*Aspergillus niger*)

注：以上菌株均由中国药品生物制品检定所提供

3. 仪器设备

流式细胞分析仪(BactiFlow ALS 系统，法国 AES)，离心机(Sigma3K15，德国 Sigma)，生化培养箱(LRH-150B，中国广东)，涡旋混合器(MS1，德国 IKA)，超纯水仪(KL-UP-UN-10，中国台湾艾柯)，浊度计(ZDY-Ⅱ，上海复星佰路)(以上仪器品牌为推荐使用)。

4. 试剂

1) FCM 基础试剂

(1) ChemSol S 50X(code：300-R3106-01)，鞘液，用于分析过程中清洗或作保护液。

(2) Dilunt R (code:400-R6008-01)和 CSR(code:300-R4095-01)，用于减少游离荧光。

(3) Isored(code:300-R3709-01)，隔离空气中的氧气。

(4) Cleaning5 (code:300-R3107-02)清洗液，在分析过程中清洗进样口。

(5) Cleaning3 (code:300-R3064-01)清洗液，用于每天试验结束后清洗系统。

2) FCM 检测试剂

(1) Standard G(code:300-R5095-01)，细菌标准液(标准荧光珠子)，日常控制试剂。

(2) Standard A(code:300-R5068-01)，霉菌与酵母菌标准液(标准荧光珠子)，日常控制试剂。

(3) ChemSol B26/1 (code:400-R2702-02)，标记缓冲液。

(4) ChemChrome V26 (code:400-R1006-01)，细菌标记底物。

(5) CS26 A(code: 400-R4105-01)，标记细菌时减少背景荧光(含内标物)。CS26 B (code:400-R4106-01)，用于优化标记过程。在使用前和 CS26 A 混合，混合液仅限于当天使用。

(6) CSV(code:400-R4102-01)，标记霉菌与酵母菌时减少背景荧光，含内标物。

(7) CS13(code:400-R4108-01)减少非特异性标记。

(8) ChemChrome V8 (code:400-R1002-01)，霉菌与酵母菌标记底物。

5. 荧光标记

常用的 FCM 荧光染料通常存在着不能进入完整细胞膜或不能区分标记活细胞和死细胞、消除背景干扰等问题。本研究中采用 ChemChrome V26 荧光标底物标记细菌，ChemChrome V8 荧光标记底物标记霉菌和酵母菌。样品分装到试管中上机后，仪器自动抽取并分装底物进行标记。底物中均含有非荧光的二聚体底物，只有具膜完整性的活菌细胞中存在的酯酶才能将非荧光二聚体底物中的酯键切断，形成单聚体与活细胞结合而发出绿色荧光，这样就避免了样品内死菌细胞和其他大颗粒物质的干扰。标记后的样品悬液被包裹在鞘液中经过喷嘴高速喷出，形成一条狭窄的分析流，确保细胞逐个通过激光聚焦的测量区，进而由光敏元件测量每个细胞或颗粒产生的荧光信号强度，从而获得各种信号参数，并由数字处理器进行分析，对样品中的活菌进行精确定量。整个标记过程由仪器自动完成。

【操作步骤】

1. 荧光标记细菌

采用 ChemChrome V26 荧光标底物标记 Standard G 细菌标准液（标准荧光珠子）；ChemChromeV8 荧光标记底物标记 Standard A 霉菌与酵母菌标准液。

2. 不同产品的荧光背景检测

在无菌条件下打开产品包装，用灭菌移液管吸取 10 mL 样品于无菌试管中，每种样品取 4 个平行，做好荧光标记后立即放入样品槽中，开始程序，仪器会以机械手臂操控进样探头，自动依次从各待测试管中吸取 1 mL 样品上机检测。

注：为了确定不同产品成分组成是否在用 FCM 方法检测时会产生不同的荧光背景，并消除其对本研究中定量结果的干扰，首先对不同样品进行荧光背景检测。

3. 自然增菌快速检测

(1) 将样品在无菌环境中打开包装，暴露于自然空气中放置 24 h。

(2) 以增菌后的样品为母液，以未开封的同类无菌样品为稀释液进行 10 倍梯度稀释，共做 8 个梯度，并立即上机检测。同时每个梯度各取 1 mL 于无菌平皿中，倾注高压灭菌后冷却到 45 ℃的计数培养基，混匀凝固后于 37 ℃下培养 48 h 计数，各做 3 个平行。

4. 人为添加标准菌株的确证试验

(1) 将表 37-1 中所列菌种分别活化并在各自适宜的培养基上转接培养两代后，挑取细菌单菌落接种于灭菌后的 10 mL 营养肉汤管中于 37 ℃培养 24 h，制成菌悬液，经浊度计测定菌液浓度为 1×10^9～5×10^9 CFU/mL。

(2) 挑取霉菌和酵母菌接种于灭菌后的 PDA 液体培养基中于 25 ℃培养 48 h，制成菌悬液，经浊度计测定菌液浓度分别约为 3×10^8CFU/mL 和 6×10^7 CFU/mL。

(3) 以无菌操作，各取 1 mL 上述菌悬液，分别添加到 9 mL 无菌的 UHT 奶样品中，振荡混匀作为待检样品，并依次做 10 倍梯度稀释，共做 8 个梯度，将其放置于流式细胞分析仪样品槽内上机检测，同时用灭菌移液器吸取每稀释度样品于无菌平皿中，分别倾注计数琼脂培养基（细菌）和孟加拉红培养基（酵母菌和霉菌）进行计数培养，各做 3 个平行。

【结果分析】

将 FCM 方法的检测结果与平板计数方法结果进行比对。

【思考题】

用 FCM 法进行微生物检测相对于传统的平板记数法有哪些优点？

（杨书香）

第4篇 发酵工程

发酵工程(fermentation engineering)的概念与生物化学中发酵的概念是完全不同的,生物化学中的发酵是指由糖类或其他有机分子释放能量而不需要氧分子和电子传递体系,并且利用某种有机分子作为最终电子受体的任何代谢过程。而发酵工程则是指采用工程技术手段,利用生物(主要是微生物)和有活性的离体酶的某些功能,为人类生产有用的生物产品,或直接用微生物参与控制某些工业生产过程的技术。

通过发酵工业化生产几十年的实践,特别是20世纪70年代以后,基因工程、细胞工程等生物工程技术的开发,使发酵工程进入了定向育种的新阶段,新产品层出不穷,甚至植物细胞和动物细胞也借鉴微生物的发酵生产技术,实现了工业化生产。

同时人们也逐步认识到发酵工业过程是一个随着时间变化的(时变的)、非线性的、多变量输入和输出的动态生物学过程,按照化学工程的模式来处理发酵工业生产(特别是大规模生产)的问题,往往难以收到预期的效果。20世纪80年代以来,随着学科之间的不断交叉和渗透,微生物学家开始用数学、动力学、化工工程原理、计算机技术对发酵过程进行综合研究,使得对发酵过程的控制更为合理。现在已经能够自动记录和自动控制发酵过程的全部参数,明显提高了生产效率。

发酵工程技术目前主要包括固体发酵技术、厌氧发酵技术、好氧分批发酵技术、连续发酵技术、植物细胞的悬浮培养技术、动物细胞的悬浮培养和检测技术等。无论是哪种技术,首先都需要有性能良好的生产菌种,因此生产菌种的筛选、优良菌种的选育及菌种保藏技术都是发酵工程技术的基础。这些基础技术的原理、方法在微生物学、分子生物学、细胞工程及其实验中有详尽的介绍。限于篇幅,本篇仅选取一些典型的产品生产为例,对各种工程发酵技术做一些介绍。

第6章　固体培养技术

实验38　平菇的固体培养技术

【实验目的】

本实验通过介绍一般大型食用和药用真菌的生物学特性和有代表性的平菇固体栽培及管理技术，来了解固体发酵的一般方法。

【实验原理】

固体发酵是指没有或几乎没有自由水存在下，在有一定湿度的水不溶性固态基质中，用一种或多种微生物进行的生物反应过程。从生物反应过程中的本质考虑，固态发酵是以气相为连续相的生物反应过程。固体发酵具有操作简便、能耗低、发酵过程容易控制、对无菌要求相对较低、不易发生大面积的污染等优点。

近年来，国内外研究和开发出大量可进行大规模纯种培养的固体发酵技术与设备，大致包括9种不同形式的工业化规模的固体发酵反应器：①转鼓式；②木盒式；③加盖盒式；④垂直培养盒式；⑤倾斜接种盒式；⑥浅盘式；⑦传送带式；⑧圆柱式；⑨混合式等。可利用这些不同的反应器发酵生产酶制剂、生物农药、单细胞蛋白、有机酸、酒、调味品等。

在固体发酵产品中，最有成效、利用最广泛的莫过于大型食用和药用真菌的固体发酵生产，本实验就以大型食用和药用真菌为例介绍固体发酵生产技术。

大型食用和药用真菌的品种多样，特性各异。利用固体培养技术，可以生产出各种具食用价值、药用价值和经济价值的大型食用和药用真菌。

食用和药用真菌依其生长习性可分为木腐型和草腐型。木腐型真菌是以木质材料为主要原料，其分解木质素能力较强的一类真菌，如香菇、侧耳、黑木耳、金针菇等。木腐型真菌的固体栽培方法有段木栽培和代料栽培。草腐型真菌是以秸秆类物质为主要栽培原料，分解纤维素能力较强的大型真菌，如双孢蘑菇、草菇、鸡腿菇、竹荪、平菇等。

所谓“代料”是指代替段木材料栽培木腐型真菌的各种有机物。代料培养木腐型真菌不仅可以减少对林木材料的依赖，达到保护林木的目的，而且具有生产周期短、生物学效率高、便于工厂化生产等优势。生物学效率是指大型真菌鲜重与所用培养原料干重之比，常用百分率表示。例如，100 kg 干原料，生产出 80 kg 鲜真菌，则其生物学效率为 80%。利用农林业的秸秆、枝杈及酿造工业的副产品栽培食用菌，是一项既有经济效益，又有环境效益的项目。

1. 平菇的基本特性及固体栽培技术

平菇(*Pleurotus ostreatus*)属于担子菌亚门(Basidiomycotina),层菌纲(Hymenomycetes),伞菌目(Agaricales),侧耳科(Pleurotaceae),侧耳属(*Pleurotus*)真菌。侧耳属的真菌其子实体盖多偏生于菌柄的一侧,菌褶延生至菌柄,形似耳状而得名。侧耳属是一个大家族,共有 30 多种,有很多名优品种,除平菇外,还有阿魏菇、鲍鱼菇、杏鲍菇、凤尾菇、榆黄蘑、姬菇等。人们通常所谓的平菇泛指侧耳属中许多品种,俗名冻菇、北风菇等,其中较著名的有糙皮侧耳、美味侧耳、紫孢侧耳等,普遍栽培的多为糙皮侧耳。

平菇是世界四大食用菌之一,总产量仅居蘑菇之后,位居第二。平菇具有适应性强、抗逆性强、栽培技术简易、生产周期短、经济效益好等特点,已发展成为世界性栽培菇类。

平菇的栽培原料广泛,如稻草、麦秆、木屑、棉籽壳、玉米芯、甘蔗渣、脂渣、酒糟、糠醛渣等(凡是含有木质素、纤维素的原料均可)。生物效率可达 100%～150%(生产周期 50～60 天)。

平菇肉质肥嫩,味道鲜美,营养丰富。蛋白质含量为 30.5%(其中粗蛋白 19.5%,纯蛋白 11.0%),是鸡蛋的 2.6 倍,所含氨基酸达 18 种之多。此外还含有大量的维生素,其中维生素 C 的含量相当于西红柿的 16 倍,尖辣椒的 1～3 倍。除了营养物质丰富外,平菇还具有补脾健胃助消化、除湿邪等重要的保健作用。已被联合国粮农组织(FAO)列为解决营养问题最重要的食用菌品种。

平菇的栽培技术由瓶栽、床栽、畦块栽培,发展到室内立体栽培、田间套作栽培、瓜田间作栽培等固体栽培技术。

2. 平菇的形态结构

平菇的形态结构分为菌丝体(营养菌丝)和子实体(繁殖器官)两大部分。

1) 菌丝体　菌丝体是平菇的营养器官,负责从培养基中吸收养料,供菇体生长发育。菌丝体呈洁白色,绒毛状。浓密,粗壮,爬壁力强,为多细胞分枝、分隔丝状(图 38-1)。

2) 子实体　子实体是平菇的繁殖器官,也是平菇的食用部分。子实体丛生、叠生,也有的为单生。菌盖 5～21 cm,扁球形或扁平形,成熟后依品种不同,中部逐渐下陷,呈扁形、漏斗状或贝壳状(图 38-2)。菌肉白色、柔软。菌褶长短不等,在菌柄上部呈脉状直纹延生。菌柄侧生或偏生,白色,中实,长短因品种而异,一般柄长 1～5 cm,粗 0.5～2 cm。子实体生理成熟时,可从菌褶部位散发出孢子,孢子圆形、卵圆形或圆柱形,无色,光滑。孢子印多为白色。

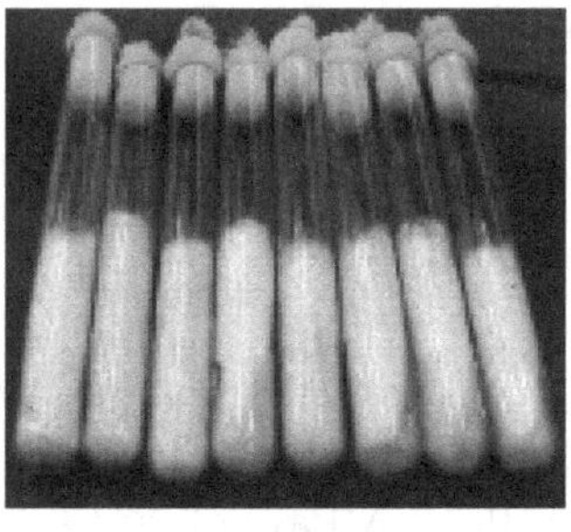

图 38-1　平菇的菌丝体形态

图 38-2　平菇的子实体形态

3. 平菇的生活史

平菇属于双因子控制四极性异宗结合的食用菌,它们的生活史是由担孢子萌发形成单核菌丝体,经质配形成双核菌丝,最后形成原基,再形成子实体。

平菇的生活史：子实体→弹射孢子→孢子萌发→形成菌丝体→子实体（图 38-3）。

1）菌丝体的生长　平菇菌丝生长是由菌丝尖端生长点不断向前延伸。菌丝增长速度很快，一部分菌丝可在空气中伸展形成气生菌丝，到一定季节或发育阶段气生菌丝进一步扭结转化成子实体。菌丝的其余部分仍然在基质内维持营养体的形态和功能。

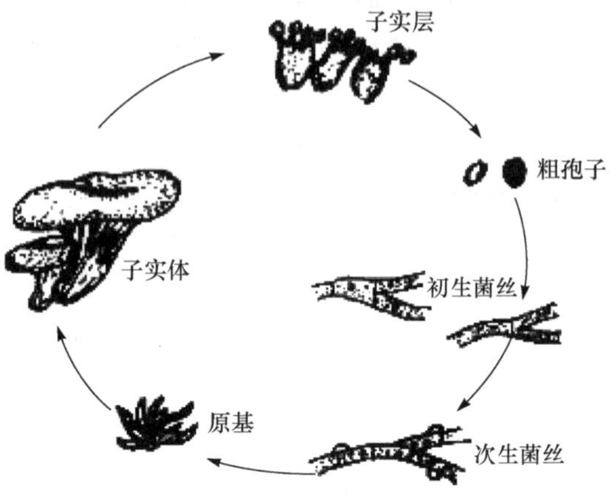

图 38-3　平菇的生活史

2）子实体的发育　子实体发育可分为原基期、桑葚期、珊瑚期和成形期四个时期。

（1）原基期。当菌丝长满培养物料后，在适宜的温度、湿度、新鲜空气和光照等条件下，菌丝扭结成团，并出现水珠，分化形成子实体原基，呈瘤状突起，称为原基期。

（2）桑葚期。子实体原基进一步分化，瘤状突起出现小米粒似的白色或蓝色、灰色菌蕾，形似桑葚，即为桑葚期。

（3）珊瑚期。桑葚期经过 1～2 天，这些粒状菌蕾逐渐延长，向空中及四周呈放射状生长，表现出基部粗、上部细，参差不齐的短杆状，形如珊瑚，称为珊瑚期。

（4）成形期。珊瑚期再经过 2～3 天形成原始菌盖，并迅速生长，在菌盖下方逐渐分化出菌褶。由成形期发育成子实体需要 2～3 天。

4. 平菇的固体栽培技术

平菇的栽培方法很多，栽培季节为春、秋两季，一般多为 8～10 月进行栽培，因为秋季栽培出菇时间较长，可延长到来年春季。

【器材】

1. 菌种制作

1）原种斜面培养基　土豆，200 g；玉米粉，10 g；蔗糖，20 g；蛋白胨，5 g；琼脂粉，12～15 g。

制作方法：土豆去皮切块，称取 200 g，玉米粉 10 g，加入 500 mL 水煮沸 30 min，用纱布过滤后，滤液加水至 1000 mL，再加入蛋白胨和琼脂粉，加热融化，加入蔗糖，搅拌均匀后分装试管不超过试管高度的 1/3 处即可。加盖后，0.10 MPa，121.5 ℃，20 min 灭菌。灭菌结束后，待培养基温度降至 60～70 ℃，摆成斜面，培养基约达到试管的 2/3 处即可。冷却凝固后备用。

2）生产菌种培养基　棉籽壳，79%；麸皮，10%；玉米粉，10%；石膏粉，1%，料水比为 1∶1.2。充分搅匀后可用聚丙烯塑料袋或投送瓶分装、封口，0.10 MPa，121.5 ℃，1.5 h 灭菌后，备用。

3）接种及培养　菌种接种至原种斜面培养基，25～28 ℃培养，待菌丝长满即为原种。用原种接种生产菌种培养基，30 ℃以下培养至菌丝长满袋（或瓶）后，即可作为生产菌种。

2. 栽培料制备

可以用不同的原料和配比制备栽培料，下面介绍其中的几种，供选用。

(1) 棉籽壳，93%；麸皮，5%；石膏粉，1%；蔗糖，1%；克菌灵，0.1%；料水比 1∶1.2。

(2) 玉米芯(粉碎成蚕豆大小)，85%；麦糠，10%；麸皮，5%；石膏粉，1%；克菌灵，0.1%；料水比 1∶1.2。

(3) 玉米芯(同上处理)，85%；麸皮，10%；过磷酸钙，1%；石灰，3%；尿素，0.5%；料水比 1∶1.55～1∶1.65。

(4) 玉米芯(同上处理)，61%；杂木屑，10%；豆秸，10%；麸皮，10%；米面，2%；过磷酸钙，1.05%；石灰，5%；蔗糖，0.5%；料水比 1∶1.55～1∶1.65。

(5) 棉籽壳，53%；玉米芯(同上处理)，40%；麸皮，5%；石膏粉，1%；蔗糖，1%；克菌灵，0.1%；料水比 1∶1.2。

【操作步骤】

1. 栽培料的处理方法

平菇栽培可以采用发酵料栽培，此方法具有生料栽培工艺简单、投资少、能耗低等优势。其主要方法是首先将栽培料，如棉籽壳、玉米芯、麦糠、麸皮等曝晒几天，借助于太阳光杀死部分虫卵和杂菌。然后配料搅拌均匀，再堆积发酵。主要技术关键如下。

1) 拌料建堆　先将原料混合均匀加足水分至养料含水 65%～70%，再堆料宽 1.0～1.3 m，高 1.0～1.5 m，长度不限，用约 5 cm 直径的木棒在料堆上每隔 0.2 m 插一通气孔，然后用塑料薄膜或草帘、稻草等覆盖。

2) 适时翻堆　平菇发酵原料多在春季堆制，建堆 48～72 h，待料温升至约 65 ℃进行翻堆，全部发酵过程 6～8 天，翻堆 3～4 次，在第三次翻堆后加入克霉灵，搅拌均匀即可。发酵好的原料有芳香味。pH 为 6.5～7。

2. 装袋接种

栽培袋的规格为 28 cm×45 cm，装 4 层料接 5 层菌种，这样可以两头出菇，接种量为 15%～20%，边装边压实，装满后将塑料袋扎口，并在袋表面打若干个孔，便于通气。

3. 发菌管理

发菌温度为在 20～25 ℃，空气湿度为 65%～75%。可将菌袋堆积 5～6 层，气温高时，则需堆高 2 层或单层摆放。堆袋总体积应掌握在有效空间的 20%左右。10 天翻一次袋，并注意开窗通风散热。25～30 天即可发好菌丝，其经验之谈是，一拍即响，菌丝浓白，手掰成块，大多数出现菇蕾。

4. 出菇管理

将菌袋两头松开，适量通风，并每天向地面。墙壁、空间喷洒少量雾状水，空气湿度保持在 85%～90%，切记不要直接将水喷洒在子实体上。随着菇体生长，要适量加大通风量。可以采取以下措施提高产量。

1) 温差刺激　其方法是白天盖膜保温，晴天或早晨揭膜露床降温，并结合高温浇水可促使提早出菇。

2) 高温刺激　先将菇床或菌袋敞开干燥 1～2 天，然后连续进行重喷水，使菌面上有大量积水存在，任其慢慢吸收，每天喷水 2～3 次，连续 3 天，并可敞膜通风。表层培养基以手握有水滴下为宜。最后用棉布吸干料面上的积水，盖上塑料膜保温，几天后便可现蕾。

3）光照诱导法　一般在黑暗条件下发菌丝，待菌丝发好后，再曝光，可诱导出菇。

4）覆土出菇　采完头潮菇后，清除老菌皮，脱去菌袋，把菌袋切成两段，放入深 40 cm、宽 100 cm、长度不限的土炕内。菌块间的空隙用营养土填实，用 1%复合肥、1%磷酸二氢钾、0.5%尿素、97%水配制的营养液浇入菌块的通气孔内，并浇透土壤，达到存水不渗为宜。然后用塑料薄膜或草帘、稻草等覆盖。保温保湿，菌丝恢复生长后，又可出菇蕾。采完二潮菇后，再补充营养液和水分，盖好薄膜或草帘，还可以收 3～4 潮菇。

5. 病虫害防治

危害平菇的杂菌主要包括绿霉、毛霉、曲霉、根霉、病毒病、细菌、细菌性褐斑病、黄斑病等，其中最常见的是绿霉和黄斑病，所以是防治的重点。绿霉是污染食用菌最严重的一种杂菌，凡适合食用菌生长的培养基等条件，均适宜于绿霉的生长。在培养基灭菌不严格、接种时消毒不严格、出菇期卫生条件差，均可能被绿霉污染。一旦绿霉严重侵入培养料和菌丝或菇体内时，即为报废。微生物污染防治方法如下。

（1）培养基含水量应控制在 60%～65%，含水量过高，极易引发绿霉污染。

（2）要保持栽培场地环境清洁干燥，无废料或污染料堆积。注意保持出菇场地的卫生清洁和通风，适当降低空气湿度，减少浇水次数，防止菌棒长期在高温环境下出菇，应干湿交替，菌棒应有较低的湿度环境养菌和转潮期。

（3）及时采菇、摘除残菇、断根和病菇，清除污染的菌棒。

（4）用绿霉净、立信菌王或菌绝杀注射绿霉感染处。

其他病害的防治方法基本相似，只是用药有所选择。

注：在操作过程中，对工具和手要用乙醇或高锰酸钾严格消毒。

主要的虫害有多菌蚊（又称菇蚊或菇蛆）、瘿蚊、粪蚊、蚤蝇、果蝇、家蝇、食丝谷蛾、夜蛾、螨虫、线虫等。秋季的 11～12 月和春季 3～6 月是它们主要的繁殖高峰期，在温度适宜的情况下，卵期 5～7 天，幼虫期 10～15 天。它们在培养料中取食、产卵、孵化，繁殖率极高，对平菇生产危害极大。防治的方法如下。

（1）清除环境周围的杂草、垃圾，保持生产场地的环境卫生。

（2）将清除的废料远离菇棚。

（3）可用菇虫净、阿维霉素、菇净、杀虫源、敌菇虫、高效氯氰菊酯喷洒或注射。

【结果】

总结平菇的固体栽培技术、管理技术和方法病虫害防治，计算生产周期为 50～60 天时的生物效率。

【思考题】

（1）为什么平菇生产可以采用生料栽培工艺？可以通过哪些技术方法控制杂菌污染？

（2）使用哪些技术可以达到增加平菇产量的目的？

（曹军卫）

第7章　厌氧发酵技术

厌氧发酵是在厌氧条件下利用厌氧或兼性厌氧微生物的代谢活动发酵生产各种微生物的代谢产物的工艺。该技术常用于酒类、有机酸、奶制品、生物燃料等的生产。也是各种生活生产废料、废液净化处理中的重要工艺环节。本实验以啤酒的发酵和酸奶发酵为例，介绍厌氧发酵技术。

实验39　啤酒发酵技术

【实验目的】

本实验要求学生重点了解啤酒的现代发酵技术，掌握异常发酵现象和处理方法及管理。

【实验原理】

1. 啤酒的营养成分

啤酒是以麦芽(包括特种麦芽)为主要原料，以大米或其他谷物为辅助原料，经麦芽汁的制备，加入酒花煮沸，再由酵母发酵酿制而成，含有CO_2、起泡剂、低酒精度(2.5%～7.5%)的饮料酒。啤酒的实际酒精浓度为4.5%左右，主要营养成分有糖类物质80%，含氮物质8%～10%，矿物质3%～4%，另外含有12种维生素，17种氨基酸(其中有8种必需氨基酸)，无机盐，微量元素等。并且其能量很高，如11.12 °P的啤酒产热为1779 kJ，相当于250 g面包或5～6个鸡蛋的产热量。

2. 啤酒的分类

啤酒的种类很多，可以按照不同的方法分类。

如按照所用酵母品种分类，可分为上面发酵啤酒(采用上面酵母进行发酵，发酵温度较高)和下面发酵啤酒(采用下面酵母进行发酵，发酵温度较低)。

如按照麦芽汁浓度分类，可分为低浓度啤酒(原麦芽汁浓度为2.5～8 °P，酒精含量为0.8%～2.2%)、中浓度啤酒(原麦芽汁浓度为9～12 °P，酒精含量为2.5%～3.5%)和高浓度啤酒(原麦芽汁浓度为13～22 °P，酒精含量为3.6%～5.5%)。

如按照生产方式分类，可分为鲜啤酒(不经过巴氏灭菌或瞬时高温灭菌的新鲜啤酒，存放期较短，一般为7天)、纯生啤酒(不经过巴氏灭菌或瞬时高温灭菌的新鲜啤酒，而采用物理方法进行无菌过滤，口味新鲜，淡爽，啤酒稳定性好，保质期可达半年以上)和熟啤(经过巴氏灭菌或瞬时高温灭菌的新鲜啤酒，保质期较长，一般可达3个月左右)。

3. 啤酒发酵机制

麦芽汁中可供酵母利用的糖类很多。包括麦芽糖，少量的葡萄糖、果糖、蔗糖麦芽三糖等。经酵母发酵麦芽糖生物合成乙醇的途径如下：

$$1/2C_{12}H_{22}O_{12}+1/2H_2O \longrightarrow C_6H_{12}O_6+2ADP+2Pi \longrightarrow 2C_2H_5OH+2CO_2+2ATP+226.9\ kJ$$

4. 啤酒生产工艺流程

酿造加工基本上分为四个主要阶段(图 39-1)。

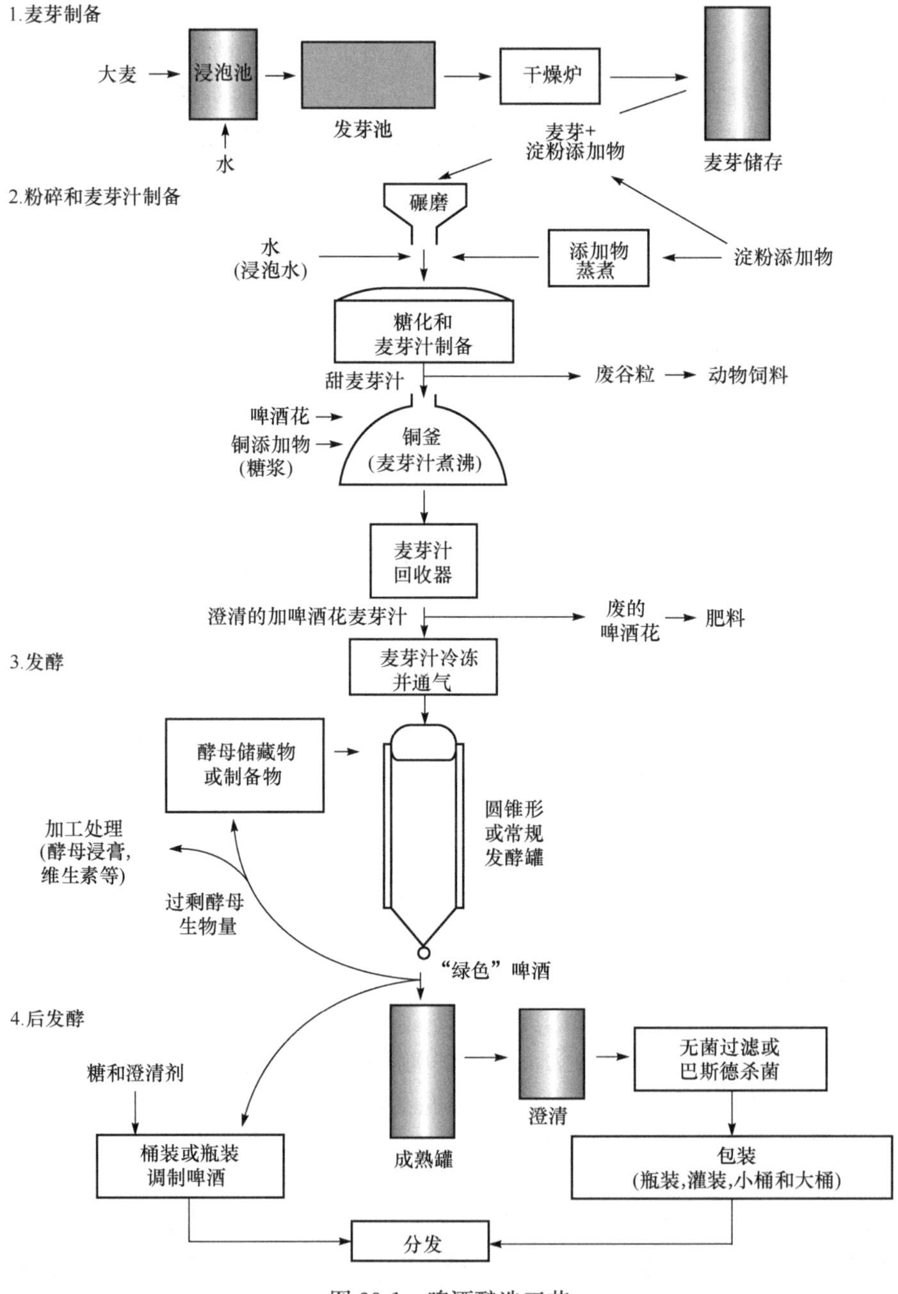

图 39-1　啤酒酿造工艺

1）*麦粒发芽*　　是部分谷物种子经过 6～9 天发芽，形成麦芽。这是主要的啤酒成分，含有的物质大部分是淀粉，还有一些蛋白质和水解酶。以使用发芽大麦为主，但也有用发芽小麦制造的，偶尔也用发芽燕麦和发芽高粱。

2）糖化和麦芽汁制备　包括含水发酵培养基的生产和酿造。培养基含有可发酵糖类、氨基酸和其他营养，是通过内源水解酶活性水解麦芽成分制备出来的。现在许多国家也加入一些其他添加物，如未发芽的谷物和非谷类淀粉原料以及糖浆。产生的液体麦芽汁通过煮沸灭菌，同时加入啤酒花，赋予啤酒苦的风味和特征的香味。全部麦芽制备需要花 5～8 h。

3）酵母发酵　为非无菌分批方式，用一个筛选出来的啤酒酵母的酿造菌株作为种子培养物。接种后的麦芽进行酒精发酵，产生乙醇、CO_2 和一些提供风味和香味的次级代谢产物，发酵根据生产啤酒的类型，一般经历 2～7 天。

4）后发酵处理　陈放（成熟）或调整新鲜啤酒，为销售做准备，这可以经历一到几周的时间。

5. 啤酒发酵技术及设备

啤酒发酵技术主要包括传统发酵技术和现代发酵技术。传统啤酒是在正方形或长方形的发酵槽（或池）中进行的，设备体积仅为 5～30 m^3，啤酒生产规模小，生产周期长。20 世纪 50 年代以后，由于世界经济的快速发展，啤酒生产规模大幅度提高，传统的发酵设备已满足不了生产的需要，大容量发酵设备受到重视。因此出现了现代发酵技术，主要包括大容量发酵罐发酵法（其中主要是露天圆柱锥形发酵罐发酵法）、高浓度糖化后稀释发酵法、连续发酵法等。

圆柱锥形发酵罐是目前世界通用的发酵罐，该罐主体呈圆柱形，罐顶为圆弧状，底部为圆锥形，具有相当的高度（高度大于直径），罐体设有冷却和保温装置，为全封闭发酵罐。圆锥形发 酵罐（图39-2）既适用于下面发酵，也适用于上面发酵，加工十分方便。德国酿造师发明的

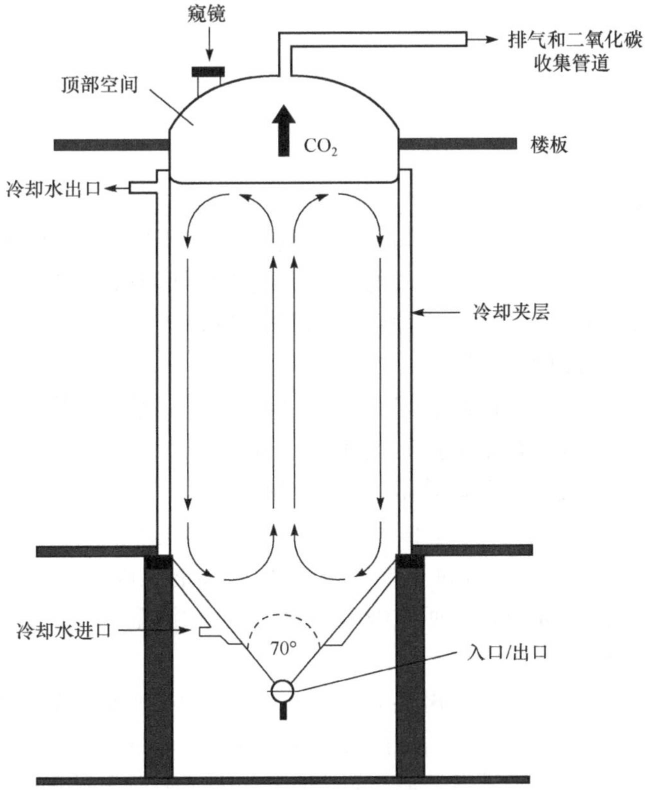

图 39-2　圆锥形发酵罐示意图

立式圆柱锥形发酵罐由于其诸多方面的优点，经过不断改进和发展，逐步在全世界得到推广和使用。我国自 20 世纪 70 年代中期，开始采用室外圆柱体锥形底发酵罐发酵法(简称锥形罐发酵法)，目前国内啤酒生产几乎全部采用此发酵法。

这种锥形罐形状的容器有助于加快发酵速度，由于 CO_2 气泡通过很深的发酵罐上升，可以引起更充分的混合效率。发酵主要靠控制温度调节发酵速度。但是应该注意的是，较高的温度可以引起风味损失。在这种容器中，淡啤酒发酵在 12～24 ℃，历时 2～3 天，而传统的容器需要 4～7 天。烈性啤酒发酵一般在较低的温度下进行(3～12 ℃)，在锥形容器中需要 5～7 天，而传统容器发酵需要 8～10 天。

【器材】

1. 啤酒生产设备

啤酒生产设备主要包括 9 大系统，即粉碎系统(粉碎机)、糖化系统(包括糊化锅、糖化锅、过滤槽、煮沸锅、旋沉槽)、过滤系统(立式过滤器)、发酵系统(发酵罐、清酒罐)、灌装系统(灌装机、保鲜桶、封口机)、洗涤系统(主要是碱液/ H_2O_2 罐车)、制冷系统(包括制冷机组、冰水罐)、蒸汽系统(蒸汽发生器)、控制系统(包括动力控制、制冷、温度控制)。

本实验要求有发酵罐、清酒罐。

2. 发酵原料

小麦芽、啤酒花、0.5%碘液。

3. 菌种

啤酒酵母。

4. 仪器

糖度计、pH 计等。

【操作步骤】

1. 麦芽汁的制备

1) *小麦啤酒生产形式*　　小麦啤酒是以小麦芽为主要原料，使用部分麦芽、辅料(大米等)，添加酒花，采用上面发酵工艺酿制成的特殊类型的啤酒，其特点是口味清爽、柔和，酒精含量较高，泡沫性能好，类似于国外的白啤酒或上面发酵啤酒。

小麦啤酒生产形式有以下三种。

(1) 上面发酵型：属于传统的爱尔(Ale)啤酒生产方法，用小麦芽、麦芽为原料，按一定的糖化工艺制成麦汁，在较高的温度下接种上面酵母进行发酵，发酵结束后用撇沫法回收酵母，经适当时间的后熟及贮酒制成，具有爱尔啤酒典型的风味。

(2) 混合发酵型：其糖化操作与上面发酵型相同，但同时使用两种酵母(上面酵母和下面酵母)进行发酵，不过酵母添加的时间不同，即先使用较高的温度和用上面酵母进行发酵，达到一定的发酵度后，按上面发酵的方式回收酵母，然后转入贮酒罐。在贮酒罐添加下面酵母进行发酵，经过适当时间的后熟处理即可。

(3) 阶段发酵型：类似于混合发酵型，即以小麦芽、麦芽制成的麦汁在较高的温度下添加上面酵母进行上面发酵，待发酵结束后用酵母离心分离机分离掉上面酵母，再经瞬间杀菌除去上面酵母，并迅速冷却到下面酵母发酵温度，同时添加上述麦汁和下面酵母进行第二次发酵，经后熟处理。国外白啤酒主要采用此方法生产。

2）*小麦芽的选择*　一般选择蛋白质含量低、色度和黏度较低的小麦制成小麦芽。

(1) 小麦芽的溶解度一般低于大麦芽，粗细粉浸出物差值偏高，库尔巴哈值偏低，蛋白质的溶解不足，糖化时应加强对蛋白质的分解。

(2) 小麦芽没有粗糙的皮壳，其无水浸出率比大麦芽高约 5%。

(3) 小麦芽中花色苷的含量较低，洗糟水温可以提高到 80 ℃（洗糟水先进行酸化处理）。

(4) 小麦芽糖蛋白含量较高，酿制出的啤酒泡沫性能好，泡沫丰富持久。

(5) 小麦芽由于细胞溶解不足，小麦芽中 β-葡聚糖等半纤维素的含量高，制成的麦汁黏度高，易造成麦芽汁过滤困难，糖化时应添加适量的 β-葡聚糖酶、戊聚糖酶以降低麦汁黏度，加快过滤的进行。

(6) 小麦芽中蛋白质含量较高，会造成麦汁过滤困难和啤酒的非生物稳定性较差，应尽量选用蛋白质含量较低的小麦品种制备小麦芽。

(7) 麦芽汁过滤尽量采用麦汁压滤机。

(8) 传统的小麦啤酒具有明显的酯香味和酸味，而采用下述酵母低温发酵酿制出的小麦啤酒风味变化不大。

(9) 小麦啤酒滤酒前添加硅胶可以提高啤酒的澄清度，使啤酒易于过滤。

3）*麦芽的糖化*　采用升温法浸出糖化法。

(1) 利用低温水(35～38 ℃)浸渍麦芽 0.5～1.0 h。

(2) 升温至 50 ℃，40 min，进行蛋白质分解。

(3) 再缓慢升温至 62～63 ℃，糖化 30 min 左右。

(4) 继续升温至 68～70 ℃，直至完全糖化。

(5) 最后再升温至 75～78 ℃，终止糖化。

4)*麦芽汁过滤*　过滤的目的是尽快把麦芽汁和麦槽分开，以得到清亮和较高收率的麦芽汁，避免影响半成品麦芽汁的色、香、味。麦芽汁过滤工艺如下。

(1) 首先将糖化液(醪)泵入过滤槽，搅拌均匀后静置 20 min 后过滤。

(2) 然后对麦槽进行洗涤，用 78～80 ℃的热水分 2 或 3 次将吸附在麦槽中的可溶性浸出物洗出，得到二滤和三滤洗涤麦芽汁。

5）*麦芽汁的煮沸*　糖化后的麦芽汁必须经过强烈的煮沸，并加入啤酒花制品，成为符合啤酒质量要求是定型麦芽汁。通常采用传统的间歇常压煮沸法，煮沸时间一般为 70～90 min。

6）*啤酒花的加入*　啤酒花的加入可以赋予啤酒特殊的香味、爽快的苦味，增加防腐能力，提高啤酒的非生物稳定性，防止煮沸时窜沫。方法是，添加啤酒花为总量的约 0.006%，以采用三次添加法，煮沸 90 min 为例。

(1) 初沸 5～10 min 后加入啤酒花总量的 20%左右。

(2) 煮沸 40 min 左右后加入啤酒花总量的 50%～60%。

(3) 煮沸终了前 5～10 min，加入剩余量。

7）*麦芽汁的处理*　麦芽汁过滤分离热凝固物和冷过滤物后，进行冷却与充氧。

2. 麦芽汁发酵

1）*锥形罐发酵的组合形式*　锥形罐发酵生产工艺组合形式有以下几种。

(1) 发酵-贮酒式：此种方式，两个罐要求不一样，耐压也不同，对于现代酿造来说，此方式意义不大。

(2) 发酵-后处理式：即一个罐进行发酵，另一个罐为后熟处理。对发酵罐而言，将可发酵性成分一次完成，基本不保留可发酵性成分，发酵产生的 CO_2 全部回收并贮存备用，然后转入后处理罐进行后熟处理。其过程为将发酵结束的发酵液经离心分离，去除酵母和冷凝固物，再经薄板换热器冷却到贮酒温度，进行 1～2 天的低温贮存后开始过滤。

(3) 发酵-后调整式：即前一个发酵罐类似一罐法进行发酵、贮酒，完成可发酵性成分的发酵，回收 CO_2、回收酵母，进行 CO_2 洗涤，经适当的低温贮存后，在后调整罐内对色泽、稳定性、CO_2 含量等指标进行调整，再经适当稳定后即可开始过滤操作。

2) 酵母菌扩大培养　　斜面菌种接种于 100 mL 液体培养基中培养后备用。

3) 发酵工艺流程

[(11±0.2) ℃，0～0.03 MPa]

充氧冷麦芽汁 → 接入菌液 → 前发酵(酵母增值)

↓ 降至(4.2±0.2)°Be′

鲜啤酒 ← 贮酒 ← 后发酵 ← 主发酵(封罐)

(12 ℃，0.14 MPa，4 天)

4) 操作步骤(一罐法发酵)

(1) 接种：选择已培养好的 0 代酵母或生产中发酵降糖正常，双乙酰还原快、微生物指标合格的发酵罐酵母作为种子，后者可采用罐—罐的方式进行串种。接种量以满罐后酵母数在 1.2×10^7～1.5×10^7 个/mL 为准。

(2) 满罐时间：正常情况下，要求满罐时间不超过 24 h，扩培时可根据情况而定。满罐后每隔 1 天排放一次冷凝固物，共排 3 次。

(3) 前发酵：温度(11±0.2)℃，0～0.03 MPa。主要目的是增殖酵母菌浓度。

(4) 主发酵：温度 10～12 ℃，普通酒(10±0.5)℃，优质酒(9±0.5)℃，旺季可以升高 0.5 ℃。当外观糖度降至 3.8%～4.2%时可封罐升压，发酵罐压力控制在 0.10～0.15 MPa，发酵时间为 4 天。

(5) 双乙酰还原：主发酵结束后，关闭冷媒升温至 12 ℃进行双乙酰还原。双乙酰含量降至 0.10 mg/L 以下时，开始降温。

(6) 降温后发酵：双乙酰还原结束后降温，24 h 内使温度由 12 ℃降至 5 ℃。在 5 ℃之前，降温速度为 0.5～0.7 ℃/h，在 5 ℃之后，降温速度为 0.1～0.3 ℃/h。停留 1 天进行酵母回收。也可在 12 ℃发酵过程中回收酵母，以保证更多的高活性酵母。旺季或酵母不够用时可在主发酵结束后直接回收酵母。

(7) 过滤：回收酵母后，继续降温，24 h 内使温度降至－1.5～－1 ℃，可用过滤法或离心分离法过滤，过滤法包括棉饼过滤法、硅藻土过滤法、板框过滤法和膜过滤法等。其中最常用的是硅藻土过滤法。

过滤的目的是为了除去酒中的悬浮物，改善啤酒外观，使啤酒澄清透明，富有光泽；除去或减少使啤酒出现浑浊沉淀的物质(多酚物质和蛋白质)，提高啤酒的胶体稳定性(非生物稳定性)；除去酵母或细菌等微生物，提高啤酒的稳定性。

(8) 贮酒：过滤后，在－1.5～－1 ℃温度下贮酒。贮酒时间：淡季 7 天以上，旺季 3 天以上。

3. 工艺要求

(1) 加强糖化阶段蛋白质的分解 。小麦芽的含氮量高于大麦芽，且小麦芽的溶解度低于大麦芽，粉状粒的比例稍低(80%)，库尔巴哈值不到 40%，必须加强蛋白质的分解。

(2) 小麦啤酒的浊度较高，麦汁煮沸时可以添加麦汁澄清剂(卡拉胶)，添加量为 20～30 mg/100 L麦汁，以提高麦汁清亮度，加快麦汁过滤。

(3) 加强麦汁煮沸，煮沸强度应达到 9%～10%，煮沸 pH 为 5.2～5.4。还可以添加适量的 $CaCl_2$，有利于蛋白质的絮凝沉淀。

(4) 采用低温发酵工艺时，升压后及时排放酵母，减少酵母自溶，进入贮酒期每两天左右排放一次酵母。0 ℃以下贮酒时间适当长些，以利于蛋白质和蛋白质－多酚物质的析出。

(5) 滤酒时添加蛋白酶如酶清或木瓜蛋白酶等进一步分解蛋白质，添加量应根据小试确定。添加过量会使啤酒口味淡薄，泡沫性能变差，同时也会造成啤酒混浊(因其本身也是蛋白质)。

(6) 过滤前对发酵液快速降温，使发酵液温度达到－1 ℃以下，促进蛋白质的析出。

(7) 过滤前也可以添加适量食用单宁沉淀蛋白质，添加量一般为 20 mg/100 L 啤酒左右，有利于防止啤酒混浊，避免啤酒过滤困难。

4. 异常发酵现象和处理方法

1) *发酵液"翻腾"现象*　此现象造成酒液澄清慢，过滤困难，质量较差。产生的原因主要是冷却夹套开启不当，造成上部温度与工艺曲线偏差 1.5～4 ℃，罐中部温度更高，引起发酵液强烈对流。另外，压力不稳，急剧升降也会造成翻腾。

解决办法是检查仪表是否正常；严格控制冷却温度，避免上部酒液温度过高；保持罐内压力稳定。

2) *发酵罐结冰*　当罐的下部温度与工艺曲线偏差 2 ℃左右，会使贮酒期罐内温度达到啤酒的冰点(－1.8～2.3 ℃)，可能导致冷却带附近结冰。

啤酒冰点温度的经验计算公式为

$$G=-A\times0.42+P\times0.04+0.02$$

式中，A 为啤酒中酒精含量($m/m\%$)；P 为原麦汁浓度($m/m\%$)；G 为冰点(℃)。

结冰的原因可能是仪表失灵、温度参数选择不当、热电阻安装位置深度不合适、仪表精度差、操作不当等。

解决的办法是检查测温元件及仪表误差，特别要检查铂电阻是否泄漏，若泄漏应烘烤后石蜡密封或更换；选择恰当的测温点位置和热电阻插入深度；加强工艺管理、及时排放酵母；冷媒液温度应控制在－4 ～－2.5℃，不能采用－8 ℃的冷媒液。

3) *酵母自溶*　其原因可能是当罐下部温度与中、下部温度差 1.5～5 ℃以上时，会造成酵母沉降困难和酵母自溶现象。罐底酵母泥温度过高(16～18 ℃)、维持时间过长，也会造成酵母自溶，产生酵母味，有时会出现啤酒杀菌后混浊。

解决的办法是检查仪表是否正常；及时排放酵母泥；冷媒温度保持－4 ℃，贮酒期上、中、下温度保持在－1～1 ℃。

4) *饮用啤酒后"上头"现象*　产生的原因是一般啤酒中高级醇含量超过 120 mg/L，异丁醇超过 10 mg/L，异戊醇含量超过 50 mg/L 时，就会造成饮用啤酒后的"上头"现象。

解决办法是选用高级醇产生量低的酵母菌种；适当提高酵母添加量，减少酵母的增殖量，酵母细胞数以 15×10^6 个/mL 为宜；控制 12 °P 麦汁 α-氨基氮含量为(180±200)mg/L；控制麦汁中溶解氧含量在 8～10 mg/L；控制好发酵温度和罐压。

5）双乙酰还原困难　发酵结束后双乙酰含量一直偏高达不到要求。造成这种现象的原因可能是麦汁中 α-氨基氮含量偏低，代谢产生的 α-乙酰乳酸多，造成双乙酰峰值高，迟迟降不下来。采取高温快速发酵，麦汁中可发酵性糖含量高，酵母增殖量大，利于双乙酰的形成；主发酵后期酵母过早沉降，发酵液中悬浮的酵母数过少，双乙酰还原能力差；使用的酵母衰老或酵母还原双乙酰的能力差等。

解决的办法是控制麦汁中 α-氨基氮含量（160～200 mg/L），避免过高或过低；适当提高酵母接种量和满罐温度，双乙酰还原温度适当提高；发酵温度不宜过高，升温后采用加压发酵抑制酵母的增殖；主发酵结束后，降温幅度不宜太快；采用双乙酰还原能力强的菌种；添加高泡酒，加快双乙酰的还原；用 CO_2 洗涤排除双乙酰；降温后与其他罐的酒合滤等。

6）双乙酰回升　发酵结束后双乙酰合格，经过低温贮酒或过滤以后，或经过杀菌双乙酰的含量增加的现象称为双乙酰回升。

双乙酰回升的主要原因有啤酒中双乙酰前驱物质残留量高，滤酒后吸氧造成杀菌后双乙酰超标的回升现象；发酵后期染菌造成双乙酰回升；过滤后吸氧使酵母再繁殖产生 α-乙酰乳酸，经氧化后使双乙酰含量增加。

解决办法如过滤时尽可能减少氧的吸入；过滤后清酒不宜长时间存放，更不能在不满罐的情况下放置过夜；清酒中添加抗氧化剂如抗坏血酸等或添加葡萄糖氧化酶消除酒中的溶解氧；灌装机要用二氧化碳背压；灌酒时用清酒或脱氧水引沫，以保证完全排除瓶颈空气，避免啤酒吸氧。

7）发酵中止现象　发酵液发酵中止即所谓的“不降糖”。

造成这种现象的原因有麦芽汁营养不够，低聚糖含量过高，α-氨基氮不足，酸度过高或过低；酵母凝聚性强，造成早期絮凝沉淀；酵母退化，发生突变导致不降糖；酵母自发突变，产生呼吸缺陷型酵母等。

解决办法包括如果是由酵母凝聚性强，造成早期絮凝沉淀所致，可以通过增加麦汁通风量，调整发酵温度，待糖度降到接近最终发酵度时再降温以延长高温期。但会改进酵母的凝聚性能，最好采用分离凝聚性较弱的酵母菌株解决这一现象。如果是因酵母退化，发生突变导致不降糖所致，可以采用更换新的酵母菌种来解决。如果是由酵母自发突变，产生呼吸缺陷型酵母所致，可以从原菌种重新扩培或更换菌种。此外，在麦芽汁制备过程中，要加强蛋白质的水解，适当降低蛋白质分解温度，并延长蛋白质分解时间；糖化时要适当调整糖化温度，加强低温段的水解，保证足够的糖化时间，并调整好醪液的 pH。

【结果】

制备过程中各阶段的检测如下。

1）糖化阶段　测定麦芽汁的糖度。

2）发酵阶段

（1）糖度测定。

（2）酒精度测定。

（3）双乙酰测定。

(4) 观察酵母形态。

3) 成品酒的检测

(1) 感官指标：①色泽、透明度；②泡沫；③香气；④口味：

(2) 理化指标：①酒精度测定；②糖度测定；③原麦芽汁浓度；④总酸；⑤真正发酵度。

【思考题】

(1) 啤酒发酵需要控制哪些发酵工艺参数？

(2) 啤酒生产中为什么需要控制双乙酰还原操作步骤？有哪些方法有利于双乙酰还原？

(3) 啤酒生产中常出现哪些异常发酵现象？可以采取什么处理方法？

（曹军卫）

实验40　酸奶发酵

【实验目的】

了解乳酸菌的生长特性和乳酸发酵的基本原理，学习酸奶的制作方法和酸奶产品质量检测方法。

【实验原理】

1. 酸奶生产工艺

酸奶制品是用牛奶经过不同的乳酸菌发酵等工艺加工而成的。由乳酸菌发酵制成的酸奶中，蛋白质含量达2.8%以上，风味独特、酸甜可口、营养丰富，其中又含有活的益生菌，有利于人体肠道中有益菌群的平衡，是一种老幼皆宜的微生态制剂类保健饮品，具有很好的发展前景。

酸奶的品种很多，根据酸奶发酵工艺的不同，可分为凝固型酸奶和搅拌型酸奶两大类。而发酵技术则是制造凝固型酸奶、搅拌型酸奶及其他各种酸奶饮料的基础。所谓凝固型酸奶是在接种发酵菌种后，立即进行包装，整个发酵、成熟过程均在包装容器中完成。而搅拌型酸奶是接种后在发酵罐中发酵，发酵结束后，在进行无菌罐装并后熟。

最常用的酸奶发酵菌种是保加利亚乳杆菌(*Lactobacillus bulgaricus*)和嗜热乳酸链球菌(*Streptococcus thermophilus*)这两类，可以从市场销售的各类酸奶产品中分离到。近年来，又引入了双歧杆菌(*Bifidobacterium*)，出现了双株或三株共生发酵。双歧杆菌为厌氧的无芽孢革兰氏阳性杆菌，末端常分叉，最适生长温度37～41 ℃，最适生长pH6.5～7.0。可以发酵糖产酸，不产CO_2。双歧杆菌产生的双歧杆菌素对肠道中的致病微生物具有明显的杀灭作用，双歧杆菌还能分解积存于肠胃中的致癌物*N*-亚硝基胺，防止肠道癌变，并能促进免疫球蛋白的产生，提高人体免疫力。

2. 酸奶检测方法

1）蛋白质含量测定　　酸奶中，蛋白质含量的测定方法有凯氏定氮法、双缩脲法等。

凯氏定氮法的方法是在加热时，硫酸被分解成亚硫酸酐、水和氧。有机物被氧化成二氧化碳和水，而蛋白质的氨态氮与过量硫酸反应转变为硫酸铵，硫酸铵在碱性溶液中进行蒸馏，将蒸馏出来的氨用硼酸吸收，再用硫酸标准溶液滴定。

另外，也可用分光光度计测定蛋白质含量，如双缩脲法、考马斯亮蓝染色法、紫外吸收法等。双缩脲法操作简便迅速，但灵敏度较低，蛋白质量须在 1～20 mg/mL 时测定结果较准确。因此实验前要估测被测样品的蛋白质含量，把样品进行稀释。考马斯亮蓝染色法快速、灵敏，但只有进行微量蛋白质测定时的结果才准确，因此在实验前应将样品稀释至蛋白浓度为 0.1～1 mg/mL，而且实验必须在 1 h 内完成，不然测试结果不准确。紫外吸收法无法测酸奶的蛋白质含量，且干扰因素较多。

2）菌落总数测定　　菌落总数是指食品检样经过处理，在一定条件下培养后，所得 1 mL 检样中所含细菌菌落的总数，常用标准平板计数法和显微镜直接计数法。

标准平板计数法是将样品制成均匀的一系列不同稀释度的稀释液，再取一定的稀释液接种，使其均匀分布于培养皿中特定的培养基内，在适宜的条件下培养，最后根据在平板上长出的菌落数计算出每毫升样品中的活菌数量。

显微镜直接计数法是将样品适当稀释后涂片染色，于显微镜下计数一定面积内定量样品中菌落的数量，计算每毫升样品中的活菌数量。该方法快速、准确，省去了标准平板计数法要经过 48 h 细菌培养的过程。酸乳的 pH 低，且酸乳中的乳酸菌有抑制病原菌、腐败细菌的作用，许多微生物在酸乳中不能生长繁殖（酵母菌、霉菌除外，二者的检测方法可参照GB/T4789.15 标准检测）。

【器材】

1. 原料检验

市售酸奶或其他乳酸活菌制品，脱脂奶粉、全脂奶粉或鲜牛奶。

用牛奶作为原料时，奶要新鲜、无杂质，酸度小于 18 °T，乳固体含量大于 12，细菌少于 3 万个/mL，不含患乳房炎等病牛的奶，不含抗生素及磺胺类药物。

用奶粉作为原料时，奶粉要采用特级品，无结块，无抗生素和防腐剂，应符合 GB 5410 标准。

2. 试剂

1）牛乳培养基

A 液：脱脂奶粉 100 g 溶于 500 mL 水中，加入 1.6%溴甲酚绿（BCG）乙醇溶液 1 mL，80 ℃消毒 20 min。

B 液：酵母膏 10 g；琼脂 20 g；水 500 mL；pH6.8，121 ℃灭菌 20 min。

将 A、B 液 60 ℃保温后，以无菌操作方式等量混合，倒平皿。

2）乳酸菌分离培养基　　牛肉膏 5 g；酵母膏 5 g；蛋白胨 10 g；葡萄糖 10 g；乳糖 5 g；NaCl 5 g；琼脂 20 g；水 1000 mL；121 ℃灭菌 20 min 后，倒平皿。

3）平板计数琼脂培养基　　LB 培养基。

4) 无菌生理盐水的配制　称取 8.5 g 氯化钠溶解于 1000 mL 蒸馏水中，分装于试管中(每只试管 9 mL)，121 ℃高压灭菌 30 min。

5) 溶液　香柏油，革兰氏染色液。

3. 器皿

平皿，试管，酸奶瓶或一次性塑料杯，锥形瓶(250 mL，500 mL)，涂棒，载玻片，擦镜纸，酒精灯，酒精棉球，灭菌枪头(或灭菌吸管)，具有 1 cm^2 面积方格的坐标纸，玻璃铅笔。

4. 仪器

恒温水浴锅，酸度计，均质机，高压灭菌锅，超净工作台，恒温培养箱，超净工作台，摇床，显微镜，微量移液器。

【操作步骤】

1. 乳酸菌的分离

1) 菌种分离　取市售新鲜酸奶，用无菌生理盐水 10 倍稀释，取 10^{-4}、10^{-5} 稀释液各 0.1 mL，涂布在 BCG 培养基平皿上，40 ℃培养箱培养 48 h。如出现圆形或扁平的黄色菌落，并且周围培养基呈黄色者，可初步认定为乳酸菌。

2) 菌种鉴别　选取乳酸菌典型菌落转接至脱脂乳试管中，40 ℃培养 8 h，若牛乳出现凝固，无气泡，呈酸性，涂片镜检细胞为杆状或链球状，革兰氏染色为阳性，即可连续传代。选择能使牛乳在 3～6 h 内凝固的菌株保藏备用。

2. 酸奶及酸奶饮料的制作

1) 奶液配制　将全脂奶粉、白砂糖和水按照 10∶5∶70 的比例混匀，作为制作酸奶的基料。如果以鲜奶为原料，由于其乳脂率和干物质含量相对较低，特别是酪蛋白和乳清蛋白含量偏低，制成的酸奶凝乳的硬度不高，可能会有较多的乳清析出。为了增加干物质的含量，可用不同的方法处理，以增加干物质的含量。

(1) 将牛乳中的水分蒸发 10%～20%，可增加干物质 1.5%～3%。

(2) 添加浓汁牛乳(如炼乳、牦牛乳或水牛乳等)。

(3) 可添加 0.5%～3%脱脂奶粉或水解动物蛋白粉，使其蛋白质含量大于 3.3%，非脂乳固体含量大于 8.7%。

2) 菌种扩大　将分离到的乳酸菌用上述培养基扩大培养。

3) 添加稳定剂　在基料中加入 0.1%～0.5%的明胶、果冻或琼脂作为稳定剂，以此提高酸奶的稠度和黏度，并可防止乳清析出。还可根据口味或营养需要，适当添加甜味剂、调味剂及维生素。

4) 均质　均质控温在 70～75 ℃，压力为 20 MPa，均质可使奶液均匀柔腻，口感优雅。

5) 巴氏杀菌　将均质后的奶液在冷热缸中迅速升温至 90 ℃加热 5 min(或 80 ℃ 30 min)灭菌，可对发酵乳的硬度和黏度的形成，产生良好效果。

6) 冷却　灭菌后奶液迅速降温至 42～45 ℃。

7) 接种　接种目前一般采用两种方法。

一是采用将乳酸菌混合干粉直接投入奶液的方法：接种室在接种前开紫外灯杀菌 1 h，关闭紫外灯，并严格防止外来人为污染，将按标准量(0.02%)计量的菌种，拌入 42～45 ℃的奶液中，搅拌使之均匀分散。

二是采用酸奶发酵增殖的方法：保加利亚乳杆菌和嗜热链球菌作为液状种子，从各自的试管中，按照 1∶1 的比例，以 2%～3%的量，移入 300 mL 灭菌脱脂奶中进行培养，即获得母发酵剂；从母发酵剂中提取 2%～4%菌种，投入灭菌奶中培养制成中间发酵剂；再从中间发酵剂中提取 2%～4%投入灭菌奶中，培养制成生产发酵剂；生产发酵剂按奶液总量的 3%～4%加入，进行生产发酵。

接种量、发酵时间和温度对酸奶的质量影响很大。保加利亚乳杆菌生长较快，常常会成为优势菌；若酸度过高，会产生过多的乙醛，导致酸奶产生辛辣味。

8）*罐装和发酵*　　若生产凝固型酸奶，接种后立即分装到灭好菌的酸奶瓶或一次性塑料杯中，用保鲜膜封口，在 40～43 ℃进行恒温培养，培养至凝乳块出现(需 3～4 h)。可以通过检验 pH 确定发酵终点：酸奶的发酵终点控制在 pH4.5～4.7，此时即可停止培养。

如果生产搅拌型酸奶，则可直接接种至发酵罐，接种后继续搅拌 3 min，混合均匀，在 40～43 ℃进行恒温培养，每隔一定时间测定发酵液的 pH，当 pH 达到 4.5～4.7 时，即可停止发酵。

9）*冷却*　　当发酵终点一到，酸奶即可从保温培养室移到外边，进行自然冷却；也可采用送风冷却。使酸奶冷却到 10 ℃左右。

生产搅拌型酸奶时，冷却后启动搅拌，并可根据个人口味添加糖浆、浓缩果汁或果粒、香料等进行调味。

10）*后熟*　　酸奶移入 1～5 ℃中老化 12～24 h，酸度适中(pH4～4.5)，凝乳块均匀细腻，无乳清析出，色泽均匀，无气泡。老化工艺能把酶的变化和生物化学变化抑制到最小限度，同时可以使酸奶形成良好的风味和芳香。经过老化的产品在 0～5 ℃中保存。

搅拌型酸奶调味后，移入 1～5 ℃中老化 24 h，即可饮用。

11）*搅拌型酸奶配制*

配制配方：

酸奶	1000 mL
糖液(50 度)	100 mL
浓缩菠萝汁(32°Be′)	50 mL
乳化发酵牛奶香精	0.6 mL
乳化菠萝香精	1.0 mL

12）*酸奶饮料配制*

配制配方：

经过后发酵的酸奶	300 mL
糖液(50 度)	220 mL
食用柠檬酸	1.5 g
耐酸型食用 CMC(羧甲基纤维素)	1.5 g
乳化发酵牛奶香精	0.8 mL
乳化草莓香精	1.0 mL
饮用水	加至 1000 mL

酸奶饮料调配后，在 55～70 ℃，压力为 20 MPa 条件下均质，灌装、封口后，85 ℃水浴消毒 30 min，冷却后，4 ℃下可保藏 6 个月。

3. 成品质量检测

1）标准平板计数法

A. 样品的稀释

（1）称取 10 mL 样品置于盛有 90 mL 无菌生理盐水的无菌锥形瓶中（内装数粒无菌玻璃珠），在旋转式摇床上 200 r/min 充分振荡 30 min，制成 1∶10 的样品匀液，即 10^{-1}稀释液。

（2）用 1 mL 无菌吸管或微量移液器吸取 1∶10 样品匀液 1 mL（吸取前需要摇匀 1∶10 稀释液），缓慢加入盛有 9 mL 无菌生理盐水的无菌试管中（注意吸管或吸头尖端不能触及稀释液面），用漩涡振荡器振荡，混合均匀，制成 1∶100 的样品稀释匀液。

（3）按照上一步操作程序，制备 10 倍系列样品稀释液，每递增稀释一次，换用一次 1 mL 无菌吸管或吸头。

（4）根据对样品活菌数量的估计，选择 3～4 个适宜稀释度的样品匀液（如 10^{-6}、10^{-7}、10^{-8}、10^{-9}稀释液）。

B. 平板接种与培养

（1）接种方法 1：用 1 mL 无菌吸管或微量移液器分别吸取不同稀释度的菌悬液 1 mL 于一个无菌培养皿中（每个稀释度做三个重复），再在培养皿中分别倒入 10～15 mL 已融化并冷却至 45～50 ℃的培养基，盖好平皿盖子，趁热轻轻转动培养皿，使菌液与培养基充分混合均匀，冷凝后在恒温培养箱中倒置培养 24～48 h，培养温度为(36±1)℃。同时以无菌水作为空白对照。

注：如 1000 亿 CFU 样品稀释梯度可选择 10^{-8}、10^{-9}、10^{-10}。

（2）接种方法 2：用 1 mL 无菌吸管或微量移液器吸取 0.2 mL 稀释液于培养基平板上，用涂棒将稀释液涂布均匀，吸附，在恒温培养箱中倒置培养 24～48 h，培养温度为(36±1)℃。同时以无菌水作为空白对照。

注：计算时需要把 0.2 mL 的倍数也计算在稀释倍数内。例如，1000 亿 CFU 样品稀释梯度可选择 10^{-7}、10^{-8}、10^{-9}。

C. 菌落计数

可用肉眼观察，必要时借用放大镜或菌落计数器，以防遗漏。记录稀释倍数和相应的菌落数量。菌落计数以菌落形成单位（colony-forming unit，CFU）表示。

（1）选取菌落数为 30～300，无蔓延菌落生长的平板计数菌落总数。低于 30 CFU 的平板记录具体菌落数，大于 300 CFU 的可记录为多不可计。每个稀释度的菌落数应采用 3 个平行平板的平均数。

（2）其中一个平板有较大片状菌落生长时，则不宜采用，而应以无片状菌落生长的平板作为该稀释度的菌落数；若片状菌落不到平板的一半，而其余一半菌落分布又很均匀时，即可计算半个平板后乘以 2，代表一个平板菌落数。

（3）当平板上出现菌落间无明显界线的链状生长时，则将每条单链作为一个菌落计数。

（4）若空白对照上有菌落生长，则此次检测结果无效，需重新测定。

注：检测过程中尽量避免环境杂菌干扰，操作人员要用 70%的乙醇擦拭手和桌子。

D. 标准平板计数法菌落总数的计算

（1）若只有一个稀释度的菌落数在 30～100 的适宜计数范围内时，计算三个平行的平均值，再乘以相应稀释倍数，作为每克中菌落总数结果。

（2）若有两个稀释度，其平均菌落数在 30～100 的适宜计数范围内，应按两者菌落数之比值来决定；若其比例小于 2 应计数两者的平均数；若大于 2 则计数其中稀释度较小的菌落总数。

(3) 若所有稀释度的平板上菌落数均不在 30～100 范围内时，其中一部分小于 30 或大于 100 时，则以最接近 30 或 100 的平均菌落数乘以相应的稀释倍数计算。

(4) 若所有稀释度的平板上菌落数离 30～100 范围较远时，建议选择适合的稀释倍数重新测定。

2) 显微镜直接计数法

A. 样液的制备

将样品充分摇匀，用 1 mL 灭菌吸管快速吸取待测样品 1 mL，沿管壁徐徐注入含有 9 mL 灭菌生理盐水的小试管中，根据样品含菌量做适当的 10 倍递增稀释液，每递增一次，即换用 1 支 1 mL 灭菌吸管。

B. 载玻片的处理

取洁净载玻片一片，放在具有 1 cm^2 面积方格的坐标纸上，用玻璃铅笔在载玻片上描画好 1 cm^2 面积数块，用酒精棉擦拭其反面，在酒精灯火焰微微加热，除去油脂，冷却备用。

C. 涂片固定

根据样品含菌量，准确吸取样品原液或稀释液 5 μL，在处理过的载玻片的反面均匀涂布于描画的 1 cm^2 面积内，自然干燥或涂面向上在酒精灯火焰上方用小火烘干。

将已干燥的涂片菌面朝上，以钟摆速度通过酒精灯火焰 3～4 次，使固定后的菌片触及皮肤时，稍感烧烫为度。放置冷却。

D. 革兰氏染色

(1) 初染：加适量结晶紫染液，使其覆盖整个涂抹面，染色 1 min，水洗。

(2) 媒染：用碘液冲去残水，并覆盖作用 1 min，水洗。

(3) 脱色：将玻片倾斜，连续滴加 95%乙醇脱色，直至流出的乙醇液无色(约 30 s)。

(4) 复染：用番红液复染约 2 min，水洗。

(5) 镜检：干燥后用油镜观察计数，共数 30 个视野。每个样品重复计数 2 次取平均值。

E. 菌数计算

$$\text{乳酸菌数(个/mL)}=\text{每个视野中的乳酸菌的平均数}\times 10^6\times\text{样液稀释倍数}$$

因为，一般油镜的视野直径为 0.16 mm，一个视野的面积 $=0.08^2\times 3.1416=0.02\ mm^2$，1 cm^2 的视野数 $=1\div 0.0002=5000$；又因 1 cm^2 的样品量为 5 μL，即 1/200 mL；则每一视野的样品量 $=1/200\times 1/5000=10^{-6}$；所以，一个视野中的 1 个细菌就代表 1 mL 样品中有 10^6 个细菌。

3) 凯氏定氮法测定蛋白质含量

(1) 取样品(酸奶样品须经榨汁机处理，果料酸奶样品经榨汁机处理后须过滤)约 50 mL 置于恒温水浴锅中预热至 35～40 ℃。称取流体、半流体样品 2 g，放入消化管中，加 7 g 硫酸钾和 0.8 g 硫酸铜，量取 12 mL 浓硫酸徐徐加入消化管内，混合。回收率大于 99%时方可继续进行以下实验，回收率的测定见下页步骤(5)。

(2) 消化前将消化炉预热至 200 ℃，将消化管放在消化炉内 200 ℃预热 30 min，然后将消化炉温度设定到 420 ℃，当温度上升至 330～350 ℃时将冷却水开至最大，约 5 min 后关小冷却水，消化炉温度上升至 420 ℃后，当观察到消化管内液体逐渐转化成透明的淡绿色时，继续消化 0.5 h，取出冷却。

(3) 待消化管温度降至室温后，用凯氏定氮仪进行蒸馏，蒸馏方法见凯氏定氮仪操作规程。

(4) 用硫酸标准溶液对吸收液进行滴定至溶液出现酒红色为止，记录所用硫酸标准溶液的体积。同时进行空白实验，并在结果中加以校正。

注：空白实验不加入样品，称取 0.85 g 蔗糖(分析纯)，其他操作步骤与样品相同。

(5) 回收率的测定：吸取 0.2%硫酸铵溶液 25 mL 放入消化管中，之后按照(2)～(4)的步骤进行，同时做空白实验。

(6) 样品中蛋白质含量计算

$$\text{样品中蛋白质含量(g/100 g)}=\frac{1.400\times 6.38\times(V-V_0)\times C(\mathrm{H}^+)}{m} \tag{40-1}$$

式中，V 为滴定时消耗硫酸标准溶液的体积(mL)；V_0为空白实验消耗硫酸标准溶液的体积(mL)；$C(\mathrm{H}^+)$为硫酸标准溶液中 H^+ 的浓度(mol/L)；m 为样品的质量(g)；1.400 为氮原子的摩尔质量(kg/mol)；6.38 为氮换算为蛋白质的系数。

允许差：同一样品的两次测定值之差不得超过平均值的 1.5%。

(7) 回收率的测定分析结果的表述

$$\text{回收率}\%=\frac{1.400\times(V-V_0)\times C(\mathrm{H}^+)}{21.19\times 0.05}\times 100\% \tag{40-2}$$

式中，V 为滴定时消耗硫酸标准溶液的体积(mL)；V_0为空白实验消耗硫酸标准溶液的体积(mL)；$C(\mathrm{H}^+)$为硫酸标准溶液中 H^+ 的浓度(mol/L)；1.400 为氮原子的摩尔质量(kg/mol)；21.19 为高纯硫酸铵中氮的含量 ；0.05 为高纯硫酸铵的质量(g)。

只有回收率大于 99%方可进行实验，如有不达，须继续做平行实验，查找原因。

4) 双缩脲法测定蛋白质含量

A. 试剂的配制

(1) 标准蛋白质溶液：用低相对分子质量标准蛋白质配制成 10 mg/mL 的标准蛋白质溶液。

(2) 双缩脲试剂：称取 1.20 g 硫酸铜($CuSO_4\cdot 5H_2O$)和 6.00 g 酒石酸钾钠($KNaC_4H_4O_6\cdot 4H_2O$)，用 500 mL 水溶解，在搅拌下加入 300 mL 10% NaOH 溶液，用水稀释至 1000 mL，贮存于塑料瓶中。此试剂可长期保存。若贮存瓶中有黑色沉淀出现，则需要重新配制。

B. 标准曲线制作

取 18 支试管分 3 组，分别加入 0.0 mL，0.2 mL，0.4 mL，0.6 mL，0.8 mL，1.0 mL 标准蛋白质溶液，用水补足到 1.0 mL，各加 1 mL CCl_4，然后加入 4.0 mL 双缩脲试剂，振摇 5 min，在室温下静置 15 min，取上清于 4000 r/min 离心机中离心 10 min。用吸管吸去上清到1 cm比色皿中，用未加蛋白质溶液的第 1 支试管作为空白对照，于 536 nm 处测定各管吸光度。取 3 组测定的平均值，以蛋白质的含量为横坐标，吸光度为纵坐标绘制标准曲线。

C. 样品的 A_{536}测定

测定方法与绘制标准曲线 6 号管过程相同，测定被测样品的 A_{536}值。在标准曲线上计算所测蛋白质溶液的含量(mg/mL)，重复 3 次取平均值。

注：蛋白质浓度低于 2 mg/mL 时，大多数离子对结果的影响较小。

【结果】

(1) 将单菌、双菌或三菌发酵成品的标准平板计数法菌落计算结果填入表 40-1 中。

(2) 用显微镜直接计数法计算单菌、双菌或三菌发酵成品的细菌总数。

表 40-1　样品活菌数量测定结果数据记录

样品	菌落数/个	活菌数/(CFU/g)或(CFU/mL)
平行 1		
平行 2		
平行 3		
平均		

(3) 用凯氏定氮法测定结果计算单菌、双菌或三菌发酵成品的蛋白质含量。

(4) 用双缩脲法测定结果计算单菌、双菌或三菌发酵成品的蛋白质含量。

(5) 对各种酸奶及酸奶饮料成品进行综合评价。分析单菌、双菌或三菌发酵成品在香味、口感、pH 等方面的异同，将细菌总数、蛋白质含量等结果填入表 40-2 中。品尝时如出现异味，则表明成品被杂菌污染。

表 40-2　不同菌种发酵生产的酸奶产品品评结果

乳酸菌种	品评项目					蛋白质含量	活菌数	结论
	凝乳情况	口感	香味	异味	pH			
球菌								
杆菌								
双菌								
三菌								

【思考题】

(1) 酸奶发酵过程中，产生凝乳的原因是什么？

(2) 单菌发酵与双菌或三菌发酵酸奶的口感和风味有何不同？为什么？

(3) 后熟的作用是什么？

(4) 请描述 BCG 牛乳琼脂平皿中，乳酸菌的形态特征，为什么在这种培养基上乳酸菌会产生黄色色素？

(5) 如何控制酸奶的生产流程？

(6) 为什么菌落总数测定用的营养琼脂培养基在使用前要保持在(46±1)℃的温度？

(7) 为使平板菌落计数准确需要掌握哪几个关键？说明理由。

(8) 比较标准平板计数法和显微镜直接计数法两种结果的差异。

（曹军卫　涂　毅）

第8章　好氧分批发酵技术

实验41　单细胞蛋白好氧分批发酵技术

【实验目的】

了解好氧分批发酵技术的原理，讨论保证最大量生产酵母细胞的流加补料培养系统的补糖方法，学习回路(loop)的开关控制。

【实验原理】

在好氧分批发酵中，生产上常使用的是补料分批发酵技术。补料分批发酵技术或称半分批培养或半连续培养技术。这是在分批发酵过程中间歇或连续地向生物反应器中补加一种或一种以上限制性底物，但在发酵结束后才排出培养液的一种操作方式。这种操作方式可以有效地延长微生物的对数生长期或稳定期，有利于对数生长期的生物量积累或稳定期细胞代谢产物积累的增加。同时可以避免各种由于丰富培养基的使用造成的不利因素，如抗生素生产中，中间补料的量为基础料的1～3倍。四环素发酵中，基础料为16.7%，中间补料为27.5%，补料是根据还原糖的变化，中途补加葡萄糖，以延长四环素合成的旺盛阶段，使发酵单位提高了50%～80%。

发酵中途补料起到了重要的作用，如丰富了培养基，避免了菌体过早衰老，使产物合成的旺盛期延长；控制了pH和代谢方向；改善了通气效果，避免了菌体生长可能受到的抑制；发酵过程中因通气和蒸发，使发酵液体积减小，因此补料还能补足发酵液的体积。

补料分批培养的优点之一是能够人为控制底物在培养液中的浓度，从而控制微生物的生长或微生物产物的生成。

1. 补料分批培养的控制原理

分批培养可以分为两个阶段，即生长阶段和产物形成阶段。根据不同微生物的发酵动力学原理不同，其控制方法是不一样的。

一般补料分批培养的操作模式较为简单。在单一补料分批培养过程中，假定细胞不会发生死亡，氧的供应是充足的，以碳源为限制性底物，维持细胞生长和产物形成的所需其他营养物质是过量的，那么所涉及的数学模型可分为两部分，即生长阶段和生产阶段。

1）生长阶段　　此阶段体积恒定，可用一般的分批培养模型。

细胞平衡：
$$\frac{dX_v}{dt}=r_x=\mu X_v \tag{41-1}$$

碳平衡：
$$\frac{dS}{dt}=-r_s=-\left(\frac{r_s}{Y_{x/s}}+\frac{r_p}{Y_{p/s}}+m_s X_v\right)$$
$$r_p=0 \tag{41-2}$$

式中，r_x 为细胞的生长速率[kg/(m^3 · h)]；μ 为细胞的比生长速率(h^{-1})；X_v 为培养基中活细胞浓度(kg/m^3)；r_s 为碳源消耗速率(kg/m^3)；$Y_{x/s}$ 为以消耗碳源为基准的细胞产率系数(kg/kg)；$Y_{p/s}$为以消耗碳源为基准的产物产率系数(包括用于提供细胞生长所需能量合成的碳源，kg/kg)；r_p 为产物的形成速率[kg/(m^3 · h)]；m_s 为以消耗碳源为基准的细胞维持常数[kg/(kg · h)]；t 为时间(h)。

发酵开始时，其值 $X_v(0)$和 $S(0)$，满足假设中所要求的条件。在生长阶段的最后时期，S 将为 0，X_v 为 X_{vb}(补料分批培养生长阶段末期和生产阶段初期时，培养基中的活细胞浓度，kg/m^3)。

2）生产阶段　　在此阶段，由于碳源的加入，发酵液的体积不再保持恒定，方程式则为

细胞平衡：
$$\frac{dX_v}{dt}=Vr_x=0 \tag{41-3}$$

碳平衡：
$$\frac{dXS}{dt}=-Vr_s+FS_i=0 \quad （因为当 r_s=0 时，S 必须为 0） \tag{41-4}$$

产物平衡：
$$\frac{dVP}{dt}=Vr_p \tag{41-5}$$

体积平衡：
$$\frac{dV}{dt}=F \tag{41-6}$$

速度平衡：
$$r_s=m_s X_v+r_p/Y'_{p/s} \tag{41-7}$$
$$r_p=\beta X_v \tag{41-8}$$

式中，V 为控制范围内体积(m^3)；S 为培养基中碳源浓度(kg/m^3)；F 为液体流速(m^3/h)；S_i 为补加碳源的浓度(kg/m^3)；$Y'_{p/s}$为以消耗碳源为基准的产物产率系数(包括用于提供产物合成所需能量合成的碳源，kg/kg)；β 为非生长偶联产物形成系数[kg/(kg · h)]。其他符号同上。

在这个阶段，需要注意的是碳源进入发酵罐中的速度为 F，浓度为 S_i。所加底物只是用于维持细胞生长和形成。另外，必须通过外部控制系统使发酵罐中的碳源浓度等于 0。虽然由于体积的增加可引起发酵罐中细胞浓度的变化，但发酵罐中细胞的总量并没有变化。

在生产阶段的初期，$X_v=X_{vb}$，$S=0$，$V=V_0$。此外，另一个附加条件是 V 必须小于 V_m(为发酵罐的最大工作体积)。

生长阶段可通过用一般的数学方法对不同的方程进行解析而获得。而生产阶段，对于恒定的 S_i 而言，具有如下答案：

$$X_v=X_{vb}/(1+kX_{vb}t)$$

式中，$k=\frac{1}{S_i}\left(m_s+\frac{\beta}{Y'_{p/s}}\right)$，$t$ 为时间。

$$p=\beta X_v$$
$$V=kV_0X_{vb}t$$
$$F=kVX_v$$

式中，k 为米氏方程式中的速度常数；P 为液体培养基中产物的浓度(kg/m^3)；V_0 为补料分批培养中液体的初始体积(m^3)。

设发酵液完全混合，其体积不断变化，则分批培养发酵过程工序有如下方程式。

细胞平衡：$$\frac{dVX_i}{dt}=\mu_iVX_i+F_fX_{if}-FX_i \qquad i=1,2,3,\cdots n \qquad (41\text{-}9)$$

发酵罐内基质平衡：$$\frac{dVX_j}{dt}=-\sum_{i=1}^{n}v_{ji}VX_i+F_fS_{jf}-FS_j \qquad j=1,2,3,\cdots m \qquad (41\text{-}10)$$

产物平衡：$$\frac{dVP_k}{dt}=\sum_{i=1}^{n}a_{ki}VX_i-FP_k \qquad k=1,2,3,\cdots p \qquad (41\text{-}11)$$

溶解氧平衡：$$\frac{dVC}{dt}=VK_La(C^*-C)-\sum_{i=1}^{n}R_{ri}X_i \qquad (41\text{-}12)$$

进料速度平衡：$$\frac{dV}{dt}=F_f-F \qquad (41\text{-}13)$$

式中，X_i、S_j、P_k、C 分别表示各因素的浓度或量；μ 为第 i 个菌的比生长速率；R_i 为由第 i 个菌引起的溶氧消耗速度；V 为发酵液的体积；F_f 为发酵液的流入量；F 为发酵液的流出量；K_La 为发酵液的体积氧传递系数(h^{-1})；C^* 为饱和溶解氧浓度(mmol O_2/L)。

在这些方程式中，当：

$F_f=F=0$ 时，为分批培养；

$F_f\neq0$，$F=0$ 时，为半分批培养；

$F_f=F\neq0$ 时，为连续培养。

2. 补料分批培养方法

在进行流加补料培养中有两种方法，即定量流加培养法和指数流加培养法。

1) *定量流加培养法*　添加的物质种类[式(41-10)中 j]和流加方式[式(41-13)中 F_f]是分批培养的关键控制点，首先看看流加量 F_f 的基本关系。

当 $n=m=p=1$ 时，假设式(41-14)成立，即

$$\mu_1=\frac{\mu_mS_1}{K_m+S_1}$$
$$V_n=\frac{1}{(Y_{x/s})_1} \qquad (41\text{-}14)$$

则由式(41-9)、式(41-10)、式(41-13)得出式(41-15)：

$$\frac{dVX}{dt}+Y_{x/s}\left(\frac{dVS}{dt}+S_f\frac{dV}{dt}\right)=0 \qquad (41\text{-}15)$$

假设此式成立，则与下式具有相同值：

$$[VX+Y_{x/s}VS]_{t=t_1}-[VX+Y_{x/s}VS]_{t=t_0}=Y_{x/s}S_f\{[V_{t=t_1}-V_{t=t_0}]\} \qquad (41\text{-}16)$$

这是流加基质与残存基质量平衡时的细胞增加量，在流加开始之后，经过一段时间，可以忽略初期条件的影响，或当初期基质浓度与流加基质浓度相等时细胞的增加量可写成：

$$V_x=Y_{x/s}V(S_f-S) \qquad (41\text{-}17)$$

定量流加时液体的体积呈直线增加，因此，菌体的总量也应大致呈直线增加。另外，当菌体浓度约等于 $Y_{x/s}/S_f$ 时，基质的浓度 S 趋于 0，即在定量流加的过程中，所设定的基质浓度是不一定的，菌体的比生长速率 μ 也是不一定的。因此可以考虑使比生长速率 μ 保持一定的流加方法。

2）指数流加培养法　如果将式(41-9)、式(41-10)、式(41-13)转换成浓度的相关系数，则可得

$$\frac{dX}{dt}=\left(\mu-\frac{F_1}{V}\right)X \tag{41-18}$$

$$\frac{dS}{dt}=-\frac{1}{Y_{x/s}}\cdot\mu X+\frac{F_1}{V}(S_f-S) \tag{41-19}$$

$$\frac{dV}{dt}=F_f \tag{41-20}$$

假设比生长速率 μ 只是 S 的相关函数，则只要使 S 保持一定，就可以使 μ 保持一定。由式(41-9)可知，当 μ 一定时，$VX=(VX)_0\exp(\mu t)$ 成立，因此，令 $dS/dt=0$，则

$$F_f=\frac{(VX)_0}{Y_{x/s}(S_f-S)}\cdot\mu\exp(\mu t) \tag{41-21}$$

按照这种流加方程式进行流加时，流量呈指数增加，因此称其为指数分批培养。另外，对式(41-21)进行积分得

$$V=\frac{(VX)_0}{Y_{x/s}(S_f-S)}\cdot\mu\exp(\mu t)+V_0\left[1-\frac{X_0}{Y_{x/s}(S_f-S)}\right] \tag{41-22}$$

因此，如果 $X_0=Y_{x/s}$，则 $F/V=\mu$，则由式(41-20)可知，此时的菌体浓度为一定值。如不满足这一条件，则可使 F/V 尽量接近于 μ，则菌体浓度可近似于一定值。要使其条件成立的方法是从最初基质浓度 S_j 开始进料，只要能适时调整进料浓度，就能按照指数流加法使 μ 保持一定恒值，X 也能保持一定。如果 X 保持一定时，可将方程式(41-21)简写成：

$$F_t=V_0\mu\exp(\mu t) \tag{41-23}$$

另外，添加物的种类的确定是比较重要的，它决定了控制系统的对象。

3. 液相体积氧传递系数 K_La 的测定

测定发酵过程中发酵液溶解氧浓度、摄氧率和液相体积氧传递系数 K_La 的变化，随时掌握发酵过程的供氧、需氧情况，并为准确判断设备的通气效果提供可靠数据，进而才能有效控制发酵过程。发酵液溶解氧浓度的测定，目前多采用复膜氧电极来测定。本节对摄氧率和液相体积氧传递系数 K_La 的测定方法作些介绍。

1）摄氧率的测定　发酵过程中，摄氧率的变化是非常快的，因此要求测定的方法敏感和响应时间快。可以采用复膜氧电极进行测定。其测定的方法是在测定前先用纯水标定电极，得到单位电流值代表的溶解氧浓度。

$$\frac{C^*}{i_{饱}-i_{残}}$$

式中，C^* 为饱和溶解氧浓度(mmol O_2/L)；$i_{饱}$ 为在饱和溶解氧浓度时的电流值(mV)；$i_{残}$ 为残余电流，即溶解氧浓度为 0 时的电流值(mV)。

标定后的电极即可用来测定。测定时，关闭通气，保持搅拌，用氮气将发酵罐上部空气驱

除。这时由于细胞的耗氧，培养基中的溶解氧浓度不断下降，仪表反映出电流值也在不断降低。摄氧率 r 可由下式求出

$$r=\frac{C^{*}}{i_{饱}-i_{残}}\times(-\delta\Delta i/\Delta t) \tag{41-24}$$

式中，Δt 为停止供气后溶解氧浓度下降至最低点所用时间(h)；Δi 为在时间 Δt 内电流的变化值(mV)。

2) *液相体积氧传递系数 $K_{L}a$ 的测定*　以往是采用亚硫酸法、排气法或取样法测定发酵液的体积氧传递系数 $K_{L}a$ 值，这三种方法测定的数据都不能真实反映发酵过程中 $K_{L}a$ 值的实时变化。目前采用的直接测定法和动态测定法可以正确地表示 $K_{L}a$ 值的变化状况。在此仅介绍动态测定法。

动态测定法可以用复膜氧电极测定。其方法是在发酵过程中突然停气，保持搅拌，马上用氮气将发酵罐上部空气驱出罐外。随着微生物细胞的呼吸作用，使发酵罐中溶解氧浓度迅速下降，一定时间后，溶解氧浓度下降速度减慢。待溶解氧浓度达到一个较低点时，再恢复通气。以溶解氧浓度为纵坐标，以测定时间为横坐标制图，如图 41-1 的 abcd 曲线。ab 段是一条明显下降的直线，表明在停气后，由于微生物的呼吸作用使发酵液中溶解氧浓度迅速下降。当溶解氧浓度降至 b 点以下，因溶解氧浓度过低，对细胞的呼吸产生了一定的抑制作用，故此点的溶解氧浓度可以认为是微生物呼吸的临界氧浓度。cd 段的溶解氧浓度为恢复供气后溶解氧浓度变化，反映出微生物的呼吸在受到短时间抑制后，供氧与需氧之差。在停气后，发酵液中溶解氧浓度的变化率 $\mathrm{d}C_{L}/\mathrm{d}t$ 可表示为

$$\frac{\mathrm{d}C_{L}}{\mathrm{d}t}=K_{L}a(C^{*}-C_{L})-Q_{O_2}\cdot X \tag{41-25}$$

$$C_{L}=\frac{1}{C_{L}}(\mathrm{d}C_{L}/\mathrm{d}t+Q_{O_2}\cdot X)+C^{*} \tag{41-26}$$

以 C_{L} 为纵坐标，以 $(\mathrm{d}C_{L}/\mathrm{d}t+Q_{O_2}\cdot X)$ 为横坐标作图如图 41-2。直线 ab 的斜率即为 $-1/K_{L}a$，当 $\mathrm{d}C_{L}/\mathrm{d}t=0$ 时，

$$C^{*}=\frac{Q_{O_2}\cdot X}{K_{L}a} \tag{41-27}$$

也可以将 ab 直线延长与纵轴相交，其截距即为 C^{*}。

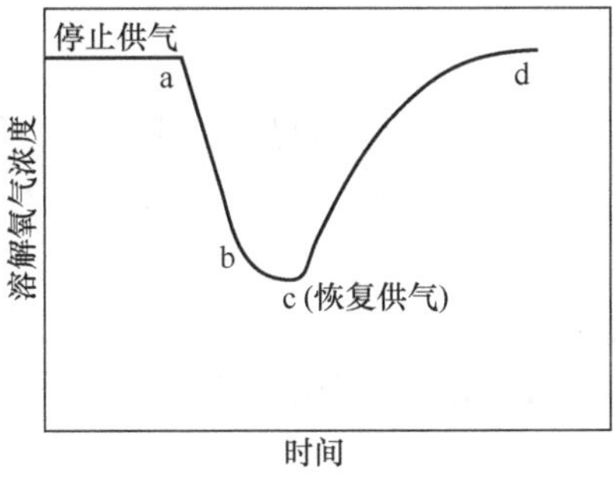

图 41-1　溶解氧浓度与通气变化的关系

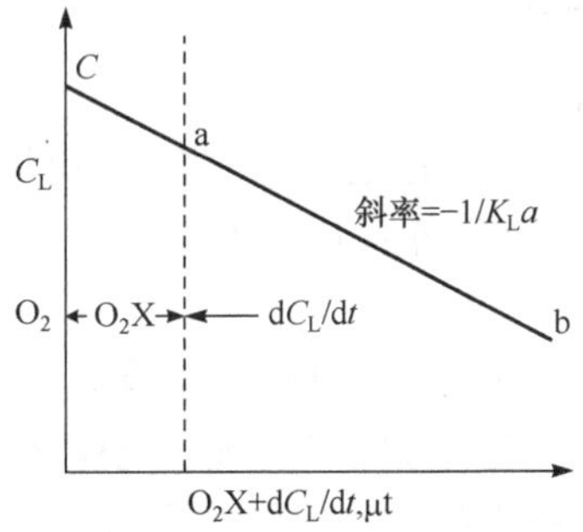

图 41-2　$K_{L}a$ 的求值

4. 实验室规模好氧发酵设备的种类

所谓实验室规模发酵设备多指用于工业发酵公司从事开发研究实验室所使用的发酵设

备，这些设备主要用于新产品开发的理论研究，新菌种发酵性能、发酵新原料、发酵条件优化试验，以解决发酵工艺问题和工程放大问题。体积为 5～1000 L，容器的材料可以是玻璃的或不锈钢的，也可以是两者的组合。这类设备也常被大专院校的发酵工程实验室选为本科生培养的实验室发酵实验训练的设备。

【器材】

1. 菌种

酿酒酵母（*Saccharomyces cerevisiae*）。

2. 培养基(g/L，终浓度)

(1) 葡萄糖 30 g。

(2) $(NH_4)_2SO_4$ 6.0 g；KCl 2.4 g；H_3PO_4 3.0 g；NaCl 0.12 g。

(3) $MgSO_4 \cdot 2H_2O$ 2.4 g；$MnSO_4 \cdot (4\sim6)H_2O$ 0.024 g；$FeSO_4 \cdot 7H_2O$ 0.01 g；$CuSO_4 \cdot 5H_2O$ 0.006 g；$ZnO_4 \cdot 7H_2O$ 0.12 g；$CaCl_2$ 0.12 g。

(4) 生物素 20 mg；尼古丁酸 400 mg；泛酸钙 2000 mg；盐酸吡哆醇 400 mg；叶酸 2 mg；肌醇 1000 mg；盐酸硫胺素 400 mg；β-氨基苯甲酸 200 mg；维生素 B_2 200 mg；用氨水调 pH5.0。

为避免葡萄糖与氨基化合物发生褐变反应，以及磷酸盐与金属离子发生沉淀，以上 4 种培养基进行分别灭菌。

【操作步骤】

1. 种子前培养

配制麦氏培养基或土豆培养基，装入无菌试管中，灭菌后介入酵母菌种，30 ℃，振荡培养 12 h。

2. 种子培养

在 500 mL 锥形瓶中加入上述培养基 50 mL，介入经过前种子培养的酵母菌种，30 ℃，振荡培养 12 h。

3. 前培养

将前面配制好的 4 种培养基灭菌后，混合，无菌分装于 500 mL 锥形瓶中，每瓶 50 mL，接种种子培养物，30 ℃，振荡培养 24 h。

4. 补料分批培养

1) 仪器的安装调试

(1) 采用 5 L 容量的发酵罐组建培养系统。接上装有葡萄糖和 NH_4OH 的烧瓶，并在发酵罐的通气管路入口处撞上 PVA 过滤器，在出口处装上通有冷却水的冷却管和棉滤器。

(2) 装上事先校正好的 pH 检测器，再加入调整好的培养基。

(3) 用截流夹分别夹住罐子与碱溶液烧瓶之间的硅胶管，再将发酵罐与培养基分别灭菌。消沫剂用另外的容器进行单独灭菌。

(4) 打开 CO_2 分析仪上的开关，开机 30 min 后，再用 N_2 及校正气体进行调零及斜率调整。

(5) 采用无菌操作方法，将已经灭菌好的培养基各成分按照终浓度混合好。

(6) 将灭好菌的发酵罐接上冷却水管，冷却至 30 ℃，备用。

2）正式培养　　用 pH 控制仪校准培养基 pH5.0 左右，从接种口接入种子培养液 50～100 mL。培养条件为温度 30 ℃，通气量 1 L/(L·min)，调节搅拌转速使溶氧浓度达到 5 mg/m^3。若在接种后就进行采样，则需要间隔 3 h 左右；若在对数生长期采样，则每隔 1 h 采样 1 次。采样量为 5～10 mL，流加培养时间为 8 h。

期间进行补料控制和培养过程的监控。用无菌吸管采样分析，并将结果填入表中，以便对全部培养过程的变化情况进行分析。必要时用干热灭菌的吸管滴加 1～2 滴消沫剂，令其充分消沫。

3）补料方式　　用以下两种方法流加限制性基质葡萄糖。

(1) 指数流加法。

a. 调整上述培养基体积为 650 mL，接种量 50 mL。限制性基质葡萄糖浓度为 5 g/L。

b. 通气搅拌进行分批培养，采样量 5～10 mL，采样时用葡萄糖分析仪测定葡萄糖浓度。

当葡萄糖浓度为 0 时，开始流加葡萄糖，流加培养基中的葡萄糖浓度为 5 g/L。

将专用计算机上的 A/D 变换器与微管相连，以实现葡萄糖流加速度的自动控制，使其维持在预定水平上。流加量的平衡式如下：

$$F=\mu V_0\exp(\mu\cdot t) \tag{41-28}$$

式中，F 为葡萄糖流加速度(L/h)；μ 为比生长速率(1/h)；V_0 为初期培养体积(L)；t 为培养时间(h)。

在此，μ 设定为 0.1～0.3 h^{-1}，t 设定为 5 h，在流加培养过程中每 1 h 采样 1 次。

(2) 乙醇定值控制法。

a. 配制上述混合培养基 1700 mL，接种。葡萄糖浓度定为 8 g/L，接种量为 100 mL。

b. 通气搅拌培养，当葡萄糖浓度大致为 0 时开始补料分批培养，采样量为 5～10 mL，用葡萄糖分析仪测定葡萄糖浓度。用特氟伦检测仪(tubing sensor)测定乙醇浓度。

c. 确定葡萄糖浓度下降后，用 pI 控制系统，按照乙醇定值控制方法开始流加葡萄糖，使培养基中葡萄糖浓度为 100 g/L 左右。

d. 培养过程中，每小时采样 1 次，进行分析。

4）样品分析

(1) 菌体干重的测定方法。培养结束后，取发酵液 25 mL，5000 r/min 离心 10 min，取沉淀溶于少量水中，移入事先搅拌好的铝杯中，95 ℃，24 h 干燥，移入干燥器中平衡，称重，再次干燥 1 h，称重，确认已经达到恒重。

(2) 菌体浓度：用无离子水对所采样品进行适当稀释，使 OD_{660} 值为 0.03～0.3，并进行测定。剩余样品用 5000 r/min 离心 10 min，取上清于 4 ℃冰箱保存。

(3) OD_{660} 值与菌体干重间的线性关系分析。培养结束后，用无离子水对所采样品进行适当稀释，使 OD_{660} 值为 0.03～0.3，并进行测定。制作系列稀释度，测定 OD_{660} 值，求出 OD_{660} 值与菌体干重间的关系。确定是否在此范围内保持了 OD_{660} 值的直线关系。

(4) 葡萄糖浓度的测定。用无离子水对所采样品上清进行适当稀释，使葡萄糖浓度达到 2 g/L 以下，用 0.45 μm 的微孔滤膜过滤后，再用葡萄糖分析仪进行测定。操作如下。

a. 装置的调整：事先稀释好样品，取出冰箱保存的葡萄糖标准溶液，加热至室温。同时确定装置中有充足的缓冲液，使开关处于 RUN 状态，按下 CLEΛR 键，流出缓冲液。清洗，待装置处于稳定状态时，用 ZERO/INJECT 键将表示值调为 0，然后向注射器吸管中吸入浓度为 2 g/L 的葡萄糖标准液，将注射器插入孔内。确认 WAIT 信号灯亮了以后，注入样品，然后按住活塞拔出注射器。确认 READ 信号灯亮了以后，按下 CALL-BRATE 键，用 CALIBRAE 夹将表示值调为(2000±50) mg/L。确定进入稳定运转(2～3 s)后，按下 CLEAR 键，清洗。若偏离零点，则再度调整，测定样品。

b. 样品测定法：确定零点(±50 mg/L，则按 OK 键，若不符合，则再度调整)。和标准溶液一样，将样品注入注射器吸管，将注射器插入孔内。信号灯亮了以后，注入样品，然后按住活塞拔出注射器。确定进入稳定运转(2～3 s)后，读取数据，按下 CLEAR 键，清洗。

c. 测定结束：测定结束后，按几次 CLEAR 键，将冲洗开关调至 STANDBY 位置。

(5) 乙醇浓度的测定。

a. 乙醇测定仪测定法。用多孔性特氟伦检测仪自动测定发酵液中的乙醇浓度。

测定原理：将多孔性特氟伦管浸于培养基中，向管内通入 N_2，用 FID 检测仪(岛津 GC-3BF)测定扩散到管内部的乙醇浓度。测定温度为 160 ℃。测定条件如下：

N_2 气体流量	40 mL/min
量程	8(×0.01 V)
空气压力	9.807×10^4 Pa
电流敏感性	103 mΩ
H_2 气体压力	7.846×10^4 Pa

b. 气相色谱仪测定法。培养结束后，取发酵液的上清，用气相色谱仪测定仪(日立 G-3000)测定其乙醇浓度。测定条件如下：

毛细管柱 FFAP	15 cm
注射器温度	200 ℃
设定温度	60 ℃
控温器温度	150 ℃
N_2 压力	6.084×10^4 Pa
记录计 D-2500 色谱处理装置(日立)	
空气压力	1.078×10^4 Pa
衰减(attenuation)	7
H_2 气体压力	1.279×10^4 Pa
纸带传送装置	0.6 cm/min

用乙醇浓度稀释至 1000 mL/m^3 以下的样品，与乙醇浓度为 1000 mL/m^3 的样品等量混合，进样量为 4 μL。

注：当 N_2 气流入后，再升高测试温度。pH 和 DO 分别用 pH 计和 DO 计测定。

【结果】

进行细胞生产时，目的是使菌体得率 $Y_{x/s}$ 和比生长速率 μ 保持最高水平。以此为出发点，对所得数据进行解析。

将所获得的数据总结于表中，求出不同时间的比生长速率 μ、得率 $Y_{x/s}$、$Y_{p/s}$。

【思考题】

(1) 流加中用结果中求出的参数与流加前所得结果的变化进行比较，并对其原因进行讨论。

(2) 用指数流加法进行分批补料时，菌体浓度、葡萄糖浓度和乙醇浓度等应为定值。从工程学的角度对其原因进行总结与讨论。

(3) 与(2)相对应，对乙醇定值控制时所得结果与指数流加法间的差异进行讨论。

(4) 从控制工程学的角度来看，指数流加法为底物的前置式控制，乙醇定值控制称为底物的反馈控制，对糖流加法在控制工程学中的意义进行讨论。

(5) 对这些流加法在菌体生产方面的意义及改良方式进行讨论。

（曹军卫）

第9章 连续发酵技术

实验42 酵母的连续发酵技术

【实验目的】

本实验要求重点了解连续发酵技术，掌握异常发酵现象处理方法及管理。

【实验原理】

1. 概述

连续培养或连续发酵是指在培养过程中，连续地向发酵罐中加入培养基，同时有以相同流速从发酵罐中排出含有产品的培养基，这种操作方式称为连续培养。一般连续培养的方法很多，而且可以从不同的角度上来分类。如从设备上可分为罐式和管式；从控制方法上可分为恒成分培养和恒浓度培养；所使用的菌种可以是循环式或非循环式；还可以是单级或多级的连续培养方式。

在任何分批培养中，微生物细胞群体在整个培养过程中都要经历五个时期，即延迟期、对数生长期、减速期、稳定期和衰亡期。但对特定的微生物发酵产品，目标产物的合成都仅仅在某一个时期，如属于第Ⅰ型的发酵，产物的积累出现在对数生长期。而属于第Ⅲ型的发酵，产物的积累则是在稳定期。那么其余几个时期就是多余的，并且浪费时间。同时分批发酵周期中，辅助时间和微生物多余的生长期所占时间相当长，为此人们设计了连续培养。连续培养与分批培养相比，有以下优点：①可以提高设备的利用率和单位时间产量，只保持一个时期的稳定状态；②发酵中各参数趋于恒值，便于自动控制；③易于分期控制，可以在不同的罐中控制不同的条件。

连续发酵技术广泛应用于单细胞蛋白、丙酮丁醇、啤酒等的生产中。在污水的生物处理中，也是采用对作为菌种的活性污泥进行循环利用的连续发酵技术，本发酵技术增加了设备的处理能力和提高了水处理的质量。但是连续发酵技术在工业上的应用远不如分批发酵普遍，这主要是因为发酵周期长，杂菌污染的机会甚多，菌种容易发生退化，造成生产能力下降。此外，细胞在反应器、搅拌器、排液管中的生长也增加了长期进行连续培养的难度。但是连续培养技术在科学研究中得到了广泛的应用。本实验以面包酵母为例，介绍连续培养技术。

2. 连续培养的控制技术

在进行任何连续培养的开始，都要先做分批培养，让微生物在接种后生长繁殖达到一定细胞浓度，并进入产物合成期，然后才开始以恒定的流量向发酵罐流加培养基，同时以相同的流量排放出培养液，使发酵罐内培养液的体积保持恒定，微生物能持续生长并持续合成产物。在一个发酵装置中完成整个培养过程的方式，称为单级连续培养。细胞在恒化器中的生长速度是由必需营养物，即限制性营养物的供给速度所决定，这些营养物可以是碳、氮、磷、微量元素或维生素，而其他必需营养物则必须保持过量。

如果在发酵罐中进行充分的搅拌，则培养液中各处的组成相同，与流出液的组成相同，即为一连续流动搅拌发酵罐。各种物质的物料平衡可按下式计算：

流入速率＝流出速率＋消耗速率＋积累速率

由于加入的培养基中不含有细胞，因此有

$$0 = XF - V(\mathrm{d}X/\mathrm{d}t)_G + V(\mathrm{d}X/\mathrm{d}t) \tag{42-1}$$

式中，F 为液体流量(m^3/s)；V 为发酵罐培养液体积(m^3)；$(\mathrm{d}X/\mathrm{d}t)_G$ 为因细胞生长造成的细胞浓度变化率[$kg/(m^3 \cdot s)$]；$\mathrm{d}X/\mathrm{d}t$ 为培养液中细胞浓度变化率[$kg(m^3 \cdot s)$]。

上式可以整理为

$$\mathrm{d}X/\mathrm{d}t = [(\mathrm{d}X/\mathrm{d}t)_G - F/V]X = (\mu - F/V)X \tag{42-2}$$

式中，流量与培养液体积之比，称为稀释率，用 D 表示：

$$D = F/V \tag{42-3}$$

单位为 1/s，其含义是单位时间内加入的培养基体积占发酵罐内培养基体积的百分率；D 的倒数 t 表示培养液在发酵罐内的平均停留时间(s)。于是有

$$\mathrm{d}X/\mathrm{d}t = (\mu - D)X \tag{42-4}$$

开始连续培养一段时间(为平均停留时间的 3～5 倍)以后，过程进入稳态，培养液中的细胞、基质和产物浓度保持恒定，不再随时间变化。所以连续培养也称恒化(chemostat)培养。达到稳态时，$\mathrm{d}X/\mathrm{d}t=0$，这时

$$\mu = D \tag{42-5}$$

单级连续培养的一个重要特性，就是进入稳定状态后，细胞的比生长速率与稀释率相等。此外分批培养时，细胞的比生长速率是无法人为控制的；而连续培养时，稳态下细胞的比生长速率可以通过改变培养基的流加速率而加以改变。但稀释率的大小有一定的限制，即有一临界稀释率。若设流加液中的限制性基质浓度为 S_0，根据式(42-5)，临界稀释率为

$$D_C = \mu_m S_0/(K_s + S_0) \tag{42-6}$$

若稀释率超过临界稀释率 D_C，细胞的比生长速率小于稀释率，随着时间的延长，细胞的浓度不断降低，最后细胞从发酵罐中被洗光。

当 $D < D_C$ 时，发酵罐中限制性基质的稳态浓度为

$$S = K_s D/(\mu_m - D) \tag{42-7}$$

关于限制性基质，可以有以下物料平衡关系：

$$FS_0 = FS - V(\mathrm{d}S/\mathrm{d}t)_C + V(\mathrm{d}S/\mathrm{d}t) \tag{42-8}$$

式中，$(\mathrm{d}S/\mathrm{d}t)_C$ 为因细胞消耗造成的限制性基质浓度变化率[$kg/(m^3 \cdot s)$]；$\mathrm{d}S/\mathrm{d}t$ 为培养液中限制性基质变化率[$kg/(m^3 \cdot s)$]。

整理得

$$\mathrm{d}S/\mathrm{d}t = D(S_0 - S) + (\mathrm{d}S/\mathrm{d}t)_C$$

$$=D(S_0-S)(\mu X/Y_{x/s}) \tag{42-9}$$

在稳态时，$dS/dt=0$，发酵罐中的细胞浓度为

$$X=Y_{x/s}(S_0-S)$$
$$=Y_{x/s}[S_0-K_sD/(\mu_m-D)] \tag{42-10}$$

细胞的生产速率为

$$DX=DY_{x/s}[S_0-K_sD/(\mu_m-D)] \tag{42-11}$$

图 42-1 是 $S_0=10$ g/L，$\mu_m=1\ h^{-1}(2.78\times10^{-4}\ s^{-1})$，$Y_{x/s}=0.5$ kg 细胞/kg 基质，$K_s=0.2$ g/L 时，细胞浓度 X、限制性基质 S、细胞生产率 DX 与稀释率 $D(h^{-1})$的关系。当 $d(DX)/dD=0$，即

$$D=[1-\sqrt{K_s/(K_s+S_0)}]\mu_m \tag{42-12}$$

细胞的生产速率最大时，为

$$(DX)_m=Y_{x/s}\mu_mS_0[\sqrt{(K_s+S_0)}/S_0-\sqrt{K_s/S_0}]^2 \tag{42-13}$$

如果 $S_0\gg K_s$，则

$$(DX)_m=Y_{x/s}\mu_mS_0 \tag{42-14}$$

有的微生物连续培养的结果会与图 42-2 所示情况发生差异。例如，当限制性基质为碳源时，消耗的碳源中有一部分用用于能量释放以供细胞维持生命活动之需，因此在低稀释率时，细胞浓度明显偏低(图 42-2a)。以氮或硫为限制性基质时，细胞在低稀释率下可能积累多糖、脂肪或β-羟基丁酸，细胞浓度会偏高(图 42-2b)。以镁、磷或钾作为限制性基质时，与氮、硫为限制性基质时的情况相似，只是原因不同。这时细胞内镁、磷或钾的含量可能下降，$Y_{x/s}$增大，表现为细胞浓度偏高(图 42-2c)。在采用复合培养基时，往往较难确定哪一种是限制基质，并且随比生长速率的变化，限制性基质可能发生改变，因此表现为细胞浓度随稀释率增大而下降(图 42-2d)。

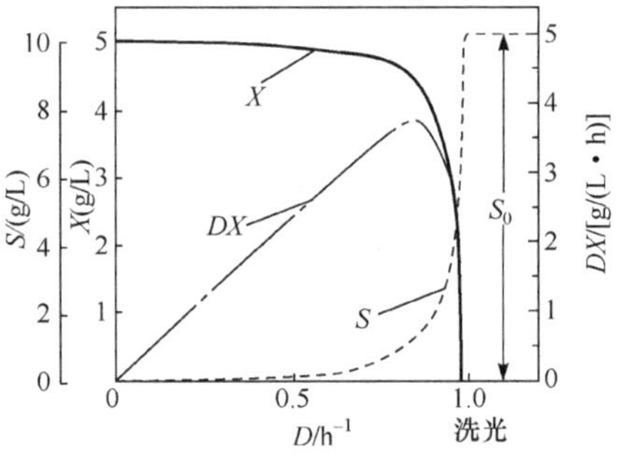

图 42-1　连续培养时细胞浓度、限制性基质浓度、细胞生产率与稀释率的关系

关于产物，有如下物料恒算式：

$$FP_0=FP-V(dP/dt)_P+V(dP/dt) \tag{42-15}$$

式中，$(dP/dt)_P$ 为由细胞合成产物引起的产物浓度变化速率[kg(m^3 · s)]；dP/dt 为培养液中产物浓度变化速率[kg/(m^3 · s)]。

式(9-40)整理后得

$$dP/dt=(dP/dt)_P-D(P-P_0)$$
$$=q_PX-D(P-P_0) \tag{42-16}$$

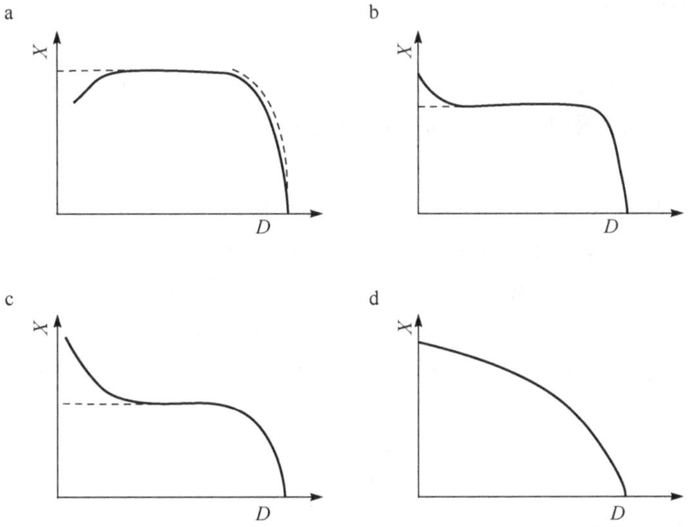

图 42-2　限制性基质种类对连续培养的影响

a. 碳源限制；b. 氮或硫限制；c. 镁、磷、钾限制；d. 复合培养基

当连续培养处于稳态时，且加料中不含产物($P_0=0$)时，有

$$DP=q_P X \tag{42-17}$$

酵母菌是一类兼性厌氧微生物，随着氧气供给的有无、糖类物质的种类不同和浓度的变化，酵母菌的呼吸特性和发酵过程都会发生变化。本实验以葡萄糖为限制性基质，讨论连续培养过程中，酵母菌的呼吸与发酵间的相互关系。

【器材】

1. 菌种

酿酒酵母(*S. cerevisiae*)。

2. 培养基(g/L)

葡萄糖 10 g；KH_2PO_4 1.5 g；$(NH_4)_2SO_4$ 5.0 g；$CaCl \cdot 2H_2O$ 0.06 g；K_2SO_4 0.4 g；$MgSO_4 \cdot 2H_2O$ 0.5 g；$FeSO_4 \cdot 7H_2O$ 0.02 g；$CuSO_4 \cdot 5H_2O$ 0.1 mg；$ZnO_4 \cdot 7H_2O$ 0.002 g；生物素0.1 mg；硫胺素 14 mg；泛酸钙 1.5 mg；维生素 B_6 3 mg；肌醇 60 mg；pH 5.0。

以上培养基成分中葡萄糖和维生素单独配置并灭菌，再与其他灭好菌的成分混合备用。

3. 单级连续培养

1) 所需组件

(1) 发酵罐体积：2.6～5 L，装料量 1.0～3 L。

(2) 储罐体积：20～40 L。

(3) 定量泵：4 台。

(4) pH 复合电极：1 个。

(5) 溶氧电极：1 个。

(6) 时间调节器：1 台。

(7) 棉花滤器：4 个。

(8) 硅胶管：内径 2 mm，外径 4 mm。

(9) 玻璃管:内径 3 mm,外径 5 mm。

2) 试剂

(1) 消沫剂 Antifoam AF-Emulsion:配制 250 mL 消沫剂 Antifoam AF-Emulsion,终浓度为 5%,装入 500 mL 加有磁力搅拌棒的三角烧瓶中。

(2) NaOH 溶液:配制 250 mL NaOH 溶液,终浓度为 2 mol/L,装入 500 mL 三角烧瓶中。

(3) 焦磷酸缓冲液(75 mmol/L,pH 8.7):$Na_2P_2O_7 \cdot 7H_2O$ 10.0 g;半卡巴肼 2.5 g;甘氨酸 0.5 g;无离子水 250 mL;用 4 mol/L KOH 调节 pH8.7。用无离子水定容至 300 mL。

(4) β-BAD(24 mmol/L,Sigam,来源于酵母)溶液:溶于 3 mL 无离子水中。

(5) 乙醇脱氢酶(ADH,27.4 mg/mL)溶液:取 6 mg ADH 溶于 7.2 mL 无离子水中。

(6) 乙醇标准溶液:用无水乙醇稀释成不同浓度,制备乙醇标准曲线。

3) 各组件的安装顺序　如图 42-3 所示。

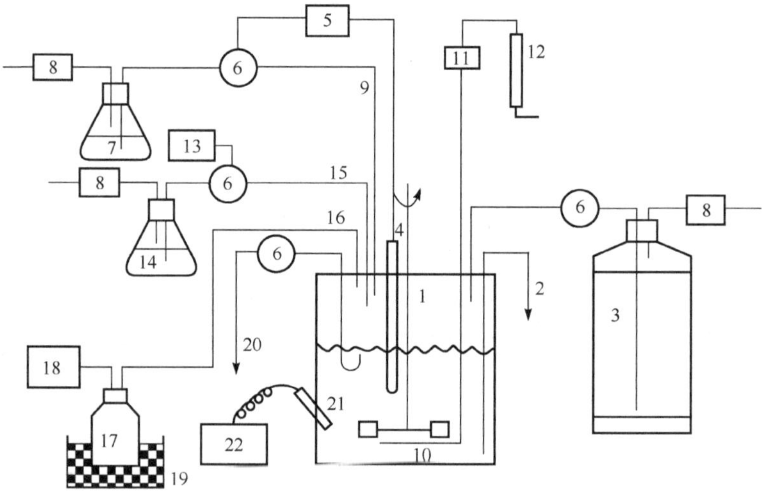

图 42-3　酵母菌的连续培养装置

1. 发酵罐;2. 取样管;3. 培养基贮槽;4. pH 电极;5. pH 调节器;6. 定量浆;7. 碱瓶;8. 通气管;9. 碱输送管;10. 喷管;11. PVA 过滤器;12. 流量计;13. 计时器;14. 清泡剂;15. 消泡计输送管;16. 排气管;17. 收集器;18. O_2 或 CO_2 分析计;19;干冰丙酮;20. 培养液流出管;21;溶氧电极;22. 记录仪

(1) 将配制好的培养基加入发酵罐,固定溢流管的位置(预先确定位置和液量的关系),将 1.5 m 长的硅胶管接在溢流管的末端,并用节流夹将两端夹住。

(2) 用约 2 m 长的硅胶管将储罐和发酵罐上培养基进口连接,在靠近储罐和发酵罐的位置分别用节流夹夹住。

(3) 将校对好的 pH 复合电极插入发酵罐中,连接处用帽子改好。

(4) 将用饱和空气和无氧溶液校正过的溶氧电极插入发酵罐中。

(5) 用橡皮管将装有碱溶液和消沫剂的烧瓶与发酵罐连接起来,靠近发酵罐的位置用节流夹夹住,在装有碱溶液和消沫剂的烧瓶上装上棉滤管。

(6) 在通气管的入口处装上 PVA 过滤器,出口处装上棉滤管。发酵罐和 PVA 过滤器间用节流夹夹住,以防发生培养基倒流现象。

(7) 将连接好的连续培养发酵罐灭菌(可直接放入高压灭菌锅或直接通蒸汽灭菌),灭菌条件为 121 ℃,15 min。灭菌结束后,立即通气,冷却至 30 ℃,然后将通气量设定为 2～4 L/min,搅拌速度设定为 600 r/min。

注：消沫剂经高压灭菌后，趁热搅拌 1 h，即可获得充分分散的乳浊液。

【操作步骤】

(1) 配制麦氏培养基或土豆培养基，装入无菌试管中，灭菌后介入酵母菌种，30 ℃，振荡培养 24 h。

(2) 将活化好的种子培养物接入发酵罐，先开始分批培养。为了防止泡沫产生，消沫剂通过与泵相连的时间调节器，调节泵的流速，以 2～3 滴/10 min 的流速滴入。

注：种子培养物的成分与发酵培养基相同，接种后，30 ℃，振荡培养 16～20 h。

(3) 定时测定培养液中菌体的浓度，计算出菌体的比生长速率。调节料液流出速度为流入速度的 2 倍左右，但要注意防止由于泵体的流量误差引起发酵罐中培养液体积增大。此时以比所测得的菌体的比生长速率略小的稀释速度开始供给新鲜培养液，开始连续培养。本实验取 $0.1\ h^{-1}$、$0.15\ h^{-1}$、$0.23\ h^{-1}$、$0.3\ h^{-1}$、$0.36\ h^{-1}$这 5 个点作为稀释率。

注：可以在分批培养的任何时间点开始流加新鲜培养基，开始连续培养。对应于某个稀释率的菌体浓度和限制性基质浓度都会达到某一定值，并呈现出稳定状态。

当体积的波动产生 3～4 次以后，开始测得菌体量。当菌体量不再变化时，即达到稳定状态。

(4) 样品分析。测定各稀释率条件下的菌体浓度(X)、残糖含量(S)、乙醇浓度(P)、溶氧浓度(C)、气体代谢量(Q_{O_2}、Q_{CO_2})。同时测定储液槽中葡萄糖浓度(S_0)。

a. 菌体浓度：用无离子水对所采样品进行适当稀释，使 OD_{660} 值为 0.03～0.3，并进行测定。剩余样品用 5000 r/min 离心 10 min，取上清于 4 ℃冰箱保存。

b. 葡萄糖含量：用 DNS 法测定或用葡萄糖分析仪进行测定。

c. 乙醇浓度：可根据以下原理测定。

$$\text{乙醇}+NAD^{+}\xrightarrow{\text{乙醇脱氢酶}}\text{乙醛}+NADH+H^{+} \tag{42-18}$$

根据以上反应，可以利用 NADH 在 400 nm 处 OD 值与乙醇的生成量成正比关系，间接测定乙醇含量。

测定方法：取焦磷酸缓冲液(75 mmol/L，pH8.7) 3.0 mL，β-BAD(24 mmol/L)溶液 0.1 mL，ADH(27.4 mg/mL)溶液 0.02 mL，样品 0.2 mL，混合均匀后，30 ℃保温 1 h，340 nm 处测定吸光度，由乙醇标准曲线换算成乙醇浓度。

d. 比耗氧速率：用氧化锆式氧气计测定发酵罐通气口处的氧气浓度，设出口处氧浓度为$[O_2]_{out}$，入口处氧浓度为$[O_2]_{in}$。用下式计算比耗氧速率 Q_{O_2}

$$Q_{O_2}=\frac{\{[O_2]_{in}-[O_2]_{out}\}\times 10^{-2}F_{air}}{V\cdot X} \tag{42-19}$$

式中，$[O_2]_{out}$为出口氧浓度(%)；$[O_2]_{in}$为进口氧浓度(%)；F_{air}为通气量(mL/h)；V 为培养基体积(L)；X 为菌体浓度(g/L)。

e. CO_2 产生速度：用红外线 CO_2 分析计测定通气口的入口和出口 CO_2 浓度差。按下式计算 CO_2 产生速度

$$Q_{CO_2}=\frac{\{[CO_2]_{in}-[CO_2]_{out}\}\times 10^{-2}F_{air}}{V\cdot X} \tag{42-20}$$

式中，$[CO_2]_{out}$为出口二氧化碳浓度(%)；$[CO_2]_{in}$为进口二氧化碳浓度(%)。

【结果】

(1) 菌体浓度(X):用无离子水将发酵液适当稀释后,于 600 nm 处测定浊度。

(2) 葡萄糖浓度(S)。

(3) 乙醇浓度(P)。

(4) 比耗氧速率。

(5) CO_2 产生速度。

(6) 绘制不同稀释度下各参数的曲线图。

根据以上测定的结果,计算出不同稀释度下各参数的变化数据,并绘制不同稀释度下各参数的曲线图(图 42-4)。

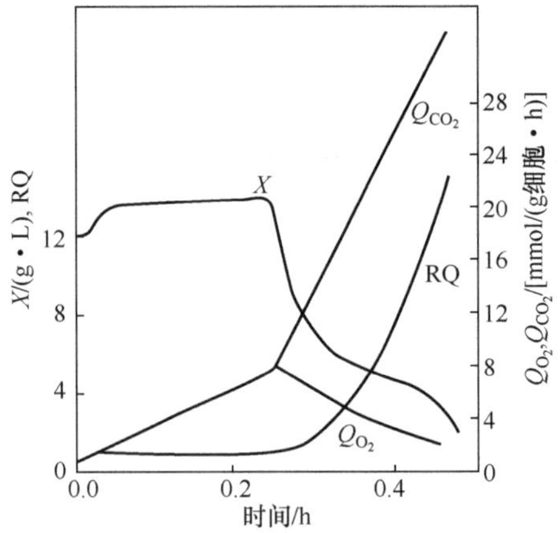

图 42-4　稳定状态下的酵母菌浓度

【思考题】

(1) 连续发酵设备各组件的安装方法。

(2) 稀释率如何确定?

(3) 简述面包酵母连续发酵主要工艺参数。

(4) 各发酵参数如菌体浓度(X)、残糖含量(S)、乙醇浓度(P)、溶氧浓度(C)、气体代谢量(Q_{O_2}、Q_{CO_2})的测定方法。

(曹军卫)

第10章 动植物细胞悬浮培养技术

实验43 动物细胞悬浮培养

【实验目的】

(1) 了解动物细胞悬浮培养的基本原理。
(2) 掌握植物细胞悬浮培养的方法和技术。
(3) 练习和巩固无菌操作技术。

【实验原理】

悬浮培养是指细胞在培养器中自由悬浮生长的过程,主要用于非贴壁依赖性细胞的培养。它是在微生物发酵的基础上发展起来的一种动物细胞培养技术。培养方式有批量法、半连续法和连续法等。由于动物细胞没有细胞壁保护、不能耐受剧烈的搅拌和通气等,悬浮培养在许多方面又与经典的微生物发酵有所不同。对于小规模培养可采用转瓶培养和滚瓶培养,大规模培养则可采用发酵罐式的细胞培养反应器。悬浮培养的优点在于可连续收集部分细胞进行移植继代培养,传代时无需消化分散,免遭酶类、EDTA及机械损害。细胞收率高,并可连续测定细胞浓度,还有可能实现大规模直接克隆培养。但是悬浮培养的细胞密度较低,转化细胞悬浮培养有潜在致癌危险,培养病毒易失去病毒标记而降低免疫能力,此外,许多动物细胞属于贴壁依赖性细胞,不能进行悬浮培养。

1. 动物细胞培养的环境

动物细胞的生长、繁殖和代谢等生理性质在很大程度上受到各种环境因素的影响。为了使动物细胞的培养处于最佳状态,了解环境因素对其的影响无疑是很重要的,影响动物细胞生长、繁殖的环境因素很多,主要有温度、pH、营养成分、溶氧、气体环境、渗透压及其他因素。

1) 温度　温度是细胞在体外生存的基本条件之一,来源不同的动物细胞,其最适的生长温度是不尽相同的。例如,昆虫细胞的最适温度是25~28 ℃,包括人类在内的哺乳动物细胞的最适温度是37 ℃,细胞代谢强度与温度成正比,超出最适温度范围,细胞的正常代谢和生长将会受到影响,甚至导致死亡。总的来说,动物细胞对低温的耐受力比对高温的耐受力强,如温度升至45 ℃时,1 h内哺乳动物将被杀死;相反,降低温度把细胞置于25~35 ℃时,细胞仍能生长,但速度减慢,并维持长时间不死,甚至于放在4 ℃,数小时后再置于37 ℃下培养,细胞仍能继续生长。动物细胞培养的温度必须严格控制,允许波动的范围在±0.25 ℃之内。

2）pH　合适的 pH 是细胞生存的必要条件之一。在开始培养时培养液理想的 pH 为 7.4。培养液的 pH 会因细胞代谢所释放的 CO_2 而使 pH 下降，但必须控制使培养过程中的 pH 不能下降到 7.0 以下。虽然很多杂交瘤细胞生存环境的最佳 pH 在 7.0 左右，但当 pH 下降至 6.8 常会抑制细胞的生长。不同种类细胞的最佳 pH 不同，但大多在生理 pH 范围内。大规模培养时影响培养液的 pH 稳定性的主要因素有三种：①缓冲液的缓冲能力及种类；②对流空间大小；③葡萄糖浓度。

培养液中正常的缓冲系统是 $NaHCO_3/CO_2$ 系统。它是一种弱缓冲系统，其 pK 为 6.1，生理学最佳要求。这种缓冲系统要求在培养液上面的对流空间加入 CO_2 以防止它的丢失及增加羟基离子。也有人使用磷酸缓冲液，但磷酸对动物细胞有毒害作用。HEPES 生物缓冲剂也曾被加入 $NaHCO_3/CO_2$ 缓冲系统中，这是由于 HEPES 的 pK 为 7.0，HEPES 被加入后，其缓冲能力为 pH 6.8～7.2。但是当 HEPES 浓度高于 25 mmol/L 时，它对大多数动物细胞都有毒害作用。

动物细胞大规模培养时常有以下几种方法来调节培养液中的 pH。

(1) 在培养基中添加 $NaHCO_3$ 作为缓冲剂及通入含 CO_2 的空气进行调节。

(2) 用 0.1 mol/L 的 NaOH 或 0.1 mol/L 的 HCl 进行调节。由于动物细胞培养时要求低搅拌和弱混合，利用 NaOH 或 HCl 进行调节时会发生局部过酸或过碱的现象，从而对细胞产生毒害作用，因此这种调节方法在动物细胞培养时不太适合。通常通过调节培养基中 $NaHCO_3$ 用量及通气中 CO_2 浓度来控制发酵过程的 pH。

3）营养成分　细胞的生长、繁殖及产物的合成都必须从环境中摄取各种营养物质以合成细胞物质及在新陈代谢中起调节作用。这些营养物质包括碳源、氮源、氨基酸、无机盐、微量元素、生长因子等。

4）溶解氧　氧气是细胞代谢所必需的。氧参与了三羧酸循环，产生能量以供给细胞的生长、增殖和合成各种成分。不同的细胞在同一细胞的不同生长时期对氧的需求不尽相同，一般在培养初期要求较低的溶氧水平，而在对数生长期或培养后期，当细胞增多时溶氧的水平代谢将受到阻碍；而溶氧浓度过高又对细胞产生毒害作用，使细胞的代谢受到抑制。因此需要根据具体情况选择最佳的溶氧水平。二氧化碳既是细胞的代谢产物，也是细胞需要的营养成分，同时还是调节培养基 pH 的重要物质。

在动物细胞大规模培养时如何提供足够的氧是非常重要的。通气的目的主要有两个：①提供细胞代谢所需的足够的氧气；②使发酵液处于均匀悬浮状态，有利于传质过程。

在生物反应器中细胞利用空气气泡中氧的过程可分为两步，即氧的溶解以及细胞利用溶解氧进行的呼吸代谢。氧是难溶于水的气体，在 1 个大气压（即 $1.013\ 25\times10^5$ Pa）及 25 ℃ 时，空气中氧在水中的溶解度为 8.32 mg/L，而在同样条件下动物细胞培养液中氧的溶解度只有7.6 mg/L。因此，在动物细胞大规模培养时如何提高培养液的溶解氧水平以满足细胞呼吸代谢的要求，就显得非常重要。

根据生化工程原理得知，氧从气泡中传给发酵液的速率可用式(43-1)表示：

$$\mathrm{OTR}=K_{\mathrm{L}}a(C^*-C) \tag{43-1}$$

式中，OTR 为体积溶氧速率(mmol/L · h)；C^* 为与气相氧分压平衡的氧浓度(mmol/L)；C 为发酵液中氧浓度($mmol$/L);K_La 为体积溶氧系数,是液面传氧系数 K_L 与气液两相比界面的乘积(h^{-1})。

从氧传递方程(43-1)可以看出,影响供氧的因素有体积溶氧系数 K_La 及推动力(C^*-C);而影响 K_La 的因素又有通气、搅拌、罐压、反应液的理化性质与反应器的结构和空气分布器的形式等。

(1) 通风与搅拌。在无机械搅拌时,鼓泡通气的体积溶氧系数 K_La 可用下式来表示:

$$K_La \propto K \cdot Q^{\beta}/V \tag{43-2}$$

式中,K 和 β 为经验系数和指数,取决于培养液的性质和反应器的形状等因素,需通过实验来确定;Q 为通气量;V 为培养液体积。

在机械搅拌发酵罐中,K_La 可用下式来表示:

$$K_La \propto (P_g/V)^{0.4} {v_g}^{0.5} n^{0.5} \tag{43-3}$$

式中,P_g/V 为单位体积培养液中所输入的搅拌功率;V_g 为发酵罐内空截面空气线速度;N 为搅拌速度。

因此,增大搅拌速度、搅拌功率和通气量对于一定设备而言都能提高溶氧水平。但三者之间又相互交联。增加通气量虽能增加溶氧,但在转速不变下会降低搅拌功率,溶氧又会随之降低,氧的溶解速度受正反两方面的影响而相互抵消,其值基本保持不变。如果在增加空气流速的同时仍能保持原来的搅拌功率,就必须提高搅拌转速,氧的溶解速率就会大大提高。所以,提高 K_La 的有效途径之一是增加搅拌转速以提高 P_g/V,从而有效地提高 K_La 值;二是加大通气量 Q,同时提高搅拌转速 n,保持 P_g 不变,以提高 K_La。

(2) 罐压。操作罐压的高低及液柱的高度,都会影响溶氧速率。氧分压与溶氧速率 K_La 的关系如下:

$$\text{OTR}=K_La\,(P-P^*)/H=K_La(C^*-C) \tag{43-4}$$

式中,P 和 P^* 分别为通入气体和与液体中溶氧浓度 C 相平衡的氧分压。

由此可见,在通气条件恒定下,溶氧速率随压力的增加而增大,同时 K_La 也随压力的增加而增大。

(3) 培养液的理化性质。培养液中有机物(有些是底物而有些是代谢产物)及其盐类都会导致 K_La 的改变,实际上是影响 α 值。

在发酵过程中细胞本身的繁殖及其代谢可引起发酵液性质的不断改变,主要表现在发酵液的表面张力、黏度和离子强度的改变,进而会影响发酵液中气泡的大小、气泡的溶解性、稳定性、其合并为大气泡的速度、液体的湍动及界面或液膜的阻力,因而显著影响氧的溶解速度。

(4) 反应器的结构及空气分布器。就各种反应器而言,反应器的形状及几何尺寸都会影响溶氧,尤其是反应器的高径比。在机械搅拌发酵罐中,搅拌器形式、组数及搅拌器之间距离对溶氧都有一定的影响。在搅拌发酵罐中安装适当挡板,可使液体形成某种轴向运动,减少回旋运动,不让大量空气通过旋涡外逸,从而提高气液混合效果,达到提高溶氧的目的。

另外，采用合适的空气分布器有利于提供更大的氧传递面积，从而达到提高溶氧的目的。

(5) 传递推动力。为了提高氧传递推动力($C^{*}-C$)，可用纯氧来代替空气，从而达到提高氧传递速率的目的。这是动物细胞大规模培养时非常普遍的做法，因为动物细胞无细胞壁，耐搅拌和大通气量的能力较差。

(6) 渗透压等其他因素。渗透压对动植物细胞也有影响。其他因素如血清、剪切力等对细胞也有很大的影响。

2. 动物细胞培养基

培养基是维持体外细胞生存和生长的基本溶液，是组织细胞培养最重要的条件。用于动物细胞的培养基可以分为天然培养基和合成培养基两大类。天然培养基是使用最早、最为有效的动物细胞培养基，它主要取自于动物体液或从动物组织分离提取而得，其优点是营养成分丰富、培养效果良好；缺点是成分复杂、个体差异大、来源有限。目前所有的细胞培养都已采用经标准化生产、组成和含量都相对固定的各种合成培养基，并已有配制好的干粉型商品。尽管现在的合成培养基成分和含量已经较为复杂，但仍然不能满足体外培养细胞生长的需要，合成培养基还需要加入一定量的天然培养基予以补充。天然培养基的种类很多，包括生物性液体(如血清)、组织浸出液(如胚胎浸出液)、凝固剂(如血浆)等。

1) 血清　组织细胞培养中最常用的天然培养基是血清，这是因为血清中含有包括大分子的蛋白质和核酸等丰富的营养物质，对促进细胞生长繁殖、黏附及中和某些物质的毒性起着一定的作用。用于组织细胞培养的血清的种类很多，其来源主要是动物，有小牛血清、胎牛血清、马血清、兔血清及人血清等，最为广泛使用的是小牛血清和胎牛血清。优质的血清外观应为透明、无溶血、淡黄色、无沉淀物。

2) 血浆　血浆不仅可用来支持培养组织块，而且还供给细胞生长所需的营养物质，但由于血浆很容易发生液化，目前已很少单独使用。一般是禽类血浆。

3) 组织浸出液　组织浸出液常用的是胚胎浸出液(如鸡胚浸出液)，它的主要成分含有的大分子核蛋白和小分子的氨基酸，有促进细胞生长的作用。

4) 水解乳蛋白　水解乳蛋白是常用的一种天然培养基，是由乳白蛋白经水解而制得，氨基酸的含量较高。一般配制成0.5%的溶液或与合成培养基以1∶1共同使用。

合成培养基是根据天然培养基的成分，用化学物质对细胞体内生存环境中各种已知物质在体外人工条件的模拟，经过反复实验筛选、强化和重新组合后形成的培养基。这种培养基在很多方面有天然培养基所无法比拟的优点，它既能给细胞提供一个近似于体内的生存环境，又便于控制和提供标准化体外生存环境。合成培养基的种类虽然很多，但一般都含有氨基酸、维生素、糖类、无机离子和一些辅助性成分。

(1) 氨基酸。氨基酸是合成培养基的主要成分，合成培养基中的氨基酸是以必需氨基酸为主。由于不同种类的细胞对氨基酸的需要略有不同，一般细胞仅能利用氨基酸的L型同分异构体。几乎所有的细胞对谷氨酰胺都有较高的要求，细胞需要谷氨酰胺合成核酸和蛋白质。

(2) 维生素。维生素是维持细胞生长的一种生物活性物质，它们在细胞中大多形成酶的辅基或辅酶，对细胞的代谢有重大的影响。

(3) 糖类。多数合成培养基都含有葡萄糖,它主要由糖酵解作用代谢形成丙酮酸,并可转化乳酸或乙酰乙酸进入柠檬酸循环形成 CO_2。对胚胎细胞和转化细胞,乳酸在培养基中的积累特别明显。

(4) 无机离子。无机离子是细胞的重要组成部分之一,参与了细胞的代谢活动。培养基中无机离子除 K^+、Na^+ 等外,还含有 Fe^{2+}、Zn^{2+}、Cu^{2+} 等微量离子。

(5) 其他成分。在一些合成培养基中还含有一些代谢的中间产物、氧化还原剂、腺苷三磷酸、辅酶 A 等成分。

目前合成培养基的种类已有数十种,大多数培养基都是为适应某种组织细胞的生长而在某种合成培养基的基础上改良而来的。目前较为常用的有 199 培养液、Eagle(MEM、DMEM)培养液、RPML640 培养液、HAM 培养液等。随着细胞培养技术的发展和应用范围的扩大,对各种培养的要求也越来越严格。现在大多数人工合成的培养基都要加入不同浓度的血清才能培养细胞。血清除了提供细胞生长的营养成分之外,还能促进细胞 DNA 的合成,并含有细胞增殖所必需的生长因子。但由于血清的成分非常复杂,对一些要求较高的基础性研究的结果影响较大,同时血清中也含有一定的毒性物质和抑制物质,对细胞有去分化作用,影响某些细胞功能的表达。另外,对于应用培养细胞进行分离制备生长因子、单克隆抗体等时,含血清培养基也带来很多问题,因而很多研究者一直都在寻找不含血清或其他天然培养基成分的培养液。无血清培养基一般是由基础培养基和替代血清的补充因子组成的。

a. 基础培养基:基础培养基是各种营养物质的混合物,是维持组织或细胞生长、发育、遗传、繁殖等一系列生命活动必不可少的物质,其成分是完全已知的,而且可以按照细胞的不同营养要求增加或减少某些组分。

b. 补充因子:补充因子是用来替代血清的各种因子的总称。补充因子的种类很多,包括大分子、小分子物质和微量元素等。补充因子又可分为必须补充因子和特殊补充因子。

3. 动物细胞培养的发酵工艺

就操作方式而言,无论培养何种动物细胞,深层培养都可分为分批式、流加式、半连续式、连续式和灌注式 5 种发酵工艺。不同的发酵工艺具有不同的特征。

1) *分批培养*　分批培养(batch culture)是将细胞和培养液一次性装入反应器内进行培养的过程。细胞不断生长,产物不断形成,经过一段时间培养结束后将整个培养液取出。对于分批式培养,细胞所处环境时刻都发生变化,不能使细胞自始至终处于最优条件下,因而这种操作不是一种理想的操作方式。但因其操作简便、容易掌握,因此无论在实验室还是在大型罐中都是最常用的培养方式。分批培养中动物细胞的生长曲线一般呈 S 形,与微生物细胞的生长曲线相似。

2) *流加培养*　流加培养(feeding culture)是指先将一定量培养液装入反应器内,接种细胞,进行培养,同时,新的营养物质不断补充至反应器内的培养过程。细胞不断生长,产物不断形成,营养物质不断消耗,却又得到不断补充,使细胞生长代谢持续。到培养终止时取出培养液。流加式操作的特点是能够调节培养环境中营养物质的浓度。一方面,它可避免某种营养成分的初始浓度过高而出现底物抑制现象;另一方面,它又能防止某些营养成分在培养过程中被耗尽而影响细胞的生长和产物的形成。此外,由于新鲜培养液的加入,整个培养过程反应体积不断增大。根据不同情况可采用不同的流加方式。从控制角度可分为无反馈控制流加和有反馈控制流加两种。无反馈控制流加包括定量流加和间断流加等。有反馈控制流加一般是连续或间断地测定系统中限制性营养物质的浓度,并以此为控制指标,来调节流加速率或流加液中营养物质的浓度。动物细胞大规模培养时最常见的流加物质是葡萄糖、谷氨酰胺等能源和碳源物质。

3）半连续培养　半连续培养(semi-continuous feeding culture)又称为反复分批操作或换液操作，是指在分批式操作基础上不完全取出而只是部分取出培养液，重新补充新鲜培养液，保持反应器内培养液总体积不变，再按分批式操作的方式进行培养。换液时细胞一起被换出。半连续操作可以反复收获培养液，对以培养基因工程动物细胞分泌有用产物或病毒培养过程比较实用，尤其是微载体培养系统更是如此。例如，采用微载体系统培养基因工程 rCHO 细胞，待细胞长满载体后，可反复收获细胞分泌的乙肝表面抗原(HBsAg)制备乙肝疫苗。

4）连续培养　连续培养(continuous culture)是指将细胞种子和培养液一起加入反应器内进行培养，一方面新鲜培养液不断加入反应器内，另一方面又将培养液连续不断地取出，使反应处于一种恒定状态。连续培养可使细胞维持在优化状态下；促进细胞的生长和产物的形成。此外，对于细胞的生理和代谢规律的研究，连续流加培养是一种重要的手段。连续培养可以连续不断地收获产物，并能提高细胞密度，在生产中被应用于培养非锚地依赖性细胞。如英国 Celltech 公司采用连续流加培养杂交瘤细胞的方法生产单克隆抗体。

5）灌注培养　灌注培养(perfusion culture)是指细胞接种后进行培养，一方面新鲜培养基不断地加入反应器内，另一方面又将培养液连续不断地取出，但细胞留在反应器内，使细胞处于不断的营养状态中。灌注培养与连续式培养虽然培养液都是以一定速度流入反应器中，同时又以相同速度从反应器中流出，但是它们之间存在根本区别，即连续式培养的细胞随培养液一起从反应器内流出，而灌注培养的细胞则被截留在反应器内而不随培养液一起流出。当高密度培养动物细胞时必须确保补充给细胞以足够的营养及去除有毒的代谢废物。半连续式培养也可达到补充营养的目的；但是在细胞密度达到一定量时，废代谢物的浓度可能在换液前就达到了产生抑制的程度。降低废代谢物的抑制作用的有效方法是灌注技术。通过调节灌注速度，可以把培养过程保持在稳定的、废代谢物低于抑制水平的状态中。一般分批培养中细胞密度为 $2\times10^6\sim4\times10^6$ 个/mL，而灌注培养可达 $2\times10^7\sim5\times10^7$ 个/mL。灌注技术已成功应用于许多不同的培养系统，规模从几升到几百升。采用灌注培养，其优越性不仅在于大大提高了培养的细胞密度，而且有助于产物的表达和纯化。

【器材】

1. 材料

悬浮培养细胞株。

2. 仪器

恒温培养箱或恒温 CO_2 培养箱，倒置显微镜，超净工作台，培养瓶，吸管，废液缸等。

3. 试剂

RPM1640 小牛血清，0.25 胰蛋白酶，无钙镁磷酸缓冲液，碱性成纤维细胞生长因子(bFGF)，表皮生长因子(EGF)，B27 等。

【操作步骤】

1. 细胞株

取健康大鼠，将其处死后，往腹腔内注入 10 mL DMEM 培养液，轻压腹腔使细胞悬浮，打开腹壁皮肤，暴露腹膜，提起腹膜中心，插入注射针头，吸出全部细胞悬液，在 500 *g* 离心5 min，用 0.1 mol/L 磷酸缓冲液（pH7.4）洗涤 2～3 次，收集细胞，用含 10%小牛血清、100 U/mL 青霉素和链霉素及 HAT 的 DMEM 培养液制成 10^6 个/mL 细胞悬浮液，在 37 ℃的 CO_2 培养箱中温育，备用。

2. 培养瓶

悬浮培养用国产 500 mL 玻璃盐水瓶。置 CO_2 孵箱培养时，瓶塞为消毒棉塞，以保持透气；置一般恒温室培养时，用橡皮瓶塞塞口。

3. 细胞的培养

将细胞悬液转入培养皿，静置于 37 ℃，5%CO_2 培养箱中 6 h 后，吸取皿中细胞悬液，用 PBS 和培养液各洗 1 次，用含 20%新生牛血清和含 2%B27、bFGF、EGF（20 ng/mL）的无血清干细胞培养液分别接种 1～2 瓶。每 3～4 天半量换液。

4. 细胞的换液

将原培养瓶竖起，在 30 min 内，若细胞沉于瓶底，可用吸管轻轻吸弃一半原上清，再加入等量的新鲜完全培养基。若细胞不能沉于瓶底，可吸出细胞悬液，采用低速离心（1000 r/min，10 min）弃去一半上清加入等量的新鲜完全培养基，混匀后在转入原瓶继续培养。

5. 细胞的传代

悬浮细胞低速离心（1000 r/min，10 min）后，吸弃上清，加入等量新鲜培养基后直接吹打分散细胞沉淀进行传代，或用自然沉降法加入新培养基后再吹打分散进行传代。

注：一定要严格无菌操作。

6. 细胞生长曲线的测定

制备 1 mL 细胞悬液，空白对照以 1 mL 培养基代替细胞悬液。加入 0.1 mL MTT 于 37 ℃孵育 4 h。使 MTT 还原为蓝紫色甲臜结晶。加 1 mL DTW 脱色液，37 ℃至少静置 30 min（甚至过液），使甲臜颗粒充分溶解。吸取 200 μL 该溶解液至 96 孔板孔中，在酶标仪上读取 OD 值，检测波长 570 nm，参考波长 630 nm。每隔 24 h 测量一个点，每个点为 3 个平行样品的平均值。以培养时间为横轴，细胞数为纵轴（对数），描绘在半对数坐标纸上，连接成曲线后即成该细胞的生长曲线。

【结果】

培养一定时间后，显微镜下观察传代细胞生长状况。

【思考题】

（1）什么样的动物细胞适宜细胞悬浮培养？

（2）动物细胞的悬浮培养的过程中如何提高溶氧？

【附：细胞的筛选】

用基因转染方式把抗药性基因引入细胞，并确定抗药性基因跟需要筛选的目标基因受同样的启动子调控。然后将相应的药物加入培养基，则不表达目标基因和抗药性基因的细胞将全部被药物杀死，达到筛选的目的。

1. 确定最优筛选浓度

当用于筛选特定细胞的嘌呤霉素合适浓度未知时，需进行滴定，或制定针对那种细胞的嘌呤霉素杀菌曲线。一般而言，嘌呤霉素浓度范围在 2～10 μg/mL 时足以杀灭大多数未转染的哺乳动物细胞系。

(1) 培养待转染的细胞。

(2) 取对数生长期的细胞，一般在铺满培养器皿底部的 70%～80%时，用新鲜无抗无血清的培养基制成 1.5×10^5 个/mL 的细胞悬液。

(3) 向 96 孔培养板中加细胞悬液，每孔 100 μL(使每孔细胞数在 1.5×10^4 个)，然后向每孔加新鲜无抗无血清的培养基适量，培养箱中静置培养过夜。

(4) 用嘌呤霉素浓度分别为 0 μg/mL，2 μg/mL，4 μg/mL，6 μg/mL，8 μg/mL，10 μg/mL 的新鲜无抗无血清培养基溶液替换各孔中的旧的培养基。

(5) 每日检查细胞活力，根据细胞活力，每 3 天更换含嘌呤霉素的新鲜无抗无血清培养基溶液一次。如果细胞生长过快，可以缩短换液时间。

(6) 在正常的实验操作规程时，一种细胞最优筛选浓度的确立时间随细胞的生长率和一般生存时间而定，需 3～14 天。在所需时间之后，嘌呤霉素的导致所有细胞死亡的最小浓度就是应该用于该细胞和该实验的浓度。最优浓度为在 3～5 天内杀死所有细胞的浓度。

2. 转染细胞

(1) 在 60 mm 培养皿内种植细胞，细胞密度为能使第二天细胞融合能达到 70%～80%的密度，CO_2 孵箱过夜培养。

(2) 准备 3 mL 无抗生素无血清培养基，加入凝聚胺(polybrene)使其终浓度为 8 μg/mL。将已经制备的病毒颗粒 0.5 mL 加至上述培养基，轻吹混匀。去除 60 mm 培养皿内的旧的培养基，加入含病毒培养基。

3. 筛选细胞

(1) 病毒感染后 24 h，可以换用含最优浓度嘌呤霉素(puromycin)的培养基。

(2) 如果病毒对细胞有毒性，可以减少感染时间至 4～6 h，然后换用新鲜培养基，24～48 h后换加含最优浓度嘌呤霉素的培养基。最好设立一个对照皿，不加病毒液，加入凝聚胺，观察凝聚胺是否对细胞有毒性；如果凝聚胺没有毒性，还可以加入嘌呤霉素，作为嘌呤霉素是否有效的对照。

(3) 以后每隔一天换用新鲜含嘌呤霉素的无抗生素无血清培养基，以替换含大量死细胞的培养基。直到抗性群落能被识别出(一般是在筛选后 10 天)。

(4) 待抗性细胞长满以后，细胞转入 10 cm 培养皿，同时，留一部分细胞在原来的 60 mm 平皿内。

(5) 60 mm 平皿内细胞长满后，收获细胞，在蛋白质或 mRNA 水平鉴定基因敲低效率。

(6) 10 cm 培养皿内的细胞待长满后传代，首先每种稳定细胞系冻存 4～5 支细胞，待基因敲低鉴定清楚后，解冻冻存细胞，进行表型观察分析。通常情况下，由于慢病毒为复制缺陷型病毒，受感染的细胞不能产生新的病毒，因此从加入病毒颗粒开始，经过 5～6 次换液后，培养基内已不存在病毒颗粒，可以移至普通细胞培养室内培养研究。

（韩端丹）

实验 44　植物细胞悬浮培养

【实验目的】

(1) 掌握植物悬浮细胞系建立的方法和原理。

(2) 学会对悬浮细胞培养物进行细胞计数及绘制细胞生长曲线。

【实验原理】

植物悬浮细胞培养技术也是细胞工程主要的研究和应用范围之一，利用植物悬浮细胞培养技术可以为人类大规模、高效地生产名贵药材、次生代谢产物、植物转基因产物等。与微生物的液体培养相比，植物细胞悬浮培养主要存在着如下困难。

(1) 植物细胞较微生物细胞大得多，有纤维素成分为主的细胞壁，细胞耐拉不耐扭，抵抗剪切力差。

(2) 培养过程生长速度缓慢。

(3) 易受到微生物污染。需使用抗生素或药物。

(4) 细胞在生长的中期及对数期容易凝聚为 350～400 μm 的团块，悬浮培养比较困难。

(5) 培养时需用供氧，培养液浓度大，不能耐受强力的通风搅拌。

(6) 具有群体效应，无锚地依赖性及接触抑制。

(7) 细胞产物滞留在细胞内，且产量低。

(8) 培养过程具有结构与功能全能性。

植物细胞或组织通过脱分化可产生愈伤组织。将疏松型的愈伤组织悬浮在液体培养基中并在振荡条件下培养一段时间后，可形成分散的悬浮培养物。得到良好的悬浮培养物应具备以下特征。

(1) 主要由单细胞和小细胞团组成。

(2) 细胞具有旺盛的生长和分裂能力，增殖速度快。

(3) 大多数细胞在形态上具有分生细胞的特征，它们多呈等径形，核质比率大，胞质浓厚，无液泡化程度较低。

要建成这样的悬浮培养体系，首先需要有良好的起始培养物——迅速增殖的疏松型愈伤组织。然后经过培养基成分和培养条件的选择，并经多次继代培养才能达到。悬浮培养细胞经长期继代培养后，染色体常有变异现象，细胞的再生能力也逐渐降低，然而对于以生产有用代谢产物为目的的大量培养，这种再生能力的降低不一定有不良影响。

【器材】

1. 材料

松软的烟草或胡萝卜愈伤组织。

2. 试剂

MS 液体培养基(参考实验 30),CrO_3,0.1%酚藏花红,0.1%荧光素双乙酸酯(FDA)。

3. 仪器

超净工作台,高压灭菌锅,旋转式摇床,水浴锅,倒置显微镜,镊子,酒精灯,100 mL 三角瓶,移液管,pH 计,恒温培养室,漏斗,不锈钢网或筛,血细胞计数板等。

【操作步骤】

(1) 参考实验 30 获得植物的愈伤组织。

(2) 用镊子夹取生长旺盛的松软愈伤组织,轻轻夹碎放入三角瓶中。每 150 mL 三角瓶含灭过菌的 MS 培养基 40~50 mL,每瓶接种 1~1.5 g 愈伤组织,以保证最初培养物中有足够量的细胞。

(3) 将已接种的三角瓶置于旋转式摇床上。在 100 r/min,25~28 ℃条件下,进行振荡培养。

(4) 经 6~10 天培养后,若细胞明显增殖,可向培养瓶中加入新鲜培养基 10 mL,必要时,可用大口移液管将培养物分装成两瓶,继续培养(若细胞无明显增殖,可能是起始材料不适当,应考虑用旺盛增殖的愈伤组织重新接种)。可进行第一次继代培养。

(5) 悬浮培养物的过滤。按步骤(4)继代培养几代后,培养液主要由单细胞和小细胞团(不多于 20 个细胞)组成。若仍含有较大的细胞团,则可用适当孔径的金属网筛过滤,再将过滤后的悬浮细胞继续培养。

(6) 细胞数目计算。取一定体积的细胞悬液,加入 2 倍体积的 8%的三氧化铬(CrO_3),置于 70 ℃水浴处理15 min。冷却后,用移液管重复吹打细胞悬液,以使细胞充分分散,混匀后,取一滴悬液置于血细胞计数板上计数。

(7) 制作细胞生长曲线。为了解悬浮培养细胞得到生长动态,可用以下方法绘制生长曲线图。

a. 鲜重法(fresh weigh method):在继代培养的不同时间,取一定体积的悬浮细胞培养物,离心收集后,称量细胞的鲜重,以鲜重为纵坐标,培养时间为横坐标,绘制鲜重增长曲线。

b. 干重法(dry weigh method):在称量鲜重之后,将细胞烘干后,称其干重。以干重为纵坐标,培养时间为横坐标,绘制细胞干重生长曲线。

上述两种方法均需每隔两天取样一次,共取 7 次,每个样品重复 3 次,整个实验进行期间不再往培养液中加入新鲜培养液。

(8) 细胞活力的检查。在培养的不同阶段,吸取一滴细胞悬液,放在载玻片上,滴一滴 0.1%的酚藏花红溶液(用培养基配制)染色,在显微镜下观察。活细胞均不着色,而死细胞则很快被染成红色。也可用 0.1%FDA 溶液染色,凡活细胞将在紫外线诱发下显示黄绿色荧光,根据细胞是否发出荧光与否判断细胞的死活。

(9) 细胞再生能力的鉴定。为了解悬浮培养细胞是否仍具有再生能力,可将培养细胞转移到琼脂固化的培养基上,使其先形成愈伤组织,进而在分化培养基上诱导植株的再生。

注：

(1) 上述步骤均需无菌操作，培养基、用具、器皿等要高压灭菌后方可使用。

(2) 如培养液混浊或呈现乳白色，表明已污染。

(3) 每次继代培养时，应在倒置显微镜下观察培养物中各类细胞及其他残余物的情况，有意识地留下圆细胞，弃去长细胞。

【结果】

(1) 植物细胞在生长过程中，细胞的数目一般呈 S 形曲线的增长形式，否则，细胞不能正常地繁殖(图 44-1)，计算出制作的悬浮培养物的密度，并绘出其他细胞生长曲线图。

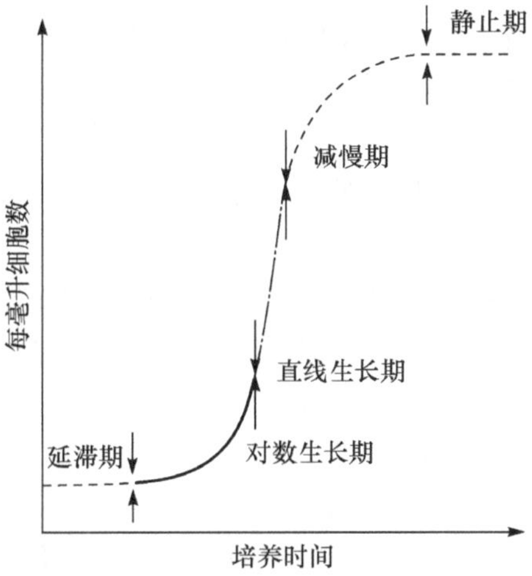

图 44-1　植物悬浮细胞的生长曲线

(2) 植物细胞在悬浮培养的过程中，大多以小的细胞聚集体的形式存在。良好的细胞形态为近圆形、胞质较浓、细胞核较大、核质丰富等；培养体系中出现的长弯形、胞质较空、体积较大的细胞为活力较差的细胞。

【思考题】

(1) 如何将植物细胞悬浮系用于细胞分化规律或机制的研究？

(2) 对你的实验结果进行描述、分析和总结。

（杨书香　曹军卫）

实验 45　共聚焦显微技术

【实验目的】

(1) 了解激光共聚焦显微镜的结构和原理。

(2) 了解激光共聚焦显微镜的应用领域。

(3) 熟悉激光共聚焦显微镜技术的各种染色操作。

【实验原理】

1. 激光扫描共聚焦显微镜的原理

激光扫描共聚焦显微镜(LSCM)是采用激光作为光源,在传统光学显微镜基础上采用共轭聚焦原理和装置,并利用计算机对所观察的对象进行数字图像处理的一套观察、分析和输出系统。把光学成像的分辨率提高了30%～40%,使用紫外或可见光激发荧光探针,从而得到细胞或组织内部微细结构的荧光图像,在亚细胞水平上观察生理信号及细胞形态的变化,成为形态学,分子生物学,神经科学,药理学,遗传学等领域中新一代的研究工具。

共聚焦显微镜是一种高级的光学显微镜,与普通光镜不同之处在于以下几点。

(1) 用激光做光源因为激光的单色性非常好,光源波束的波长相同,从根本上消除了色差。

(2) 采用共聚焦技术在物镜的焦平面上放置了一个当中带有小孔的挡板,将焦平面以外的杂散光挡住,消除了球差,并进一步消除了色差。

(3) 采用点扫描技术将样品分解成二维或三维空间上的无数点,用十分细小的激光束(点光源)逐点逐行扫描成像,再通过微机组合成一个整体平面的或立体的像。而传统的光镜是在场光源下一次成像的,标本上每一点的图像都会受到相邻点的衍射光和散射光的干扰。这两种图像的清晰度和精密度是无法相比的。

(4) 用计算机采集和处理光信号,并利用光电倍增管放大信号图,在共聚焦显微镜中,计算机代替了人眼或照相机进行观察、摄像,得到的图像是数字化的,可以在电脑中进行处理,再一次提高图像的清晰度。而且利用了光电倍增管,可以将很微弱的信号放大,灵敏度大大提高。由于综合利用了以上技术,可以说LSCM是显微镜制作技术、光电技术、计算机技术的完美结合,是现代技术发展的必然产物。

(5) 共聚焦显微镜技术制样简单。石蜡切片,冰冻切片,涂片,印片,铺片,培养的黏附细胞,悬浮细胞,各种染色、非染色荧光标记的组织(包括活组织)均可作为样品。且用于共聚焦显微镜观察的切片厚度不宜太薄(40～50 μm),最厚可达500 μm。

日前,一台配置完备的LSCM在功能上已经完全能够取代以往的任何一种光学显微镜,它相当于多种制作精良的常用光学显微镜的有机组合,如倒置光学显微镜、紫外线显微镜、荧光显微镜、暗视野显微镜、相差显微镜(PH)、微分干涉差显微镜(DIC)等,因此被称为万能显微镜,通过它所得到的精细图像可使其他的显微镜图像无比逊色。

2. 常用荧光探针

1) 细胞活性探针

(1) 活细胞探针:吖啶橙(AO)是一种离子泵活性指示剂,弱碱性,在动物细胞溶酶体、植物液泡和含胰岛素的分泌小粒等酸性细胞器中浓集。

(2) 死细胞探针:碘化丙锭(PI)膜不透性DNA探针,细胞膜破损后与DNA结合。

2) 细胞器探针

(1) 线粒体探针:罗丹明123(rhodamine123),能渗入细胞,带阳离子的荧光探针,不染色内质网。

(2) 溶酶体探针:中性红(neutral red)。

(3) 内质网探针：DiOC6。属于短链碳酸花青苷染料。可标记活细胞内质网，也可用于甲醛固定的细胞内质网。

3) 细胞骨架探针　F-肌动蛋白荧光探针：鬼笔环肽，特异性地与F-肌动蛋白荧光探针结合，纳摩尔每升浓度下也可标记。

4) 细胞内离子探针

(1) 钙离子探针：Fluo-3，游离态无荧光，与钙结合后荧光增强50～100倍，钙荧光探针中变化最大。

(2) 胞内pH探针：BCECF、SNAFL类、SNARF类。

(3) 其他离子探针：钠离子探针(SBFI)、钾离子探针(PBFL-2)、镁离子探针(mag-fura-2)。

【器材】

1. 细胞

293T细胞。

2. 试剂

碘化丙啶(PI)、吖啶橙(acridine orange，AO)、DiBAC4(3)[bis-(1,3-dibutylbarbituric acid) trimethine oxonol]、NBD-C6-HPC [2-(6-(7-nitrobenz-2-oxa-1, 3-diazol-4-yl) amino) dodecanoyl-1-hexadecanoyl-sn-glycero-3-phosphocholine]、罗丹明123(Rhodamine 123)、Fluo-3-AM、2′,7′-二氯荧光素二乙酸酯(H2DCF)、SNAFL-calcein-AM、FITC(异硫氰酸荧光素)、5-羧基荧光素二乙酸乙酰甲酯(CFDA-AM)、Hank's液、乙醇、Triton X-100、HCl、NaCl、枸橼酸、NaH_2PO_4、EDTA-Na_2、PBS、DMSO、1640培养基、RPMI 1640培养基、胎牛血清等。

3. 器皿

培养瓶，培养皿，玻片，枪头，滴管等。

4. 仪器

激光共聚焦显微镜。

【操作步骤】

1. PI染色

PI染色可以显示细胞内DNA、RNA，但不能对活细胞进行染色，故可用于检测细胞的死活。EX/EM(最大吸收峰波长/发射峰波长)为536/617。

1) 染液的配制　用Hank's液(不含酚红)将PI溶解成50 μg/mL，1 mL/支分装，4 ℃条件下保存。染色前用Hank's液将其稀释为5 μg/mL。

2) 染色步骤

(1) 样品用PBS缓冲液(或Hank's、D-Hank's等)漂洗3次。

(2) 在75%乙醇中浸泡10 min。

(3) PBS缓冲液漂洗3次。

(4) 在PI(浓度为5 μg/mL)中染色15～30 min(把PI储备液50 μg/mL稀释成浓度5 μg/mL)。

(5) PBS缓冲液漂洗3次。

(6) 加入 PBS 0.5 mL，上机测量。

注：如需只显示 DNA，不显示 RNA，则用 RNA 酶消化掉 RNA。

2. AO 染色

AO 染色能让 DNA、RNA 双重染色，EX/EM：DNA 为 502/506，RNA 为 460/650。

1) 染液的配制

A 液：0.1% Triton X-100＋0.08 mol/L HCl＋0.15 mol/L NaCl，可在 4 ℃冰箱中保存 2 周。

B 液：AO 6 μg/mL，EDTA-Na_2 1 mmol/L。

枸橼酸缓冲液(pH6.0)：将 0.2 mol/L NaH_2PO_4 63 mL 加入 0.1 mol/L 枸橼酸 37 mL 混合，然后加入 NaCl、EDTA-Na_2 和 AO。

注：不含 AO 的 B 液可在冰箱中保存数月，加入 AO 之后，应在 24 h 内使用，不能保存日期过长。

2) 染色步骤

(1) 培养细胞。

(2) 用 PBS 缓冲液漂洗 2 次。

(3) 加入 A 液 0.4 mL 静置 0.5 min。

(4) 随后加入 B 液 1.6mL 静置 10 min。

(5) 上机测试。

3. DiBAC4(3)染色

该方法能测细胞跨膜电位(慢反应荧光调整)。细胞外液中的 DiBAC4(3)无荧光，进入细胞后 EX/EM 为 493/516。

1) 染液的配制　将 DiBAC4(3)溶于乙醇配制成 1 mg/mL，25 μL/支分装，－20 ℃保存。染色前用缓冲液稀释成 1～5 μmol/L(每支可配成浓度为 5 μmol/L 的染液 10 mL)。

2) 染色步骤

(1) 培养细胞。

(2) 缓冲液洗 2 次(不含血清)。

(3) 0.2～0.5 mL(1～5 μmol/L) DiBAC4(3) 37 ℃避光孵育 20 min。

(4) 保留染色液，上机测量。

注：

(1) 刺激物需用含相同浓度的 DiBAC4(3)染液配制。

(2) 测量时保留染色液，使细胞内外染料处于动态平衡。

4. NBD-C6-HPC 染色

该方法能测细胞膜磷脂的流动性。EX/EM 为 466/531。

1) 染液的配制　将一支 NBD-C6-HPC 5 mg 溶于 1 mL 无水乙醇，配制成 5 mg/mL，10 μL/支分装。染色时用 Dulbecco's PBS 缓冲液将其稀释为 1～10 μg/mL (如为 10 μg/mL，则稀释为 5 mL)。

2) 染色步骤

(1) 培养细胞。

(2) Dulbecco's PBS(或 Hank's 液)漂洗 2 次。

(3) 1～10 μg/mL NBD-C6-HPC 4 ℃下静置 20 min。

(4) Dulbecco's PBS 漂洗 3 次。

(5) 加 0.5 mL Dulbecco's PBS，上机测试。

5. 罗丹明 123 染色

该方法能测细胞内线粒体的跨膜电位。EX/EM 为 505/534。

1) 染液的配制　罗丹明 123 粉剂用甲醇配制成 1 mg/mL 的储备液，100 μL/支分装，存放于−20 ℃冰箱中。染色时取一支，用 Dulbecco's PBS 稀释成 5 μg/mL。

2) 染色步骤

(1) 培养细胞。

(2) Dulbecco's PBS 漂洗 2 次(缓冲液预热至室温或 37 ℃)。

(3) 罗丹明 123(5 μg/mL)37 ℃孵育 1 h。

(4) Dulbecco's PBS 漂洗 3 次。

(5) 加入 0.5 mL Dulbecco's PBS，上机测试。

6. Fluo-3-AM 染色

该方法能测细胞内游离钙离子浓度。探针在细胞外无荧光，进入细胞后 EX/EM 为 464/526。

1) 染料的配制　Fluo-3-AM 50 μg 溶于 45 μL DMSO(浓度 1 mmol/L)，15 μL/支分装，冻存。染色时用 15～50 mmol/L HEPES 缓冲液将 Fluo-3-AM 稀释成 1～20 μmol/L(如 1.5 mL 为 10 μmol/L)。

2) 染色步骤

(1) 培养细胞。

(2) 缓冲液漂洗 2 次。

(3) 10～20 mL Fluo-3-AM(20 μmol/L)，37 ℃(或室温)避光孵育 30～60 min。

(4) 缓冲液漂洗 3 次。

(5) 加入 0.5 mL 缓冲液，上机测量。

7. H2DCF 染色

该方法能测自由基(LPO)。EX/EM 为 504/529。

1) 染液的配制　用 DMSO 将 H2DCF 配成 1 mmol/L 的溶液，50 μL/支分装，冻存。染色前用 PBS(含葡萄糖的 PBS)稀释至 5 μg/mL。

2) 染色步骤

(1) 培养细胞。

(2) 在 0.5 mL H2DCF 染色液(5 μg/mL) 37 ℃(或室温)孵育 30～60 min。

(3) PBS 漂洗 5 次。

(4) 加入 0.5 mL PBS，上机测量。

8. SNAFL-calcein-AM 染色

该方法能测细胞内 pH。EX/EM 为 506/535，适用于比率法定量测量。

1) 溶液的配制　将 SNAFL-calcein-AM 溶于 DMSO 中，配成 1 mmol/L 的储备液，分装冻存于−20 ℃或以下环境中。染色前用不含血清和酚红的培养基(如 RPMI 1640)或缓冲液将其稀释至 5～10 μmol/L。

2) 染色步骤

(1) 培养细胞。

(2) RPMI 1640 漂洗 3 次。

(3) 滴入 5～10 μmol/L 的 SNAFL calcein-AM 将细胞覆盖即可，置室温孵育 30 min。

(4) RPMI 1640 漂洗 3 次。

(5) 加入 0.5 mL RPMI 1640，上机测量。

9. FITC 染色

该方法能测细胞总蛋白。EX/EM 为 495/525。

1) 溶液的配制　　用无水乙醇将 FITC 配成浓度为 1 mg/L 的储备液，使用前用 PBS 将其稀释至 0.05 μg/L。

2) 染色步骤

(1) 培养细胞。

(2) PBS 漂洗 3 次。

(3) 75%乙醇固定 15～20 min。

(4) PBS 漂洗 3 次。

(5) 0.05 μg/mL FITC 室温下染色 20～30 min。

(6) PBS 缓冲液漂洗 3 次。

10. CFDA-AM 染色

该方法能测细胞间通讯 。EX/EM 为 500/520。

1) 溶液配制　　将 CFDA-AM 溶于 DMSO 成浓度为 10 mg/mL 储备液，10 μL /支分装，冻存于−20 ℃或以下温度。染色时用 Hank's 液将其稀释成 10～50 μg/mL。

2) 染色步骤

(1) 培养细胞。

(2) Hank's 液漂洗 3 次。

(3) 10～200 μL 染液(10～20 μg/mL)避光室温孵育 15～30 min。

(4) Hank's 液漂洗 3 次。

(5) 加 0.5mL Hank's 液，上机测量。

【结果】

拍摄并记录各种探针和染色方法获得的照片，比较不同条件下的染色效果。

【思考题】

(1) 激光共聚焦显微镜有哪些硬件和软件配置?

(2) 要获得高质量的荧光显微图片需要注意哪些关键步骤?

(3) 激光共聚焦显微技术与其他显微技术比有哪些优势?

（金卫华）

第5篇 免疫学

免疫学是一门古老而新兴的学科。免疫学的发展，是建立在科学家不断的实验与实践基础上的。

公元11世纪，中国的医学家在实践中创造性地发明了人痘苗，即用人工轻度感染的方法预防天花。在明代隆庆年间，人痘苗已在中国广泛应用。18世纪至20世纪中叶，英国医生Jenner发明牛痘，很快地代替了人痘苗。19世纪末，随着微生物学的发展，法国化学家巴斯德(Pasteur)和德国细菌学家柯赫(Koch)在创立细菌分离培养技术的基础上，通过系统的科学研究，利用物理、化学及生物学方法获得了减毒菌苗，并用于疾病的预防和治疗。巴斯德以高温培养法制备了炭疽疫苗，用狂犬病毒在兔体内经连续传代制备了狂犬病疫苗。这些减毒疫苗的发明，不但为实验免疫学打下了基础，也为疫苗的发展开辟了新局面。1890年，德国学者Behring和日本学者北里发现在被免疫的动物血清中有一种能中和外毒素的物质，称之为抗毒素，从而确立了抗原和抗体的概念。1894年，Pfeiffer和Bordet发现了具有协助抗体溶解细菌或细胞作用的补体。根据抗原和抗体特异性结合的特点，在抗毒素发现以后的10年中，建立了许多体外检测抗原、抗体的血清学方法，如凝集反应、沉淀反应、补体结合反应等，为传染病的诊断和流行病学调查提供了新的重要手段。

20世纪30年代，Tiselies和Kabot建立了血清电泳技术，证明抗体是丙种球蛋白，并利用分离、纯化抗体的方法对抗体分子的结构与功能进行了研究。Grubar等建立了免疫电泳技术，发现了抗体分子的不均一性的本质，从而使抗体分子与结构研究取得了重大进展。

1975年Kohler和Milstein首创杂交瘤技术。他们将小鼠骨髓瘤细胞和经绵羊红细胞(SRBC)致敏的B细胞在体外进行融合形成杂交瘤(hybridoma)。这种杂交瘤细胞既保持了骨髓瘤细胞大量无限制生长繁殖的特性，又具有合成和分泌抗体的能力。应用该技术可产生均一的、只针对单一抗原决定基的抗体，称为单克隆抗体(McAb)。McAb具有纯度高、特异性强、可大量生产等优点，已被广泛应用于血清学诊断、免疫细胞及其他组织细胞表面分子的检测，并通过与核素、各种毒素或药物化学偶联进行肿瘤导向治疗研究。

现代科技革命带动了生命科学的飞速发展，随着生物学各大基础科目的进展，生物学、化学、物理学等学科开始交叉发展，使免疫学得到了快速兴起。目前，免疫学的原理与技术不再仅仅局限于基础医学或临床医学范畴，而是深入到生命科学的各个领域，包括微生物、动物、植物的相关研究，凡是涉及分子方面的领域，几乎都不能离开免疫学技术。

目前，发展起来的免疫学实验和检测方法包括：凝集反应(包括直接凝集反应和间接凝集反应，根据凝集反应的原理，还有间接凝集抑制试验、反向间接凝集试验、协同凝集试验等)，沉淀反应(单向扩散试验、双向扩散试验、对流免疫电泳)，中和试验，免疫荧光法(荧光抗体法)，酶联免疫吸附试验，溶血空斑试验，免疫印迹技术，淋巴细胞转化试验，E-花环法，T细胞亚群检测，细胞毒试验，巨噬细胞吞噬功能的测定，移动抑制试验，时间分辨荧光测量技术，细胞因子检测技术，细胞受体的检测等。

第11章　免疫学技术

实验46　环状沉淀反应

【实验目的】

（1）掌握环状沉淀反应的原理和用途。

（2）通过沉淀素效价的测定，掌握环状沉淀反应实验的操作方法和实验结果的观察方法。

【实验原理】

将已知抗血清加入沉淀管底部，再在抗血清表面加入经稀释的抗原，经过一段时间后，在抗血清和抗原交界处，会出现白色沉淀环，称为环状沉淀反应，能出现白色环状沉淀的抗原的最高稀释倍数定为沉淀素的效价。该实验可作定性试验，也可作半定量测定。

【器材】

1. 材料和试剂

人血清，兔抗人血清，生理盐水。

2. 器具

沉淀管(内径 2.5～3.0 mm，长约 3 mm)，小试管，毛细吸管，吸管，沉淀管架，记号笔等。

【操作步骤】

（1）取 7 支小试管编号后放试管架上。

（2）取 1∶25 的人血清 1.0 mL 按倍比稀释法稀释成表 46-1 中各浓度。

表 46-1　人血清倍比稀释

试管(编号)	1	2	3	4	5	6	7
血清稀释度	1∶50	1∶100	1∶200	1∶400	1∶800	1∶1600	1∶3200

（3）沉淀管 8 支编号后放试管架上。

（4）用毛细管吸取 1∶2 的兔抗人血清于各沉淀管底部，每管 2 滴。

（5）用另一根毛细管吸取已稀释好的人血清，按表 46-2 加入各管。

表 46-2　兔血清与人血清加入量

沉淀管		1	2	3	4	5	6	7	8
1∶2兔抗人血清/滴		2	2	2	2	2	2	2	2
人血清	稀释度	1∶50	1∶100	1∶200	1∶400	1∶800	1∶1600	1∶3200	生理盐水
	加入量/滴	2	2	2	2	2	2	2	2

注：加入液体时从高稀释度到低稀释度加起，沿试管壁缓慢加入，务必使两部分液体之间能看到清晰的界面，若混在一起，则试验必须重做。其中第 8 管用生理盐水做空白对照。

(6) 把试管放在室温下静置 15～30 min 后开始观察，凡是在两液面之间有乳白色沉淀环的记为(＋)，没有沉淀的记为(－)，取最高稀释度抗原(人血清)与抗体(兔抗人血清)仍有沉淀环的试管，该试管中人血清的稀释度即为沉淀素的效价。

【结果】

将实验结果记录到表 46-3 中。

表 46-3　实验结果

试管	1	2	3	4	5	6	7	8
抗原稀释度	1∶50	1∶100	1∶200	1∶400	1∶800	1∶1600	1∶3200	生理盐水
结果								

【思考题】

(1) 简述沉淀环反应的基本原理。

(2) 沉淀环实验可以用于哪些方面的检测？

(金卫华)

实验 47　单向琼脂扩散实验

【实验目的】

(1) 掌握单向琼脂扩散实验对抗原的定量方法。

(2) 观察实验中的沉淀环，掌握沉淀环直径与抗原或抗体浓度之间的关系。

【实验原理】

单向扩散系定量试验，通常以已知抗体测定未知抗原。试验中首先将一定的抗血清(抗体)混合于琼脂内，制成含抗体的琼脂板，再于琼脂板上打孔，将一定量的抗原加入孔中，抗原向孔四周扩散，与相应抗体结合，在抗原抗体比例合适处形成白色沉淀环，沉淀环的直径大小与抗原的浓度呈正比。以不同浓度的标准抗原与固定浓度的抗血清反应测得沉淀环的直径作为纵坐标，以抗原浓度为横坐标，绘制标准曲线，量取待检抗原的沉淀环直径，即可从标准曲线中求得其含量。该实验主要用于检测标本中的各种 Ig 含量和血清中补体成分的含量。

【器材】

1. 试剂

冻干 Ig 参考血清，蒸馏水，琼脂，氯化钠，Na_2HPO_4，NaH_2PO_4，硫柳汞。

1.5%琼脂：称取 1.5 g 琼脂，用含 0.01%硫柳汞的生理盐水 100 mL 溶解，加热使之呈液体状。

0.01 mol/L PBS(pH7.2)：先配制 0.2 mol/L Na_2HPO_4 及 NaH_2PO_4 溶液，取 72 mL 0.2 mol/L Na_2HPO_4 与 28 mL 0.2 mol/L NaH_2PO_4 混合，然后用 0.85% NaCl 溶液稀释 20 倍即成。

2. 器材

移液器，平皿，打孔器，牙签等。

【操作步骤】

1. 参考血清的稀释

取冻干 Ig 参考血清一支，加入 0.5 mL 蒸馏水溶解，用 0.01 mol/L pH7.2～7.4 PBS 倍比稀释成 1∶10～1∶160 五种浓度。

2. 免疫琼脂板制备

将适宜浓度的人 Ig 抗血清与预先融化好的 1.5%琼脂在 56 ℃水浴中混匀，每板内灌注 3.3 mL，制成琼脂板(IgG、IgA、IgM)，并做好标记。然后用 3 mm 的打孔器在琼脂板上打孔，孔距 1～1.5 cm。孔内琼脂用牙签挑出。

注：制备琼脂板时温度不宜过高使抗体变性失活，也不宜太低，以免使琼脂凝固不匀。

3. 加样

用微量移液器取 10 μL 各种不同浓度的参考血清准确加入免疫板的孔内，每一浓度均加两个孔，然后用上述加样方法，取 10 μL 适宜稀释度的待测血清，加入免疫反应板的孔内。

4. 反应

将加样的琼脂板置水平湿盘内，于 37 ℃温箱反应 24～48 h 后，取出反应板，用标尺测其沉淀环直径并记录。

5. 标准曲线的绘制

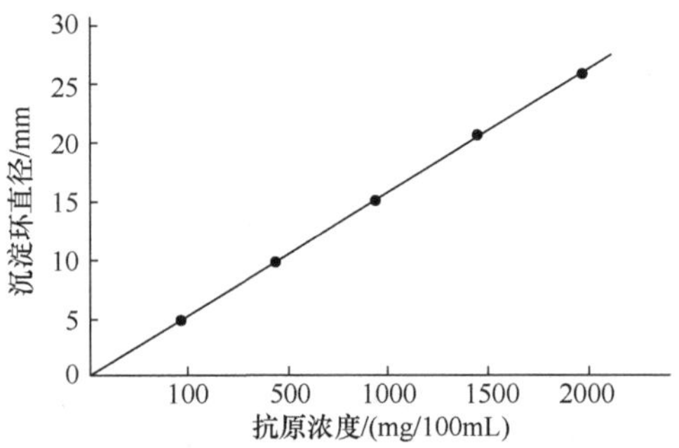

图 47-1　琼脂单向扩散试验的标准曲线图

以各浓度标准抗原的沉淀环直径为纵坐标，相应孔中抗原 Ig 浓度含量为横坐标，在坐标纸上绘制标准曲线(图 47-1)。

注：沉淀环的直径均以 mm 为测量单位。

【结果】

待测标本 Ig(IgG、IgA、IgM)含量的计算：以待测标本的沉淀环直径查标准曲线，将查得的 Ig 含量乘其稀释倍数，即得该标本的 Ig 含量。

【思考题】

分析试验结果并探讨实验要点。

（金卫华）

实验 48　双向琼脂扩散实验

【实验目的】

(1) 学习双向琼脂扩散的操作。
(2) 掌握双向琼脂扩散实验的原理。

【实验原理】

双向扩散为定性试验。将可溶性抗原与相应抗体分别加入琼脂板上相对应的孔内，两者相互扩散，在比例适宜处形成沉淀线。如抗原与抗体无关则不形成沉淀线。此实验用来检测抗原或抗体的纯度，也可用已知的抗原(抗体)来测未知的抗体(抗原)。临床上常用于检测甲胎蛋白(AFP)，作为原发性肝癌等的辅助诊断。

【器材】

1. 试剂

甲胎蛋白，琼脂，氯化钠，待测血清。

2. 器材

载玻片，打孔器，湿盘，移液器，牙签等。

【操作步骤】

1. 琼脂反应板的制备

取融化好的 1%盐水琼脂 3.3 mL，置琼脂板内，待冷即制成琼脂反应板。

2. 打孔

用打孔器在琼脂板上打孔，孔距 6 mm，呈梅花形排列，即中间一孔，周围六孔，将孔内琼脂用注射器针头挑出(图 48-1)。

3. 加样

用微量移液器取 10 μL AFP 免疫血清准确加入中央孔内，上下孔各加 10 μL 脐带血清作为阳性对照。其余孔加等量的待测血清。

注：加样时，注意不要将琼脂划破，以免影响沉淀线的形状；加样时抗体、阳性血清及待测标本应各用一支加样器，以免混淆，影响实验结果。

4. 反应

将加好样的琼脂板置水平湿盘内，于 37 ℃温箱反应 24 h。

注:反应时间要适宜。时间过长,沉淀线可解离至假阴性;时间过短,则沉淀线不出现。

【结果】

待测标本如出现沉淀线,且与阳性对照的沉淀线吻合,则为阳性反应。如无沉淀线出现或是与阳性对照沉淀线交叉的沉淀线则为阴性(图 48-1)。

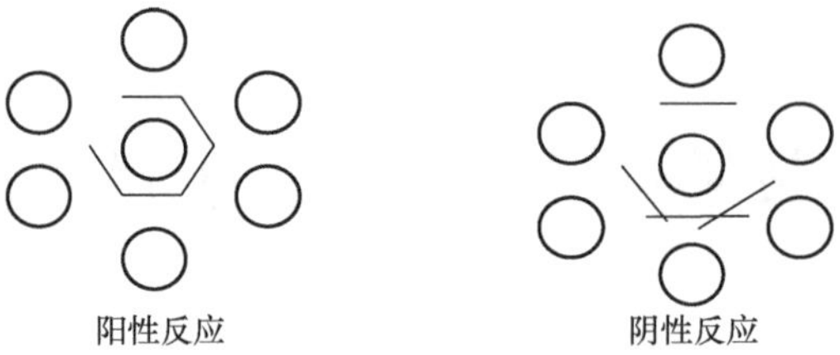

图 48-1　双向琼脂扩散实验结果

【思考题】

为何无沉淀线出现或是与阳性对照沉淀线交叉的沉淀线为阴性?

(金卫华)

实验 49　对流免疫电泳实验

【实验目的】

通过对流免疫电泳实验,学习对流免疫电泳的原理和操作技术。

【实验原理】

对流免疫电泳是在琼脂扩散基础上结合电泳技术而建立的一种简便而快速的方法。此方法能在短时间内出现结果,故可用于快速诊断,敏感性比双向扩散技术高 10～15 倍。

血清蛋白在 pH8.6 条件下带负电荷,所以在电场作用下都向正极移动。但由于抗体分子在这样的 pH 条件下只带微弱的负电荷,而且它的分子质量又较大(为 r 球蛋白),因此游动慢。更重要的是抗体分子受电渗作用影响较大,也就是说点渗作用大于它本身的迁移率。所谓电渗作用是指在电场中溶液对于一个固定固体的相对移动。琼脂是一种酸性物质,在碱性缓冲液中进行电泳,它带有负电荷,而与琼脂相接触的水溶液就带正电荷,这样的液体便向负极移动。抗体分子就是随着带正电荷的液体向负极移动的。而一般的蛋白质(如血清抗原)也受电渗作用的影响,使泳动速度减慢,但它的电泳迁移率远远大于电渗作用。这样抗原体就达到了定向对流,在两者相遇且比例合适时便形成肉眼可见的沉淀线。

【器材】

(1) 诊断血清:兔抗人免疫血清。
(2) 待检血清:人血清。

(3) 阴性对照血清。

(4) 离子强度 0.05 moL/L 的巴比妥缓冲液(pH8.6)配制：

巴比妥钠	10.3 g
巴比妥	1.84 g
蒸馏水	1000 mL

(5) 缓冲琼脂板的制备。将纯化的琼脂用 pH8.6 离子强度 0.025 mol/L 的巴比妥缓冲液(用 0.05 mol/L 的巴比妥缓冲液稀释一倍即可)配成 1.5%的琼脂，加入 0.01%～0.02%硫柳汞浸泡防腐，保存冰箱内备用。

(6) 电泳仪、打孔器、移液器；生理盐水。

【操作步骤】

1. 琼脂板的制备

根据需要可选用大玻板(6 cm×9 cm)和(小玻片)两种。大玻板约需琼脂 10 mL，小玻片约需 3.5 mL，凝固后按图 49-1 打孔，方法同琼脂扩散试验。

2. 加样

左侧孔内加患者血清(原血清及 10 倍稀释血清各占一孔)，右侧内加抗血清，每片应有阳性对照。

3. 电泳

水平电泳槽内加离子强度 0.05 mol/L 的巴比妥缓冲液(pH8.6)，加至电泳槽高度的 2/3 处，注意两槽内液面尽量水平。将加好样品的玻板置于电泳槽上，抗原端接负极，抗体端接正极，用 2～4层滤纸浸湿作盐桥，滤纸与琼脂板连接处为 0.5 cm。以板宽度计算电流，以板的长度计算电压。要求电流量为 2～3 mA/cm，即大板为 20 mA，小板为 10 mA。电压为 4～6 V/cm。通电 45 min～2 h后，观察结果。

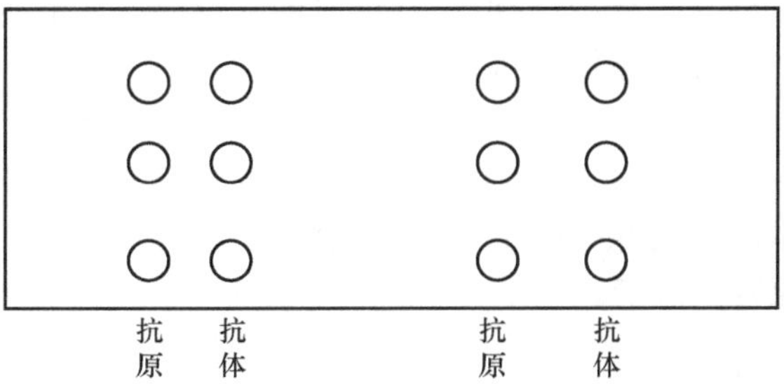

图 49-1　对流免疫电泳抗原孔、抗体孔位置示意图

【结果】

在黑色背景上方，用散射光多个角度观察，在对孔之间有白色沉淀线即为阳性对照应出现明显的白色沉淀线。如果抗原，两极微沉淀条纹不清晰，于 37 ℃保温数小时可增强沉淀条纹的清晰度。

影响结果的因素有以下几方面。

(1) 抗原抗体的比例：抗原抗体比例适应时容易出现沉淀带，反之不易发生。当抗体浓度恒定时，被检血清含甲胎蛋白浓度高时，作 10 倍、20 倍或更高倍数稀释可以提高阳性率。随稀释度的增加，抗原抗体的比例发生变化，沉淀线由靠近抗血清孔向逐步移向两孔中间，并可出现不典型的沉淀线如弧形、八字须形、斜线形，这些也是阳性，应予注意。

(2) 几组电泳缓冲液其电泳结果以巴比妥钠-盐酸缓冲液灵敏度最高，巴比妥-巴比妥钠次之，Tris缓冲液更差。

(3) 电压与电流时电泳时间需要长些：电压电流增大时，电泳时间可更短。但电压过高则孔径变形，电流过大抗原抗体蛋白易变性，干扰实验结果，一般选择每厘米5 mL，电泳时间改为1.5 h。

【思考题】

实验中不出现沉淀线的因素有哪些？

（金卫华）

实验50 火箭电泳实验

【实验目的】

通过学习火箭电泳实验的原理、操作，掌握用火箭电泳的方法测定抗原的浓度。

【实验原理】

火箭免疫电泳是将电泳与单向扩散结合的一种免疫技术。将抗体溶入琼脂后制板，在琼脂板的一侧打孔，加入待检样品及不同浓度的标准抗原。电泳时在电场作用下，抗原在含定量抗体的琼脂中向正极移动，并形成浓度梯度，在适宜的部位形成火箭状的沉淀峰。沉淀峰的高度与抗原的含量成正比，故可定量测定抗原。

【器材】

(1) 诊断血清(抗体)：抗人IgG或IgA免疫血清。
(2) 待检血清(抗原)：人血清。
(3) 参考血清。
(4) 离子强度0.05 mol/L巴比妥缓冲液(pH8.6)配制(见对流免疫电泳试验)。
(5) 琼脂粉，微量进样器，打孔器，玻璃板，电泳仪。

【操作步骤】

1. 制板

同单向扩散法，但注意稀释液应用0.05 mol/L的巴比妥缓冲液(pH8.6)。将抗体血清按一定比例与溶化好的1.5%琼脂在56 ℃水浴中混匀，迅速浇注成2 mm厚的琼脂板。

注：正式实验前应做预试，调整好抗原、抗体的比例。

2. 打孔

待琼脂凝固后，于距玻板一长边10 mm处，以3 mm孔径打孔器打孔一排，孔距5 mm。

3. 加样

取不同浓度的标准抗原及待测抗原各 10 μL 加入孔中。

注：待测样本多时为避免先加样孔抗原自由扩散造成电泳后出现孔周扩大的沉淀峰，可先将琼脂放入电泳槽，在 10 V/cm 电泳状态下加样。

4. 电泳

将抗原孔置于负极端，用滤纸搭桥（参照对流免疫电泳），进行电泳（3 V/cm），时间 6～8 h，直到大部分抗原孔前端出现顶端尖窄而完全闭合的火箭状沉淀线，关闭电源。

注：如采用高压电泳时（8～10 V/cm），需配冷却装置；搭桥为火箭电泳的关键环节之一，桥宽应与琼脂膜一致。

5. 测量与绘图

取下琼脂板，以抗原孔中心为起点，量出各火箭状沉淀线的高度。同单向琼脂扩散法绘制标准曲线，查出待检血清中 Ig 含量。

【结果】

（1）标准曲线的绘制：以沉淀峰高为纵坐标，抗原浓度为横坐标，在半对数纸上绘图。

（2）待测抗原含量的测定：量出待测孔沉淀峰高，查标准曲线可查得抗原的相应浓度，乘其稀释倍数即得抗原的含量（图 50-1）。

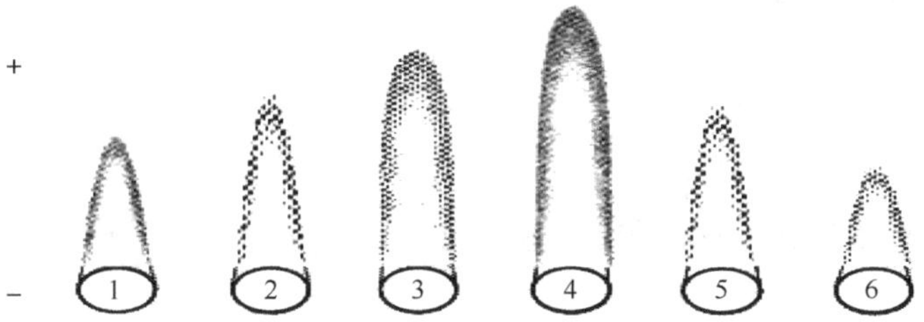

图 50-1 火箭免疫电泳图

1～4 为标准抗原；5、6 为标本抗原

【思考题】

（1）测定未知抗体及测其纯度时应选何种打孔模式？三孔模式与梅花样模式适合于何种性质的双扩？

（2）免疫电泳与双向扩散比较其优点何在？

（3）试分析下述火箭电泳中可能出现的现象：①无沉淀峰；②出现几个峰；③峰扭曲。

（4）在火箭电泳中，火箭峰逐渐变高且浓度变淡是何原因？应如何调整？

（金卫华）

实验 51 酶联免疫吸附测定（ELISA）

【实验目的】

（1）掌握酶联免疫吸附测定的基本原理和临床意义。

(2) 掌握 ELISA 的实验操作技术。

【实验原理】

酶联免疫吸附测定(ELISA)是将抗体(抗原)包被在固相表面后,按不同的步骤加入待测抗原(抗体)和酶标抗体(抗原),充分反应后用洗涤的方法,使固相上形成的抗原抗体复合物与其他物质分离,洗去游离的酶标抗体(抗原),最后加入底物,根据酶对底物催化的显色反应程度,而对标本中的抗原(抗体)进行定性或定量。

ELISA 的技术类型有多种,常用的有间接法、夹心法和竞争法等,本实验介绍间接法。

【器材】

1. 抗原与抗体

伤寒 O 诊断菌液,待测血清,阳性对照血清,阴性对照血清,酶标抗人 IgG 抗体。

2. 试剂

包被稀释液,样本稀释液,辣根过氧化物酶底物液,终止液。

3. 仪器

酶标板,吸水纸,移液器等。

【操作步骤】

1. 包被抗原

将抗原用包被稀释液做 1∶20 稀释,每孔加入 100 μL,置 37 ℃作用 4 h 或 4 ℃作用 24 h。

2. 洗涤

弃去孔中液体,用洗涤液洗 3 次,每次 1 min。于吸水纸上拍干,4 ℃储存备用。

3. 加入待测样本

用样本稀释液对待测标本进行适当稀释,将稀释好的标本加入酶标板反应孔中,每孔 100 μL,置于 37 ℃作用 30 min。注意应做阴性对照和阳性对照。并作复孔检测。弃去孔中液体,用洗涤液洗 3 次,每次 1 min。于吸水纸上充分拍干。

4. 加入酶结合物

用样本稀释液对酶结合物进行适当稀释(根据酶结合物说明书提供的参考工作稀释度进行预试确定稀释倍数),将稀释好的酶结合物加入反应孔中,每孔 100 μL,置于 37 ℃作用 30 min。洗涤同第 2 步。

5. 加入底物显色

每孔加辣根过氧化物酶底物液 100 μL,置 37 ℃避光显色 10～20 min。

6. 终止反应

当阳性对照出现明显颜色变化或阴性对照稍有颜色变化时,每孔加入终止液 50 μL 终止反应,于 20 min 内测定实验结果。

【结果】

1. 肉眼判定

明显显色者为阳性,不显色者为阴性。

2. 酶标仪判定

采用反应底物的最大吸收波长测定 OD 值，本实验底物为 TMB，最大吸收波长为450 nm，因此应测定 OD_{450} 值。

【思考题】

ELISA 法用于检测抗原和检测抗体的类型各有哪些？各种方法有何特点？

（金卫华）

实验 52　BA-ELISA

【实验目的】

（1）掌握 BA-ELISA 的原理。
（2）熟悉 BA-ELISA 的操作步骤。

【实验原理】

在免疫酶技术中利用生物素-亲和素系统（biotin-avidin system，BAS）标记抗体发展了又一种新型生物反应放大技术。由于 BAS 亲和力高，因此具有高灵敏度、高特异性和稳定性等优点，在现代生物免疫学领域中已得到广泛应用，并显示出明显的优越性。已报道有用于放射免疫、免疫荧光和免疫电镜等技术中，但应用更多的还是在酶免疫技术中。

BAS 用于检测的基本方法可分为三大类。第一类是标记亲和素连接生物化大分子反应体系，称 BA 法，或标记亲和素生物素法（LAB）。第二类以亲和素两端分别连接生物素化大分子反应体系和标记生物素，称为 BAB 法，或桥联亲和素-生物素法（BRAB）。第三类是将亲和素与酶标生物素共温形成亲和素-生物素-过氧化物酶复合物，再与生物素化的抗抗体接触时，将抗原-抗体反应体系与 ABC 标记体系连成一体，称为 ABC 法。尽管方法很多，但在目前国内主要还是 BAS-ELISA 法。特别是其中的 BA 法和 ABC 法用得较多。至于其他标记材料（如荧光素、铁蛋白和血蓝蛋白等）的 BAS 检测系统，只要制备或得到了相应标记物，再根据 BAS 的基本原理及基本方法即可自行探索建立实验程序。为节省篇幅，这里只介绍 BA-ELISA 法。

BA-ELISA 是在常规 ELISA 原理的基础上，结合生物素（B）与亲和素（A）间的高度放大作用，而建立的一种检测系统。亲和素是卵白蛋白中提取的一种碱性糖蛋白，分子质量为 68 kDa，由 4 个亚单位组成，对生物素有非常高的亲和力（结合常数高达 10^{15} L/mol）。生物素很易与蛋白质（如抗体等）以共价键结合。这样，结合了酶的亲和素分子与结合有特异性抗体的生物素分子产生反应，既起到了多级放大作用，又由于酶在遇到相应底物时的催化作用而呈色，达到检测未知抗原（或抗体）分子的目的。

因此，BAS 即可用于微量抗原、抗体及受体的定量、定性检测及定位观察研究，亦可制成亲和介质用于上述各类反应体系中反应物的分离、纯化。

【器材】

(1) 生物素化抗体:可根据需要从生物制品所购买,也可以自制。制备生物素化抗体的程序是:用 0.1 mol/L $NaHCO_3$ 溶液将纯化的抗体稀释为 1 mg/mL,将生物素酰-*N*-羟基丁二酰亚胺酯(BNHS)用二甲基甲酰胺溶解,浓度 20 mg/mL,在 1 mL 抗体溶液中加 BNHS 液 20 μL,混匀后置室温(22℃)反应 2 h,然后在 4 ℃中对 PBS 透析 24 h,滴定工作浓度后即可使用。

(2) 酶标记的亲和素:一般生物制品研究所均有销售,可按其说明书进行稀释及使用。如果自行制备,可采用 WiLson 的过碘酸钠标记法。

(3) 抗原、抗体和参考血清等。

(4) 其他的试剂和器材可参考 ELISA 部分。

【操作步骤】

1. 用于检测未知抗原的 BA-ELISA

1) 包被抗体　用 0.05 mol/L 碳酸盐缓冲液(pH9.6)将已知抗体作适当稀释,在每个聚苯乙烯酶标板的反应孔中加 0.1 mL,4 ℃过夜(18~24 h)。次日,弃去孔内溶液,用洗涤缓冲液洗 3 次,每次 3 min(简称洗涤,下同)。

2) 加样　加入待检样品(未知抗原)或作适当稀释的标准参考品于反应孔中,同时作空白孔,阴性和阳性孔对照。37 ℃孵育 1 h,洗涤。

3) 加 B-Ab　已作适当稀释的生物素化抗体(B-Ab),每孔加 0.1 mL,37 ℃孵育 30~60 min,洗涤。

4)加 A-HRP　已作适当稀释的辣根过氧化物酶标记的亲和素(A-HRP),每孔加 0.1 mL,37 ℃孵育 30~45 min。洗涤 4 次。

5) 底物显色　于上述各反应孔中加入临时配制的 TMB(或 OPD)底物应用液 0.1 mL,于 37 ℃ 10~30 min。再加 2 mol/L H_2SO_4 0.05 mL 以终止反应。

2. 用于检测未知抗体的 BA-ELISA

(1) 包被抗原:用 0.05 mol/L 碳酸盐缓冲液(pH9.6)将已知的抗原作适当稀释,于聚苯乙烯酶标板的孔中加 0.1 mL,4 ℃下放置 18~24 h。

(2) 用洗涤缓冲液洗 3 次,每次 3 min。

(3) 加样:加适当稀释的待检样品(未知抗体)于反应孔中,同时作空白、阴性和阳性对照孔。37 ℃孵育 1 h,洗涤。

(4) 加 B-Ab:加稀释过的生物素化抗抗体(抗人或鼠等的 IgG),每孔 0.1 mL,37 ℃ 30~60 min,洗涤。

(5) 余下步骤同测未知抗原的 BA-ELISA。

【结果】

目测或在 ELISA 比色仪上测 OD 值(见 ELISA 部分)。

【思考题】

(1) BA-ELISA 有哪些 ELISA 不具备的优点?

(2) BA-ELISA 实验中有哪些与 ELISA 实验不同的注意事项?

(金卫华)

实验 53　抗原和免疫血清的制备

【实验目的】

(1) 学习免疫血清的制备原理。

(2) 掌握免疫血清的制备操作技术和注意事项。

【实验原理】

免疫血清的制备是一项常用的免疫学实验技术。高效价、高特异性的免疫血清可作为免疫学诊断的试剂(如用于制备免疫标记抗体等),也可供特异性免疫治疗用。免疫血清的效价高低取决于实验动物的免疫反应性及抗原的免疫原性。如以免疫原性强的抗原刺激高应答性的机体,常可获得高效价的免疫血清。而使用免疫原性弱的抗原免疫时,则需同时加用佐剂以增强抗原的免疫原性。免疫血清的特异性主要取决于免疫用抗原的纯度。因此,如欲获得高特异性的免疫血清,必须预先纯化抗原。此外,抗原的剂量、免疫途径及注射抗原的时间间隔等,也是影响免疫血清效价的重要因素,应予重视。

具有免疫原性的抗原可刺激机体相应 B 细胞增殖、分化形成浆细胞并分泌特异性抗体。由于抗原分子表面的不同决定簇为不同特异性的 B 细胞克隆所识别,因此由某一抗原刺激机体后产生的抗体,实际上为针对该抗原分子表面不同决定簇的抗体混合物(即多克隆抗体)。另外,抗体的产生具有回忆应答的规律性,表现为初次免疫注射与再次免疫注射后的抗体应答特点截然不同。这是由于记忆性 B 细胞参与再次应答所致。

【器材】

1. 动物

健康成年家兔,雄性,体重 2～3 kg。

2. 器材

剪刀,镊子,注射器(2 mL、50 mL)附针头(9 号、6 号),称量瓶(10 mL),量筒,动物固定架,灭菌三角烧瓶(200 mL),手术器械一套,血管夹,黑丝线,塑料放血管等。

3. 试剂

(1) 灭菌生理盐水。

(2) 纯化人 IgG(10 mg/mL)。

(3) 消毒酒精及碘酒。

(4) 羊毛脂。

(5) 石蜡油。

(6) 活卡介苗(BCG),浓度为 75 mg/mL。

(7) 弗氏不完全佐剂(FIA):称羊毛脂 10 g,逐滴加入优质石蜡油 40 mL,边滴边研磨,分装于疫苗瓶中(每瓶 10 mL),高压灭菌(8 lb①20 min)后保存备用。

(8) 弗氏完全佐剂乳化抗原(FCA-IgG):将 FIA 预热(60 ℃ 30 min),吸取 3 mL 于研钵中,逐滴加入活 BCG(75 mg/mL) 0.5 mL 及纯化人 IgG 2.5 mL(2.4 mg/mL),边滴入边研磨直至形成均一性的乳状液,取 1 滴滴于冷水面上不散开为合格。

【操作步骤】

1. 免疫

根据抗原的性质不同而异。下面以制备家兔抗人 IgG 免疫血清为例作具体说明。

(1) 用剪刀剪去家兔两后脚掌的部分兔毛,以酒精及碘酒消毒皮肤。

(2) 第一次免疫:用 2 mL 注射器吸取弗氏完全佐剂(FCA)乳化的抗原(人 IgG)(下文称 FCA-IgG)液 1 mL,每侧脚掌皮下各注入 0.5 mL。

注:免疫用实验动物的抗体反应性个体差异性较大,因此免疫时至少应选用两只以上动物。另外,不能使用妊娠动物。

免疫用的抗原必须经 FCA 或 FIA 充分乳化后才能注射,否则将明显影响抗原的免疫效果。上述制备乳化抗原的方法较费时、费力。采用 H-81 微型振荡混合器法或三腔管研磨法制备。前者是将抗原液与佐剂按比例混合后,置于混合器上使之剧烈振荡(2900 r/min,振幅 6 mm);后者是将免疫用的佐剂和抗原液按比例混合后,吸入注射器内再将注射器连接于三腔管上反复抽吸研磨。这两种方法约1 h 即可使抗原充分乳化。

抗原的剂量决定于抗原的种类。对免疫原性强的抗原剂量应相别较少,免疫原性弱的抗原剂量可相对较多。抗原的用量一般以体重计算。在使用佐剂的情况下,一次注入的总剂量以 0.5 mg/kg 体重为宜。如不加佐剂时剂量可加大 10 倍。另外,免疫周期长者可少量多次注射,免疫周期短者可较大量少次注射。免疫方法上也可采用多点注射法免疫动物,即于家兔脊柱两旁选 4～6 点皮下注射,同时于两侧肩部(或臂部)和鼠蹊部各注一处。每点注 0.2 mL,间隔 2 周后再于上述部位选不同点同上注射,也可产生高效价的免疫血清。

(3) 第二次免疫:间隔 10～14 天后,于两侧窝及鼠蹊部肿大的淋巴结内注入 FCA-IgG,每个淋巴结注 0.1 mL,其余注入淋巴结附近皮下共 1 mL。如淋巴结未肿大或肿大不明显时,直接注入两侧窝及鼠蹊部皮下。

注:第二次免疫注射时应减少佐剂中 BCG 的含量或改用不完全佐剂,以减少和防止变态反应的发生。

(4) 间隔 7～10 天后,从耳静脉采血 0.5～1.0 mL,分离血清,以双相琼脂扩散试验测定免疫血清的抗体效价(即试血)。效价至少应达到 1∶16 以上时才能放血。

注:若效价未达到要求,可用不加佐剂的抗原液(人 IgG)耳静脉内注射免疫,即于 1 周内注射 3 次,分别为 0.1 mL、0.3 mL、0.5 mL。间隔 1 周再试血。如效价达到要求应立即放血。另外,也可在第 2 次免疫后,以弗氏不完全佐剂(FIA)乳化的抗原(人 IgG)(简称 FIA-IgG)再免疫 1～2 次。注射部位、剂量和间隔均同第 2 次,再试血测抗体效价,如效价达到要求立即放血。

2. 放血

1) 心脏采用血法

(1) 家兔仰面,四肢缚于动物固定架上(或由助手抓住四肢固定)。

(2) 剪去左胸部兔毛,消毒皮肤。

(3) 用左拇指摸到胸骨剑突处,食指及中指放在右胸处轻轻向左推心脏,并使心脏固定于左胸侧位置。然后,以左拇指触摸心脏搏动最强的部位。

---

① 1 lb(磅)=0.453 592 kg

(4) 用 50 mL 注射器(连接 16 号针头),倾针 45°角,对准心搏最强处刺入心脏抽血致死。

(5) 将抽取的血液立即注入无菌三角烧瓶中,待凝固后分离血清。

2) 颈动脉放血法

(1) 家兔仰卧同上固定。头部略放低以暴露颈部。剃毛及消毒皮肤。

(2) 沿颈部中线切开皮肤约 10 cm,分离皮下组织,直至暴露出气管两侧的胸锁乳突肌。

(3) 分离胸锁乳突肌与气管间的颈三角区疏松组织,暴露出颈总动脉后使之游离。

(4) 于动脉下套入两根黑丝线,分别置于远心端及近心端。结扎远心端的丝线。近心端的动脉用血管夹夹住。

(5) 用尖头小剪刀在两根丝线间的动脉壁上剪一小口,插入塑料放血管。再将近心端的丝线结扎固定于放血管上,以防放血管滑脱。

(6) 松开血管夹,使血液流入灭菌三角烧瓶中。一般一只家兔可放血 80～100 mL。

3. 分离血清

将三角烧瓶的血置 37 ℃温箱 1 h,再置 4 ℃冰箱内 3～4 h。待血液凝固血块收缩后,用毛细滴管吸取血清。于 3000 r/min 离心 15 min,取上清加入防腐剂(0.01%硫柳汞或 0.02%叠氮钠,最终浓度),分装后置 4 ℃冰箱中保存备用。

【结果】

以双相琼脂扩散试验测定所获免疫血清的抗体效价,并用琼脂免疫电泳鉴定免疫血清中抗体的质量,应产生单一的沉淀弧线。鉴定方法的具体步骤参见有关部分。

【思考题】

(1) 要得到较高纯度的抗原,有哪些方法?

(2) 不同的免疫途径对血清效价有什么影响?

(金卫华)

实验 54　动物细胞免疫荧光技术

【实验目的】

学习活细胞免疫荧光技术——流式细胞仪标本的制备方法。

【实验原理】

流式细胞仪是一种能够探测和计数以单细胞液体流形式穿过激光束的细胞检测装置。其工作原理详见第 187 页的实验 37。

活细胞表面保留有较完整的抗原或受体,先用特异性鼠源性单克隆抗体与细胞表面相应抗原结合,再用荧光标记的第二抗体结合,根据所测定的荧光强度和阳性百分率即可知相应抗原的密度和分布。

【器材】

(1) 各种特异性单克隆抗体。

(2) 荧光标记的羊抗鼠或兔抗鼠第二抗体，灭活正常兔血清。

(3) 10% FCS RPMI 1640。

(4) DPBS(×10)贮存液：

NaCl	80 g
KCl	2 g
蒸馏水加至	1000 mL
Na_2HPO_4	11.5 g
（临用时用蒸馏水 1∶10 稀释）	
KH_2PO_4	2 g

(5) 洗涤液：

DPBS	900 mL
FCS	50 mL（终浓度 5%）
4% NaN_3	50 mL（终浓度 0.2%）

(6) 固定液：

DPBS	1000 mL
葡萄糖	20 g（终浓度 2%）
甲醛	10 mL
NaN_3	0.2 g（终浓度 0.02%）

(7) 玻璃管、塑料管、离心机、荧光显微镜等。

【操作步骤】

(1) 制备活性高的细胞悬液（培养细胞系、外周血单个核细胞、胸腺细胞、脾细胞等均可用于本法）。

(2) 用含 10% FCS 的 RPMI 1640 调整细胞浓度为 $5\times10^6\sim1\times10^7$/mL。

(3) 取 40 μL 细胞悬液加入预先有特异性 McAb(5～50 μL)的小玻璃管或塑料离心管，再加 50 μL 1∶20(用 DPBS 稀释)灭活正常兔血清，4 ℃ 放置 30 min。

(4) 用洗涤液洗涤 2 次，每次加洗涤液 2 mL 左右。1000 r/min 离心 5 min，弃上清，加入 50 μL 工作浓度的羊抗鼠(或兔抗鼠)荧光标记物，充分振摇，4 ℃ 放置 30 min。

(5) 用洗涤液洗涤 2 次，每次加液 2 mL 左右。1000 r/min 离心 5 min。

(6) 加适量固定液（如为 FCM 制备标本，一般加入 1 mL 固定液，如制片后在荧光显微镜下观察，视细胞浓度加入 100～500 μL 固定液）。

注：标本在试管中可保存 5～7 天。

(7) 参考实验 37，采用流式细胞仪测定活细胞数。

【结果】

FCM 检测或制片后观察实验结果。

【思考题】

流式细胞仪检测技术有哪些注意事项？

（彭晓娅）

实验 55　淋巴细胞杂交瘤单克隆抗体技术

【实验目的】

了解单克隆抗体制备的原理、主要步骤和方法。

【实验原理】

骨髓瘤细胞在体外培养能大量无限增殖，但不能分泌特异性抗体；而抗原免疫的 B 淋巴细胞能产生特异性抗体，但在体外不能无限增殖。将免疫脾细胞与骨髓瘤细胞融合后形成的杂交瘤细胞，继承了两个亲代细胞的特性，既具有骨髓瘤细胞能无限制增殖的特性，又具有免疫 B 细胞合成和分泌特异性抗体的能力。经在 HAT 培养基[含有次黄嘌呤(H)、氨基蝶呤(A)和胸腺嘧啶核苷(T)]中进行选择性培养，未融合的脾细胞因不能在体外长期存活而死亡；未融合的骨髓瘤细胞合成 DNA 的主要途径被培养基中的氨基蝶呤阻断，又因缺乏次黄嘌呤-鸟嘌呤-磷酸核糖转移酶(HGPRT)，不能利用培养基中的次黄嘌呤完成 DNA 的合成过程而死亡。只有融合的杂交瘤细胞由于从脾细胞获得了次黄嘌呤-鸟嘌呤-磷酸核糖转移酶，因此能在 HAT 培养基中存活和增殖。经过克隆选择，可筛选出能产生特异性单克隆抗体的杂交瘤细胞，在体内或体外培养，即可无限制地大量制备单克隆抗体。

【器材】

(1) 甲醇，冰醋酸，经高压灭菌的降植烷。

(2) Balb/c 鼠：5～8 周龄。

(3) 杂交瘤细胞：取对数生长期的细胞。

(4) RPMI-1640 培养液。

(5) 新生牛血清。

(6) 细胞培养板，解剖器械，平皿，离心机，酶标仪，加样器，细胞计数板，CO_2 培养箱，倒置显微镜等。

【操作步骤】

1. 抗原制备

一般抗原的纯度不很重要，特别是免疫原性较强的抗原。

1) 可溶性抗原(蛋白质)　以 1～5 mg/mL 的溶液加等量的弗氏完全佐剂乳化，分多点小鼠皮下注射，总量为 0.3～0.6 mL，间隔 3～5 周再同样注射一次，10 天后断尾取血一滴，测抗体效价，选滴度高的小鼠做融合试验。一个月后可以经静脉（尾静脉）给予无佐剂抗原0.2～0.4 mL，3～4 天后，杀死小鼠取脾作融合用。

2）颗粒性抗原　如抗原来源方便，可以不加佐剂而增加免疫次数，缩短间隔时间。例如，用羊红细胞免疫小白鼠，以 1%浓度每只皮下注射 0.2 mL，每周 2 次，共免疫 5～8 次，取脾前 3 天，再免疫一次即可。有认为最后一次免疫剂量要大，大到近于免疫耐受的程度更好。

2. 免疫动物

目前应用最广的是小白鼠和大白鼠，尤以小白鼠为好。就品系而言以 Balb/c 系小白鼠应用最广，因为所有的小白鼠骨髓瘤系均从 Balb/c 系小白鼠诱导出来。Balb/c 系小白鼠必须用纯系的，雌雄均可，以 8～12 周龄为宜。

大白鼠也可，能产生较多量的单克隆抗体。现在已经在小鼠杂交瘤的基础上，发展了小鼠-大鼠，小鼠-人及人-人杂交瘤技术。

注：免疫程序、剂量和方法是关系到是否能得到所需要的单克隆抗体的关键之一。

正常小鼠脾脏含有能产生各种不同抗体的 B 淋巴细胞，一只纯种小白鼠估计能产生 1.0×10^7～5.0×10^7 种不同的抗体。因此一只正常的小白鼠的脾细胞与小鼠骨髓瘤融合，只能有千万分之一的机会获得某一种特定抗体。所以为了提高得到某种杂交瘤的机会，必须加强免疫，使产生特异性抗体的 B 淋巴细胞大量增加。

B 淋巴细胞的不同发育阶段对获得阳性杂交瘤也有很大影响。有认为处在转化时期的 B 淋巴细胞可能更易于融合，而免疫以后 7～8 天，虽然是抗体产生的高峰时期，但形成有活力的杂交瘤细胞的可能反而减少。故一般认为加强免疫后的第三天应杀鼠取脾做细胞融合。

3. 免疫脾细胞和骨髓瘤细胞的制备

1）脾细胞制备

（1）免疫过的血清抗体滴度高的 Balb/c 鼠，拉颈或用 CO_2 处死小白鼠。

（2）将小鼠放于 70%乙醇中浸泡消毒，取出固定于板上，在无菌条件下取脾。

（3）把脾放入 5 mL 含有 2.5% FCS 的 1640 液中，冰浴下轻轻洗去脾上的红细胞。

（4）用镊子轻轻挤压脾，做成脾细胞悬液，用毛细管将悬液移入小试管中。

（5）直立小试管 3 min，使大块的结缔组织下沉，把细胞悬液移入离心管中。

（6）以 2.5% FCS-1640 充满离心管，并以 400 *g* 离心 7～10 min（与此同时应开始制备骨髓细胞）。

（7）把沉淀用约 10 mL 的新鲜培养液再悬浮。

（8）重复（6）、（7）步骤。

（9）计算细胞，以台盼蓝染色用相差显微镜检查，活细胞数应高于 80%为合格。

2）骨髓瘤细胞制备　骨髓瘤细胞能产生并分泌大量的免疫球蛋白，这样的瘤细胞融合后，可能影响或降低所分泌抗体的滴度，所以必须选育出非分泌免疫球蛋白缺陷型的骨髓瘤细胞。

选择骨髓瘤细胞的条件：①该瘤细胞系的来源应与制备脾细胞小鼠为同一品系，以便两者的组织相容性抗原一致；②骨髓瘤细胞必须是静息状态，不产生 γ 球蛋白或不分泌到细胞外；③骨髓瘤细胞生长需要一个较高的细胞密度，最好 10^6 个细胞/mL；④生长速度快，繁殖时间短。

目前常用的 Balb/c 小鼠产生的骨髓瘤细胞株以 653 最为常用，他是由矿物油 4-甲基-15 烷（pristane，降植烷）诱发出来的一种浆细胞瘤（minerol oil plasmacytoma，MOPC）并经过培育形成一株 8-氮鸟嘌呤有抵抗力的亚系。

骨髓瘤细胞一般由有关单位直接引入，保存于－195℃液氮罐中，试验时复苏、增殖、传代即可。由于骨髓瘤细胞是半贴壁状态，很容易脱落，因此不需要胰酶处理。为了防止出现返祖现象，在融合前，可将培养基内加入 15 μg/mL 8-氮鸟嘌呤。取 $1\times10^7\sim6\times10^7$ 对数生长期(即培养 15～20 h)的骨髓瘤细胞，在室温 400 *g* 离心 10 min，沉淀以 2.5% FCS-1640 液再悬浮并计数。

3) 饲养细胞　　在体外的细胞培养中，单个的或数量很少的细胞不易生存与繁殖，必须加入其他活的细胞才能使其生长繁殖，加入的细胞称之为饲养细胞(feeder cell)。在细胞融合和单克隆的选择过程中，就是在少量的或单个细胞的基础上使其生长繁殖成群体，因此在这一过程中必须使用饲养细胞。许多种类的动物细胞都可以做饲养细胞，如正常的脾细胞、胸腺细胞、腹腔渗出细胞等，常选用腹腔渗出细胞，其中主要是巨噬细胞和淋巴细胞。应用腹腔渗出细胞的好处是：一方面做饲养细胞，另一方面巨噬细胞可以吞噬死亡的细胞和细胞碎片，为融合细胞的生长造成良好的环境。腹腔细胞的来源可以是与骨髓瘤细胞同系鼠，也可以是其他种类的小鼠，如 C57 鼠、昆明小白鼠等。

(1) 拉颈处死小鼠。

(2) 70%乙醇浸泡消毒 10 min。

(3) 用手术剪将小鼠腹部剪开一小口，剥开皮肤，露出腹腔。

(4) 用注射器将 4 mL 11.6%蔗糖溶液注入腹腔，用手指轻揉 1 min，仍用该注射器回抽腹腔液体，加入离心管。

(5) 1000 r/min 离心 10 min。

(6) 取上清，以 HAT 选择培养液将细胞制成悬液。台盼蓝染色计数活细胞，使每毫升含 40 万个活细胞。

(7) 以 1 mL 吸管将细胞种入微量培养皿，每孔 0.05 mL，含 2 万个细胞，放入 CO_2 培养箱培养，即可供细胞融合和克隆化之用。如果在融合后发现在培养孔中饲养细胞数量少，则可以在细胞换液时再加入一些。

4) 细胞融合　　小鼠骨髓瘤可以在体外培养液中生存并大量繁殖。经过用某种抗原免疫的小鼠及淋巴细胞能分泌某种抗体，但小鼠的 B 淋巴细胞在一般培养基中不易存活。如将小鼠的骨髓瘤细胞与分泌某种抗体的 B 淋巴细胞在融合因子(聚乙二醇，PEG)作用下产生融合，则融合的细胞既具有肿瘤细胞易分裂增殖的特性，又具有 B 淋巴细胞分泌特异性抗体的能力，在 HAT 选择培养基中可以选择得到杂交细胞。这种融合的被称为淋巴细胞杂交瘤的细胞可以在体外培养液中大量繁殖生长，从培养液上清中可以收集到大量 B 淋巴细胞产物——单克隆抗体。

(1) 取末次免疫后的第 3 天小鼠脾细胞悬液，将 10^8 小鼠脾细胞与 $1\times10^7\sim5\times10^7$ 小鼠骨髓瘤细胞混合于 50 mL 刻度离心管中，经 1000 r/min 离心 7 min。

(2) 弃上清，尽可能除得干净，用手指轻叩离心管底部，使沉淀混匀如糊状，离心管置 37 ℃水中进行水浴(一小烧杯中)，准备融合。

(3) 将 37 ℃水浴中保温的 50% PEG 1.0 mL(实际应用 0.7 mL)用滴管缓慢滴入离心管中，在 60 s 内滴完，在 37 ℃水浴中边滴边摇边离心管，使细胞保存在混匀状态。

(4) 加完 PEG 后，将细胞悬液放在 37 ℃水浴中静置 90 s，立即在 2～4 min 内加入 15 mL 无血清的 RPMI-1640 培养基(37 ℃)，开始要一滴一滴地加，由于稀释使 PEG 停止作用。注意尽可能不搅动细胞。

(5) 再经 100 r/min 离心 10 min。弃去上清，加 25 mL HAT 培养液，轻轻混匀，将混悬液分装已有巨噬细胞的两个 24 孔培养板中，每孔 0.5 mL。

(6) 将培养板放在水蒸气饱和 CO_2 孵箱中,37 ℃孵育。CO_2 含量为 5%。

5) 融合细胞的培养及杂交瘤细胞的克隆化培养

(1) 融合细胞培养 3 天后观察其生长情况,可见为融合细胞开始死亡,胞质中出现颗粒,细胞逐渐固缩破碎,同事杂交瘤细胞开始成堆生长。

(2) 7~10 天后用 HAT 培养液半量换液,以后每隔 2~3 天半量换液一次,连续培养 2 周后使用 HT 培养基。

(3) 当细胞集落长到 1/3 孔时,收集上清做特异性抗体检测,筛选抗体反应强、杂交瘤细胞生长旺盛的做克隆化培养:取一部分移至有饲养细胞的培养瓶中继续培养,其余部分细胞冷冻保存。

(4) 采用有限稀释法(limiting dilution)来进行克隆化,稀释至杂交瘤细胞的浓度为 5~10 个细胞/mL,取 0.1 mL 细胞悬液于铺有饲养细胞的 96 孔板,每孔理论上有 0.5~1 个细胞。

(5) 放进 CO_2 培养箱培养,每隔 2~3 天,半量换液一次,并记录细胞生长情况。9~10 天后检测上清,挑出抗体反应强的杂交瘤细胞,重复上述步骤做第 2~5 次克隆化培养。

注:一般经 5 次克隆化培养后,特异性抗体的检出率可达到 100%,这时才可以正式建株。

6) 特异性抗体的检测　细胞融合 9~10 天后逐孔检测上清中的抗体,尽早发现阳性孔,由于待测样品较多,需采用快速、灵敏、特异及可靠的检测方法。常用的方法有酶联免疫吸附测定、放射免疫试验、血凝试验、免疫荧光试验等。参见相关章节。

7) 杂交瘤细胞的鉴定　采用染色体数目技术方法进行鉴定。

(1) 取杂交瘤细胞 1×10^7 个/mL,加秋水仙素 0.2 μg/mL,37 ℃培养 4 h。

(2) 取出细胞,1500 r/min 离心 5 min,去上清后加入 0.075 mol/mL 的 KCl 7 mL(低渗处理),立即用吸管吹散细胞团,室温静置 25 min。

(3) 细胞 1500 r/min 离心 5 min,去上清,沿管壁加入 7 mL 新配制的 3∶1 甲醇冰醋酸固定液,迅速用吸管吹打均匀,静置 30 min。1500 r/min 离心 5 min,去上清,同法固定两次。

(4) 用新配制的 1∶1 甲醇冰醋酸进行第 3 次固定,20 min 后,1500 r/min 离心 5 min,去上清,留 0.2 mL 左右的细胞团和上清。

(5) 加 5 倍体积的 1∶1 甲醇冰醋酸固定液,制成细胞悬液,滴片,自然干燥,Giemsa 染色,镜检细胞染色体数目。

注:小鼠的淋巴细胞染色体为 40 条,骨髓瘤细胞染色体约 60 条染色体,杂交瘤细胞染色体数约 100 条。

8) 单克隆抗体的大量制备、纯化和 Ig 属性的鉴定　将杂交瘤细胞接种于同品系小鼠腹腔可获得高效价的单克隆抗体。

注:体外培养法得到的单克隆抗体有限,不能超过特定的细胞浓度,且每天要换培养液。而体内杂交瘤细胞繁殖可以克服这些限制。杂交瘤细胞具有从亲代淋巴细胞得来的肿瘤细胞的遗传特性。如接种到组织相容性的同系小鼠或不能排斥杂交瘤的小鼠(无胸腺的裸鼠),杂交瘤细胞就开始无限地繁殖,　直至宿主死亡。

(1) 取 6~8 周龄 Balb/c 雄性小鼠,每只腹腔注射无菌石蜡油或降植烷 0.5~0.8 mL。

注:利用免疫抑制剂,如降植烷、液体石蜡、抗淋巴细胞血清等,可以加速和促进肿瘤的生长。

(2) 4~7 天后腹腔接种 2×10^7/鼠杂交瘤细胞。2 周后小鼠腹腔出现腹水,腹水中含高浓度的单抗,将腹水接种到其他小鼠,可得到大量较纯净的单抗。收集腹水并测其效价。

注:产生肿瘤细胞的小鼠腹水和血清中含有大量的杂交瘤细胞分泌的单克隆抗体,这种抗体的效价往往高于培养细胞上清的 100~1000 倍。

9）单抗的纯化和鉴定　　参见实验 56～58，实验 60 等。

【结果】

通过 ELISA 试验测定单克隆的效价；采用琼脂双向免疫扩散试验确定杂交瘤细胞分泌的 Ig 类型。

【思考题】

（1）为什么杂交瘤细胞能在 HAT 培养基中正常生长？
（2）单克隆抗体的均一性和单一特异性指的是什么？
（3）制备单抗的关键步骤有哪些？

（金卫华）

实验 56　盐析法纯化免疫球蛋白

【实验目的】

（1）掌握盐析法的原理。
（2）掌握盐析法分离纯化蛋白质的方法。

【实验原理】

IgG 是免疫球蛋白（immunoglobulin，IgG）的主要成分之一，相对分子质量为 15 万～16 万，沉降系数约为 7S。IgG 是动物和人体血浆的重要成分之一。血浆蛋白质的成分多达 70 余种，要从血浆中分离出 IgG，首先要进行尽可能除去其他蛋白质成分的粗分离程序，使 IgG 在样品中比例大为增高，然后再纯化而获得 IgG。

盐析法是粗分离蛋白质的重要方法之一。许多蛋白质在纯水或低盐溶液中溶解度较低，若稍加一些无机盐则溶解度增加，这种现象称为“盐溶”（salting in）。而当盐浓度继续增加到某一浓度时，蛋白质又变得不深而自动析出，这种现象称为“盐析”（salting out）。这些现象的原理大致是由于蛋白质是亲水胶体，带有羧基解离的负电荷或氨基解离的正电荷，其极性基团使分子间相互排斥，同时与水分子形成水膜，这些因素保证蛋白质形成溶于水的溶胶状态。当加入少量盐时，增多了蛋白质分子上的极性基团，因而增大了蛋白质在水中溶解度，出现“盐溶”现象。但增加到一定盐浓度时，一方面大量的水同盐分子结合，使得蛋白质没有足够的水维持溶解状态，破坏了维持蛋白质亲水胶的水膜，容易沉淀出来；另一方面加入的盐离子中和了蛋白质分子相互碰撞时即发生相互聚集沉淀出来，这样就出现了盐析现象。由于各种蛋白质盐析出来所需的盐浓度也各异，盐析所需的最小盐量称为盐析浓度。盐析法就是通过控制盐的浓度，使蛋白质混合溶液中的各个成分分步盐析出来，达到分离目的蛋白质。

盐析法运用最广的是硫酸铵。因为硫酸铵有许多其他盐所不具备的优点，如在水中化学性质稳定；溶解度大，25 ℃时能达到 4.1 mol/L 的浓度；溶解度的温度系数变化较小，在

0～30 ℃范围内溶解度变化不大，如 25 ℃时饱和溶解度为 4.12 mol/L，即 767 g/L，0℃时饱和溶解度为 3.9 mol/L，即 676 g/L。而且硫酸铵价廉易得，分段效果比其他盐好，性质温和，即使浓度很高时也不会影响蛋白质的生物学活性。因此，现在所指的盐析法实际上多为硫酸铵盐析法。

用硫酸铵分级盐析蛋白质时，盐析出某种蛋白质成分所需的硫酸铵浓度一般以饱和度来表示。实际工作中将饱和硫酸铵溶液的饱和度定为 100%或 1。盐析某种蛋白质成分所需的硫酸铵数量折算成 100%或 1 饱和度的百分之几，即为该蛋白盐析的饱和度。饱和度可以根据情况用下述两种方法计算。

1. 饱和硫酸铵溶液法

在蛋白质溶液的总体不大，要求达到饱和度在 50%以下时，可选用此方法。在已知盐析出某个蛋白质成分所要过到饱和度时，可按下列公式计算出应加入饱和硫酸铵溶液的数量：

$$V=V_0\,\frac{C_2-C_1}{100-C_2}\text{或}\ V=V_0\,\frac{C_2-C_1}{1-C_2} \tag{56-1}$$

式中，V 为应加入饱和硫酸铵溶液的体积；V_0 为蛋白质溶液的原始体积；C_1 为原来溶液的硫酸铵饱和度；C_2 为所要达到硫酸铵饱和度。

将计算所得体积的饱和硫酸铵溶液加入混合蛋白质溶液中，即可达到盐析的目的。严格讲，混合两不同溶液时，混合后的总体积并不等于混合前两种溶液体积之和，而上式中是按约等于计算的，所以会产生误差。但实验证明所造成的误差一般小于 20%，故可忽略不计。

2. 固体硫酸铵法

所需达到的饱和度较高，而蛋白质溶液的体积又不能再过分增大时，采用直接加入固体硫酸铵的方法。欲达到某到饱和度可按下列公式计算出应加入固体硫酸铵的质量：

$$X=\frac{G(C_2-C_1)}{100-AC_2}\text{或}\ X=\frac{G(C_2-C_1)}{1-AC_2} \tag{56-2}$$

式中，X 是将 1 L 饱和度为 C_1 溶液提高到饱和度为 C_2 时，需要加入固体硫酸铵的质量(g)。G 和 A 为常数，数值与温度有关。现在已将达到各种饱和度所需固体硫酸铵的质量列成表，使用时不需计算可直接从表中查出。

市售固体硫酸铵中一般残留有硫酸，所以制备的饱和硫酸铵溶液的 pH 常为 4.5～5.5，作用之前应该用氢氧化铵调节，使其 pH 为 7。用固体硫酸铵盐析时，蛋白质应溶解于具有一定缓冲能力的溶液中，并且在加入硫酸铵中还含有一些重金属离子，用量大时易使蛋白质变性，在这种情况下可加入一些 EDTA 等螯合剂以螯合这些金属离子。

硫酸铵盐析法可使蛋白质的纯度提高约 5 倍，而且可以除去 DNA、RNA 等。但盐析后的蛋白质中仍含有一些杂蛋白，所以盐析分离的粗产品需要进一步纯化。另外，由于盐析所得的蛋白质中含有大量硫酸铵，因此还需要“脱盐”。“脱盐”有凝胶过滤法、透析法等。

【器材】

(1) 饱和硫酸铵溶液：取化学纯$(NH_4)_2SO_4$ 800 g，加蒸馏水 1000 mL，不断搅拌下加热至 50～60 ℃，并保持数分钟，趁热过滤，滤液在室温中过夜，有结晶析出，即达到 100%饱和度，使用时用浓 NH_4OH 调至 pH7.0。

(2) 0.01 mol/L 磷酸盐缓冲溶液(PBS)，pH7.0：取 0.2 mol/L Na_2HPO_4 溶液 61.0 mL，0.2 mol/L Na_2HPO_4 溶液 39.0 mL，混合，用酸度计检查 pH 应为 7.0。取该混合液 50 mL，加入 7.5 g NaCl，用蒸馏水稀释至 1000 mL。

(3) 0.0175 mol/L 磷酸盐缓冲溶液(pH7):取 0.2 mol/L Na_2HPO_4 溶液 43.5 mL 与 0.2 mol/L Na_2HPO_4 溶液 56.5 mL 相混合,用酸度计检查 pH 应为 6.7。取该混合液 87.5 mL,用蒸馏水稀释至 1000 mL。

(4) 萘氏试剂:称 HgI 11.5 g,KI 8 g,加蒸馏水至 50 mL,搅拌溶解后,再加入 20% NaOH 50 mL。

(5) 仪器耗材:普通冰箱、离心机、电磁搅拌器,紫外分光光度计、扭力天平,粗天平,透析袋、尼龙绳、细竹棒、精密 pH 试纸(pH5.5~9.0)、眼科镊子、小剪刀,烧杯、量筒、吸管、滴管、灭菌小瓶、试管等。

【操作步骤】

(1) 在 1 支离心管中加入 5 mL 血清和 5 mL 0.01 mol/L,pH7.0 磷酸盐缓冲液,混匀。用胶头滴管吸取饱和硫酸铵溶液,边滴加边搅拌于血浆溶液中,使溶液的最终饱和度为 20%。

注:用滴管边加边搅拌,是为防止饱和硫酸铵一次性加入或搅拌不均匀造成局部过饱和的现象,使盐析达不到预期的饱和度,得不到目的蛋白质。搅拌时不要过急以免产生过多泡沫,致使蛋白质变性。

加完后应在 4 ℃放置 15 min,使之充分盐析(蛋白质样品量大时,应放置过夜)。然后以 3000 r/min 离心 10 min。弃去沉淀(沉淀为纤维蛋白原),在上清中为清蛋白、球蛋白。

(2) 量取上清的体积,置于另一离心管中,用滴管继续在上清中滴加饱和硫酸铵溶液,使溶液的饱和度达到 50%。加完后在 4 ℃放 15 min,以 3000 r/min 离心 10 min,清蛋白在上清中,沉淀为球蛋白。弃去上清,留下沉淀部分。

(3) 将所得的沉淀再溶于 5 mL 0.01 mol/L,pH7.0 磷酸盐缓冲液中。滴加饱和硫酸铵溶液,使溶液的饱和度达 35%(应加入饱和硫酸铵溶液多少毫升?)。加完后 4 ℃放置 20 min,以 3000 r/min 离心 15 min,α 球蛋白、β 球蛋白在上清中,沉淀为 IgG。弃去上清,即获得粗制的 IgG 沉淀。

注:盐析的成败取决于溶液的 pH 与离子强度,溶液 pH 越接近蛋白质的等电点,蛋白质越容易沉淀。

(4) 步骤(3)可重复 1 次。将获得的粗 IgG 沉淀溶解于 2 mL 0.0175 mol/L,pH6.7 磷酸盐缓冲液中备用。

(5) 把蛋白质溶液装入透析袋内(常用的是玻璃纸),用 PBS 缓冲液进行透析,并不断地更换缓冲液。直至萘氏试剂测试后,透析外液无黄色出现。

注:因透析所需时间较长,所以最好在低温中进行。此外也可用葡萄糖凝胶 G-25 或 G-50 过柱的方法除盐,所用的时间就比较短。

(6) 取透析袋内样品少许做适当倍数稀释后,以紫外分光光度计测定蛋白含量。计算公式如下:

$$蛋白质含量(mg/mL)=(1.45\times OD_{280}-0.74\times OD_{260})\times 样品稀释度$$

【结果】

绘制盐析曲线,计算 IgG 的含量。

【思考题】

(1) 盐析法的优缺点有哪些?

(2) 蛋白质盐析常用的中性盐,主要有硫酸铵、硫酸镁、硫酸钠、氯化钠、磷酸钠等。为什么应用最多的是硫酸铵？

(3) 如何使沉淀更加完全？

(4) 盐析法纯化免疫球蛋白时，为什么硫酸铵的饱和度先调至50%，然后调至35%？加入硫酸铵溶液时，为什么要一滴滴地加？

【附：盐析曲线的制作】

如果要分离一种新的蛋白质和酶，没有文献数据可以借鉴，则应先确定沉淀该物质的硫酸铵饱和度。具体操作方法如下：

取已定量测定蛋白质或酶的活性与浓度的待分离样品溶液，冷至0～5℃，调至该蛋白质稳定的pH，分6～10次分别加入不同量的硫酸铵，第一次加硫酸铵至蛋白质溶液刚开始出现沉淀时，记下所加硫酸铵的量，这是盐析曲线的起点。继续加硫酸铵至溶液微微混浊时，静止一段时间，离心得到第一个沉淀级分，然后取上清再加至混浊，离心得到第二个级分，如此连续可得到6～10个级分，按照每次加入硫酸铵的量，查出相应的硫酸铵饱和度。将每一级分沉淀物分别溶解在一定体积的适宜的pH缓冲液中，测定其蛋白质含量和酶活力。以每个级分的蛋白质含量和酶活力对硫酸铵饱和度作图，即可得到盐析曲线（图56-1）。

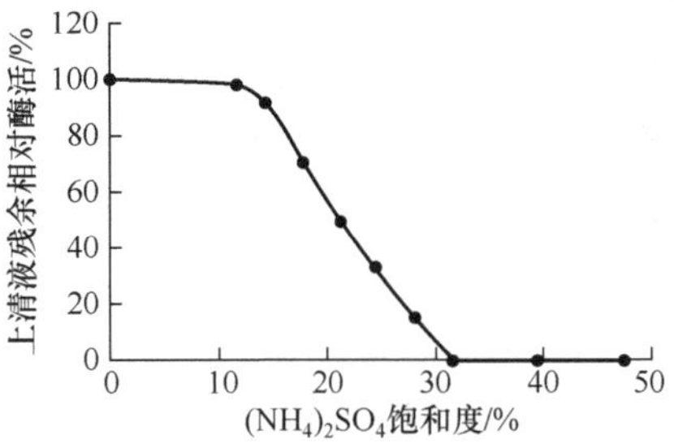

图56-1　硫酸铵沉淀蛋白抽提液的示意图

（涂　毅）

实验57　DEAE-Sephadex A-50柱层析纯化免疫球蛋白

【实验目的】

学习使用DEAE-Sephadex A-50柱层析纯化免疫球蛋白。

【实验原理】

应用离子交换剂来纯化物质，可以把要纯化的物质成分交换吸附于离子交换剂上，然后再分别洗脱下来获得纯品，或者把不需要的成分吸附于离子交换剂上，需要的成分直接流出，得到纯品。离子交换柱层析的原理可参考实验23。

本实验采用DEAE-纤维素层析柱纯化血清IgG，利用pH6.7的缓冲液溶解样品IgG，此时IgG粗物中除IgG外，其他杂蛋白均带上不同数量的负电荷，可以和DEAE上的阴离子发生交换吸附于柱上。IgG因不解离带电，而不发生交换吸附，利用此特点，让溶解后的样品流过DEAE纤维素柱，即可直接收集到较纯的IgG。

DEAE-Sephadex A-50（二乙氨基-乙基-葡萄糖凝胶A-50）为弱碱性阴离子交换剂。用

NaOH 将 Cl-型转变为 OH-型后，可吸附酸性蛋白。血清中的 γ 球蛋白属于中性蛋白（等电点为 pH6.85～7.5），其余均属酸性蛋白。pH7.2～7.4 的环境中，酸性蛋白均被 DEAE-Sephadex A-50 吸附，只有 γ 球蛋白不被吸附。因此，通过柱层析，γ 球蛋白便可在洗脱中先流出，而其他蛋白则被吸附在柱上，从而便可分离获得纯化的 IgG。

【器材】

1. 试剂

(1) 盐析提取的人 γ 球蛋白。

(2) 0.5 mol/L NaOH，0.5 mol/L HCl，2 mol/L NaCl，10% NaN_3。

(3) DEAE-Sephadex A-50，聚乙二醇(PEG)。

(4) 0.1 mol/L，pH7.4 磷酸缓冲液(PBS)。

贮存液：A 液，0.2 mol/L Na_2HPO_4：$Na_2HPO_4 \cdot 12H_2O$ 71.64 g，加蒸馏水至 1000 mL。

B 液，0.2 mol/L NaH_2P_4：$NaH_2P_4 \cdot 2H_2O$ 3.12 g，加蒸馏水至 1000 mL。

应用液：将上述 A 液取 81 mL 与 B 液 19 mL 混合，再以蒸馏水对倍稀释即成。

2. 器材

(1) 层析玻璃柱(1.3×40 cm)，滴定铁架，自由夹，螺旋夹，尼龙纱(200 目)。

(2) 普通冰箱，紫外分光光度计，电导仪、抽滤装置（包括抽气机、干燥瓶、布氏漏斗、橡皮垫圈、抽滤瓶），pH 计。

(3) 透析袋，坐标纸，滤纸，pH 精密试纸。

(4) 量筒，烧杯，试管，吸管，滴管，灭菌小瓶等。

【操作步骤】

1. DEAE-Sephadex A-50 预处理

称 DEAE-Sephadex A-50（下简称 A-50）5 g，浸泡于 500 mL 蒸馏水中，搅匀后静置，1 h 后倾去上层细粒。按每克 A-50 加 0.5 mol/L NaOH 15 mL 的比例，将 A-50 浸泡于 0.5 mol/L NaOH 中，搅匀，静置 30 min，装入布氏漏斗（垫有两层滤纸）中抽滤，并反复用蒸馏水抽洗至 pH 呈中性；再用 0.5 mol/L HCl 同以上操作步骤处理，最后用 0.5 mol/L NaOH 再处理一次。处理完后，将 A-50 浸泡于 0.1 mol/L，pH7.4 PBS 中过夜。

2. 装柱

(1) 将层析柱垂直固定于滴定铁架上，柱底垫一圆尼龙纱，出水口接一乳胶或塑料管并关闭开关。

(2) 将 0.1 mol/L，pH7.4 PBS 沿玻璃棒倒入柱中至 1/4 高度，再倒入经预处理并用同上缓冲液调成稀糊状的 A-50。待 A-50 凝胶沉降 2～3 cm 高时，开启出水口螺旋夹，控制流速 1 mL/min，同时连续倒入糊状 A-50 凝胶至所需高度。

(3)关闭出水口，待 A-50 凝胶完全沉降后，柱面放一圆形滤纸片，用橡皮塞塞紧柱上口，通过插入橡皮塞的针头及所连接的乳胶或塑料管与洗脱液瓶相连接。

3. 平衡

开启出水口螺旋夹，控制流速 12～14 滴/min，使约 2 倍床体积的洗脱液流出。并用 pH

计与电导仪分别测定洗脱液及流出液的 pH 与离子强度是否相同。达到一致时关闭出水口，停止平衡。

4. 加样及洗脱

开启上口橡皮塞及下口螺旋夹，使柱中液体缓慢滴出，当柱面液体与柱面相切时，立即关闭出水口，用毛细滴管沿柱壁加入样品（体积应小于床体积的 2%，蛋白质浓度以<100 mg 为宜）。松开出水口螺旋夹使柱面样品缓慢进入柱内，至与柱面相切时，立即关闭下口，用少量洗脱液洗柱壁 2～3 次；再放开出水口，使洗液进入床柱，随后立即于柱面上加入数毫升洗脱液，塞紧柱上口，使整个洗脱过程成一密闭系统。并控制流速 12～14 滴/min。

5. 收集

开始洗脱的同时就用试管进行收集。每管收集 3～5 mL。共收集 10～15 管。

6. 测定蛋白含量

用紫外分光光度计分别测定每管 OD_{280} 与 OD_{260}，按前述公式计算各管蛋白质含量，并以 OD_{280} 为纵坐标，以试管编号为横坐标，绘制洗脱曲线。

7. 合并、浓缩

将洗脱峰的上坡段与下坡段各管收集液分别进行合并，用 PEG（M_W 为 6000）洗缩至所需体积，加入 0.02% NaN_3 防腐剂，于 4 ℃保存备用。长期保存时应保存于－40℃冰箱。

8. A-50 凝胶的再生

在柱上先用 2 mol/L NaCl 洗脱柱上的杂蛋白，至流出液的 OD_{280}<0.02，再用蒸馏水洗去柱中盐。然后按预处理过程将 A-50 再处理一遍即达再生。

注：近期用时泡于洗脱缓冲液中 4 ℃保存；近期不用时，用无水乙醇洗 2 次，再置 50 ℃温箱烘干，装瓶内保存。

【结果】

（1）计算蛋白含量（同盐析法）。

（2）以 OD_{280} 为纵坐标，以试管编号为横坐标，绘制洗脱曲线。

【思考题】

用 DEAE-Sephadex A-50 柱层析纯化免疫球蛋白有哪些注意事项？

（彭晓娅）

实验 58 Sepharose CL-4B 亲和柱层析纯化 IgG 及 IgG 亚类

【实验目的】

掌握 Sepharose CL-4B 亲和柱层析纯化 IgG 及 IgG 亚类的原理和方法。

【实验原理】

葡萄球菌 A 蛋白(SPA)是从金黄色葡萄球菌细胞壁上分离出来的蛋白质,分子质量为 42 kDa,能与大部分哺乳动物 IgG 分子的 Fc 段结合。一般分离 IgG 的方法如盐析法、凝胶过滤以及离子交换层析等都无法将 IgG 亚类分开,尤其是 IgG2a 和 IgG2b,而使用亲和层析则可以分离不同亚类的 IgG。

小鼠 IgG 抗体主要有 4 个亚类:IgG1、IgG2a、IgG2b 和 IgG3。在 pH8.0 时,SPA 能够与 IgG 结合,而一般不与 IgM 和 IgA 结合,其中 IgG2b 与之结合牢固,IgG3 次之,IgG1 结合最弱。利用改变 pH 及离子强度可洗脱结合于 SPA-Sepharose CL-4B 柱上的 IgG 或不同的 IgG 亚类,可直接纯化血清或小鼠腹水中的 IgG 抗体。

【器材】

(1) SPA-Sepharose CL-4B(Pharmacia)。

(2) 0.1 mol/L 磷酸缓冲液(pH8.0)+0.02% NaN_3。

(3) 枸橼酸缓冲液:

$$\left.\begin{array}{ll} 0.1\ \text{mol/L} & (\text{pH}6.0) \\ 0.1\ \text{mol/L} & (\text{pH}4.0) \\ 0.1\ \text{mol/L} & (\text{pH}3.0) \end{array}\right\} +0.02\%\ NaN_3\text{。}$$

(4) 1 mol/L Tris 溶液,pH9.0。

(5) 再生缓冲液:

a. 0.1 mol/L Tris 含 0.5 mol/L NaCl 调整 pH 至 8.5+0.02% NaN_3。

b. 0.1 mol/L NaAc 含 0.5 mol/L NaCl 调整 pH 至 4.5+0.02% NaN_3。

(6) 1~10 mL 柱体积的玻璃柱或塑料柱。

【操作步骤】

(1) 用 0.1 mol/L 磷酸缓冲液(pH8.0)浸泡 SPA-Sepharose CL-4B 凝胶 15 min。按 1 g 干胶 200 mL 上述缓冲液充分洗涤凝胶(用玻璃漏斗过滤或置烧杯中洗涤)。

(2) 装柱后用 0.1 mol/L 磷酸缓冲液(pH8.0)平衡。

(3) 样品可用硫酸铵粗提物,先用离心机 10 000 g 离心除去杂质,必要时用 0.22 μm 滤膜过滤。上样前用 1 mol/L Tris 液(pH9.0)调整样品液 pH 至 8.1 或对平衡液透析过夜。

(4) 按 25~30 mg IgG:1g 湿胶比例加样,室温作用 15 min,0.1 mol/L 磷酸缓冲液(pH8.0)充分淋洗至 OD 值<0.02。

(5) 用不同 pH 的枸橼酸洗脱液洗脱,流速 20 mL/h。如纯化小鼠 IgG1 一般用 pH6.0;纯化 IgG2a 用 pH4.0;纯化 IgG2b 用 0.1 mol/L 乙酸盐缓冲液(pH3.0)或 0.1 mol/L 甘氨酸-HCl 缓冲液(pH3.0)洗脱。

(6) 用 pH3.0 或 pH4.0 洗脱液洗脱时,用适量固体 Tris 直接中和含有 IgG 的洗脱液。

【结果】

收集洗脱液测 OD 值,并绘制洗脱曲线。

【思考题】

(1) 葡萄球菌A蛋白(SPA)除了主要与IgG结合外还可能与其他种类免疫球蛋白结合，如何进一步纯化？

(2) 用Sepharose CL-4B亲和柱层析纯化IgG及IgG亚类有哪些注意事项？

(3) Sepharose CL-4B亲和柱层析有哪些用途？

（彭晓娅）

实验59　高效液相色谱法纯化小鼠腹水中单克隆抗体

【实验目的】

掌握高效液相色谱法纯化免疫球蛋白的原理和操作方法。

【实验原理】

从小鼠腹水中纯化单克隆抗体的方法有盐析法、离子交换层析、凝胶过滤和亲和层析等。应用离子交换层析等从腹水中一次纯化的单克隆抗体IgG含有不同程度的污染蛋白，需更换梯度或用凝胶过滤等进行进一步纯化。应用离子交换剂、凝胶等作柱填充剂结合高效液相色谱(high performance liquid chromatography，HPLC)技术可用于单克隆抗体的纯化。抗体经硫酸铵沉淀后再进行根据离子交换原理，将经硫酸铵粗提的含γ球蛋白的单克隆抗体上样结合于层析柱上，通过增加洗脱液中的离子强度，洗脱并收集蛋白峰。此方法不仅纯化速度快，回收率和得率高，而且保持良好的生物学活性。

【器材】

(1) TSK DEAE SPW离子交换层析柱(75 mm×7.5 mm，Bio Rad)。

(2) 高效液相色谱仪(包括控制系统、溶剂传递系统、高压加压活门和紫外280 nm监测系统)。

(3) PBS缓冲液。

缓冲液A：20 mmol/L Tris缓冲液(pH8.5)。

缓冲液B：20 mmol/L Tris缓冲液(pH8.5)，含2.0 mol/L NaAc。

【操作步骤】

(1) 收集小鼠腹水，10 000 *g* 离心10 min，除去细胞和杂质，在4℃条件下逐滴加入饱和硫酸铵溶液，使终浓度为40%饱和硫酸铵。

(2) 搅拌20～30 min，离心，沉淀用40%饱和硫酸铵洗涤两次后溶于PBS，用缓冲液A透析除盐。置于4 ℃过夜。

(3) 用带有1000 μL样品环的高压加样活门，将透析后粗提物加样于经缓冲液A液平衡的高效液相色谱的 TSK DEAE SPW 离子交换层析柱进样口，进行分离。洗脱流速 1 mL/min，洗脱方案为：

0～1 min，用 0%～5%缓冲液 B 进行线性梯度洗脱；

1～20 min，用 5%～20%缓冲液 B 进行线性梯度洗脱；

20～22 min，用 20%～0%缓冲液 B 进行线性梯度洗脱。

(4) 洗脱液用紫外 280 nm 进行检测。

【结果】

收集蛋白峰，进行含量、纯度和活性测定。

【思考题】

(1) 通过高效液相色谱法活动的单克隆抗体纯度能达到多少？

(2) 几种方法纯化免疫球蛋白各有什么优缺点？

（彭晓娅）

实验 60　单克隆抗体亲和层析柱纯化重组人 α 2a 干扰素

【实验目的】

了解用单克隆抗体层析柱纯化重组人 α2a 干扰素（rHuIFN-α2a）技术。

【实验原理】

重组人 α 干扰素的分子质量为 19 200Da，作为一种具有广谱抗病毒、抑制肿瘤细胞生长及免疫调节作用的细胞因子新型药物，已在国内外广泛投入临床应用，并取得了显著的疗效。国际上对用于临床的重组干扰素的纯度要求很高，美国 NIH 规定必须在 90%以上，因此生产者普遍采用亲和层析纯化法。单克隆抗体亲和层析技术可用来从体液、组织抽提液、细胞培养液中，特别是从基因工程菌体破碎等复杂组成物中分离出微量蛋白质和多肽。由于其特异性高，操作简便而迅速，在高价值蛋白质和治疗用多肽的下游处理过程中，作为一种良好的分离纯化工具，有较广泛的适用性。

【器材】

1. 菌种

rHuIFN-α2a 的基因工程菌。

2. 试剂

盐酸胍；0.15 mol/L PBS 缓冲液（pH7.2）；0.1 mol/L 甘氨酸-HCl（pH2.4）。

3. 仪器与耗材

DEAE 凝胶柱，DEAE-Sephadex A-50，SPA-Sepharose CL-4B（Pharmacia），紫外分光光

度计，pH 计，层析柱等。

【操作步骤】

1. rHuIFN-α2a 的粗提

表达 rHuIFN-α2a 的工程菌用盐酸胍裂解，过 DEAE 凝胶柱粗提，收集活性峰。

2. 亲和层析

rHuIFN-α2a 粗提物用 0.15 mol/L PBS(pH7.2)透析过夜，上样于经 0.15 mol/L PBS(pH7.2)平衡的亲和层析柱，流速 0.5 mL/min，然后用大量 PBS 流洗至流出液 $OD_{280} \leqslant 0.02$，再用 0.1 mol/L 甘氨酸-HCl(pH2.4)洗脱，洗脱液立即转至 0.15 mol/L PBS(pH7.2)中透析过夜，测定蛋白质浓度、纯度和活性。

【结果】

收集蛋白峰，进行浓度、纯度和活性测定。

【思考题】

用单克隆抗体层析柱纯化重组人 α2a 干扰素关键步骤有哪些？

（彭晓娅）

实验 61　免疫球蛋白酶标记抗体技术

【实验目的】

了解酶标记抗体技术的原理并掌握其操作方法。

【实验原理】

酶标记抗体技术基本要求是将酶分子与抗体或抗抗体分子共价结合，此种结合既不改变抗体的免疫反应活性，也不影响酶的生物化学活性。

用于标记抗体的酶较多，常用的有辣根过氧化物酶（HRP），小牛肠碱性磷酸酶(AKP)，葡萄糖氧化物酶和大肠杆菌 β-D-半乳糖苷酶等。

1. 辣根过氧化物酶

辣根过氧化物酶(horseradish peroxidase，HRP)广泛分布于植物界，在辣根中含量高，因此得名，它是由无色的酶蛋白和棕色的铁卟啉结合而成的糖蛋白，糖含量 18%。

HRP 的辅基和酶蛋白最大吸收光谱分别为 403 nm 和 275 nm，一般以 OD_{403}/OD_{275} 的比值 RZ 表示酶的纯度。高纯度的酶 RZ 值应在 3.0 左右。

HPR 显色机制：HPR 的催化反应需要底物过氧化氢(H_2O_2)和供氢体(DH_2)。供氢体多为无色的还原型染料，通过反应可生成有色的氧化型染料(D)。酶促反应的过程如下：

$$DH_2 + H_2O_2 \xrightarrow{HRP} D + 2H_2O$$

供氢体的种类很多，形成的产物特点不一。目前使用较广泛的供氢体是：OPD(邻苯二胺)和 TMB(四甲基联苯胺)。前者形成的产物为深橘黄色或棕色，后者产物为蓝绿色，二者的可溶性均好，在避光处颜色稳定，空白可近于无色，灵敏度上据报道后者比前者可高 4 倍以上。

2. 碱性磷酸酶

碱性磷酸酶(alkaline phosphatase，AKP)为小牛肠黏膜和大肠杆菌中提炼出来的一种磷酸酯的水解酶，由多个同工酶组成。从小牛肠黏膜提取的 AKP 分子质量为 100 kDa，酶作用的最适 pH 为 9.6；从大肠杆菌中提取酶分子质量为 80 kDa，最适 pH 为 8.0。

AKP 作用机制：碱性磷酸酶的作用底物较多，常用的酶底物有对硝基苯磷酸盐(PNPP)、β-甘油磷酸钠、磷酸萘酯等。

以磷酸对硝基酚为底物，2-氨基-2-甲基-1-丙醇或二乙醇胺为磷酸酰基的受体。在碱性环境下，AKP 催化 PNPP 水解产生游离的对硝基酚，在碱性溶液中转变为黄色。检测波长为 405 nm。

3. 酶标记方法

1) 辣根过氧化物酶标记　　用 HRP 标记抗体需借助交联剂的作用，将酶连接在抗体分子上。常用的交联剂为过碘酸钠和戊二醛。

改良过碘酸钠法：HRP 分子中与酶活性无关的糖基被过碘酸钠氧化为醛基，再与抗体蛋白的氨基形成希夫碱，由此使得酶与抗体共价相连。

戊二醛法：戊二醛是一种常用的同型双功能交联剂，通过他的两个醛基分别与 HRP 和抗体蛋白的氨基结合，形成 HRP-戊二醛-Ab 蛋白结合物。

2) 碱性磷酸酶标记　　AKP 主要用作双标记染色，研究递质共存及酶免疫测定。AKP 标记抗体，一般采用戊二醛作交联剂一步法，将酶和待标记抗体混合，同时加入戊二醛进行交联反应，使酶和抗体蛋白的氨基分别与戊二醛的两个醛基结合。

【器材】

1. 试剂

亲和纯化的多克隆抗体或生物化学纯的单克隆抗体(5 mg/mL PBS 液或 0.1 mol/L 磷酸缓冲液 pH6.8)。

用以标记的酶(EIA 级，有商品供应)：辣根过氧化物酶(HRP，纯度为 $A_{430}/A_{275}>3$)，黑曲霉葡萄糖氧化酶，小牛肠碱性磷酸酶(AKP)或大肠杆菌 β-D-半乳糖苷酶均可选用，但以 HRP 最为常用。

25%戊二醛液(电镜级)；0.1 mol/L 磷酸钾缓冲液(pH6.8)；PBS；2 mol/L 甘氨酸液；蒸馏甘油。

2. 仪器

电磁搅拌器，搅拌棒，透析袋(相对分子质量 6000～8000)。

【操作步骤】

1. 抗体与过氧化物酶偶联

(1) 将 5 mg 抗体与 10 mg 酶在总体积 1 mL 的 0.1 mol/L 磷酸钾缓冲液(pH6.8)混合。

(2) 在 4 ℃将 0.1 mol/L 磷酸钾缓冲液(pH6.8)透析过夜。

(3) 用 0.1 mol/L 磷酸钾缓冲液(pH6.8)稀释戊二醛至 1%。

(4) 向透析混合液中加入 50 μL 稀释过的戊二醛，在室温下轻轻搅拌 3 h。

(5) 加入 2 mol/L 甘氨酸液使最终浓度达到 0.1 mol/L，混合液室温放置 2 h，以封闭残存的醛基。

(6) 混合液在 4 ℃用 PBS 透析过夜。

(7) 4 ℃，10 000 *g* 离心 30 min。

(8) 将上清移入另一管中，按体积 1∶1 加入甘油，使终浓度达 50%。

(9) 置－20℃保存。

2. 抗体与 AKP 偶联

(1) 将 5 mg 抗体与 10 mg 酶在总体积 2 mL 的 0.1 mol/L 磷酸钾缓冲液(pH6.8)混合。

(2) 其他操作同 HRP 标记法。

3. 抗体与葡萄糖氧化酶偶联

按 HRP 偶联法操作，仅将加入的 1%戊二醛改为 150 μL。

4. 抗体与 β-D-半乳糖苷酶偶联

按 HRP 偶联法操作，但偶联反应总体积改为 2 mL，1%戊二醛用量改为 100 μL。

【结果】

用抗原包被的微量板通过直接酶免疫试验测定偶联度。

【思考题】

简述酶标记抗体技术的临床应用及意义。

(彭晓娅)

实验 62　荧光素标记抗体技术

【实验目的】

掌握荧光标记抗体技术的原理和方法。

【实验原理】

荧光抗体标记技术是将荧光素以化学方法与特异性抗体共价结合，形成荧光素-蛋白质结合物(即荧光标记抗体)，此结合物仍保留着抗体活性，同时具有荧光素的示踪作用。当它与相应的抗原特异结合后，借助于荧光显微镜观察呈现明亮的特异荧光。

作为标记的荧光素应符合以下要求：应具有能与蛋白质分子形成共价键的化学基团，与蛋白质结合后不易解离，而未结合的色素及其降解产物易于清除；荧光效率高，与蛋白质结合后，仍能保持较高的荧光效率；荧光色泽与背景组织的色泽对比鲜明；与蛋白质结合后不影响蛋白质原有的生化与免疫性质，与蛋白质的结合物稳定，易于保存；标记方法简单、安全无毒。

常用于标记的荧光素有异硫氰酸荧光素、四乙基罗丹明、四甲基异硫氰酸罗丹明等，每种荧光素各有特点。

(1) 异硫氰酸荧光素 (fluorescein isothiocyanate, FITC)：FITC 纯品为黄色或橙黄色结晶粉末，易溶于水和乙醇溶剂。有两种异构体，其中异构体Ⅰ型在效率、稳定性与蛋白质结合力等方面都更优良。FITC 相对分子质量为 389.4。

最大吸收光波长为 490～495 nm，最大发射光波长为 520～530 nm，呈现明亮的黄绿色荧光。FITC 在冷暗干燥处可保存多年，是目前应用最广泛的荧光素。其主要优点是人眼对黄绿色较为敏感，通常切片标本中的绿色荧光少于红色。

(2) 四乙基罗丹明 (rhodamine, RB200)：RB200 为橘红色粉末，不溶于水，易溶于乙醇和丙酮，性质稳定，可长期保存。最大吸收光波长为 570 nm，最大发射光波长为 595～600 nm，呈现橘红色荧光。

(3) 四甲基异硫氰酸罗丹明 (tetramethyl rhodamine isothiocynate, TRITC)：TRITC 为罗丹明的衍生物，呈紫红色粉末，较稳定。最大吸收光波长为 550 nm，最大发射光波长为 620 nm，呈现橙红色荧光，与 FITC 的翠绿色荧光对比鲜明，可配合用于双重标记或对比染色。因其荧光淬灭慢，也可用于单独标记染色。

(4) 镧系：镧系螯合物某些 3 价稀土镧系元素，如铕(Eu3)、铽(Tb3)、铈(Ce3)等的螯合物经激发后也可发射特征性的荧光，其中以 Eu3 应用最广。Eu3 螯合物的激发光波长范围宽，发射光波长范围窄，荧光衰变时间长，最适合用于分辨荧光免疫测定。

(5) 藻红蛋白(phycoerythrin, PE)：PE 是在红藻中所发现的一种可进行光合作用的自然荧光色素，分子质量为 240 kDa 的蛋白，最大吸收峰为 564 nm，当使用 488 nm 激光激发时其发射荧光峰值约为 576 nm，对于单激光器的流式细胞仪来说，推荐使用(585±21) nm 的带通滤光片，双激光器的流式细胞仪推荐使用(575±13) nm 的带通滤光片。FL2 探测器可检测 PE。

(6) 多甲藻叶绿素蛋白 (peridinin chlorophyll protein, PerCP)：PerCP 是在甲藻和薄甲藻的光学合成器中发现的，是一种蛋白复合物，分子质量约为 35 kDa，最大激发波长的峰值在 490 nm附近，当被 488 nm 氩离子激光激发后，发射光的峰值约为 677 nm。FL3 探测器可检测 PerCP。

(7) 碘化丙啶(propidium iodide, PI)：可选择性地嵌入核酸(DNA、RNA)的双螺旋碱基对中。在对 DNA 染色时，需用 RNase 对细胞进行处理，以排除 RNA 对 DNA 荧光定量精度的影响。在 488 nm 波长激发下，PI 的发射光谱为 610～620 nm。FL2 探测器可检测 PI。

荧光素标记抗体的纯化采用凝胶过滤法，又称分子排阻层析或分子筛层析，是以多孔网状结构凝胶颗粒作为层析介质。每种型号的凝胶颗粒，其所具有的海绵状立体网孔结构的孔径较一致，犹如分子筛一样，可以分离一定大小的分子。当不同大小分子的混合物加至柱表面时，大分子不能进入胶粒的网孔内，在胶粒之间的空隙中向下移动，首先被洗脱；而小分子则在下移的过程中，可不断进入胶粒的网孔内而反复遇阻，下移速度慢，逐渐与大分子分开，因而后被洗脱。

荧光抗体的鉴定以 F/P(标记荧光素 OD 值/蛋白质 OD 值)比率为标准：将制备的荧光抗体稀释至 $A_{280}\approx 1.0$，分别测读 A_{280}(蛋白质特异吸收峰)和标记荧光素的特异吸收峰。F/P 值越高，说明抗体分子上结合的荧光素越多，标记抗体的灵敏度就高，反之则越少；但 F/P 过高会增加荧光素标记抗体的负电荷，从而增加与组织细胞的非特异性吸附；一般用于固定标本的荧光抗体以 $F/P=1.5$ 为宜，用于活细胞染色的以 $F/P=2.4$ 为宜，F/P 比率的计算经验公式如下：

$$(FITC)F/P = 2.87 \times OD_{495}/(OD_{280} - 0.35 \times OD_{495})$$

本次实验以 FITC 标记抗体为例介绍荧光素标记抗体的制备过程。

异硫氰酸荧光素(fluorescein isothiocyanate, FITC)作为标记物,在碱性溶液中,FITC 上的化学基团异硫氰基(—N═C═S)与抗体蛋白自由氨基(主要是赖氨酸的 ε-氨基)结合,形成荧光抗体,其反应式如下:

荧光素—N═C═S + NH_2—抗体 ⟶ 荧光素—N—C—N—抗体

【器材】

1. 试剂

抗体溶液,0.5 mol/L(pH9.0)碳酸盐缓冲液,无菌生理盐水,异硫氰酸荧光素,1%硫柳汞水溶液,pH7.2 的 0.005 mol/L PBS 缓冲液,Sephadex G-50 等。

2. 仪器

50 mL 小烧杯,4 ℃冰箱,磁力搅拌器,透析袋,玻棒,层析柱等。

【操作步骤】

1. 抗体的准备

取适量已知浓度的任意一种免疫球蛋白溶液于烧杯中,加入生理盐水及碳酸盐缓冲液,碳酸盐缓冲液容量为总量的 1/10,使最后免疫球蛋白终浓度为 20 mg/mL,混匀,将烧杯放磁力搅拌器上搅拌 5~10 min。

搅拌过程不起泡沫为宜。

2. 荧光素的准备

根据欲标记的蛋白质总量,按每毫克免疫球蛋白加 0.01 mg 荧光色素,用分析天平准确称取所需的异硫氰酸荧光素粉末。

可用下述公式计算出免疫球蛋白、荧光素的量,还可以算出需加缓冲液的量。

a. 蛋白溶液:含量 *A* mg/mL;容积 *B* mL。

b. 总蛋白量(AXB)=*C* mg。

c. *C*/20~*C*/10=*D* mg(如蛋白含量低于 20 mg/mL,用 *C*/10;如高于 20 mg/mL,用 *C*/20)。

d. 荧光素 FITC 的量:(1/50~2/100)XC=*E* mg。

e. 0.5 mol/L(pH9.5)碳酸盐缓冲液 *D*/10=*F* mL。

f. PBS 量 *D*−(*B*+*F*)=*G* mL。

注:*A* 为蛋白含量(mg/mL);*B* 为蛋白质溶液的容积;*C* 为总蛋白量(mg);*D* 为常数(mg);*E* 为荧光素的量(mg);*F* 为碳酸盐缓冲液的容积(mL);*G* 为 PBS 的容积(mL)。

3. 标记

边搅拌边将称取的荧光色素渐渐加入球蛋白溶液中,避免将荧光素粘于烧瓶壁(在 5~10 min内加完),加完后,继续避光搅拌 12 h 左右。

注:荧光素及其标记抗体的操作过程注意避光,结合期间应保持蛋白溶液于 4 ℃左右,故需将烧杯和搅拌器一起移入 4 ℃冰箱中。

4. 透析

结合完毕后,将标记的球蛋白溶液 2500 r/min 离心 20 min,除去其中少量的沉淀物,装入透析袋中,再置于烧杯中,用 pH8.0 的 PBS 缓冲液透析(0~4 ℃)过夜。

5. 纯化

用 Sephadex G-50 装 25 cm 层析柱，凝胶沉积约 18 cm（离管口 7 cm，避免凝胶柱干掉），用 pH7.2，0.005 mol/L 磷酸缓冲液（PBS）平衡洗脱约 10 min，流速控制为 1 mL/min。吸取上述标记的抗体溶液上凝胶柱，注意不可使柱面干掉。用 pH7.2，0.005 mol/L PBS 洗脱，流速控制为 1 mL/min。可看到黄色与黄绿色荧光在凝胶柱分开。

6. 收集

当黄绿色荧光出现在洗脱液时，用试管收集全部黄绿色荧光溶液。将试管内收集的溶液混匀。

注：黄色荧光溶液洗脱较慢，用蒸馏水洗脱约 15 min，直至黄色荧光消失，停止洗脱后，将柱内凝胶回收入凝胶瓶内。

7. 鉴定

将试管内收集的溶液混匀，用 PBS 作 10 倍稀释后在紫外分光光度计分别测 OD_{495} 和 OD_{280} 值。

8. 保存

标记抗体在－20 ℃避光保存。

【结果】

计算 F/P 值，并对该比值作分析。

【思考题】

（1）请解释荧光素标记抗体技术的基本原理。

（2）荧光素标记抗体技术成功的关键有哪些？

（金卫华）

实验 63　免疫斑点实验

【实验目的】

学习免疫斑点实验的原理和操作方法。

【实验原理】

免疫斑点试验（dot immunobinding assay，DIBA）是利用硝酸纤维素膜（NC 膜）或醋酸纤维素膜作为固相支持物，进行抗原抗体反应的免疫学检测方法。该法具有微量、快速、经济、方便等特点，可用于检测抗体或抗原。近年来已较多地应用于医学基础研究和疾病的诊断。

硝酸纤维素膜和醋酸纤维素膜具有很强的静电吸附力，在中性条件下即可有效地吸附蛋白质等生物大分子。因而，将抗原吸附于纤维素膜后，就可利用纤维素膜作为固相进行抗原抗体反应。当加入抗体后即可与膜上的抗原结合，封闭后再加入带有标记物的抗体，使标记通过抗抗体和相应抗体的结合间接地交联于纤维素膜上。加入标记物相应的底物后，标记物即可与底物作用形成不溶性产物，呈现斑点状着色，从而判定结果。根据所用的标记物不同，可分为：辣根过氧化物酶免疫斑点试验（使用辣根过氧化物酶作为抗抗体的标记物），碱性磷酸酶免疫斑点试验（使用碱性磷酸酶抗碱性磷酸酶复合物作为酶标记物）和金银染色免疫斑点试验（使用胶体金作为抗抗体的标记物）等。其中，最常用的是以辣根过氧化物酶标记系统为基础的免疫斑点试验。下面以辣根过氧化物酶免疫斑点试验和碱性磷酸酶免疫斑点试验为例作一简单介绍。

【器材】

（1）硝酸纤维素膜（NC 膜）。

（2）洗涤液：含 0.5%Tween-20 的 0.01 mol/L PBS（pH7.4）。

0.2 mol/L Na_2HPO_4	87 mL
0.2 mol/L Na_2HPO_4	13 mL
NaCl	15.2 g
Tween-20	6 mL

加 H_2O 定容至 2000 mL。

（3）封闭液（抗体稀释液）：

1 mol/L D-葡萄糖	19.817 g
2 mL 甘油	2%

加含 0.35% Tween-20 的 0.01 mol/L PBS 至 100 mL。

（4）辣根过氧化物酶底物溶液：

DAB	5 mg
0.05 mol/L Tris-HCl（pH7.6）	10 mL

以上用前取 1 mL，加 3% H_2O_2 0.01 mL。

（5）碱性磷酸酶抗碱性磷酸酶复合物（APAAP 复合物）。

（6）碱性磷酸酶底物溶液。

【操作步骤】

1. 辣根过氧化物酶免疫斑点试验

（1）将 0.01 mol/L PBS（pH7.4）稀释的抗原液 2 μL 点于硝酸纤维素膜（或醋酸纤维素膜）上，37 ℃温箱中干燥 20～30 mim。

（2）滴加封闭液 37 ℃温盒中封闭 10 min。

（3）用洗涤液洗 1～2 次，滤纸吸干。

（4）加用稀释液稀释的抗体或待检样品，置 37 ℃湿盒中 30 mim。

（5）用洗涤液振洗 3 次，每次 3 min，吸干。

（6）水洗终止反应。

2. 碱性磷酸酶免疫斑点试验

（1）将 0.01 mol/L PBS（pH7.4）稀释的抗原液 2 μL 点于硝酸纤维素膜上，置 37 ℃温箱中干燥 20～30 min。

（2）用封闭液 37 ℃湿盒中封闭 10 min。

（3）用洗涤液振洗 1～2 次，滤纸吸干。

(4) 加稀释液稀释的小鼠抗体或待检样品，置室温湿盒中 30 min。

(5) 用洗涤液振洗 3 次，每次 3 min，吸干。

(6) 加 1 ∶ 50 稀释的兔抗鼠 IgG 或羊抗鼠 IgG 血清，置室温湿盒中 30 min，洗涤同上所述，吸干。

(7) 加 APAAP 复合物于膜上、室温湿盒中 30 min，洗同前，吸干。

(8) 加 1 ∶ 50 稀释的抗鼠 IgG 血清，置室温湿盒中 10 min，振洗 1 次、吸干。

(9) 加 APAAP 复合物，温育、洗涤同步骤(8)。

(10) 重复步骤(8)和(9)1～3 次。

(11) 洗涤液振洗 3 次，每次 3 min、吸干。

(12) 滴加新配底物溶液显色 5～10 min，水洗终止反应。

【结果】

观察结果，出现明显棕色斑点者为阳性 。

【思考题】

免疫斑点实验结果会出现假阳性吗？有哪些原因？

（彭晓娅）

实验 64　免疫组化染色技术检测淋巴细胞表面标记

【实验目的】

学习免疫组织化学的基本原理，熟悉免疫细胞化学实验的操作方法。

【实验原理】

免疫组织化学(immunohistochemistry)又称免疫细胞化学(immunocytochemistry)，是指用带显色剂标记的特异性抗体，在组织细胞原位，通过抗原抗体反应和组织化学的呈色反应，对相应抗原进行定位、定性及定量测定的一项技术。它把免疫反应的特异性和组织化学反应的可见性结合起来，借助显微镜的显示和放大作用，在细胞、亚细胞水平检测各种物质(包括蛋白质、多肽、酶、激素、受体等)。

1. 基本原理

抗体和抗原之间的结合具有高度的特异性，免疫组织化学正是利用了这一原理。先将组织或细胞中的某种化学物质提取出来，以此作为抗原或半抗原，通过免疫动物后获得特异性的抗体，再以此抗体去探测组织或细胞中的同类的抗原物质。由于抗原与抗体的复合物是无色的，因此还必须借助于组织化学的方法将抗原抗体结合的部位显示出来，以其达到对组织或细胞中的未知抗原进行定性，定位或定量的研究。

2. 几种常用的免疫组织化学方法的原理

免疫荧光细胞化学技术，将已知抗体标上荧光素，以此作为探针检查细胞或组织内的相应抗原，在荧光显微镜下观察。当抗原抗体复合物中的荧光素受激发光的照射后会发出一定波长的荧光，从而可以确定组织中的抗原定位或定量。

免疫酶细胞化学，是目前免疫组织化学研究中最常用的技术。基本原理是先以酶标记的抗体与组织或细胞作用，然后加入酶的底物，生成有色的不溶性产物或具有一定电子密度的颗粒，通过光镜或电镜，对细胞或组织内的相应抗原进行定位或定性研究。

免疫胶体金技术，就是用胶体金标记一抗，二抗或其他的能特异性的结合免疫球蛋白的分子(如葡萄球菌 A 蛋白)等作为探针，对组织或细胞内的抗原进行定性，定位或定量研究。由于胶体金的电子密度高，多用于免疫电镜的单标记或多标记的定位研究。

免疫组织化学的全过程包括：①抗原的提取与纯化；②免疫动物或细胞融合，制备特异性抗体以及抗体的纯化；③将显色剂与抗体结合形成标记抗体；④标本的制备；⑤免疫细胞化学反应以及呈色反应；⑥观察结果。

本次实验以 SABC 法检测淋巴细胞表面标记为例，介绍免疫细胞化学的操作方法。

SABC(strept avidin-biotin complex)法是一种显示组织和细胞中抗原分布的简便而敏感的免疫组化染色方法，是众多免疫组织化学方法的一种。SABC 法的基本过程为：一抗＋生物素标记二抗＋滴加试剂 SABC(链霉卵白素＋辣根过氧化物酶标记生物素)＋辣根酶底物显色。常用的亲和素从链霉菌(streptomyces)培养物中提取，因此称为链霉亲和素-生物素-过氧化物酶复合物技术(streptavidin biotin-peroxidase complex method，SABC 法)。

生物素(biotin)为含硫的杂环单羧酸，分子质量小，通过其羧基与蛋白质的氨基结合，从而可标记抗体和酶。亲和素(avidin)又称抗生物素蛋白，是一种糖蛋白，在鸡蛋白中被发现，相对分子质量为 68 000。生物素与亲和素有很高的亲和力，1 个亲和素分子上有 4 个生物素结合位点。在 ABC 法中，不对特异性第一抗体进行标记，而用生物素标记第二抗体，染色前按一定比例将亲和素与生物素标记的过氧化物酶混合，制成 ABC 合物，并使亲和素分子上至少空出 1 个生物素结合位点。染色时，标本中的抗原先与第一抗体结合，后者再与生物素标记的第二抗体结合，然后加入 ABC 复合物，结合到第二抗体的生物素上，最终形成的复合物网络了大量的酶分子，因此，敏感性更高。

【器材】

1. 细胞

原代或传代培炎的淋巴细胞。

2. 试剂

细胞培养液 1640，胎牛血清，细胞培养抗生素，细胞消化液、完全培养基、4％多聚赖氨酸、0.01 mol/L PBS(pH7.2～7.4)、3％ H_2O_2(现配)、0.5％ Txiton X-100、浓缩型 SABC 试剂盒(包括血清封闭液、二抗、三抗 SABC)、苏木素、ddH_2O、DAB 显色试剂盒、杜氏磷酸盐缓冲液(dulbecco's phosphate buffered saline，DPBS)(氯化钠 8 g，氯化钾 0.2 g，磷酸氢二钠1.15 g，磷酸二氢钾 0.2 g，氯化钙 0.1 g，六水合氯化镁 0.1 g 溶于 1 L ddH_2O 中)等。

3. 仪器和器皿

移液枪，枪头，枪头盒，离心管，细胞计数板，盖玻片(专用细胞爬片)，1.5 mL 载玻片，制片机，湿盒，常规细胞培养物品，光学显微镜。

【操作步骤】

1. 细胞爬片的准备

(1) 将剪裁好的盖玻片(专用爬片则不用处理),置于浓硫酸中浸泡并过夜,第二天先用自来水冲洗 20 遍,再置于无水乙醇中浸泡 6 h,再用三蒸水冲洗 5 遍,放在饭盒或者玻璃培养皿中烘干后进行高压消毒。高压后取出放入烤箱中烤干,备用。

注:清洗的目的是将酸冲洗干净,保证细胞贴壁良好。也可用多聚赖氨酸处理玻片,增强细胞贴壁性。

(2) 将处理好的玻片放入培养皿或 6 孔板或 24 孔板,胰酶消化培养的淋巴细胞后计数,重悬细胞于完全培养基中。

注:可以先在培养皿或培养板中加少量培养液,使玻片与培养皿依靠培养基的张力黏合到一起,然后放玻片,防止加细胞悬液时玻片漂起,造成双层细胞贴片。

(3) 往爬片(盖玻片)上滴加细胞悬液适量,待细胞贴壁后,往培养皿中加入培养液,继续培养得到细胞爬片。

注:也可将已消毒的 20 mm 盖玻片置于 90 mm 培养皿中,按 2×10^4 个/mL 的细胞密度将细胞接种于培养皿中进行细胞爬片,5 天后进行免疫细胞组织化学染色鉴定。

2. 细胞爬片的固定

细胞爬片取出后,一般用 PBS 洗 2 遍,然后再做固定。

注:当然根据研究目的,PBS 洗也不是一定要做的,如做凋亡的 TUNEL 染色时就避免 PBS 洗,因为凋亡的细胞在洗的过程中有可能会脱落。

常用的固定液和固定方法、用途各有不同。

(1) 冷丙酮:可用于一般的免疫组化染色。

将纯的丙酮预先放入冰箱－20 ℃后便为冷丙酮,细胞爬片取出后,PBS 洗 2 遍,便可加入冷丙酮于－20 ℃固定 10 min。取出后,室温吹干,然后放入－20 ℃保存。

注:丙酮有很强的挥发性,注意将含有丙酮和爬片的器皿盖严,防止其挥发。

(2) 95%乙醇:可用于免疫组化。优点:穿透性强、抗原性保存较好。缺点:但醇类对低分子蛋白质、多肽及胞浆内蛋白质保存效果较差,使蛋白变性的作用轻,固定后可再溶解;染色过程中,温育时间长,抗原可流失而减弱反应强度,室温固定 15 min 后,将表面液体吹干,－20 ℃保存。

(3) 甲醛应用最广,优点:形态结构保存好,且穿透性强。缺点:甲醛放置过久可氧化为甲酸,使溶液 pH 降低,影响染色;分子间交联形成的网格结构可能部分或完全掩盖某些抗原决定簇,使之不能充分暴露,可造成假阴性的染色结果。

(4) 多聚甲醛(常用 4%):可用于免疫电镜;也可用于免疫荧光及 TUNEL 染色。主要检测组织内一些性能娇弱的抗原特别是细胞表面抗原,如各类淋巴细胞分化决定簇(CD)、主要组织相容性抗原等,室温固定 15 min 后,将表面液体吹干,放－20 ℃保存。

3. 细胞组织化学反应

(1) PBS 清洗标本 3 次各 2 min。

(2) 0.5% Triton X-100 (DPBS 配)孵育一次 20 min。

注:该步骤为增加细胞膜通透性,本次实验细胞膜抗原可以略过此步。

(3) PBS 清洗标本 6 min,分 3 次,各 2 min。

(4) 3% H_2O_2 孵育 15 min,蒸馏水洗 3 次,每次 2 min。

注:目的是封闭内源性过氧化氢酶。

(5) PBS 清洗标本 6 min,分 3 次,各 2 min。

(6) 微波辐射抗原修复方法,微波强档加热至沸腾;继之中低档 10 min,保持温度在 95~98 ℃,最后室温 30 min 使自然冷却,柠檬酸盐缓冲液孵育 45 min,蒸馏水慢洗 6 min,分 3 次,各 2 min,PBS 清洗标本 6 min,分 3 次,各 2 min。

(7) 封闭血清孵育(5%正常二抗血清 DPBS 液)20 min。

注:滤纸吸干组织周围的 PBS 液后马上向组织滴加封闭液。

(8) 一抗孵育(PBS 配,滴度 1∶200,湿盒)4 ℃过夜或 37 ℃ 60 min。阴性对照最好用一抗来源血清,否则用 PBS 液。

注:用含 3%BSA 和 10%血清(与第二抗体同源)的 PBS 按说明稀释一抗。取出载玻片,不洗,吸水纸尽量吸干其正面组织周围和反面的血清,滴加稀释后的一抗。如果做对照实验,就在对照的组织上加 PBS。

(9) 37 ℃ 45 min 复温。

注:标本从 4 ℃直接放入 PBS 易脱片,复温使抗原抗体结合更稳定。

(10) PBS 清洗标本 3 次各 5 min。

注:PBS 预冷可减少非特异性反应。

(11) 二抗工作液孵育 37 ℃ 30 min(湿盒中进行)。

(12) PBS 清洗标本 3 次各 2 min。

(13) 吸水纸吸干标本正反面 PBS 后滴加 SABC 适量,37 ℃温育 30 min,然后 PBS 洗 15 min,每次 5 min 分 3 次。

(14) DAB 显色(避光,镜下观察至棕色)10~15 min。

注:显色前吸水纸尽量吸干正面组织周围和反面的 PBS ,按说明配制 DAB 显色剂,现配现用,在 30 min 内用完,DAB 致癌。显微镜下控制反应强度,显色时间达到最优化,镜下见阳性染色明显但背景不太深时用 PBS 洗去显色液以终止反应。

(15) 蒸馏水或自来水洗 1 次 5 min。

注:可放 6 孔板内,再将孔板放在饭盒等内,自来水下冲洗。

(16) 加苏木素复染 20 s。

注:苏木素复染时间需要摸索,尤其是阳性染色也在细胞核上时,否则会掩盖阳性染色。一般胞核蛋白染几秒,细胞质或胞膜蛋白染 20 s。自来水冲洗后显微镜下观察,细胞核蓝色,细胞质无色为宜。若细胞核染色过深,用 1%盐酸乙醇溶液分色数秒,自来水洗涤。

(17) 蒸馏水洗 5 min 后 PBS 洗 5 min。

(18) 按 70%乙醇 2 min,80%乙醇 2 min,90%乙醇 2 min,95%乙醇 2 min,100%乙醇 2 min顺序脱水。

(19) 二甲苯透明 2 min。

注:在二甲苯中,若组织切片上出现白色云雾,表明脱水不够,应重新在新的 100%乙醇中脱水。

(20) 树胶封片。

注:从二甲苯中取出切片,擦干组织周围的二甲苯,用中性树胶滴在组织旁边,再用清洁盖玻片盖上,要先放平一侧,然后轻轻放下另一侧,以免产生气泡,封好片子后置于通风柜中晾干。

(21) 显微镜观察,标本保存在−20℃。

【结果】

显微镜下观察标本细胞表面染色情况,记录染色结果。

【思考题】

(1) 免疫细胞化学实验中标本的制作方法有哪些?
(2) 常用的免疫组化固定试剂如何选择?
(3) 免疫组化中为什么要进行抗原修复?
(4) SABC 法有何优点,为什么?

(金卫华)

实验 65　免疫共沉淀实验

【实验目的】

掌握免疫共沉淀技术的基本原理、应用范围及操作方法。

【实验原理】

免疫共沉淀(Co-immunoprecipitation,Co-IP)是以抗体和抗原之间的专一性或特异性结合为基础的用于研究蛋白质相互作用的强有力技术。是确定两种蛋白质在完整细胞内生理性相互作用的有效方法。免疫共沉淀技术的原理是:当细胞在非变性条件下被裂解时,完整细胞内存在的许多蛋白质与蛋白质(或核酸)间的相互作用而形成复合体,被保留了下来。如果用蛋白质 X 的抗体免疫沉淀 X,那么与 X 在体内结合的蛋白质 Y 也能沉淀下来。蛋白质复合体经试剂解离后,用 SDS-PAGE、双向电泳或质谱等技术对分离所获的蛋白进行测序鉴定。该方法筛选出来的蛋白质基本是在生理条件下能发生结合的蛋白群体,反映的比较真实的蛋白相互作用(图 65-1)。所以免疫共沉淀技术可以用于寻找新的相互作用蛋白,也可以验证目的蛋白与待测蛋白之间是否发生相互作用。另外,染色质的免疫共沉淀技术可以用于基因转录的调控、信号转导等研究,也是非常快速有效的方法。

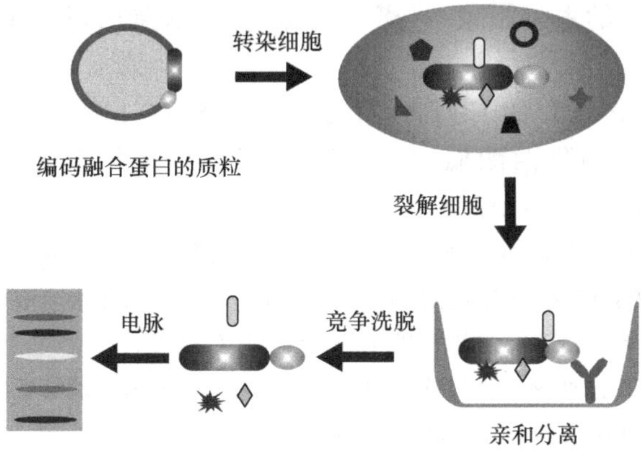

图 65-1　免疫共沉淀基本程序

目前多用精制的蛋白 A(protein A)预先结合固化在琼脂糖珠子(bead)上，与含有抗原的溶液及抗体反应后，珠子上的 protein A 就能吸附抗原，达到精制的目的。该方法常用于测定两种目标蛋白质是否在体内结合；也可用于确定一种特定蛋白质的新的作用搭档。

优点为：

(1) 相互作用的蛋白质都是经翻译后修饰的，处于天然状态。

(2) 蛋白质的相互作用是在自然状态下进行的，可以避免人为的影响。

(3) 可以分离得到天然状态的相互作用蛋白复合物。

缺点为：

(1) 可能检测不到低亲和力和瞬间的蛋白质-蛋白质相互作用。

(2) 两种蛋白质的结合可能不是直接结合，而可能有第三者在中间起桥梁作用。

(3) 必须在实验前预测目的蛋白是什么，以选择最后检测的抗体，所以，若预测不正确，实验就得不到结果，方法本身具有冒险性。

【器材】

1. 试剂

PBS 缓冲液，protein A 琼脂糖，Tris-HCl，NaCl，NP-40，去氧胆酸钠，苯甲基磺酰氟(PMSF)，EDTA，亮抑酶肽(leupeptin)，抑蛋白酶肽(aprotinin)，胃蛋白酶抑制剂(pepstatin)，胰蛋白酶，1640 培养基，甲醇，Na_3VO_4，NaF，蒸馏水，抗生素(青霉素、链霉素、庆大霉素)，乙腈，SDS-PAGE 所有试剂参考相关章节。

2. 器皿和仪器

离心机，低温摇床，垂直板电泳槽，电泳仪，ABI 477A 或 494A 蛋白测序仪，移液器，细胞刮子，离心管，枪头，滴管，电子天平，量筒，培养瓶，培养皿等。

【操作步骤】

1. 配制 100 mL 的修饰 RIPA 缓冲液

(1) 称取 790 mg 的 Tris 碱，加到 75 mL 去离子水中，加入 900 mg NaCl，搅拌，直到全部溶解，用 HCl 调节 pH 到 7.4(缓冲液成分，防止蛋白变性)。

(2) 加 10 mL 10%的 NP-40(非离子去污剂，提取蛋白；用 H_2O 配制)。

(3) 加 2.5 mL 10%的去氧胆酸钠(离子去污剂，提取蛋白；用 H_2O 配制；避光保存)，搅拌，直到溶液澄清。

(4) 加 1 mL 100 mmol/L 的 EDTA，用量筒定容至 100 mL，2～8 ℃保存。

(5) 加入 1 mg/mL 抑蛋白酶肽、亮抑酶肽、胃蛋白酶抑制剂各 100 μL；200 mmol/L PMSF(苯甲基磺酰氟，用异丙醇配制)、Na_3VO_4、NaF 各 500 μL。

注：蛋白酶和磷酸酯酶抑制剂应该在使用当天同时加入，但是 PMSF 在水溶液中很不稳定，30 min 就会降解一半，所以 PMSF 应该在使用前现加，其他抑制剂成分可以在水溶液中稳定 5 天。1 mg/mL 抑蛋白酶肽、亮抑酶肽、胃蛋白酶抑制剂的储存液须在−20℃保存。

准备激酶(致活酶)实验时，不要加去氧胆酸钠，因为离子型去污剂能够使酶变性，导致活性丧失。

在准备做磷酸(酯)酶实验时，不加磷酸酯酶抑制剂。

2. 细胞培养

参考细胞培养章节。

3. 免疫共沉淀

(1) 用预冷的 PBS 洗涤细胞两次，最后一次吸干 PBS 缓冲液。

(2) 加入预冷的 RIPA 缓冲液(1 mL/1×10^7 个细胞、10 cm 培养皿或 150 cm^2 培养瓶，0.5 mL/5×10^6个细胞、6 cm 培养皿、75 cm^2 培养瓶)。

(3) 用预冷的细胞刮子将细胞从培养皿或培养瓶上刮下，把悬液转到 1.5 mL 离心管中，4 ℃，缓慢晃动 15 min(离心管插冰上，置水平摇床上)。

(4) 4 ℃，14 000 *g* 离心 15 min，立即将上清转移到一个新的离心管中。

(5) 准备 protein A 琼脂糖，用 PBS 洗两遍珠子，然后用 PBS 配制成 50%浓度。

注：可以剪掉枪尖部分，避免在涉及琼脂糖珠的操作中破坏琼脂糖珠。

(6) 每 1 mL 总蛋白中加入 100 μL protein A 琼脂糖珠(50%)，4 ℃摇晃 10 min(离心管插冰上，置水平摇床上)。

(7) 4 ℃，14 000 *g* 离心 15 min，将上清移到一个新的离心管中，去除 protein A 珠子。

注：此步骤为去除非特异性杂蛋白，降低背景。

(8) Bradford 法做蛋白标准曲线，测定蛋白浓度，测前将总蛋白至少稀释 1∶10 倍以上，以减少细胞裂解液中去垢剂的影响。

注：定量，分装后，可以在－20℃保存一个月。

(9) 用 PBS 将总蛋白稀释到约 1 μg/μL，以降低裂解液中去垢剂的浓度。

注：如果兴趣蛋白在细胞中含量较低，则总蛋白浓度应该稍高(如 10 μg/μL)。

(10) 加入一定体积的兔抗到 500 μL 总蛋白中，抗体的稀释比例因兴趣蛋白在不同细胞系中的多少而异。

(11) 4 ℃缓慢摇动抗原抗体混合物过夜或室温 2 h，激酶或磷酸酯酶活性分析建议用 2 h 室温孵育。

(12) 加入 100 μL protein A 琼脂糖珠来捕捉抗原抗体复合物，4 ℃缓慢摇动抗原抗体混合物过夜或室温 1 h。

注：如果所用抗体为鼠抗或鸡抗，建议加 2 μL“过渡抗体”(兔抗鼠 IgG，兔抗鸡 IgG)。

(13) 14 000 r/min 瞬时离心 5 s，收集琼脂糖珠-抗原抗体复合物，去上清，用预冷的 RIPA 缓冲液洗 3 遍，800 μL/遍。

注：RIPA 缓冲液有时候会破坏琼脂糖珠-抗原抗体复合物内部的结合，可以使用 PBS。

(14)用 60 μL 2×上样缓冲液将琼脂糖珠-抗原抗体复合物悬起，轻轻混匀，缓冲液的量依据上样多少的需要而定。

注：60 μL 足够上三道。

(15) 将上样样品煮 5 min，使抗原、抗体、珠子游离出来，离心，将上清做 SDS-PAGE 电泳。

(16) 通过考马斯蓝染色观察蛋白质泳带。

注：SDS-PAGE 电泳后可以做 Western blot 鉴定。

(17) 从胶上切下目标带，将其放到微量离心管中，用 1 mL 50%乙腈洗两次，每次 3 min。

(18) 用胰蛋白酶消化胶中的蛋白质，再将肽段洗脱。

(19) 通过窄孔高效液相色谱分离肽，将收集的肽在 ABI 477A 或 494A 蛋白测序仪上进行自动 Edman 降解测序。

(20) 收集剩余琼脂糖珠，上清也可以暂时冻－20℃，留待以后电泳，电泳前应再次煮 5 min变性。

【结果】

(1) 绘制蛋白质标准曲线。

(2) 拍照 SDS-PAGE 电泳及 Western blot 结果。

(3) 目标蛋白测序结果比对。

【思考题】

(1) 免疫共沉淀技术有哪些优点和缺点?

(2) 在免疫共沉淀实验中,单克隆抗体比多克隆抗体有哪些优势?

(3) 研究蛋白质相互作用的实验技术还有哪些?

(金卫华)

参考文献

曹军卫，马辉文，张甲耀．2007．微生物工程．2版．北京：科学出版社．

曹军卫，马辉文，张甲耀．2008．简明微生物工程．北京：科学出版社．

陈坚，堵国成，李寅等．2003．发酵工程实验技术．北京：化学工业出版社．

董清华，沈元月．2008．酵母表达系统研究进展与展望．北京农学院学报，23(2)：72-75．

杜旻，吴晓俊，王峥涛等．2005．发根农杆菌Ri质粒及其在植物基因工程中的应用．药物生物技术，12(3)：193-196．

方伯山．1997．生物技术过程模型化与控制．广州：暨南大学出版社．

方玉楷，许丽艳，麦瑞琴等．2005．酵母双杂交技术的影响因素及其实验策略．中国实验诊断学，9(1)：70-74．

高彦飞，王红霞．2007．蛋白质及多肽C端测序的研究进展．分析化学，35(12)：1820-1826．

关荣发，贾振宝，黄光荣等．2011．高效液相色谱法测定牛乳中α-乳白蛋白．食品与机械，27(1)：60-62．

姜树原，邸娜，王瑞刚等．2005．外源基因在植物体内的表达调控机制．生物学通报，40(4)：13-14．

李昊，李义，高建梅．2008．免疫共沉淀技术的研究进展．内蒙古医学杂志，40(4)：452-454．

李庆，马筱玲，李柏青．2002．流式细胞术在临床细菌学检测中的应用．国外医学临床生物化学与检验学分册，23(6)：344-345．

李先昆，聂志毅，曾日中．2009．酵母双杂交技术研究与应用进展．安徽农业科学，37(7)：2867-2869，2926．

李志勇．2003．细胞工程．北京：科学出版社．

刘维佳，练云，梁慧珍．2011．农杆菌介导的作物遗传转化研究进展．河南农业科学，40(10)：6-9．

刘晓晴．2009．生物技术综合实验．北京：科学出版社．

陆健．2005．蛋白质纯化技术与应用．北京：化学工业出版社．

路纯明，黄瑞瑞．2008．分光光度法测定乳和乳制品中蛋白质的含量．河南工业大学学报(自然科学版)，29(3)：8-11．

梅乐和，姚善泾，林东强．1999．生化生产工艺学．北京：科学出版社．

沈萍，陈向东．2007．微生物学实验．4版．北京：高等教育出版社．

宋革，姜勇．2005．二维凝胶电泳的新技术及其应用．中国微循环，9(1)：62-65．

宋景娇，钟声，张悦等．2005．细菌视紫红质E204Q和I119T/T121S/A126T突变体的构建及其功能研究．生物化学与生物物理进展，32(6)：529-534．

宋青．1996．气相色谱法测定人白蛋白制品中辛酸钠含量．微生物学免疫学进展，24(2)：55-59．

孙晓霞，赵占民，刘道亮等．2011．应用流式细胞技术快速定量检测UHT、奶产品中的微生物．食品与发酵工业，37(2)：160-164．

涂占晗，林旭．2012．蛋白质相互作用研究的常用方法进展及比较．中国当代医药，19(14)：18-20．

王春雨，石建党，朱颜等．2007．染色质免疫沉淀技术在研究DNA与蛋白质相互作用中的应用．遗传，27(5)：801-807．

吴宪禹．2010．蛋白质纯化实验方案与应用．北京：化学工业出版社．

辛若竹，刘洋来，魏昆民．2007．活性酸乳中乳酸菌的直接镜检计数法．中国卫生检验杂志，17(3)：476-477．

熊宗贵．2001．发酵工艺原理．北京：中国医药科技出版社．

徐卉芳，张先恩，张用梅．2002．体外分子进化研究进展．生物化学与生物物理进展，29(4)：518-522．

徐纪明，向太和．2008．含*gfp*植物转基因表达载体的构建及在矮牵牛转基因不定根中的高效表达．遗传，30(8)：1069-1074．

杨玉芳．2007．蛋白质含量测定方法．明胶科学与技术，27(6)：98-101．

姚汝华．1996．微生物工程工艺原理．广州：华南理工大学出版社．

俞俊棠，唐孝宣．1999．生物工艺学．上海：华东理工大学出版社．

翟中和，王喜忠，丁明孝．2011. 细胞生物学．4 版．北京：高等教育出版社．
张平，陈德，吴震等．1995. 共焦激光扫描荧光显微镜的扫描系统研究．应用光学，16(3)：33-38.
张平武，魏林，项洪刚等．2000. 一种简便的蛋白质 N 端氨基酸测定方法．第二军医大学学报，21(3)：259-262.
赵永芳，黄健．2008. 生物化学技术原理及应用．4 版．北京：科学出版社．
朱森康，黄磊，李燕飞等．2011. 制备高效大肠杆菌电转化感受态细胞和电转化条件的研究．生物技术通报，(10)：206-209.
Anke T. 1997. Fungal Biotechnology. London; New York: Chapman & Hall.
Coombs J, ALston Y R. 2000. The Biotechnology Directory, Macmillan. New York: Grove's Dictionaries.
Demain A L, Davies J E, Atlas R M. 1999. Manual of Industrial Microbiology and Biotechnology. Washington DC: American Society for MicrobioLogy.
GB/T4789. 15—2003. 食品卫生微生物学检验 霉菌和酵母计数．
GB/T4789. 35—2010. 食品微生物学检验 乳酸菌检验．
Glazer A, Nikaido H. 1995. Microbial Biotechology. New York: W. H. Freeman and Company.
Harvey W B, Douglas S C. 1996. Biochemical Engineering. New York: MarceL Dekker, Inc.
Henry C V. 1983. Fermentation and Biochemical Engineering Handbook——PrincipLe, Process desihn and equipment. New York: Noyes Publications.
James E B, David F O. 1986. Biochemical Engineering Fundamentals. 2nd ed. New York: McGraw-Hill II International Editions.
Judith A S, Patricia E. 2000. Biotechnology Explorations: Applying the Fundamentals. Washington DC: ASM Press.
Lcmbreit W W. 2000. Advances in Applied Microbiology. New York: Academic Press.
Lisa Y. 2000. Biotechnology and Genetic Engineering. New York: Facts on File.
Marshak D R, Kadonaga J T, Burgess R R, et al. 1999. 蛋白质纯化与鉴定指南．朱厚础等译．北京：科学出版社．
Owen P W. 1989. Fermentation Biotechnology, Principle, Processes and Products. Berkshire: Open University Press.
Rehm H J, Reed G. 1998. Biotechnology: Bio-transformations. Weinheim; New York: VCH.
Sterckx S. 2000. Biotechnology, Patents, and Morality. 2nd ed. Aldershot: Ashgate.
Yu Z, Sun M, Liu Z, et al. 1999. Conference on Biotechnology of *Bacillus thuringiensis* (3rd: Wuhan). Biotechnology of *Bacillus thuringiesis*. Volume 3. Beijing: Science Press.

附录 1　常用缓冲溶液的配制

1. 甘氨酸-盐酸缓冲液(0.05 mol/L)

X mL 0.2 mol/L 甘氨酸＋Y mL 0.2 mol/L HCl,再加水稀释至 200 mL。

pH	X	Y	pH	X	Y
2.2	50	44.0	3.0	50	11.4
2.4	50	32.4	3.2	50	8.2
2.6	50	24.2	3.4	50	6.4
2.8	50	16.8	3.6	50	5.0

甘氨酸相对分子质量＝75.07;0.2 mol/L 甘氨酸溶液含 15.01 g/L。

2. 邻苯二甲酸-盐酸缓冲液(0.05 mol/L)

X mL 0.2 mol/L 邻苯二甲酸氢钾＋Y mL 0.2 mol/L HCl,再加水稀释至 20 mL。

pH (20 ℃)	X	Y	pH (20 ℃)	X	Y
2.2	5	4.670	3.2	5	1.470
2.4	5	3.960	3.4	5	0.990
2.6	5	3.295	2.6	5	0.597
2.8	5	2.642	3.8	5	0.263
3.0	5	2.032			

邻苯二甲酸氢钾相对分子质量＝204.23。0.2 mol/L 邻苯二甲酸氢钾溶液含 40.85 g/L。

3. 磷酸氢二钠-柠檬酸缓冲液

pH	0.2 mol/L Na_2HPO_4/mL	0.1 mol/L 柠檬酸/mL	pH	0.2 mol/L Na_2HPO_4/mL	0.1 mol/L 柠檬酸/mL
2.2	0.40	19.60	4.2	8.28	11.72
2.4	1.24	18.76	4.4	8.82	11.18
2.6	2.18	17.82	4.6	9.35	10.65
2.8	3.17	16.83	4.8	9.86	10.14
3.0	4.11	15.89	5.0	10.30	9.70
3.2	4.94	15.06	5.2	10.72	9.28
3.4	5.70	14.30	5.4	11.15	8.85
3.6	6.44	13.56	5.6	11.60	8.40
3.8	7.10	12.90	5.8	12.09	7.91
4.0	7.71	12.29	6.0	12.63	7.37

续表

pH	0.2 mol/L Na_2HPO_4/mL	0.1 mol/L 柠檬酸/mL	pH	0.2 mol/L Na_2HPO_4/mL	0.1 mol/L 柠檬酸/mL
6.2	13.22	6.78	7.2	17.39	2.61
6.4	13.85	6.15	7.4	18.17	1.83
6.6	14.55	5.45	7.6	18.73	1.27
6.8	15.45	4.55	7.8	19.15	0.85
7.0	16.47	3.53	8.0	19.45	0.55

Na_2HPO_4 相对分子质量=141.98;0.2 mol/L 溶液为 28.40 g/L。

$Na_2HPO_4 \cdot 2H_2O$ 相对分子质量=178.05;0.2 mol/L 溶液为 35.61 g/L。

$Na_2HPO_4 \cdot 12H_2O$ 相对分子质量=358.22;0.2 mol/L 溶液为 71.64 g/L。

$C_6H_8O_7 \cdot H_2O$ 相对分子质量=210.14;0.1 mol/L 溶液为 21.01 g/L。

4. 柠檬酸-氢氧化钠-盐酸缓冲液

pH	钠离子浓度 /mol/L	柠檬酸/g $C_6H_8O_7 \cdot H_2O$	氢氧化钠/g 97% NaOH	盐酸/mL HCl (浓)	最终体积 /L①
2.2	0.20	210	84	160	10
3.1	0.20	210	83	116	10
3.3	0.20	210	83	106	10
4.3	0.20	210	83	45	10
5.3	0.35	245	144	68	10
5.8	0.45	285	186	105	10
6.5	0.38	266	156	126	10

使用时可以每升中加入 1 g 酚,若最后 pH 有变化,再用少量 50%氢氧化钠溶液或浓盐酸调节,冰箱保存。

5. 柠檬酸-柠檬酸钠缓冲液(0.1 mol/L)

pH	0.1 mol/L 柠檬酸/mL	0.1 mol/L 柠檬酸钠/mL	pH	0.1 mol/L 柠檬酸/mL	0.1 mol/L 柠檬酸钠/mL
3.0	18.6	1.4	5.0	8.2	11.8
3.2	17.2	2.8	5.2	7.3	12.7
3.4	16.0	4.0	5.4	6.4	13.6
3.6	14.9	5.1	5.6	5.5	14.5
3.8	14.0	6.0	5.8	4.7	15.3
4.0	13.1	6.9	6.0	3.8	16.2
4.2	12.3	7.7	6.2	2.8	17.2
4.4	11.4	8.6	6.4	2.0	18.0
4.6	10.3	9.7	6.6	1.4	18.6
4.8	9.2	10.8			

柠檬酸:$C_6H_8O_7 \cdot H_2O$ 相对分子质量=210.14 ;0.1 mol/L 溶液为 21.01 g/L。

柠檬酸钠:$Na_3C_6H_5O_7 \cdot 2H_2O$ 相对分子质量=294.12;0.1 mol/L 溶液为 29.41 g/L。

6. 乙酸-NaAc 缓冲液(0.2 mol/L)

pH (18 ℃)	0.2 mol/L NaAc/mL	0.2 mol/L HAc/mL	pH (18 ℃)	0.2 mol/L NaAc/mL	0.2 mol/L HAc/mL
3.6	0.75	9.35	4.8	5.90	4.10
3.8	1.20	8.80	5.0	7.00	3.00
4.0	1.80	8.20	5.2	7.90	2.10
4.2	2.65	7.35	5.4	8.60	1.40
4.4	3.70	6.30	5.6	9.10	0.90
4.6	4.90	5.10	5.8	6.40	0.60

NaAc · $3H_2O$ 相对分子质量=136.09;0.2 mol/L 溶液为 27.22 g/L。冰醋酸 11.8 mL 稀释至 1 L(需标定)。

7. 磷酸二氢钾-氢氧化钠缓冲液(0.05 mol/L)

X mL 0.2 mol/L KH_2PO_4 +Y mL 0.2 mol/L NaOH 加水稀释至 20 mL。

pH(20 ℃)	X	Y	pH(20 ℃)	X	Y
5.8	5	0.372	7.0	5	2.963
6.0	5	0.570	7.2	5	3.500
6.2	5	0.860	7.4	5	3.950
6.4	5	1.260	7.6	5	4.280
6.6	5	1.780	7.8	5	4.520
6.8	5	2.365	8.0	5	4.680

8. 磷酸氢二钠-磷酸二氢钠缓冲液(PBS,0.2 mol/L)

pH	0.2 mol/L Na_2HPO_4/mL	0.2 mol/L NaH_2PO_4/mL	pH	0.2 mol/L Na_2HPO_4/mL	0.2 mol/L NaH_2PO_4/mL
5.8	8.0	92.0	7.0	61.0	39.0
5.9	10.0	90.0	7.1	67.0	33.0
6.0	12.3	87.7	7.2	72.0	28.0
6.1	15.0	85.0	7.3	77.0	23.0
6.2	18.5	81.5	7.4	81.0	19.0
6.3	22.5	77.5	7.5	84.0	16.0
6.4	26.5	73.5	7.6	87.0	13.0
6.5	31.5	68.5	7.7	89.5	10.5
6.6	37.5	62.5	7.8	91.5	8.5
6.7	43.5	56.5	7.9	93.0	7.0
6.8	49.0	51.0	8.0	94.7	5.3
6.9	55.0	45.0			

Na_2HPO_4 · $2H_2O$ 相对分子质量=178.05;0.2 mol/L 溶液为 35.61 g/L。

Na_2HPO_4 · $12H_2O$ 相对分子质量=358.22;0.2 mol/L 溶液为 71.64 g/L。

NaH_2PO_4 · H_2O 相对分子质量=138.01;0.2 mol/L 溶液为 27.6 g/L。

NaH_2PO_4 · $2H_2O$ 相对分子质量=156.03;0.2 mol/L 溶液为 31.21 g/L。

9. 巴比妥钠-盐酸缓冲液

pH (18 ℃)	0.04 mol/L 巴比妥钠/mL	0.2 mol/L HCl/mL	pH (18 ℃)	0.04 mol/L 巴比妥钠/mL	0.2 mol/L HCl/mL
6.8	100	18.4	8.4	100	5.21
7.0	100	17.8	8.6	100	3.82
7.2	100	16.7	8.8	100	2.52
7.4	100	15.3	9.0	100	1.65
7.6	100	13.4	9.2	100	1.13
7.8	100	11.47	9.4	100	0.70
8.0	100	9.39	9.6	100	0.35
8.2	100	7.21			

巴比妥钠相对分子质量=206.18;0.04 mol/L 溶液为 8.25 g/L。

10. Tris-HCl 缓冲液(0.05 mol/L)

50 mL 0.1 mol/L 三羟甲基氨基甲烷(Tris)溶液与 X mL 0.1 mol/L 盐酸混匀并稀释至 100 mL。

pH(25 ℃)	X	pH(25 ℃)	X
7.10	45.7	8.10	26.2
7.20	44.7	8.20	22.9
7.30	43.4	8.30	19.9
7.40	42.0	8.40	17.2
7.50	40.3	8.50	14.7
7.60	38.5	8.60	12.4
7.70	36.6	8.70	10.3
7.80	34.5	8.80	8.5
7.90	32.0	8.90	7.0
8.00	29.2		

Tris 相对分子质量=121.14 ;0.1 mol/L 溶液为 12.114 g/L。Tris 溶液可从空气中吸收二氧化碳,使用时注意将瓶盖严。

11. 硼酸-硼砂缓冲液 (0.2 mol/L 硼酸根)

pH	0.05 mol/L 硼砂/mL	0.2 mol/L 硼酸/mL	pH	0.05 mol/L 硼砂/mL	0.2 mol/L 硼酸/mL
7.4	1.0	9.0	8.2	3.5	6.5
7.6	1.5	8.5	8.4	4.5	5.5
7.8	2.0	8.0	8.7	6.0	4.0
8.0	3.0	7.0	9.0	8.0	2.0

硼砂: $Na_2B_4O_7 \cdot 10H_2O$ 相对分子质量 = 381.43; 0.05 mol/L 溶液(等于 0.2 mol/L 硼酸根)含 19.07 g/L。

硼酸: H_3BO_3 相对分子质量=61.84;0.2 mol/L 的溶液为 12.37 g/L。

硼砂易失去结晶水,必须在带塞的瓶中保存。

12. 甘氨酸-氢氧化钠缓冲液(0.05 mol/L)

X mL 0.2 mol/L 甘氨酸+*Y* mL 0.2 mol/L NaOH 加水稀释至 200 mL。

pH	*X*	*Y*	pH	*X*	*Y*
8.6	50	4.0	9.6	50	22.4
8.8	50	6.0	9.8	50	27.2
9.0	50	8.8	10	50	32.0
9.2	50	12.0	10.4	50	38.6
9.4	50	16.8	10.6	50	4.5

甘氨酸相对分子质量=75.07;0.2 mol/L 溶液含 15.01 g/L

13. 硼砂-氢氧化钠缓冲液(0.05 mol/L 硼酸根)

X mL 0.05 mol/L 硼砂+*Y* mL 0.2 mol/L NaOH 加水稀释至 200mL。

pH	*X*	*Y*	pH	*X*	*Y*
9.3	50	6.0	9.8	50	34.0
9.4	50	11.0	10.0	50	43.0
9.6	50	23.0	10.1	50	46.0

硼砂 $Na_2B_4O_7 \cdot 10H_2O$ 相对分子质量=381.43;0.05 mol/L 硼砂溶液(等于 0.2 mol/L 硼酸根)为 19.07 g/L。

14. 碳酸钠-碳酸氢钠缓冲液(0.1 mol/L)(此缓冲液在 Ca^{2+}、Mg^{2+} 存在时不得使用)

pH		0.1 mol/L Na_2CO_3 /mL	0.1 mol/L $NaHCO_3$ /mL
20 ℃	37 ℃		
9.16	8.77	1	9
9.40	9.22	2	8
9.51	9.40	3	7
9.78	9.50	4	6
9.90	9.72	5	5
10.14	9.90	6	4
10.28	10.08	7	3
10.53	10.28	8	2
10.83	10.57	9	1

$Na_2CO_3 \cdot 10H_2O$ 相对分子质量=286.2; 0.1 mol/L 溶液为 28.62 g/L。

$NaHCO_3$ 相对分子质量=84.0; 0.1 mol/L 溶液为 8.40 g/L。

15. TE 缓冲液

10 mmol/L Tris-HCl(pH8.0):1 mmol/L EDTA(pH8.0)。

TE 缓冲液是弱碱性,对 DNA 的碱基有保护性。

16. D-PBS 缓冲液

杜氏磷酸盐缓冲液(DuLbecco's phosphate buffered saline,D-PBS)与常规 PBS 的不同之处在于磷酸盐的含量稍低些,并含有钙镁离子。D-PBS 主要用于胚胎的冲洗液、冻存液和培养液。

配方:NaCl 8 g,KCl 0.2 g,Na_2HPO_4 1.15 g,KH_2PO_4 0.2 g,$CaCl_2$ 0.1 g,$MgCl_2 \cdot 6H_2O$ 0.1 g 溶于 1 L ddH_2O 中。

以上配方为含有钙镁离子的 D-PBS,如不加氯化钙和氯化镁,即为无钙镁的 D-PBS。

在以上配方的基础上,还可以加入葡萄糖、丙酮酸钠等,以更利于培养物的生长。

附录2　常用培养基的配制

1. 牛肉膏蛋白胨培养基(培养细菌用)

牛肉膏	3 g
蛋白胨	5 g
氯化钠	10 g
琼脂	15～20 g
pH	7.0～7.2
水	1000 mL

121 ℃灭菌 20 min。

2. 高氏(Gause)1 号培养基(培养放线菌用)

可溶性淀粉	20 g
硝酸钾	1 g
氯化钠	0.5 g
磷酸氢二钾	0.5 g
硫酸镁	0.5 g
硫酸亚铁	0.01 g
琼脂	20 g
水	1000 mL
pH	7.2～7.4

配制时,先用少量冷水将淀粉调成糊状,倒入煮沸的水中,再在火上加热,边搅拌边加入其他成分,溶化后,补足水分至 1000 mL。121 ℃灭菌 20 min。

3. 查氏(Czapek)培养基(培养霉菌用)

硝酸钠	2 g
磷酸氢二钾	1 g
氯化钾	0.5 g
硫酸镁	0.5 g
硫酸亚铁	0.01 g
蔗糖	30 g
琼脂	15～20 g
水	1000 mL
pH	自然

121 ℃灭菌 20 min。

4. 马丁(Martin)琼脂培养基(分离真菌用)

葡萄糖	10 g
蛋白胨	5 g
磷酸二氢钾	1 g
七水合硫酸镁	0.5 g
1/3000 孟加拉红(Rose BengaL,玫瑰红水溶液)	100 mL
琼脂	15～20 g
pH	自然
蒸馏水	800 mL

112 ℃灭菌 30 min。临用前加入 0.03%链霉素稀释液 100 mL,使每毫升培养基中含链霉素 30 μg。

5. 马铃薯培养基(简称 PDA)(培养真菌用)

马铃薯	200 g
蔗糖(或葡萄糖)	20 g
琼脂	15～20 g
pH	自然

培养基的配制:马铃薯去皮,切成块煮沸 30 min,然后用纱布过滤,再加糖及琼脂,熔化后补足水至 1000 mL。121 ℃灭菌 30 min。

6. 麦芽汁琼脂培养基

麦芽汁琼脂培养基的配制方法如下。

(1) 取大麦或小麦若干,用水洗净,浸水 6～12 h,至 15 ℃阴暗处发芽,上面盖纱布一块,每日早、中、晚淋水一次,麦根伸长至麦粒的两倍时,即停止发芽,摊开晒干或烘干,贮存备用。

(2) 将干麦芽磨碎,一份麦芽加 4 份水,在 65 ℃水浴中糖化 3～4 h,糖化程度可用碘滴定。加水约 20 mL,调匀至生泡沫时为止,然后倒在糖化液中搅拌煮沸后再过滤。

(3) 将糖化液用 4～6 层纱布过滤,滤液如混浊不清,可用鸡蛋白澄清,方法是将一个鸡蛋白加水约 20 mL,调匀至生泡沫时为止,然后倒在糖化液中搅拌煮沸后再过滤。

(4)将滤液稀释到 5～6 °Be′,pH 约 6.4,加入 2%琼脂即成。121 ℃灭菌 30 min。

7. 无氮培养基(自生固氮菌、钾细菌)

甘露醇(或葡萄糖)	10 g
磷酸二氢钾	0.2 g
七水合硫酸镁	0.2 g
氯化钠	0.2 g
二水合硫酸钙	0.2 g
碳酸钙	5 g
蒸馏水	1000 mL
pH	7.0～7.2

113 ℃灭菌 30 min。

8. 半固体肉膏蛋白胨培养基

肉膏蛋白胨液体培养基	100 mL
琼脂	0.35～0.4 g
pH	7.6

121 ℃灭菌 20 min。

9. 合成培养基

偏磷酸铵	1 g
氯化钾	0.2 g
七水合硫酸镁	0.2 g
豆芽汁	10 mL
琼脂	20 g
蒸馏水	1000 mL
pH	7.0

加 12 mL 0.04%的溴钾酚紫(pH5.2～6.8,颜色由黄变紫,作指示剂)。121 ℃灭菌 20 min。

10. 豆芽汁蔗糖(或葡萄糖)培养基

黄豆芽	100 g
蔗糖(或葡萄糖)	50 g
水	1000 mL
pH	自然

培养基的配制:称新鲜豆芽 100 g,放入烧杯中,加入水 1000 mL,煮沸约 30 min,用纱布过滤。用水补足原量,再加入蔗糖(或葡萄糖)50 g,煮沸熔化。121 ℃灭菌 20 min 。

11. 油脂培养基

蛋白胨	10 g
牛肉膏	5 g
氯化钠	5 g
香油或花生油	10 g
1.6%中性红水溶液	1 mL
琼脂	15～20 g
蒸馏水	1000 mL
pH	7.2

121 ℃灭菌 20 min。

注:①不能使用变质油。②油和琼脂及水先加热。③调好 pH 后,再加入中性红。④分装时,需不断搅拌,使油均匀分布于培养基中。

12. 淀粉培养基

蛋白胨	10 g
牛肉膏	5 g
氯化钠	5 g
可溶性淀粉	2 g
蒸馏水	1000 mL
琼脂	15～20 g

121 ℃灭菌 20 min。

13. 明胶培养基

牛肉膏蛋白胨液	100 mL
明胶	12～18 g
pH	7.6

在水浴锅中将上述成分溶化，不断搅拌。溶化后调 pH7.2～7.4。121 ℃灭菌 30 min。

14. 蛋白胨水培养基

蛋白胨	10 g
氯化钠	5 g
蒸馏水	1000 mL
pH	7.6

121 ℃灭菌 20 min。

15. 糖发酵培养基

蛋白胨水培养基	1000 mL
1.6%溴钾酚紫乙醇溶液	1～2 mL
pH	7.6

另配制 20%糖溶液(葡萄糖、乳糖、蔗糖等)各 10 mL。

培养基的配制：

(1) 将上述含指示剂的蛋白胨水培养基(pH7.6)分装于试管中，在每管内放一倒置的小玻璃管(Durham tube)，使之充满培养液。

(2) 将已分装好的蛋白胨水和 20%的各种糖溶液分别灭菌，蛋白胨水 121 ℃灭菌20 min；糖溶液 112 ℃灭菌 30 min。

(3) 灭菌后，每管以无菌操作分别加入 20%无菌糖溶液 0.5 mL(按每 10 mL 培养基中加入 20%的糖液 0.5 mL，则成 1 %的浓度)。配制用的试管必须洗干净，避免结果混乱。

16. 葡萄糖蛋白胨水培养基

蛋白胨	5 g
葡萄糖	5 g
磷酸氢二钾	2 g
蒸馏水	1000 mL

将上述各成分溶于 1000 mL 水中，调 pH7.0～7.2，过滤。分装试管，每管 10 mL，112 ℃灭菌 30 min。

17. 麦氏(Meclary)琼脂(酵母菌)

葡萄糖	1 g
氯化钾	1.8 g
酵母浸膏	2.5 g
NaAc	8.2 g
琼脂	15～20 g
蒸馏水	1000 mL

113 ℃灭菌 20 min。

18. 柠檬酸盐培养基

磷酸二氢铵	1 g
磷酸氢二钾	1 g
氯化钠	5 g
硫酸镁	0.2 g
柠檬酸钠	2 g
琼脂	15～20 g

蒸馏水	1000 mL
1%溴麝香草酚蓝乙醇液	10 mL

培养基的配制：将上述各成分加热溶解后，调 pH 为 6.8，然后加入指示剂，摇匀，用脱脂棉过滤。制成后为黄绿色，分装试管，121 ℃灭菌 20 min 后制成斜面，注意配制时控制好 pH，不要过碱，以黄绿色为准。

19. 乙酸铅培养基

pH7.4 的牛肉膏蛋白胨琼脂	100 mL
硫代硫酸钠	0.25 g
10%乙酸铅水溶液	1 mL

培养基的配制：将牛肉膏蛋白胨琼脂 100 mL 加热溶解，待冷却至 60 ℃时加入硫代硫酸钠 0.25 g，调至 pH7.2，分装于三角瓶中，115 ℃灭菌 15 min。取出后待冷却至 55～60℃，加入 10%乙酸铅水溶液(无菌的)1 mL，混匀后倒入灭菌试管或平板中。

20. 血琼脂培养基

pH7.6 的牛肉膏蛋白胨琼脂	100 mL
脱纤维羊血(或兔血)	10 mL

培养基的配制：将牛肉膏蛋白胨琼脂加热熔化，待冷却至 50 ℃时，加入无菌脱纤维羊血(或兔血)摇匀后倒平板或制成斜面。37 ℃过夜检查无菌生长即可使用。

21. 玉米粉蔗糖培养基

玉米粉	60 g
磷酸二氢钾	3 g
维生素 B_1	100 mg
蔗糖	10 g
七水合硫酸镁	1.5 g
水	1000 mL

121 ℃灭菌 30 min，维生素 B_1 单独灭菌 15 min 后另加。

22. 酵母膏麦芽汁琼脂

麦芽粉	3 g
酵母浸膏	0.1 g
水	1000 mL

121 ℃灭菌 30 min。

23. 棉籽壳培养基

培养基的配制：棉籽壳 50%，石灰粉 1%，过磷酸钙 1%，水 65%～70%，按比例称好料，充分搅拌均匀后装瓶，较薄地平摊盘上。

24. 复红亚硫酸钠培养基(远藤氏培养基)

蛋白胨	10 g
乳糖	10 g
磷酸氢二钾	3.5 g
琼脂	20～30 g
蒸馏水	1000 mL
5%碱性复红乙醇溶液	20 mL

培养基的配制：先将琼脂加入 900 mL 蒸馏水中，加热溶解，再加入磷酸氢二钾及蛋白胨，使溶解，补足蒸馏水至 1000 mL，调 pH 至 7.2～7.4。加入乳糖，混匀溶解后，115 ℃灭菌 20 min。称取亚硫酸钠置一无菌空试管中，加入无菌水少许使溶解，再在水浴中煮沸 10 min 后。立刻滴加于 20 mL 5%碱性复红乙醇溶液中，直至深红色褪成淡粉红色为止。将此亚硫酸钠与碱性复红的混合液全部加至上述已灭菌的并仍保持熔化状态的培养基中，充分混匀，倒平板，放冰箱中备用，贮存时间不宜超过 2 周。

25. 伊红亚甲蓝培养基(EMB 培养基)

蛋白胨水培养基	100 mL
20%乳糖溶液	2 mL
2%伊红水溶液	2 mL
0.5%亚甲蓝水溶液	1 mL

培养基的配制：将已灭菌的蛋白胨水培养基(pH7.6)加热熔化，冷却至 60 ℃左右时，再把已灭菌的乳糖溶液、伊红水溶液及亚甲蓝水溶液按上述量以无菌操作加入。摇匀后，立即倒平板。乳糖在高温灭菌易被破坏必须严格控制灭菌温度，115 ℃灭菌 20 min。

26. 乳糖蛋白胨培养液(“水的细菌学检查”用)

蛋白胨	10 g
牛肉膏	3 g
乳糖	5 g
氯化钠	5 g
1.6%溴甲酚紫乙醇溶液	1 mL
蒸馏水	1000 mL

培养基的配制：将蛋白胨、牛肉膏、乳糖及氯化钠加热溶解于 1000 mL 蒸馏水中，调 pH 至 7.2～7.4。加入 1.6%溴甲酚紫乙醇溶液 1 mL，充分混匀，分装于有倒置的德汉式小管的试管中。115 ℃灭菌 20 min。

27. 石蕊牛奶培养基

牛奶粉	100 g
石蕊	0.075 g
水	1000 mL
pH	6.8

121 ℃灭菌 15 min。

28. LB(Luria-Bertani)培养基

蛋白胨	10 g
酵母膏	5 g
氯化钠	10 g
蒸馏水	1000 mL
pH	7.0

121 ℃灭菌 20 min。

29. 基本培养基

磷酸氢二钾	10.5 g
磷酸二氢钾	4.5 g

硫酸铵	1 g
二水合柠檬酸钠	0.5 g
蒸馏水	1000 mL

121 ℃灭菌 20 min。

需要时灭菌后加入：

糖(20%)	10 mL
维生素 B_1(硫胺素)(1%)	0.5 mL
七水合硫酸镁(20%)	1 mL

链霉素(50mg/mL)4 mL，终浓度 200 μg/mL。

氨基酸(10mg/mL)4 mL，终浓度 40 μg/mL。

pH 自然(约 7.0)。

30. 庖肉培养基

培养基的配制：

(1) 取已去肌膜、脂肪的牛肉 500 g，切成小方块，置 1000 mL 蒸馏水中，以弱火煮 1 h，用纱布过滤，挤干肉汁，将肉汁保留备用。将肉渣用绞肉机绞碎，或用刀切成细粒。

(2) 将保留的肉汁加蒸馏水，使总体积为 2000 mL，加入蛋白胨 20 g，葡萄糖 2 g，氯化钠 5 g，及绞碎的肉渣，置烧瓶摇匀，加热使蛋白胨溶化。

(3) 取上层溶液测量 pH，并调整其达到 8.0，在烧瓶壁上用记号笔标示瓶内液体高度，121 ℃灭菌 15 min 后补足蒸发的水分，重新调整 pH 至 8.0，再煮沸 10～20 min，补足水量后调整 pH7.4。

(4) 将烧瓶内容物摇匀，将溶液和肉渣分装于试管中，肉渣约占培养基的 1/4。经 121 ℃灭菌 15 min 后备用，如当日不用，应以无菌操作加入已灭菌的石蜡凡士林，以隔绝氧气。

31. 乳糖牛肉膏蛋白胨培养基

乳糖	5 g
牛肉膏	5 g
酵母膏	5 g
蛋白胨	10 g
葡萄糖	10 g
氯化钠	5 g
琼脂粉	15 g
pH	6.8
水	1000 mL

32. 马铃薯牛乳培养基

培养基的配制：200 g 马铃薯(去皮)煮出汁，脱脂鲜乳 100 mL，酵母膏 5 g，琼脂粉 15 g，加水 1000 mL，pH7.0。制平板培养基时，牛乳与其他成分分开灭菌，倒平板前再混合。

33. 尿素琼脂培养基

尿素	20 g
琼脂	15 g
氯化钠	5 g
磷酸二氢钾	2 g

蛋白胨	1 g
红	0.012 g
蒸馏水	1000 mL
pH	6.8±0.2

培养基的配制：在蒸馏水或去离子水 100 mL 中，加入上述所有成分(除琼脂外)。混合均匀。过滤灭菌。将琼脂加入 900 mL 蒸馏水或去离子水中，加热煮沸腾。在 15 lb/in^2 121 ℃灭菌 15 min。冷却至 50 ℃，加入灭菌好的基本培养基，混匀后，分装于灭菌的试管中，放在倾斜位置上使其凝固。

34. SOC 培养基

胰蛋白胨	20 g/L
酵母抽提物	5 g/L
NaCl	0.5 g/L
KCl	0.186 g/L(即 2.5 mmol/L)
$MgCl_2$	0.95 g/L(即 10 mmol/L)
$MgSO_4$	1.2 g/L(即 10 mmol/L)
葡萄糖	3.6 g/L(即 20 mmol/L)
pH	7.0±0.2

用 0.22 μm 滤膜过滤除菌。4 ℃保存。

35. YEB 培养基

牛肉浸膏	5.0 g/L
胰蛋白胨	5.0 g/L
酵母提取物	1.0 g/L
蔗糖	5.0 g/L
$MgSO_4 \cdot 7H_2O$	0.5 g/L

用 NaOH 调 pH 至 7.0。

附录3　不同温度下硫酸铵饱和度计算表

1. 调整硫酸铵溶液饱和度计算表(0 ℃)

硫酸铵初浓度，%饱和度	在 0 ℃硫酸铵终浓度，% 饱和度																
	20	25	30	35	40	45	50	55	60	65	70	75	80	85	90	95	100
	每 100 mL 溶液加固体硫酸铵的克数																
0	10.6	13.4	16.4	19.4	22.6	25.8	29.1	32.6	36.1	39.8	43.6	47.6	51.6	55.9	60.3	65.0	69.7
5	7.9	10.8	13.7	16.6	19.7	22.9	26.2	29.6	33.1	36.8	40.5	44.4	48.4	52.6	57.0	61.5	66.2
10	5.3	8.1	10.9	13.9	16.9	20.0	23.3	26.6	30.1	33.7	37.4	41.2	45.2	49.3	53.6	58.1	62.7
15	2.6	5.4	8.2	11.1	14.1	17.2	20.4	23.7	27.1	30.6	34.3	38.1	42.0	46.0	50.3	54.7	59.2
20	0	2.7	5.5	8.3	11.3	14.3	17.5	20.7	24.1	27.6	31.2	34.9	38.7	42.7	46.9	51.2	55.7
25		0	2.7	5.6	8.4	11.5	14.6	17.9	21.1	24.5	28.0	31.7	35.5	39.5	43.6	47.8	52.2
30			0	2.8	5.6	8.6	11.7	14.8	18.1	21.4	24.9	28.5	32.3	36.2	40.2	44.5	48.8
35				0	2.8	5.7	8.7	11.8	15.1	18.4	21.8	25.4	29.1	32.9	36.9	41.0	45.3
40					0	2.9	5.8	8.9	12.0	15.3	18.7	22.2	25.8	29.6	33.5	37.6	41.8
45						0	2.9	5.9	9.0	12.3	15.6	19.0	22.6	26.3	30.2	34.2	38.3
50							0	3.0	6.0	9.2	12.5	15.9	19.4	23.0	26.8	30.8	34.8
55								0	3.0	6.1	9.3	12.7	16.1	19.7	23.5	27.3	31.3
60									0	3.1	6.2	9.5	12.9	16.4	20.1	23.1	27.9
65										0	3.1	6.3	9.7	13.2	16.8	20.5	24.4
70											0	3.2	6.5	9.9	13.4	17.1	20.9
75												0	3/2	6.6	10.1	13.7	17.4
80													0	3.3	6.7	10.3	13.9
85														0	3.4	6.8	10.5
90															0	3.4	7.0
95																0	3.5
100																	0

注：左边线直行数字为硫酸铵起始浓度，顶端横行为最终浓度。任取两点的引线交叉点表示从起始浓度变成某一个最终浓度时，在每 100 mL 溶液中所必须加入硫酸铵的克数

2. 调整硫酸铵溶液饱和度计算表(25 ℃)

硫酸铵初浓度，%饱和度	在 25 ℃硫酸铵终浓度，% 饱和度																
	10	20	25	30	33	35	40	45	50	55	60	65	70	75	80	90	100
	每 1000 mL 溶液加固体硫酸铵的克数																
0	56	114	144	176	196	209	243	277	313	351	390	430	472	516	561	662	767
10		57	86	118	137	150	183	216	251	288	326	365	406	449	494	592	694
20			29	59	78	91	123	155	189	225	262	300	340	382	424	520	619
25				30	49	61	93	125	158	193	230	267	307	348	390	485	583
30					19	30	62	94	127	162	198	235	273	314	356	449	546
33						12	43	74	107	142	177	214	252	292	333	426	522
35							31	63	94	129	164	200	238	278	319	411	506
40								31	63	97	132	168	205	245	285	375	469
45									32	65	99	134	171	210	250	339	431
50										33	66	101	137	176	214	302	392
55											33	67	103	141	179	264	353
60												34	69	105	143	227	314
65													34	70	107	190	275
70														35	72	153	237
75															36	115	198
80																77	157
90																	79

注：左边线直行数字为硫酸铵起始浓度，顶端横行为最终浓度。任取两点的引线交叉点表示从起始浓度变成某一个最终浓度时，在每升溶液中所必须加入硫酸铵的克数

3. 不同温度下饱和硫酸铵溶液的数据

温度/℃	0	10	20	25	30
质量百分数	41.42	42.22	43.09	43.47	43.85
摩尔浓度	3.9	3.97	4.06	4.10	4.13
每 1000 g 水中含硫酸铵摩尔数	5.35	5.53	5.73	5.82	5.91
1000 mL 水中用硫酸铵克数	706.8	730.5	755.8	766.8	777.5
每 1000 mL 溶液中含硫酸铵克数	514.8	525.2	536.5	541.2	545.9